Alpine Swimming
Österreich

ROTHER
BERGVERLAG

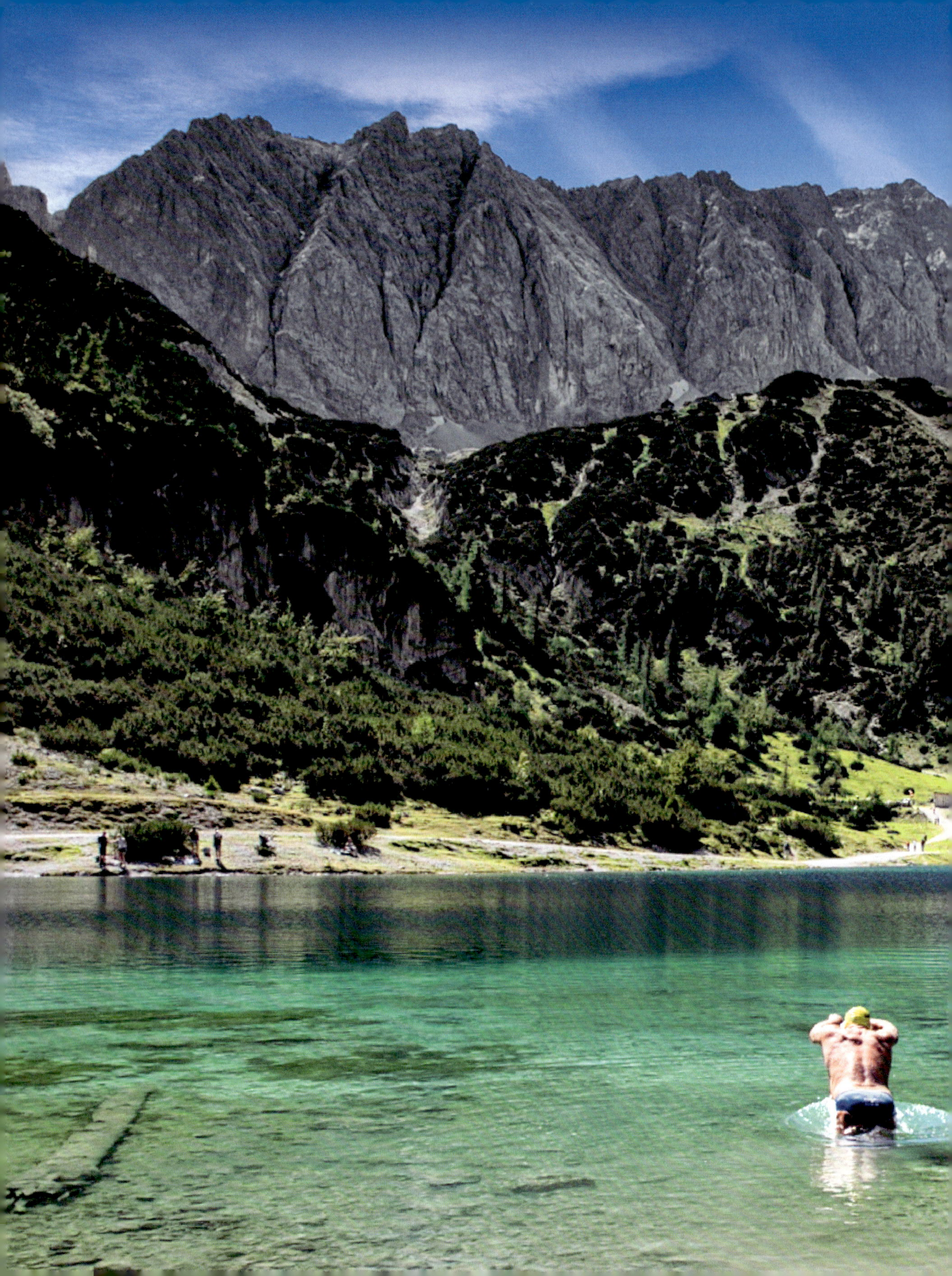

Hansjörg Ransmayr

Alpine Swimming Österreich

85 Wanderungen zu den schönsten Naturbadeplätzen

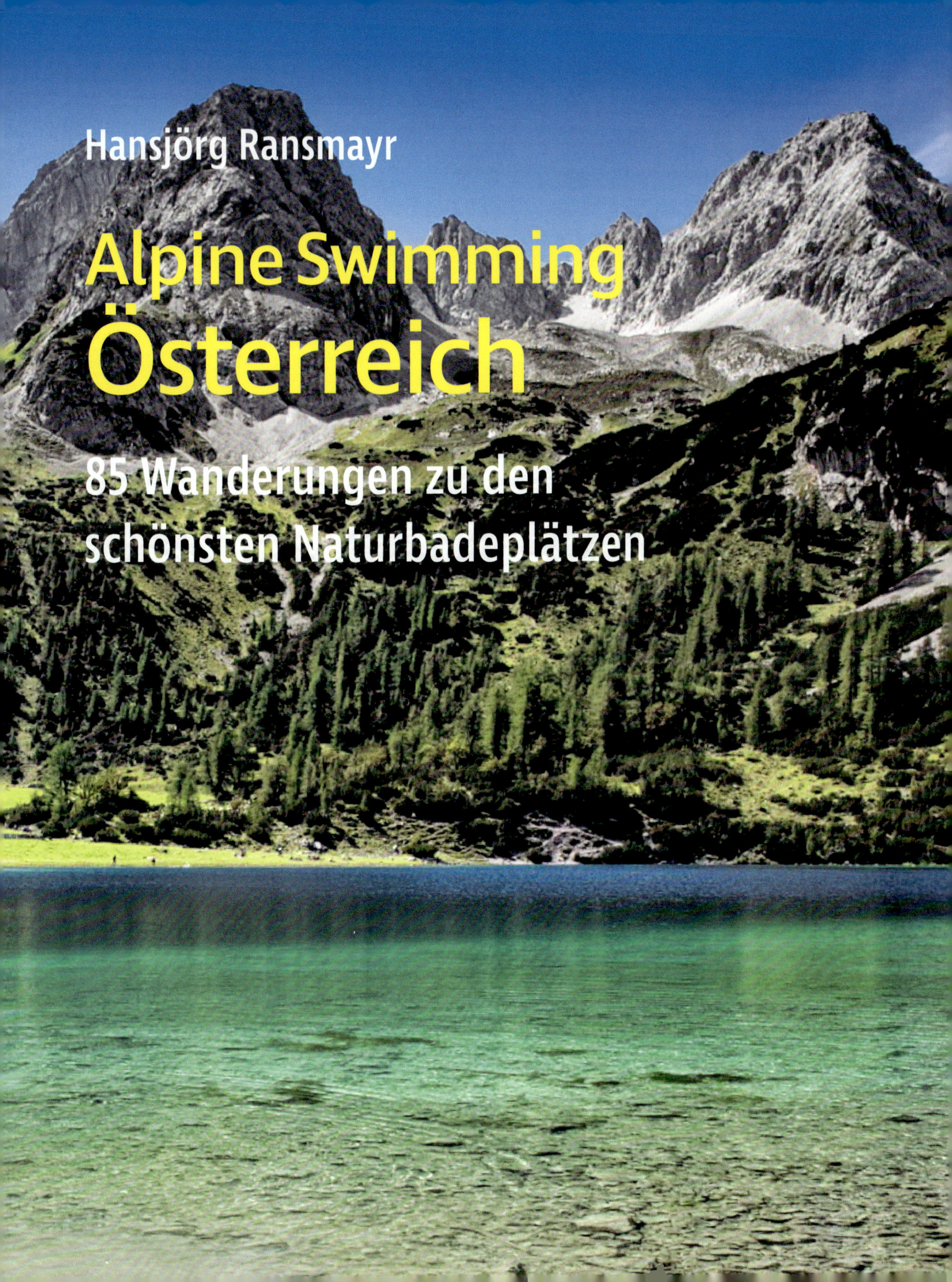

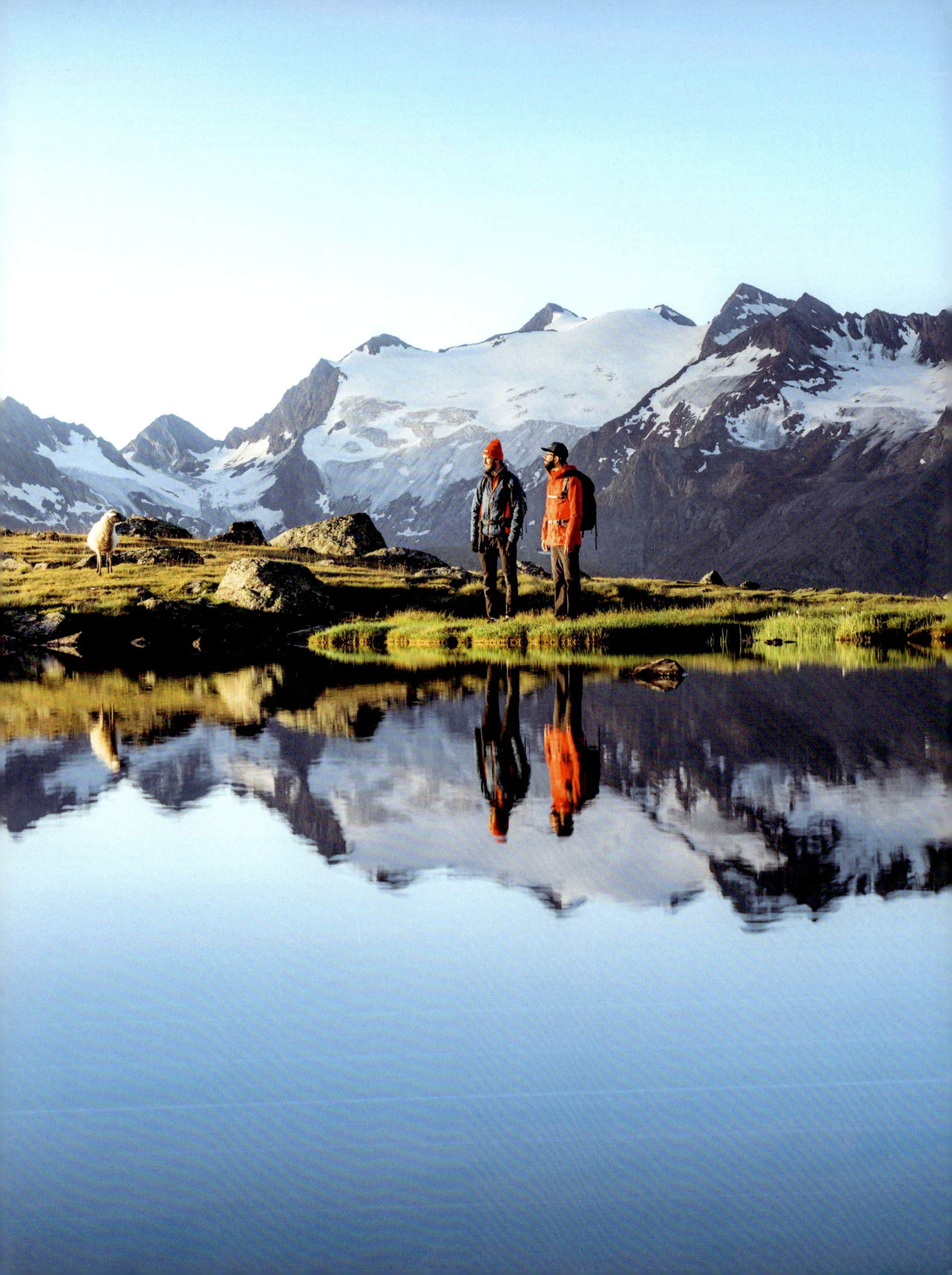

Liebeserklärung an eine alpine Super-Kombination

Wenn man wie ich sowohl das Wasser als auch die Berge liebt, ist der Schritt zum alpinen Schwimmen geradezu vorgezeichnet. Dazu kommt noch eine gewisse Prägung durch meine Heimat in den Salzburger Alpen und meine Tätigkeiten als Bergwanderführer und Wasserretter. Es ist mir ein echtes Anliegen, diese Liebe zum »Bergwasser« mit anderen zu teilen und sie für diese Kombination aus Wandern und Schwimmen zu begeistern – bei geführten Touren und Reisen und in meinen Büchern.

Mir ist durchaus bewusst, dass es ein Privileg ist, das tun zu können, was man liebt. Für mich ist es aber auch eine Verpflichtung: Weil ich der festen Überzeugung bin, dass man nur schützen und bewahren wird, was man kennt und liebt, sehe ich mich auch als Naturvermittler. Einem, dem es obliegt zu vermitteln, dass unsere Unternehmungen nie zu Egotrips auf Kosten der Natur ausarten dürfen.

»Micro adventure« heißt für mich: Man muss weder für unvergessliche Schwimmerlebnisse um die halbe Welt jetten noch für alpine Herausforderungen im höchsten Schwierigkeitsgrad klettern. Eine Liebe wie die besungene ist keine laute. Aber eine leidenschaftliche. So gesehen soll dieses Buch zugleich Liebesbeweis und Ermutigung sein. Eine Ermutigung sich (neu) zu verlieben ...

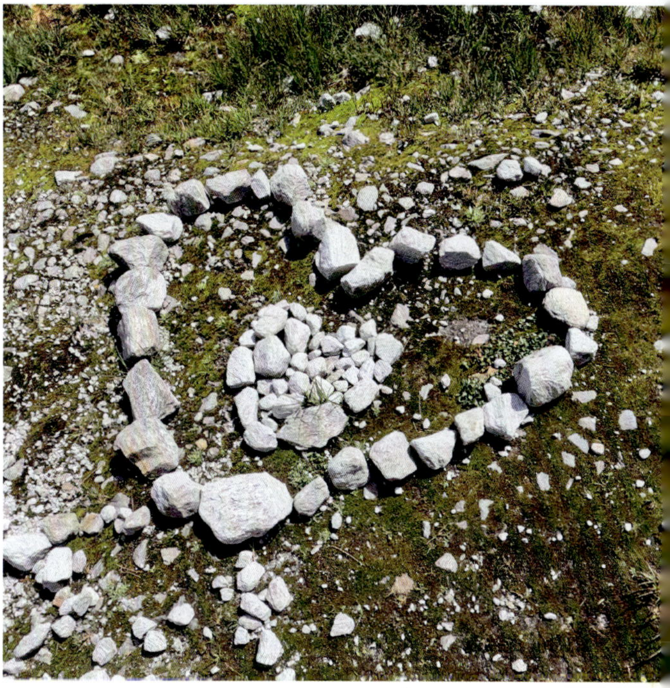

Bischofshofen, im Frühjahr 2024
Hansjörg Ransmayr

Begegnungen an der Gurgler Seenplatte.

Inhalt

Nördliche Ostalpen

Zentrale Ostalpen

Südliche Ostalpen

Der Hüttensee und die Hans-Wödl-Hütte in den Schladminger Tauern.

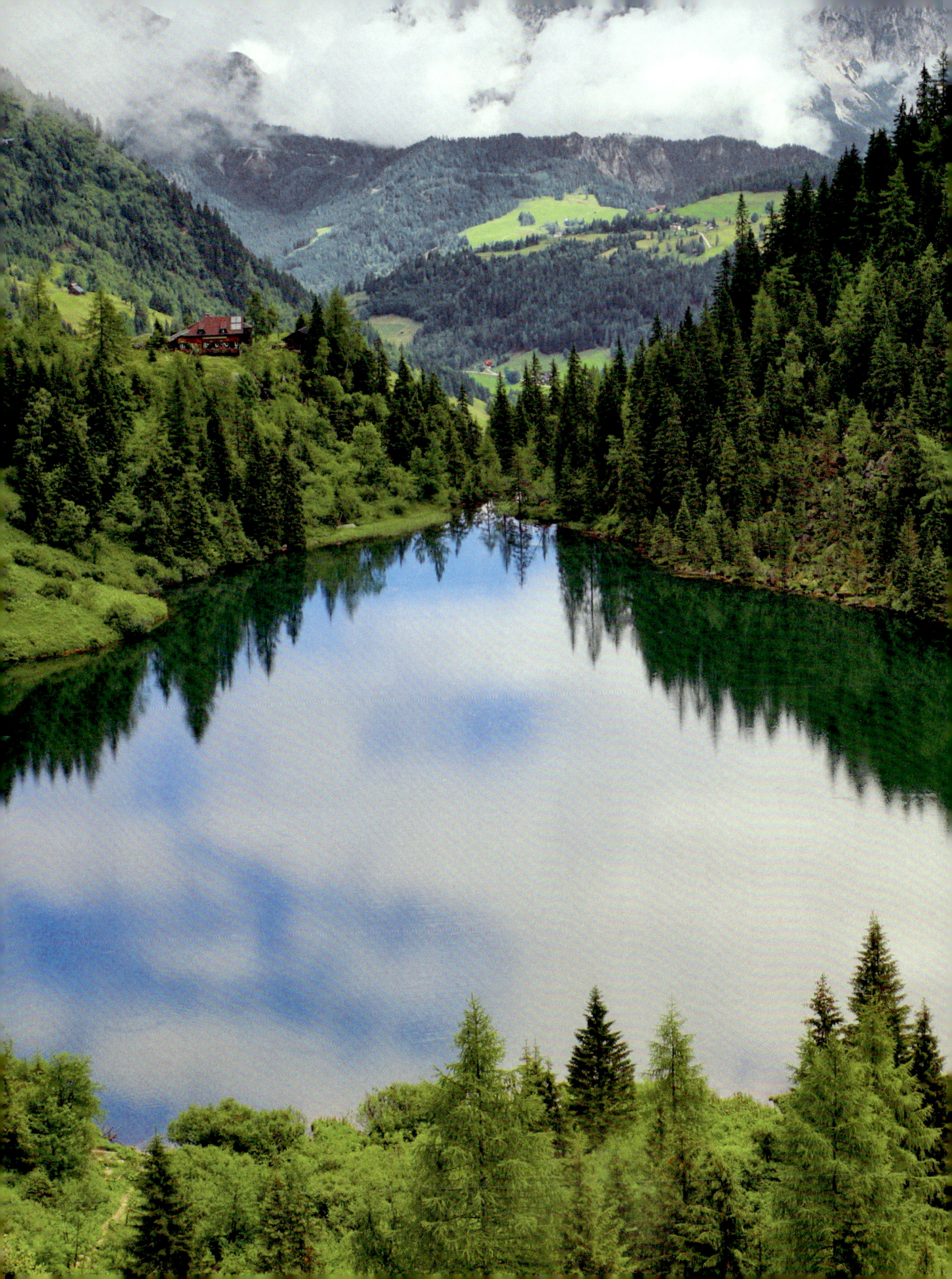

Übersichtskarte

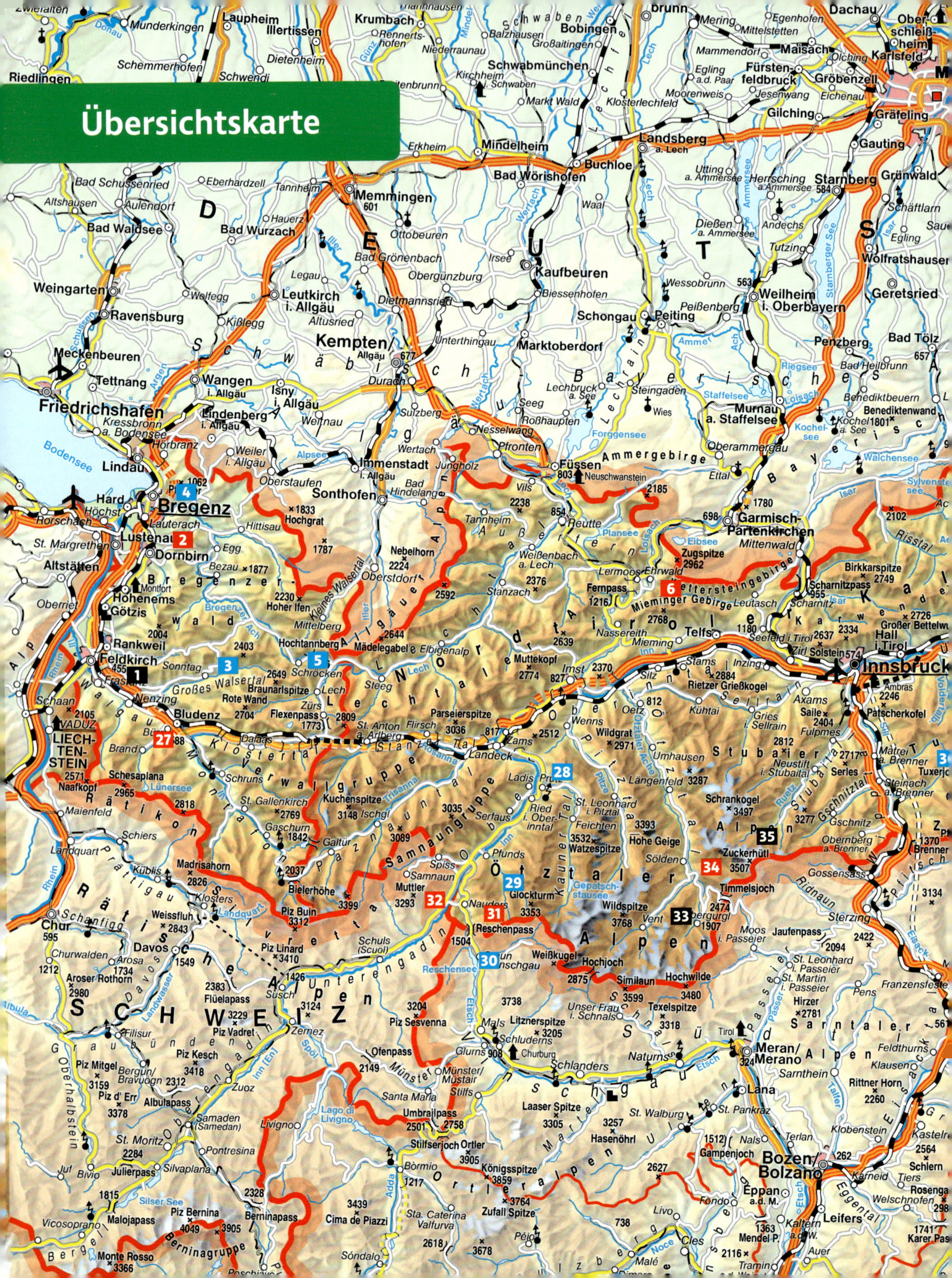

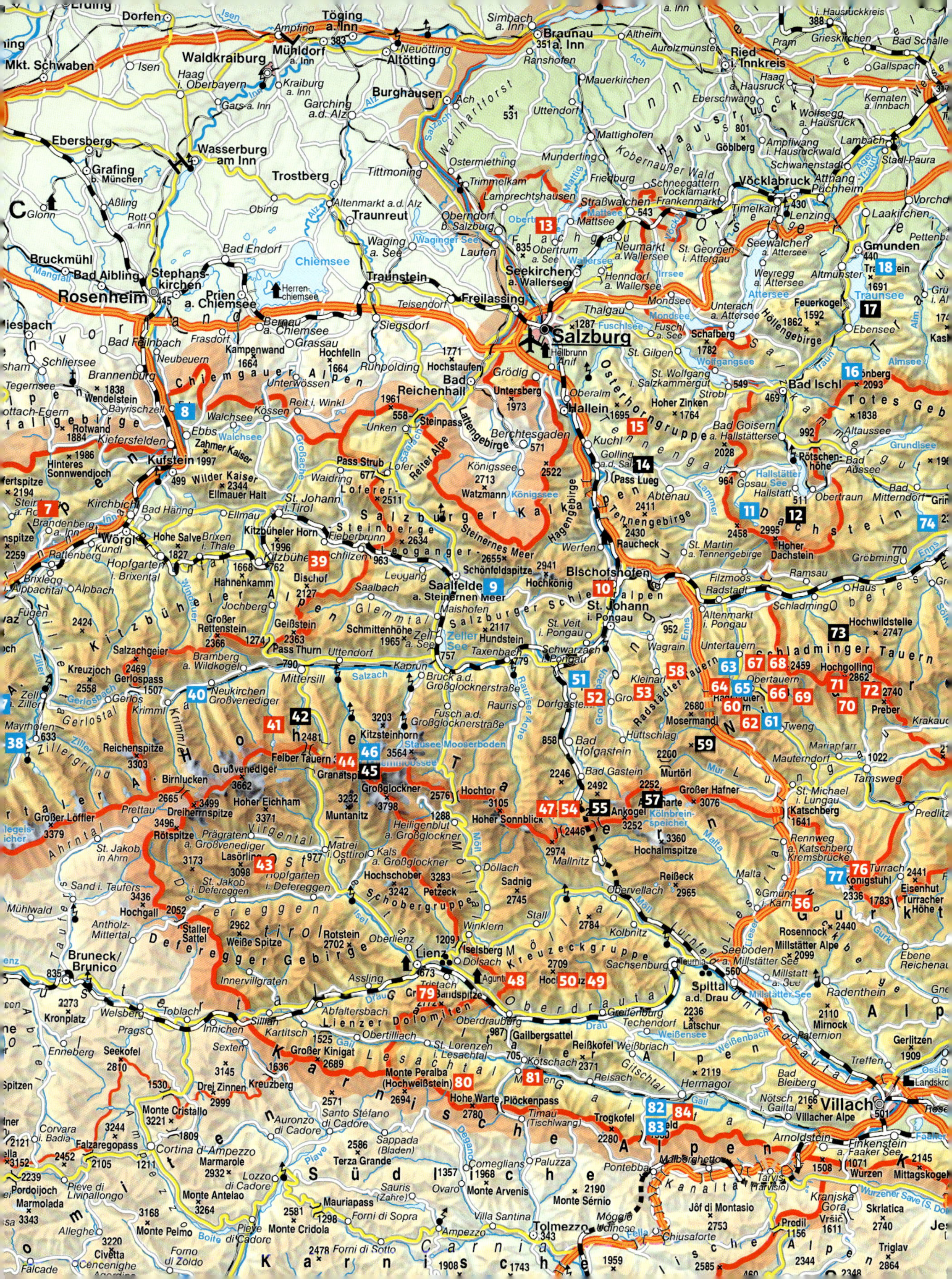

Dorfen
Töging a. Inn
Simbach a. Inn
Braunau a. Inn
Ried i. Innkreis
Mkt. Schwaben
Waldkraiburg
Mühldorf a. Inn
Neuötting
Altötting
Burghausen
Weilhartforst
Ebersberg
Wasserburg am Inn
Trostberg
Grafing b. München
Traunreut
Tittmoning
Mattighofen
Kobernaußer Wald
Vöcklabruck
Attnang Puchheim
Schwanenstadt
Stadl-Paura
Lambach
Laakirchen
Gmunden
Bruckmühl
Bad Aibling
Rosenheim
Stephanskirchen
Prien a. Chiemsee
Chiemsee
Bad Endorf
Traunstein
Waginger See
Laufen
Oberndorf b. Salzburg
Freilassing
Seekirchen a. Wallersee
Straßwalchen
Mattsee
Neumarkt a. Wallersee
Frankenmarkt
Lenzing
Seewalchen a. Attersee
Attersee
Traunsee
Feuerkogel
Salzburg
Fuschlsee
Mondsee
Thalgau
Unterach a. Attersee
Schafberg
Höllengebirge
Ebensee
Bad Reichenhall
Hochstaufen
Ruhpolding
Siegsdorf
Grassau
Bernau a. Chiemsee
Bad Feilnbach
Brannenburg
Wendelstein
Bayrischzell
Tegernsee
Schliersee
Chiemgauer Alpen
Unterwössen
Reit i. Winkl
Kössen
Walchsee
Kufstein
Ebbs
Kiefersfelden
Zahmer Kaiser
Wilder Kaiser
Ellmauer Halt
Untersberg
Grödig
Anif
Hallein
Hoher Zinken
St. Gilgen
Wolfgangsee
St. Wolfgang i. Salzkammergut
Strobl
Bad Ischl
Totes Gebirge
Altaussee
Grundlsee
Bad Aussee
Pötschenhöhe
Bad Goisern a. Hallstättersee
Hallstätter See
Gosau
Hallstatt
Obertraun
Dachstein
Hoher Dachstein
Osterhorngruppe
Golling a. d. Salzach
Pass Lueg
Kuchl
Abtenau
Tennengebirge
Raucheck
Berchtesgaden
Lattengebirge
Steinpass
Unken
Reiter Alpe
Königssee
Watzmann
Hagengebirge
Pass Strub
Lofer
Waidring
Loferer Steinberge
Salzburger Kalkalpen
St. Johann i. Tirol
Kirchbichl
Wörgl
Bad Häring
Ellmau
Hohe Salve
Brixen i. Thale
Kitzbüheler Horn
Kitzbühel
Fieberbrunn
Hochfilzen
Leoganger Steinberge
Steinernes Meer
Werfen
Bischofshofen
Hochkönig
Saalfelden a. Steinernen Meer
Leogang
Saalbach
Schönfeldspitze
Kitzbüheler Alpen
Hahnenkamm
Jochberg
Großer Rettenstein
Geißstein
Pass Thurn
Schmittenhöhe
Zell a. See
Zeller See
Maishofen
Hundstein
Taxenbach
Salzburger Schieferalpen
St. Johann i. Pongau
St. Veit i. Pongau
Schwarzach i. Pongau
Wagrain
Radstadt
Filzmoos
Altenmarkt i. Pongau
Schladming
Hochwildstelle
Schladminger Tauern
Hochgolling
Preber
Krakau
Kleinarl
Radstädter Tauern
Untertauern
Obertauern
Mosermandl
Tweng
Mariapfarr
Mauterndorf
Tamsweg
Hüttschlag
Murtörl
Großer Hafner
St. Michael i. Lungau
Katschberg
Predlitz
Rennweg a. Katschberg
Kremsbrücke
Turrach
Turracher Höhe
Eisenhut
Königstuhl
Gurk
Salzach
Kaprun
Uttendorf
Mittersill
Bramberg a. Wildkogel
Neukirchen a. Großvenediger
Krimml
Gerlos
Gerlospass
Salzachgeier
Kreuzjoch
Zell a. Ziller
Mayrhofen
Gerlostal
Zillergrund
Reichenspitze
Birnlucken
Großvenediger
Hoher Eichham
Felber Tauern
Granatspitze
Kitzsteinhorn
Stausee Mooserboden
Fusch a. d. Großglocknerstraße
Bruck a. d. Großglocknerstraße
Rauris
Rauriser Ache
Dorfgastein
Bad Hofgastein
Bad Gastein
Hochtor
Hoher Sonnblick
Ankogel
Kölnbreinspeicher
Hochalmspitze
Großglockner
Heiligenblut a. Großglockner
Muntanitz
Dreiherrnspitze
Großer Löffler
Ahrntal
Prettau
Rötspitze
Prägraten a. Großvenediger
Lasörling
Matrei i. Osttirol
Kals a. Großglockner
Hopfgarten i. Defereggen
St. Jakob i. Defereggen
Hochschober
Schobergruppe
Petzeck
Döllach
Sadnig
Mallnitz
Obervellach
Reißeck
Malta
Gmünd i. Kärnten
Millstätter See
Millstatt
Seeboden a. Millstätter See
Spittal a. d. Drau
Radenthein
Rosennock
Millstätter Alpe
Gurktaler Alpen
Ebene Reichenau
St. Jakob in Ahrn
Sand i. Taufers
Mühlwald
Hochgall
Antholz-Mittertal
Staller Sattel
Defereggengebirge
Rotstein
Weiße Spitze
Innervillgraten
Oberlienz
Winklern
Iselsberg
Dölsach
Lienz
Kreuzeckgruppe
Sachsenburg
Bruneck/Brunico
Kronplatz
Welsberg
Toblach
Sillian
Assling
Tristach
Abfaltersbach
Lienzer Dolomiten
Kartitsch
Obertilliach
Großer Kinigat
Karnischer Kamm
Lesachtal
St. Lorenzen i. Lesachtal
Oberdrauburg
Gailbergsattel
Kötschach
Reißkofel
Weißbriach
Greifenburg
Techendorf
Weißensee
Latschur
Drau
Gitschtal
Hermagor
Mirnock
Paternion
Treffen
Gerlitzen
Bad Bleiberg
Nötsch i. Gailtal
Villacher Alpe
Villach
Landskron
Gail
Prags
Seekofel
Enneberg
Sexten
Innichen
Drei Zinnen
Kreuzberg
Monte Peralba (Hochweißstein)
Hohe Warte
Plöckenpass
Timau (Tischlwang)
Trogkofel
Arnoldstein
Finkenstein a. Faaker See
Wurzen
Mittagskogel
Monte Cristallo
Cortina d'Ampezzo
Falzaregopass
Corvara i. Badia
Marmolada
Pordoijoch
Pieve di Livinallongo
Monte Antelao
Lozzo di Cadore
Auronzo di Cadore
Santo Stefano di Cadore
Sappada (Bladen)
Terza Grande
Comeglians
Paluzza
Südliche Karnische Alpen
Pontebba
Malborghetto
Tarvis (Tarvisio)
Kanaltal
Jôf di Montasio
Monte Arvenis
Monte Sernio
Villa Santina
Tolmezzo
Moggio Udinese
Chiusaforte
Predil
Kranjska Gora
Vršič
Skrlatica
Triglav
Monte Pelmo
Civetta
Monte Cridola
Mauriapass
Forni di Sopra
Forni di Sotto
Ampezzo
Sauris (Zahre)
Ovaro
Alleghe
Forno di Zoldo
Falcade
Pieve di Cadore
Karnische Alpen

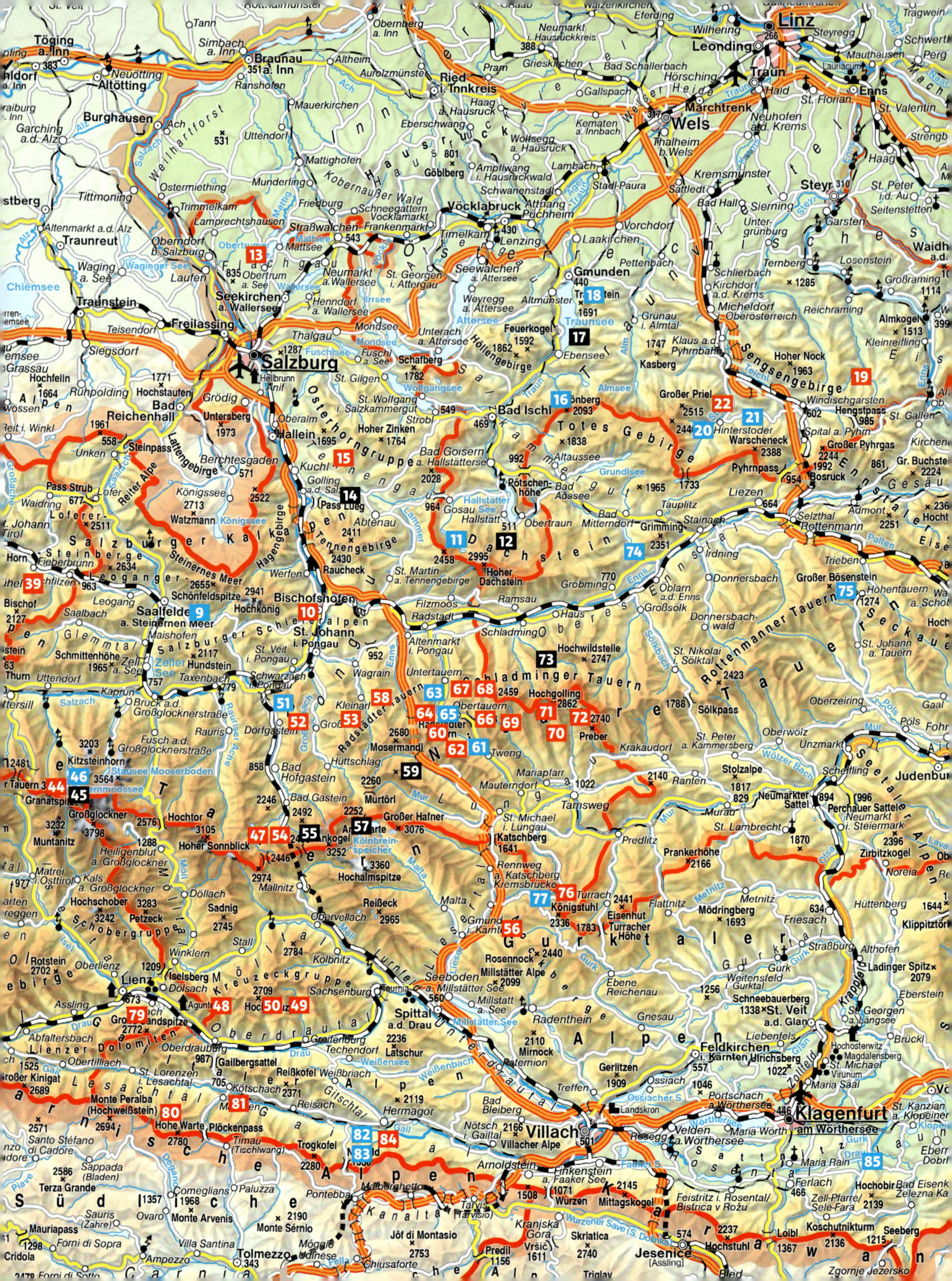

Linz
Leonding
Traun
Wels
Marchtrenk
Enns
Steyr
Braunau a. Inn
Ried i. Innkreis
Vöcklabruck
Gmunden
Bad Ischl
Salzburg
Hallein
Bad Reichenhall
Berchtesgaden
Traunstein
Freilassing
Burghausen
Altötting
Töging a. Inn
Traunreut
Chiemsee
Seekirchen a. Wallersee
Mondsee
Attersee
Traunsee
Wolfgangsee
Hallstätter See
Grundlsee
Schafberg
Feuerkogel
Totes Gebirge
Großer Priel
Dachstein
Hoher Dachstein
Tennengebirge
Hochkönig
Steinernes Meer
Watzmann
Königssee
Bischofshofen
St. Johann i. Pongau
Saalfelden a. Steinernen Meer
Zell a. See
Zeller See
Schladming
Radstadt
Liezen
Rottenmann
Stainach
Hochwildstelle
Hochgolling
Schladminger Tauern
Rottenmanner Tauern
Radstädter Tauern
Obertauern
Tamsweg
Mauterndorf
Murau
Judenburg
Großglockner
Großglocknerstraße
Heiligenblut a. Großglockner
Hoher Sonnblick
Bad Gastein
Bad Hofgastein
Mallnitz
Obervellach
Hochalmspitze
Kölnbrein-Speicher
Großer Hafner
Katschberg
Gmünd i. Kärnten
Millstätter See
Spittal a.d. Drau
Seeboden a. Millstätter See
Radenthein
Lienz
Lienzer Dolomiten
Kreuzeckgruppe
Schobergruppe
Hermagor
Gailtaler Alpen
Karnische Alpen
Villach
Villacher Alpe
Ossiacher See
Wörthersee
Klagenfurt am Wörthersee
Feldkirchen i. Kärnten
St. Veit a.d. Glan
Gurktaler Alpen
Nockberge
Turracher Höhe
Arnoldstein
Tarvis (Tarvisio)
Jesenice
Triglav
Tolmezzo
Monte Peralba (Hochweißstein)
Plöckenpass
Loibl
Koschutnikturm
Hochobir

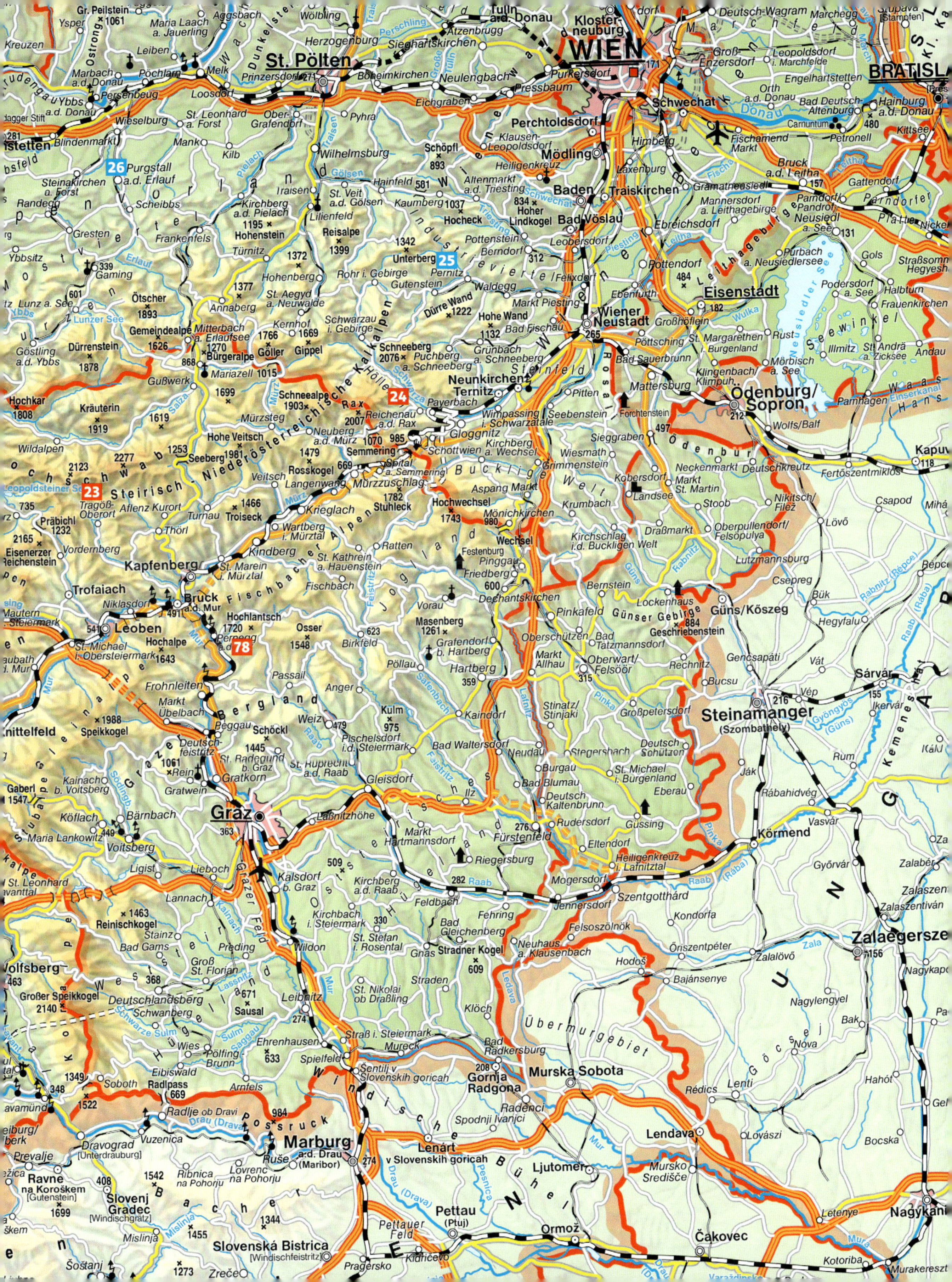

WIEN
Klosterneuburg
Tulln a.d. Donau
Deutsch-Wagram
Marchegg
BRATISL
St. Pölten
Herzogenburg
Sieghartskirchen
Neulengbach
Purkersdorf
Pressbaum
Schwechat
Perchtoldsdorf
Mödling
Baden
Traiskirchen
Bad Vöslau
Wiener Neustadt
Eisenstadt
Neusiedler See
Neusiedl a. See
Bruck a.d. Leitha
Hainburg a.d. Donau
Fischamend Markt
Petronell
Ödenburg/ Sopron
Mattersburg
Neunkirchen
Ternitz
Gloggnitz
Semmering
Mürzzuschlag
Schneeberg
Rax
Hohe Wand
Lilienfeld
Wilhelmsburg
Melk
Pöchlarn
Ybbs a.d. Donau
Wieselburg
Scheibbs
Purgstall a.d. Erlauf
Mariazell
Ötscher
Gaming
Lunz a. See
Kapfenberg
Bruck a.d. Mur
Leoben
Trofaiach
Kindberg
Krieglach
Hochwechsel
Wechsel
Friedberg
Hartberg
Pinkafeld
Oberwart/ Felsőőr
Güns/Kőszeg
Steinamanger (Szombathely)
Sárvár
Körmend
Zalaegerszeg
Graz
Gleisdorf
Weiz
Schöckl
Frohnleiten
Köflach
Voitsberg
Kalsdorf b. Graz
Feldbach
Fürstenfeld
Jennersdorf
Szentgotthárd
Bad Radkersburg
Gornja Radgona
Murska Sobota
Leibnitz
Deutschlandsberg
Wildon
Spielfeld
Marburg a.d. Drau (Maribor)
Pettau (Ptuj)
Ljutomer
Lendava
Čakovec
Ormož
Nagykanizsa
Slovenska Bistrica
Slovenj Gradec
Ravne na Koroškem
Dravograd
Windische Bühel
Übermurgebiet
Bucklige Welt
Joglland
Grazer Bergland
Steirisch Niederösterreichische Kalkalpen
Fischbacher Alpen
Hochkar
Hochalpe
Speikkogel
Stuhleck

Wandern: Allgemeine Hinweise

Einteilung der Touren

In diesem Buch basiert die Reihung und Zuordnung der einzelnen Spots auf der »Alpenvereinseinteilung der Ostalpen« (AVE). Für den österreichischen Anteil der Ostalpen erfolgt die grundlegende Einteilung in Nördliche Ostalpen, Zentrale Ostalpen und Südliche Ostalpen sowie in die jeweils zugehörigen Gebirgsgruppen; diese sind vom Alpenverein aufsteigend von West nach Ost und von Nord nach Süd nummeriert. Die Touren-Reihenfolge im Buch orientiert sich an dieser Nummerierung der Gebirgsgruppen.

Nördliche Ostalpen

Weil im Gegensatz zu den meisten anderen Gebirgen der Welt die Ostalpen durch Längstäler strukturiert werden, macht die Einteilung der Ostalpen parallel zum Alpenhauptkamm durchaus Sinn. Die Nördlichen Ostalpen sind diesem nördlich vorgelagert, bis zu 50 Kilometer breit und erstrecken sich in Österreich über ca. 500 Kilometer vom Bregenzerwaldgebirge bis zum Wienerwald.

Zentrale Ostalpen

Die Zentralen Ostalpen bilden den Alpenhauptkamm der Ostalpen in Österreich und gelten als eine der sieben wesentlichen Großlandschaften des Landes. In der umgangssprachlich oft nur als Zentralalpen bezeichneten Gebirgskette befinden sich die höchsten Gipfel und die meisten Gletscher. Für die frühzeitliche Bevölkerung erwies sich der Alpenhauptkamm als größte Barriere für den innereuropäischen Handel und Kulturaustausch. Deshalb waren Saumpfade über die niedrigsten Pässe von großer Bedeutung.

Unterer Eisbodensee, Zentrale Ostalpen.

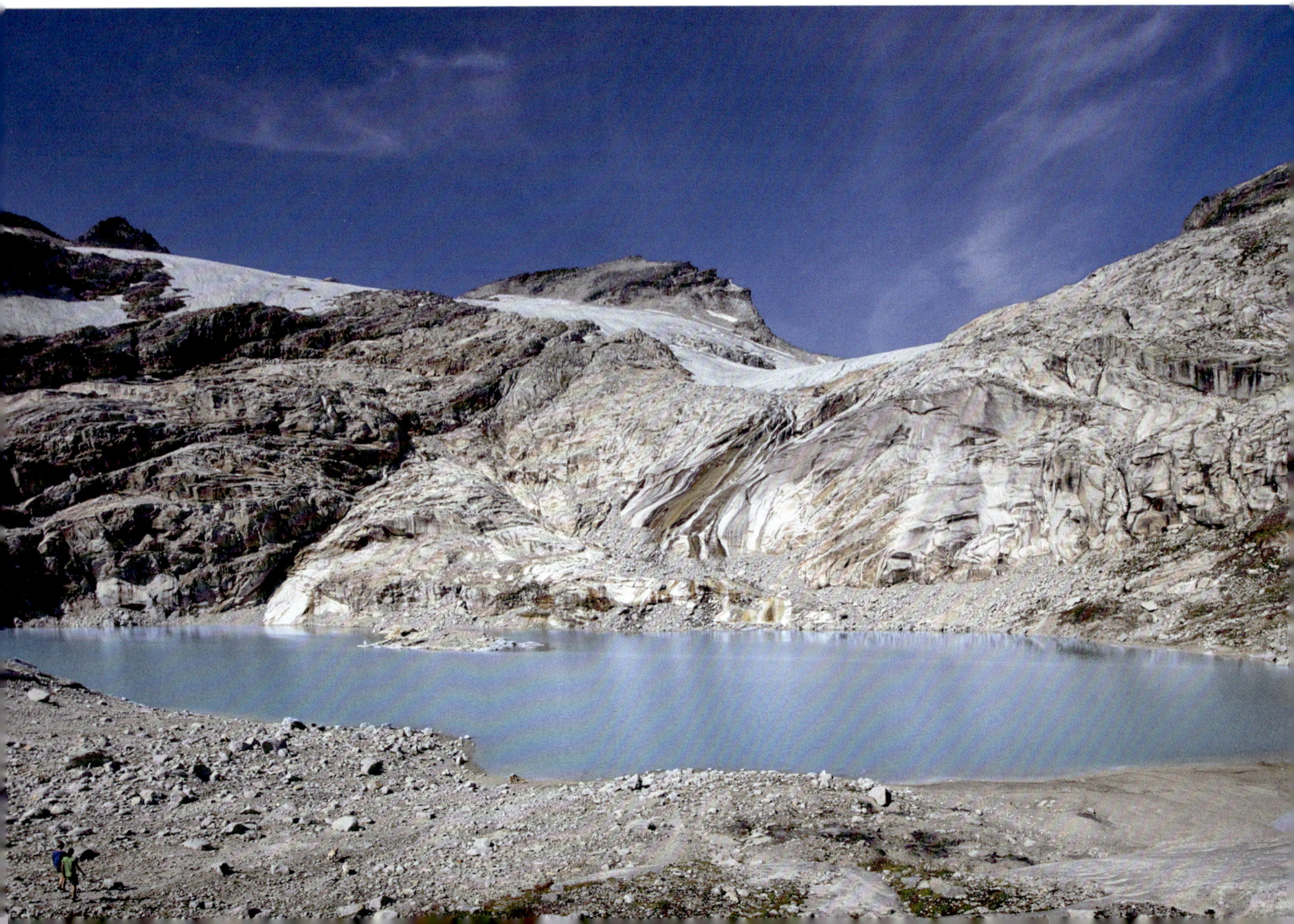

Symbole in den Höhenprofilen

🚌	Bushaltestelle	†ı	Gipfel / Wegkreuz, Bildstock
🚉	Bahnhof	)(	Pass, Sattel, Joch
	Seilbahnstation	)(	Brücke
	Sesselliftstation		Kirche, Kapelle
	Schleppliftstation		Burg, Schloss, Ruine
	Fahrt mit der Seilbahn		Aussichtspunkt
	Fahrt mit dem Sessellift		Picknickplatz
	Schiffsanlegestelle	∩	Höhle, Tunnel
P	eingerichteter Parkplatz		Badeplatz, Schwimmstelle
	Ort mit Einkehrmöglichkeit		Wasserfall
	bewirtschaftete Hütte, Gasthaus, Café	◉	Quelle, Brunnen

Südliche Ostalpen
Dieser Alpenteil erstreckt sich südlich der Zentralalpen und besteht in Österreich aus den Gailtaler und den Karnischen Alpen (auch »Karnischer Hauptkamm«). Abgegrenzt werden die Südlichen Ostalpen von den Zentralalpen durch die von breiten Längstälern gebildete Periadriatische Naht. Mit 700 Kilometern stellt diese die längste tektonische Störungslinie der Ostalpen dar. Sie wird so bezeichnet, weil sie ungefähr parallel zur Küstenlinie des Adriatischen Meeres verläuft. Ein Großteil dieses Teils der Alpen wird von den Südlichen Kalkalpen gebildet.

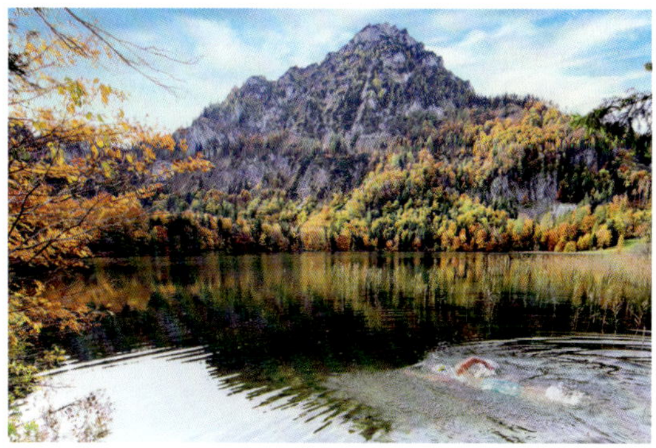

Foto oben: Laudachsee, Nördliche Ostalpen.
Unten: Friesenhalssee, Südliche Ostalpen.

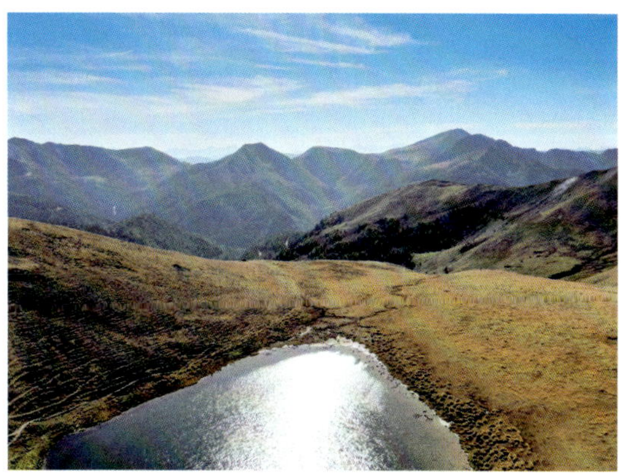

Hinweise zur Tourenwahl
Für dieses Buch wurde bewusst ein Mix aus kurzen »Spritztouren« zum schnellen Dippen und längeren alpinen Wandertouren gewählt. Aber auch bei den Kurztrips zu Schwimmspots lässt sich das Wandervergnügen optional verlängern. Ebenso reicht das Spektrum des Möglichen von leichten, familienfreundlichen Unternehmungen bis zu anspruchsvolleren Bergfahrten und Klettersteigen. Bitte berücksichtigen Sie bei Ihrer Tourenwahl das Können und die Ausdauer aller Teilnehmer sowie deren Tagesverfassung und natürlich die aktuellen Wetterverhältnisse.
Bei den beschriebenen Touren handelt es sich fast ausschließlich um reine Tagestouren. Wo es sinnvoll ist, werden Möglichkeiten zur Anreise mit Öffis angeführt. Über das stetig wachsende Angebot an saisonalen Wander- und Hüttentaxis informieren Sie sich bitte bei den vor Ort ansässigen Tourismusorganisationen.

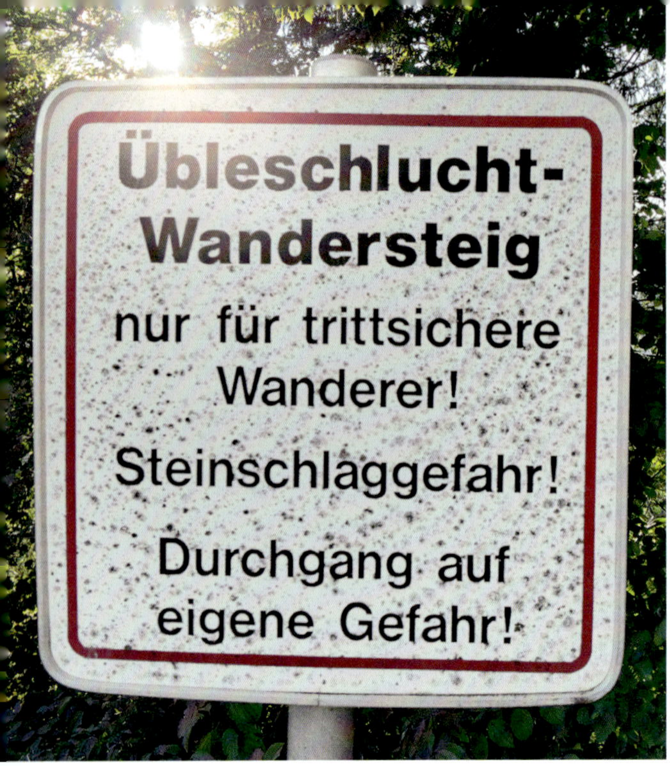

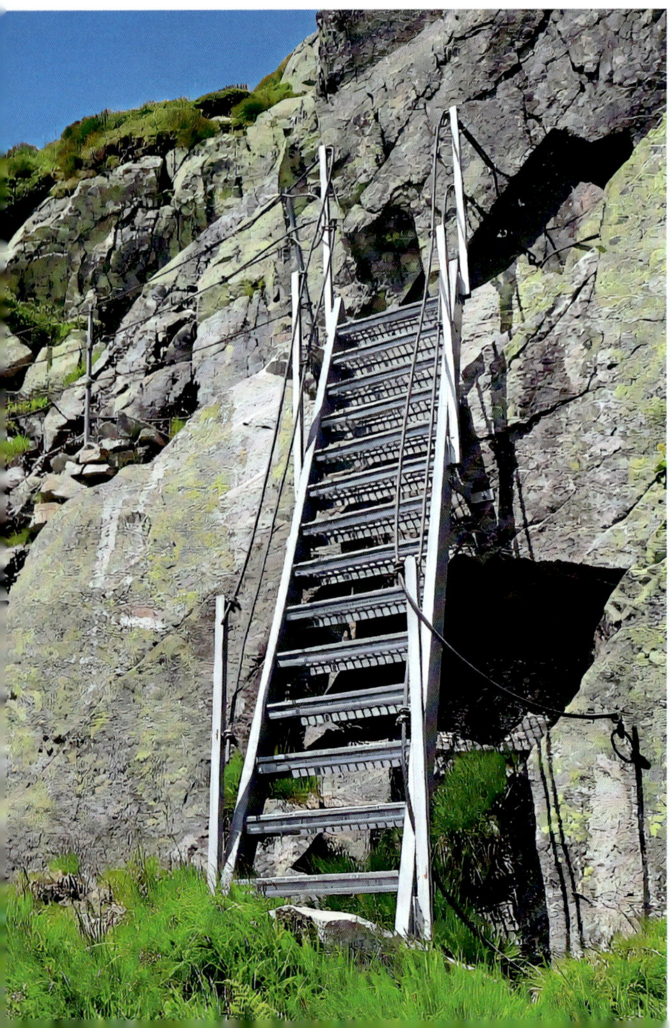

Anforderungen

Die Touren sind nach dem allgemeinen, auch international gebräuchlichen Schema in drei Schwierigkeitsstufen mit den Farben Blau, Rot und Schwarz eingeteilt:

■ Leicht

Diese Wanderungen verlaufen auf gut trassierten, zumeist markierten Wegen in unteren und mittleren Höhenlagen. Moderate Steigungen überwiegen. Diese Touren sind auch für weniger geübte Personen und Familien mit Kindern geeignet bzw. bei durchwachsenen Wetterbedingungen in der Regel gut durchführbar.

■ Mittel

Auf diesen Touren sind die Wege abschnittsweise schmal oder schottrig. Die Routen können felsige, weglose und auch steile Passagen beinhalten, ebenso leichte gesicherte wie auch ungesicherte Kletterstellen. Hinreichende Trittsicherheit, oft auch Schwindelfreiheit sowie eine gute Kondition für längere Strecken und größere Höhenunterschiede sind erforderlich, weiters ein grundlegendes Orientierungsvermögen.

■ Schwierig

»Schwarze« Touren führen in alpines oder hochalpines Terrain und können gesicherte oder ungesicherte Kletterstellen (bis UIAA I+) oder Klettersteigpassagen (bis B) sowie ausgesetzte und steile Passagen aufweisen. Sie erfordern daher absolute Trittsicherheit, Schwindelfreiheit und Bergerfahrung, oft auch einen guten Orientierungssinn im unübersichtlichen Gelände und auf unmarkierten bzw. weglosen Abschnitten. Außerdem ist für einige dieser Touren eine solide Ausdauer vonnöten, sodass auch lange Gehzeiten bewältigt werden können.

Gehzeiten

Den angegebenen Zeiten liegt ein durchschnittliches Tempo ohne Schwimm- und sonstige Pausen zugrunde. Die tatsächlich benötigte Gehzeit kann allerdings je nach Kondition, Tagesverfassung, Gruppengröße,

Foto links: Am Hans-Gruber-Weg (Tour 45).

Wetter und Geländebedingungen deutlich variieren. Daher ist es ratsam, bei der Tourenplanung immer ein Zeitpolster einzurechnen.

Alpine Gefahren

Besondere Vorsicht ist an ausgesetzten und abrutschgefährdeten Stellen, bei der Querung steiler Flanken, an regennassen, steilen Grashängen, auf gefrorenen Schneefeldern und bei vereisten Passagen geboten. Im steilen Felsgelände und unter Abhängen ist auf Steinschlaggefahr zu achten.

Speziell im Hochgebirge kann das Wetter schnell umschlagen und für kritische Situationen sorgen. Bitte beachten Sie die Wettervorhersagen und gegebenenfalls die Empfehlungen von bergerfahrenen Einheimischen und Hüttenwirten. Bei Frühlings- und Frühsommertouren müssen Sie in höheren Lagen zum Teil noch mit Schneefeldern und vereisten Passagen rechnen.

Im Hochsommer steigt am späteren Nachmittag die Gewitterwahrscheinlichkeit, weshalb ein früher Aufbruch immer von Vorteil ist. Sollten Sie dennoch in ein Gewitter geraten, gilt es, exponiertes Gelände möglichst zu meiden und sich von allem Metallischen fernzuhalten.

Während Nebel im Hochgebirge das ganze Jahr über auftreten kann, ist das im Herbst besonders oft der Fall. Bei Nebeleinbruch leistet ein GPS-Gerät, bei früh einsetzender Dunkelheit eine Stirnlampe gute Dienste.

Ausrüstung

Gutes Schuhwerk und funktionelle Wanderbekleidung sollten eigentlich selbstverständlich sein. Bei einem Wettersturz und in großen Höhen kann es im Gebirge recht kalt werden, weshalb neben Proviant, Trinkwasser und Verbandsmaterial warme Überkleidung jedenfalls in den Rucksack gehört.

Gerade im unwegsamen Gelände und für Wanderer mit Knieproblemen ist die Mitnahme von Trekkingstöcken ratsam.

Notfall

Für den Notfall sollte immer ein Handy bzw. Smartphone mit im Gepäck sein. Damit ist es fast immer möglich, den Europäischen Notruf (Notrufnummer 112) auch ohne SIM-Card, ohne Eingabe des PIN-Codes bzw. ohne Aufhebung der Tastensperre zu erreichen. Für die Verständigung der Bergrettung wählt man in Österreich die Notrufnummer 140.

Wird ein Notruf abgesetzt, sollte man auf folgende Fragen antworten können:

- Was ist passiert?
- Wo ist es passiert (Koordinaten oder Wegbeschreibung)?
- Wie viele Personen sind verletzt?
- Wer ruft an?
- Wie sind die Verhältnisse (Wetter etc.) am Unfallort?

Bewusst umweltbewusst!

- Wenn möglich zur Anreise öffentliche Verkehrsmittel oder Fahrgemeinschaften nützen!
- Schutzgebiete sind zu beachten, Wildtiere nur aus der Ferne zu beobachten.
- Wege bzw. Routen nicht verlassen und Gatter wieder schließen und sich von Weidevieh möglichst fern halten, insbesondere wenn Hunde mitgeführt werden.
- Blumen bitte stehen lassen.
- Keine Abfälle zurücklassen und Lärm vermeiden.

GPS-Tracks und Koordinaten der Ausgangspunkte

Auf **gps.rother.de** stehen zu diesem Buch GPS-Tracks und die Koordinaten der Ausgangspunkte zum kostenlosen Download bereit. Dieser QR-Code führt direkt zum Download.

1. Auflage, Passwort: **341801zDr**

Die GPS-Tracks können in die **Rother App** importiert werden. In der App kann man unterwegs stets sehen, wo man gerade ist und wo es langgeht.

Anleitungen dazu: rother.de/gps

Trotz sorgfältiger Prüfung können wir Fehler und zwischenzeitliche Veränderungen nicht ausschließen. Verlassen Sie sich für die Orientierung niemals einzig und allein auf die GPS-Daten, sondern beurteilen Sie die Verhältnisse vor Ort.

Tipps für Dips & Trips

Für unsere Umwelt

Noch bis vor wenigen Jahren war alpines Schwimmen selbst für Hartgesottene eine echte Herausforderung. Im Zuge des Klimawandels und der damit einhergehenden höheren Durchschnittstemperaturen sind aber auch die Wassertemperaturen gestiegen. Bei manchen Kleingewässern sogar so weit, dass sie zu kippen drohen. Hier ist also speziell in einem heißen Hochsommer Sensibilität gefragt: Wenn manche Bergseen ihre Tiefstwasserstände erreichen, verbietet sich ein Schwimmen von selbst.

Was sich aber in jedem Fall verbietet, ist ein Beschwimmen von Naturgewässern dick eingecremt mit Sonnenschutzmittel. Schon wenige Tropfen dieser Substanzen sind für das ökologische Gewässer-Gleichgewicht eine Katastrophe. Also bitte erst nach dem Baden eincremen!

Ein weiteres No-Go ist es, sich durch dichtes Schilf oder anderen Uferbewuchs einen Weg zum »Wassern« zu bahnen oder Brutgebiete von Wasservögeln bzw. Laichgebiete von Fischen und Amphibien zu betreten. Wo Verbotsschilder aufgestellt sind, sind diese unbedingt zu beachten, wo keine sind, gilt es, selbst Aufmerksamkeit walten zu lassen.

Laute Musik und Gejohle ist schon im Freibad eine Zumutung, in der freien Natur jedoch ein Armutszeugnis. Auch dass wir keinen Müll zurücklassen, sollte für jeden Naturfreund ei-

Mit dem Packraft am Seebensee.

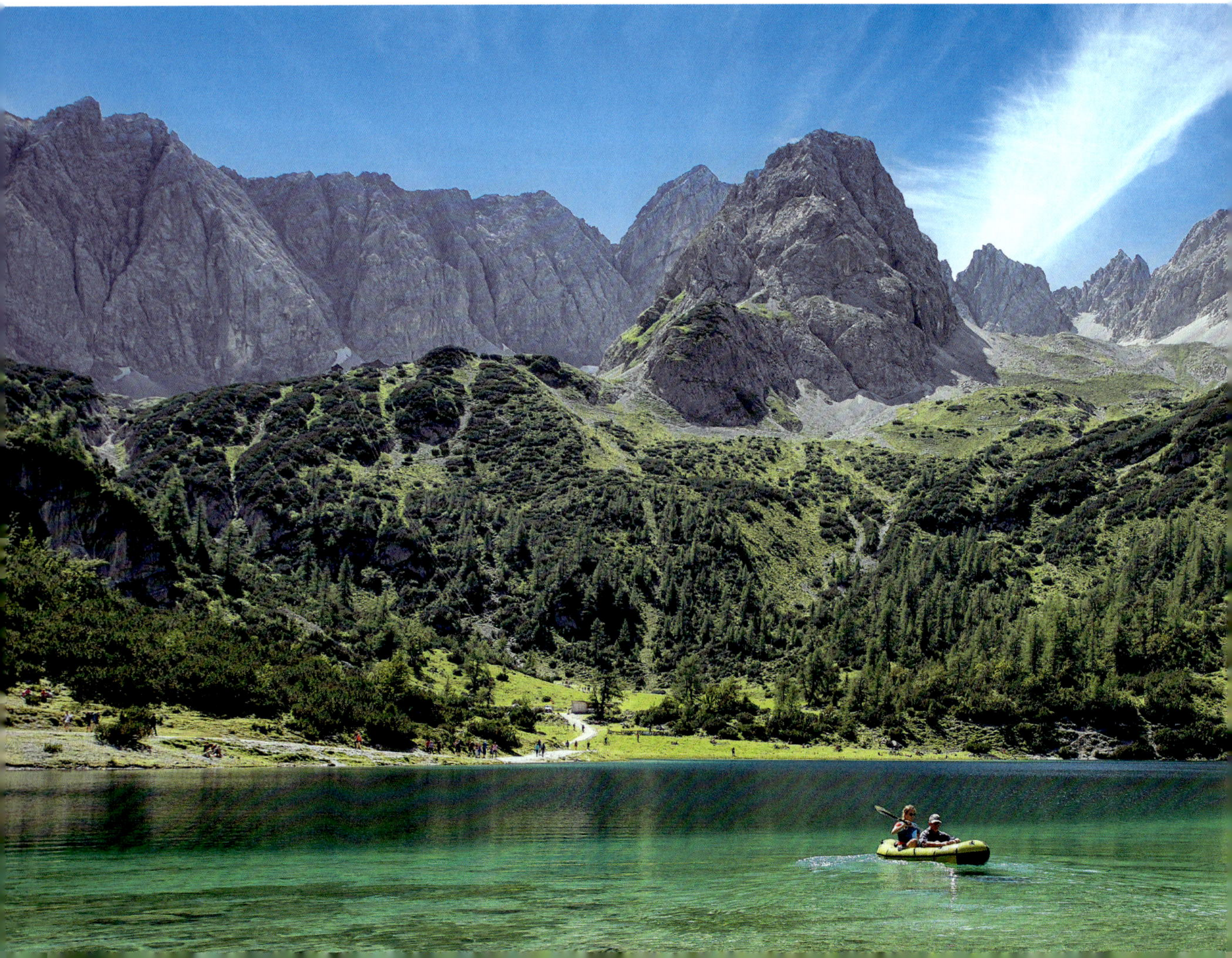

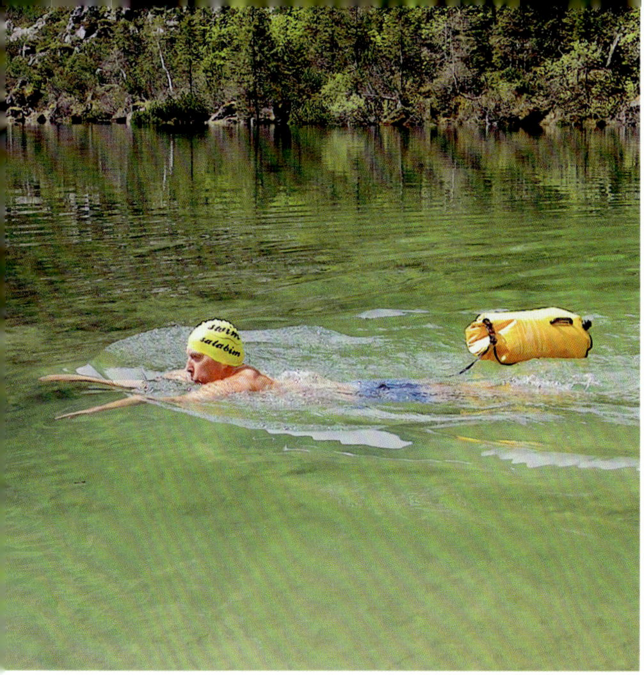

SWACK beim Schwimmen …

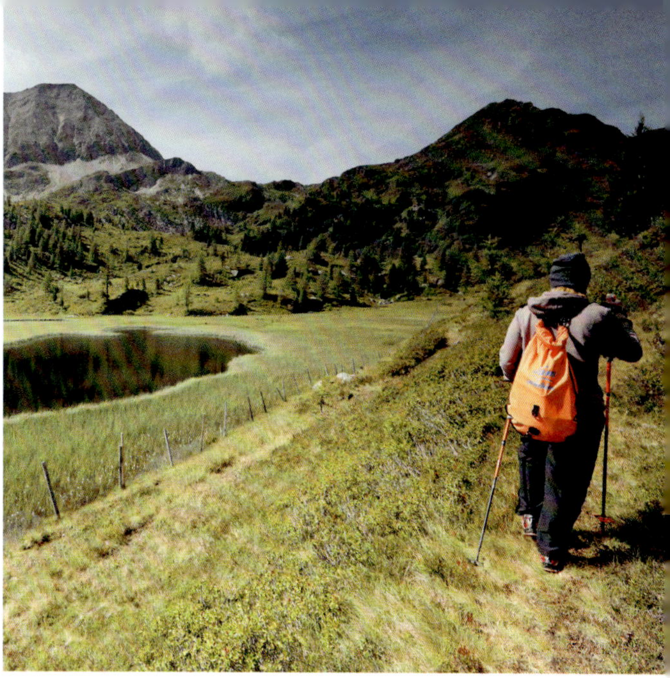

… und beim Wandern.

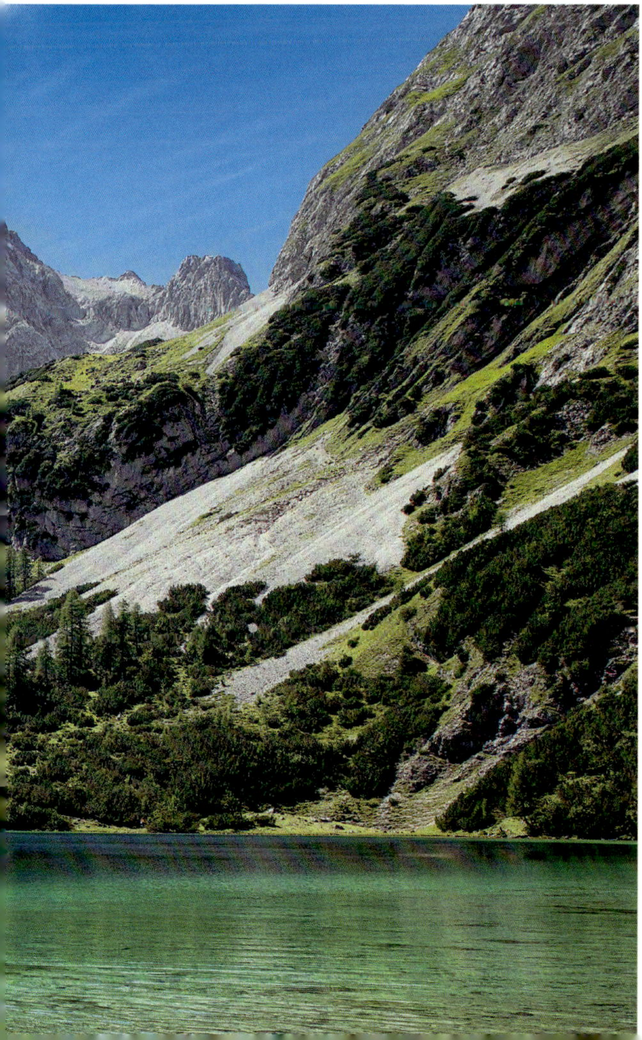

gentlich selbstverständlich sein. Vielmehr sollten wir danach trachten, gewisse Badestellen sauberer zu verlassen, als wir sie vorgefunden haben (leeren Müllsack mitnehmen!).

Für Ihre Sicherheit

Alle Spotbeschreibungen dieses Buches sind »Momentaufnahmen«. Es liegt wortwörtlich in der Natur der Sache, dass sich an den Bade- und Schwimmstellen die Gegebenheiten über Nacht ändern können. Die sichere Schwimmstelle von heute kann morgen zur gefährlichen Falle werden. Dies gilt insbesondere für Fließgewässer! Den aktuellen Wetterbericht und die Wetterentwicklung zu beobachten, ist in den Bergen ohnedies ratsam – und erst recht, wenn man zusätzlich auch noch schwimmen will.

Für längere Schwimmstrecken und besonders kalte Wassertemperaturen empfiehlt sich die Benutzung einer aufblasbaren Schwimmboje. Diese wird in an einem Hüftgurt hinter sich hergezogen und behindert, richtig eingestellt, bei keiner Schwimmlage. Gute Schwimmbojen bestehen aus dickem widerstandsfähigem PVC-Material, haben zwei Luftkammern und ein Trockenfach für Autoschlüssel, Handy etc.; sie bieten mindestens so viel Auftrieb wie eine Schwimmweste und sind in auffälligen Signalfarben ausgeführt. Speziell für die Anwendung

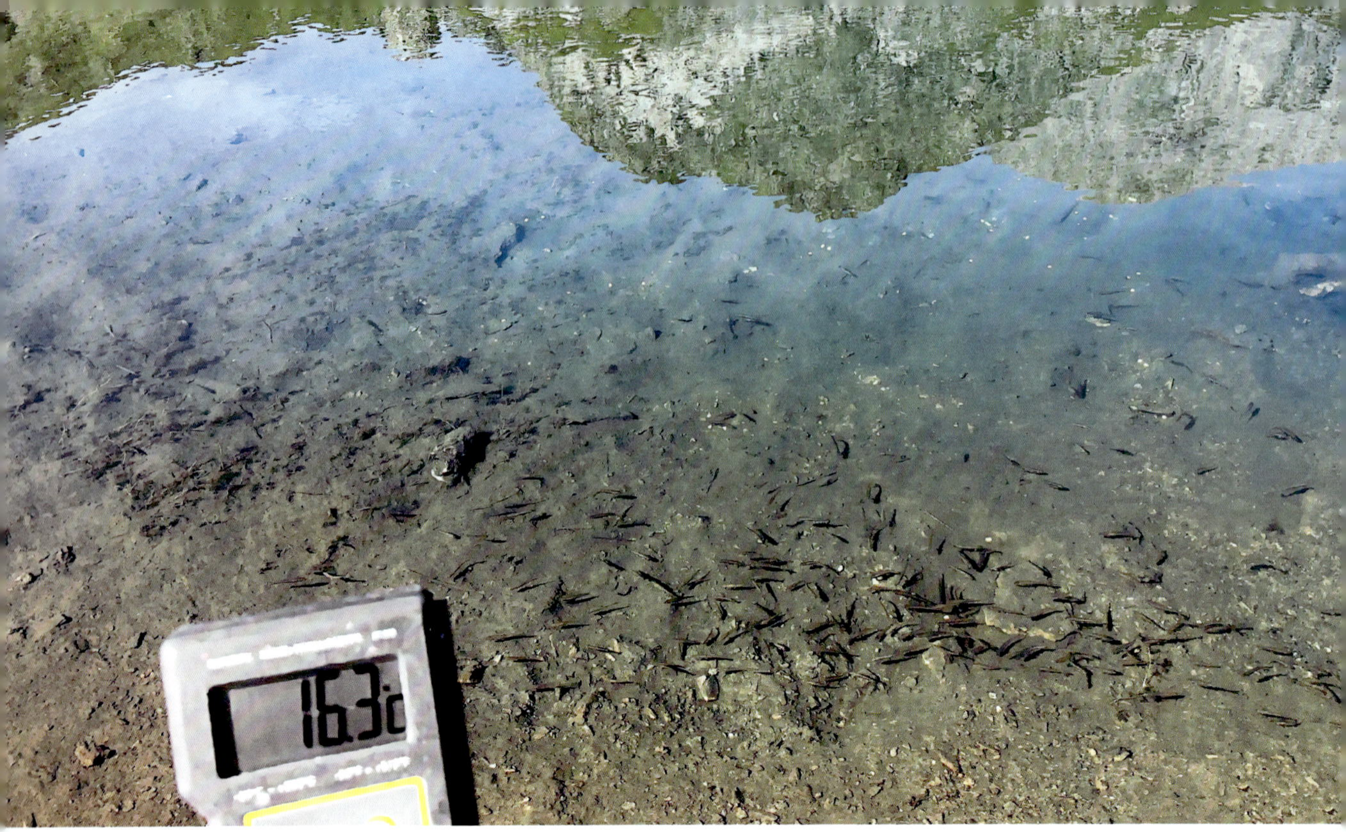

Digitalthermometer für die Temperaturkontrolle.

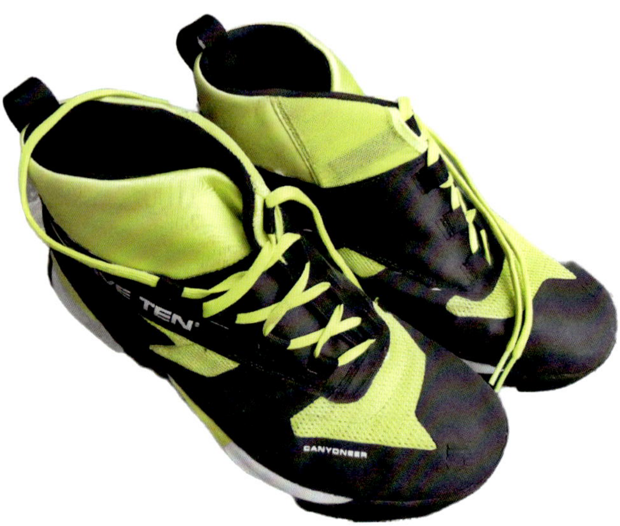

Im schwierigen Gelände empfehlenswert: Canyoning-schuhe.

beim alpinen Schwimmen wurden vom Autor »SWACKs« (steht für »SWimming« und »BackpACK«) – eine Kombination von Schwimmboje und Wanderrucksack – entwickelt.

Für Ihre Ausrüstung

Neben der schon erwähnten Schwimmboje gibt es noch andere Ausrüstungsgegenstände, die zwar keine »musts«, aber »nice to haves« sind:

- Canyoningschuhe für besten Grip bei Schluchtwanderungen, beim Wasserfall- und Höhlenschwimmen (canyoningshop.com).
- Schwimmponchos zum diskreten Umkleiden, wenn man z.B. mit Gruppen unterwegs ist und zum Aufwärmen nach dem Schwimmen (gillmarine.com).
- Wärmemäntel, um nach längerem Kaltwasserschwimmen oder bei starkem Wind schnell wieder auf Temperatur zu kommen (gillmarine.com).
- Packrafting-Boote als Ergänzung für Familien und/oder Schwimmgruppen. Ideal, wenn einzelne Teilnehmer nicht schwimmen wollen oder können, aber trotzdem Spaß im Wasser haben möchten. Ideal sind diese ultraleichten Rucksackboote auch zum Erkunden, Übersetzen, für den Gepäcktransport oder als Sicherheits- bzw. Begleitboot (packrafting-store.de).

Für Ihre Trips
Die Rother-Wander-App macht Tourenplanung einfach und verständlich. Ob im Web oder unterwegs auf dem Handy – man kann nicht nur überall eigene Routen erstellen, sondern hat auch die Auswahl aus mehr als 10.000 Touren.
■ rother.de

Swimsalabim bietet alpine Schwimmtrips und Genuss-Schwimmen abseits ausgetretener Pfade. Auf Anfrage können geführte Touren und Schwimmreisen auch exklusiv für Gruppen, Firmen, Familien und Individualreisende angeboten werden – darunter auch Specials wie Eis-, Höhlen- und Stollen-Schwimmen.
■ facebook: swimsalabim

Ein Schwimm-Poncho ist nicht nur zum Aufwärmen, sondern auch zum Umziehen praktisch.

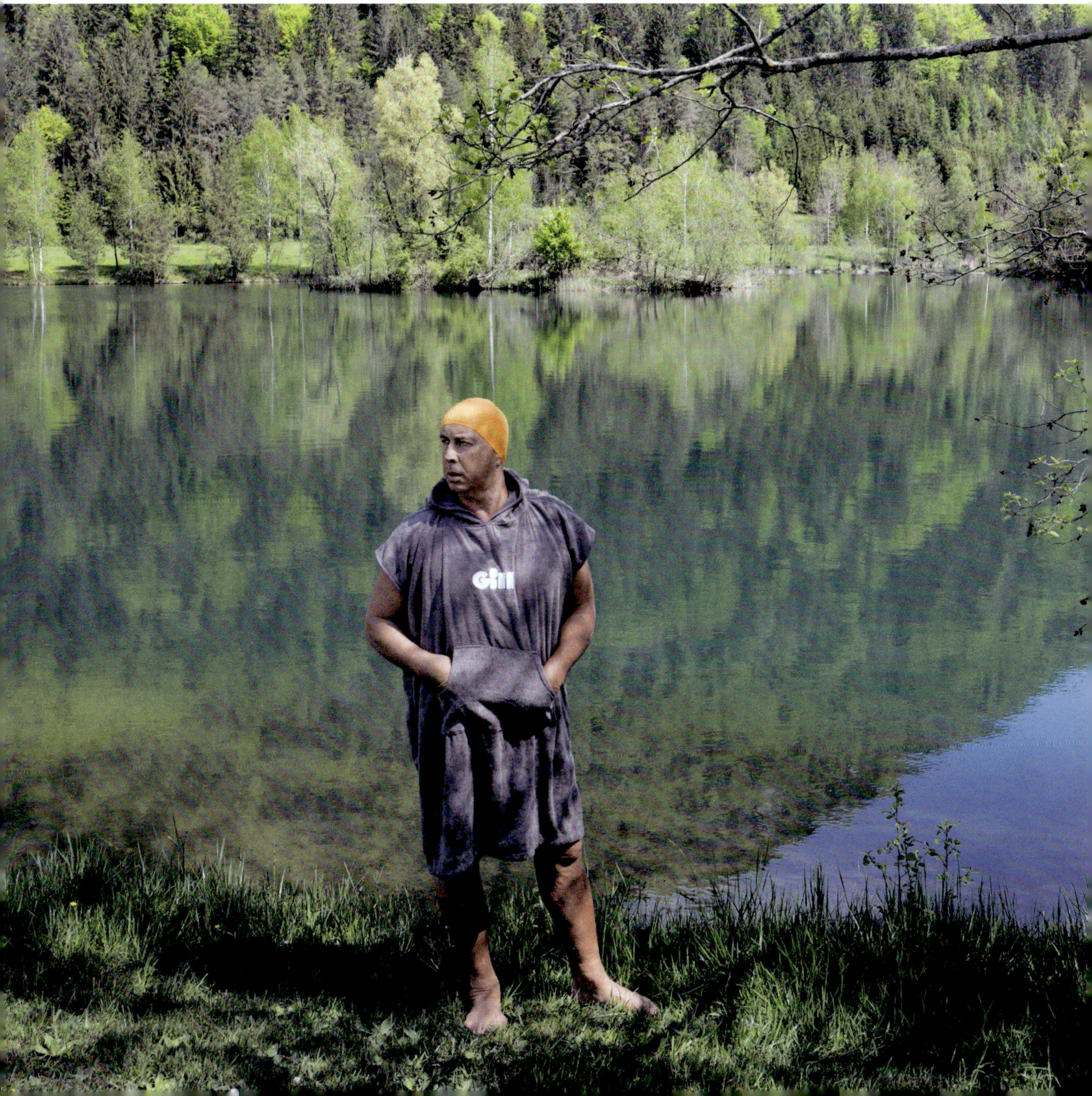

Schwimmen: Von – Bis

Vom Warmduschen zum Immerschwimmen

Was ein Kalb mit der oben angesprochenen Transformation zu tun hat? Ganz einfach – zumindest wenn man der historischen Legende von Milon, einem der stärksten Männer der Antike, Glauben schenken darf. Sein Erfolgsrezept war angeblich, täglich ein anfänglich winziges Kalb auf seinen Schultern zu tragen. So, wie dies heranwuchs und an Gewicht zulegte, legte Milon an Kraft zu. So erfolgreich, dass er zuletzt in der Lage war, einen ausgewachsenen Stier zu tragen.

Umgelegt auf Kaltwassertoleranz heißt das: Man schwimmt in die kalte Saison »hinein«. Gibt man dem Körper die Zeit, sich allmählich an sinkende Wassertemperaturen zu gewöhnen, wird er auch in der wirklich kalten Jahreszeit bzw. bei entsprechenden Verhältnissen in der Lage sein, niedrige Wassertemperaturen zu tolerieren. Man kann diese Adaptionen durch allmählich forciertes Kaltduschen (zusätzlich) fördern. Ziel sollte sein, Schwimmen zu einer Ganzjahres-Sportart zu machen, die man genussvoll das ganze Jahr über draußen ausüben kann. Hierzu aber auch gleich eine Warnung: Achtung, Kaltwasserschwimmen respektive Eisschwimmen kann – richtig praktiziert – süchtig machen. Mehr dazu in einem demnächst in diesem Verlag erscheinenden Buch ...

Vom Kachelzählen zum Überallschwimmen

Vorneweg eine Klarstellung: Hier geht es keinesfalls um ein Bashing der von Wildswimming-Kollegen manchmal geringschätzig als »Kachelzähler« bezeichneten Pool-Schwim-

Badestelle an der oberen Kleinarler Ache.

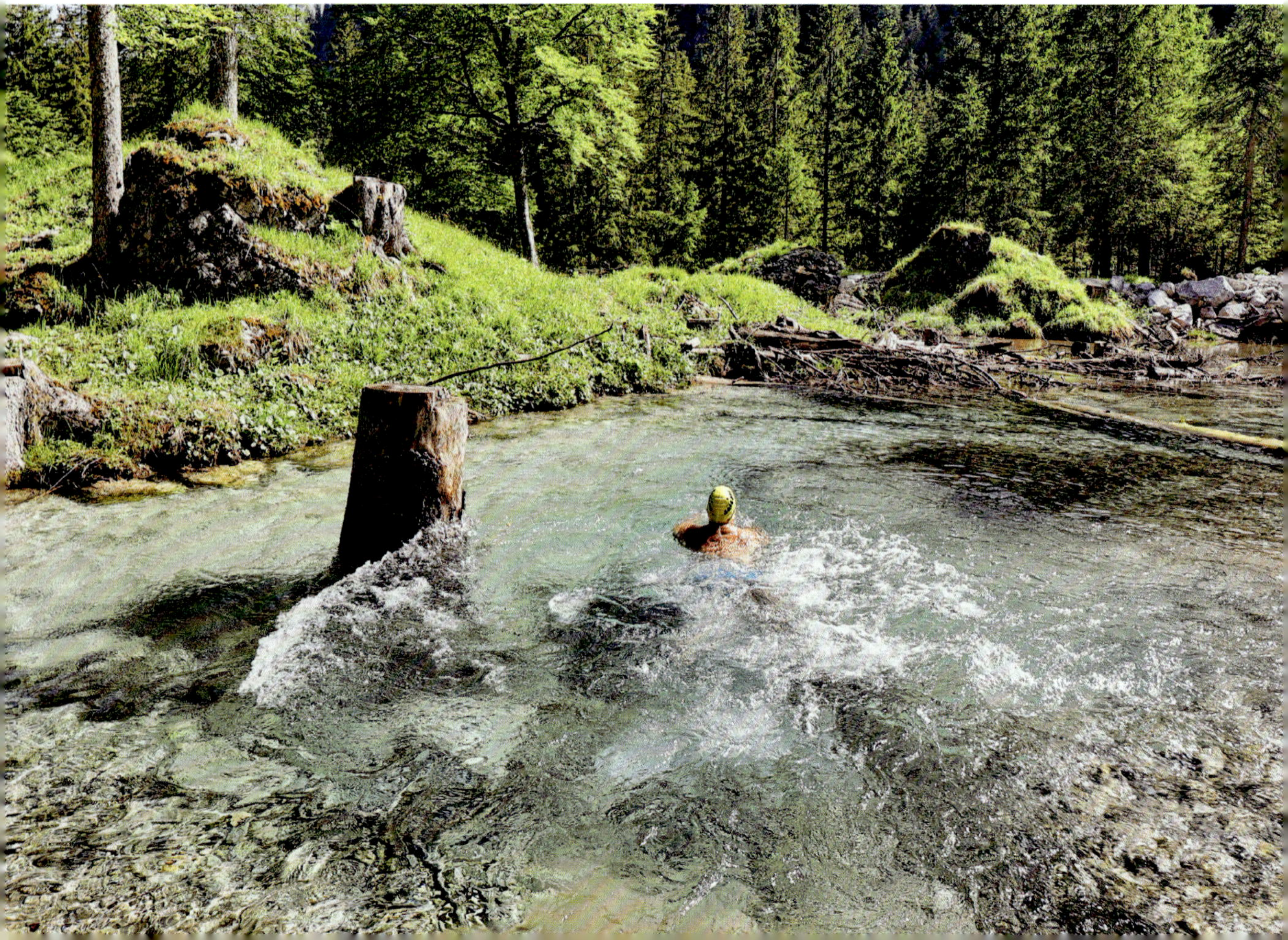

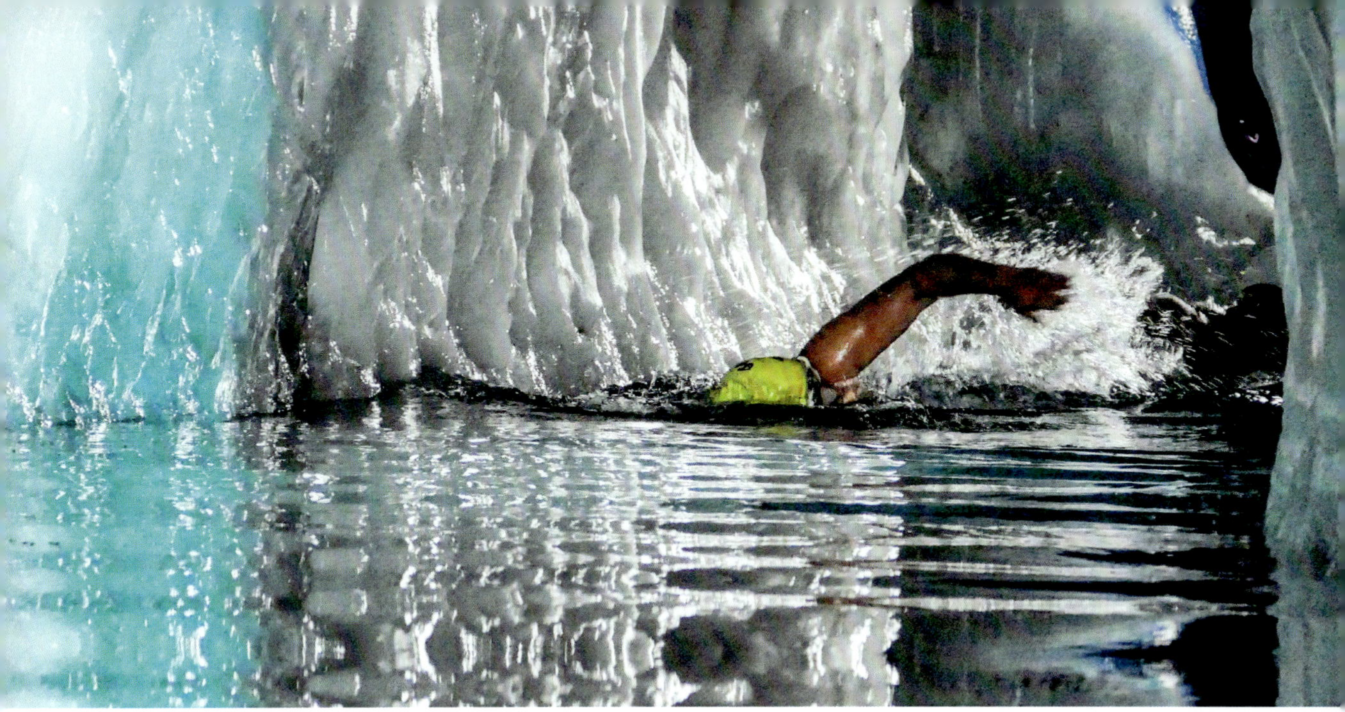

Natureispalast Hintertux.

mer. Poolschwimmen hat durchaus seine Reize, seine Berechtigung und meine volle Anerkennung. Aber es ist auch was dran an der Behauptung: Poolschwimmen ist wie ein Besuch bei McDonald's: Es ist genormt bezüglich Beckenlängen, Wassertemperaturen, Chlorgehalt etc. Wildswimming und erst recht Alpine Swimming ist immer unterschiedlich. Während Poolschwimmer unter »Wassergefühl« die Fähigkeit verstehen, das Wasser optimal zu »greifen« und somit für optimalen Vortrieb und schnellste Zeiten zu sorgen, interpretieren wir »Wassergefühl« ganz anders. Wer viel in unterschiedlichen Naturgewässern unterwegs ist, entwickelt rasch ein Gefühl, ein Sensorium für die unterschiedlichen Wasserqualitäten – von mineralisch-hart bis moorig-weich, von kristallklar bis humindunkel, von beißend bis schmeichelnd.

Zu diesen unterschiedlichen Wasser-Reizen kommt noch die Faszination der unterschiedlichen Locations dazu. Für uns heißt es nicht »Kopf rein und durch«, sondern wir dürfen uns – durchaus im Sinne des genialen österreichischen Schriftstellers Robert Musil – auf ein »Spazierenschwimmen« einlassen. Ob Panoramaschwimmen im Bergsee, ein Dip in einem Wasserfall-Pool oder gar ein Schwimmen unter Tage – nur die eigene Fantasie setzt Grenzen, und selbstredend eine eventuelle Natur- oder Selbstgefährdung.

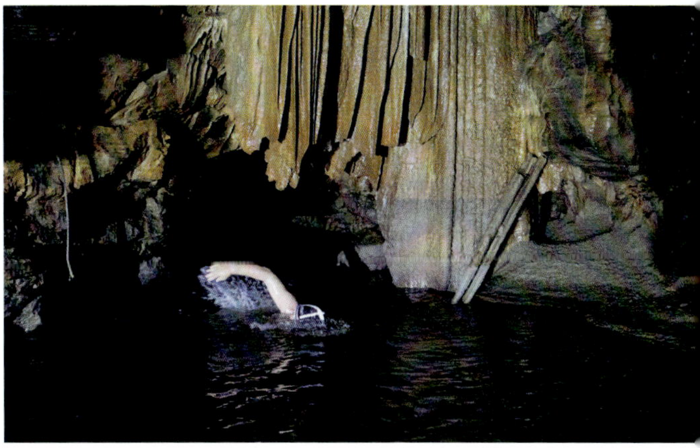

Lurgrotte, Peggau.

Von der Kunst der Verneinung

Ähnlich wie beim Extrembergsteigen gilt auch beim Schwimmen – nicht um jeden Preis! Was den einen der Verzicht auf einen »Gipfelsieg«, ist uns der Verzicht auf ein Schwimmerlebnis, sollte dies auf Kosten der Umwelt oder unserer eigenen Sicherheit gehen. »Safety first« ist gut und richtig, »Nature first« gleichermaßen wichtig, zweifelsfrei gilt: »Pleasure second!«

Nördliche Ostalpen

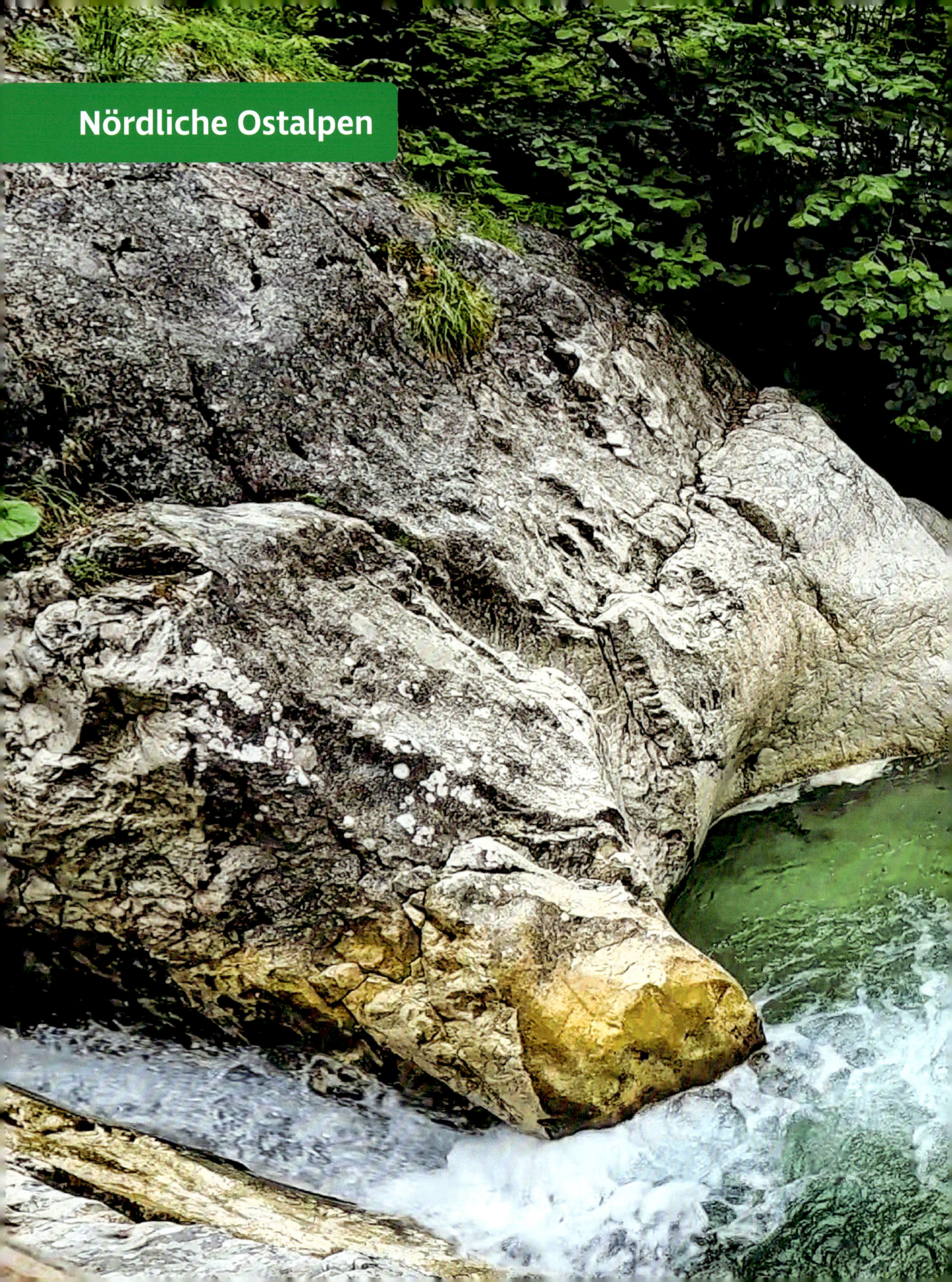

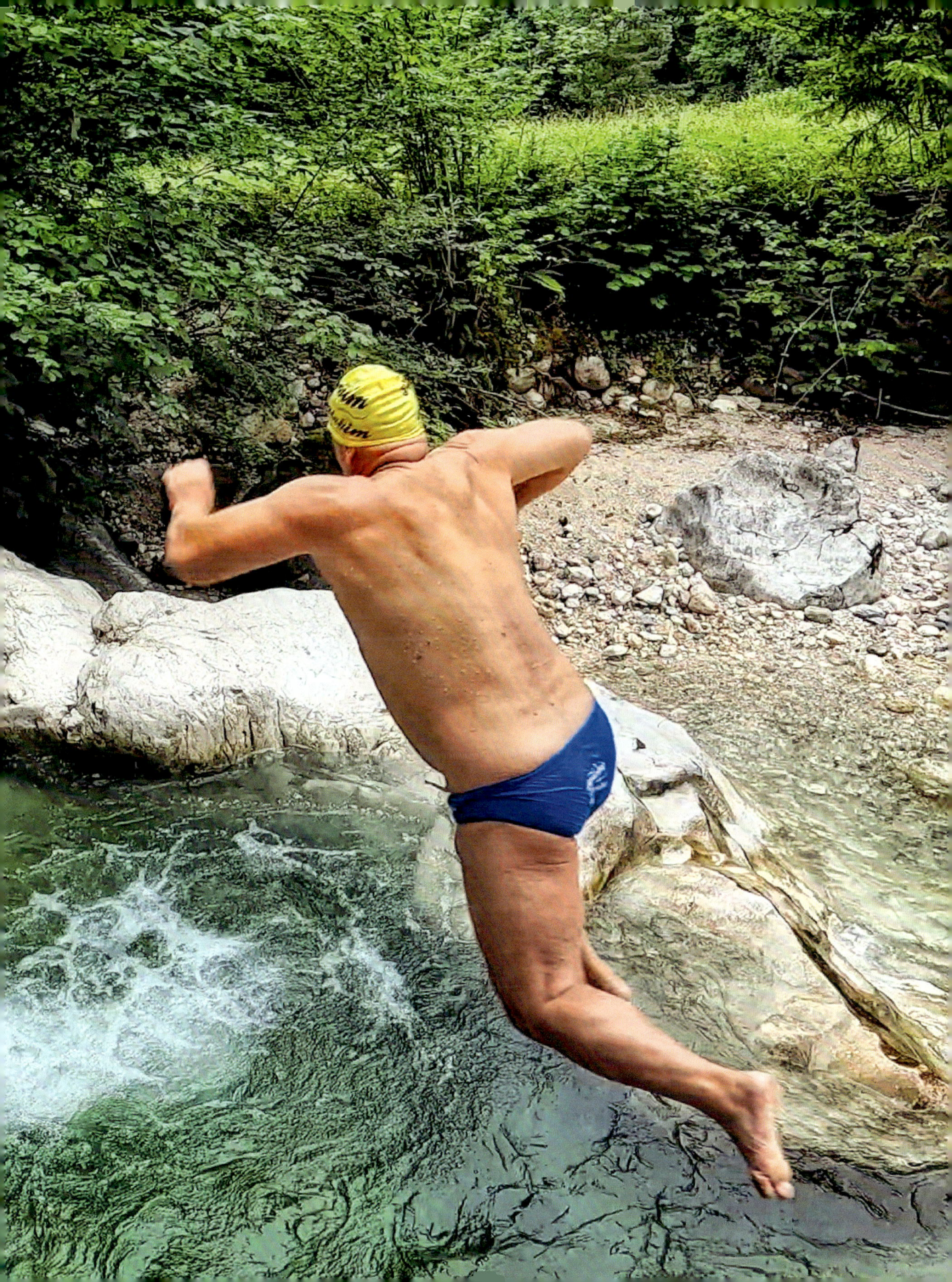

1 Üble Schlucht

Eine der schönsten Klammen Westösterreichs

2.00 Std. → 4,4 km ↗ 240 m ↘ 240 m

Nomen non est omen

Während Naturliebhaber, Wanderer und Wildschwimmer diese Schlucht wohl mit anderen Attributen versehen würden, wird das Wort »übel« in diesem Flurnamen im Sinne von »gefährlich, unheilbringend« verwendet. Früher wurde der Bach – die Frutz – nämlich zur Holzbringung verwendet. Aus der Sicht der Triftgesellen stellte deren damals unwegsame Engstelle tatsächlich ein gefährliches Übel dar, während Schluchtenwanderer heute hier einen gut gesicherten, allerdings nach wie vor mit Vorsicht zu begehenden Steig vorfinden. Vorsicht sollte man auch bei der Wahl einer geeigneten Badestelle walten lassen. Der »heikle« Wasserfall am unteren Schluchtausgang wird wohl nur bei Niedrigwasser zu beschwimmen sein, die hier beschriebene Badestelle ist diesbezüglich sehr viel sicherer.

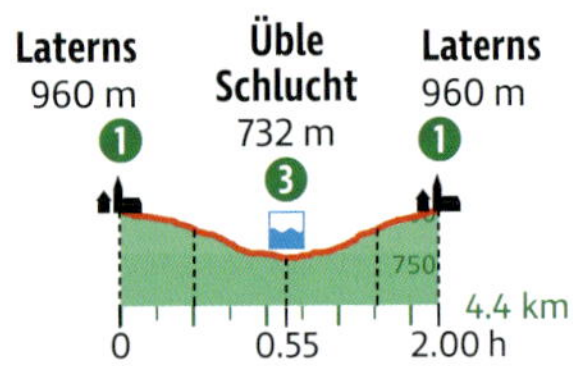

Ausgangspunkt: Kostenloser Parkplatz, 960 m, oberhalb von Laterns an der Laternserstraße. Laterns ist auch per Linienbus ab Bahnhof Rankweil erreichbar.

Anforderungen: Der Weg durch die Üble Schlucht ist als alpiner Steig ausgewiesen. Auf Wegen, Stiegen und Brücken herrscht selbst im Hochsommer akute Rutschgefahr. Gutes Schuhwerk, Trittsicherheit sowie Kindern gegenüber erhöhte Aufmerksamkeit sind ein absolutes Muss!

Einkehr: Gasthöfe in Laterns; Peterhof, Tel. +43 5522 42882, etwas nordwestlich des Ausgangspunktes gelegen.

Karte: Freytag & Berndt WK 364.

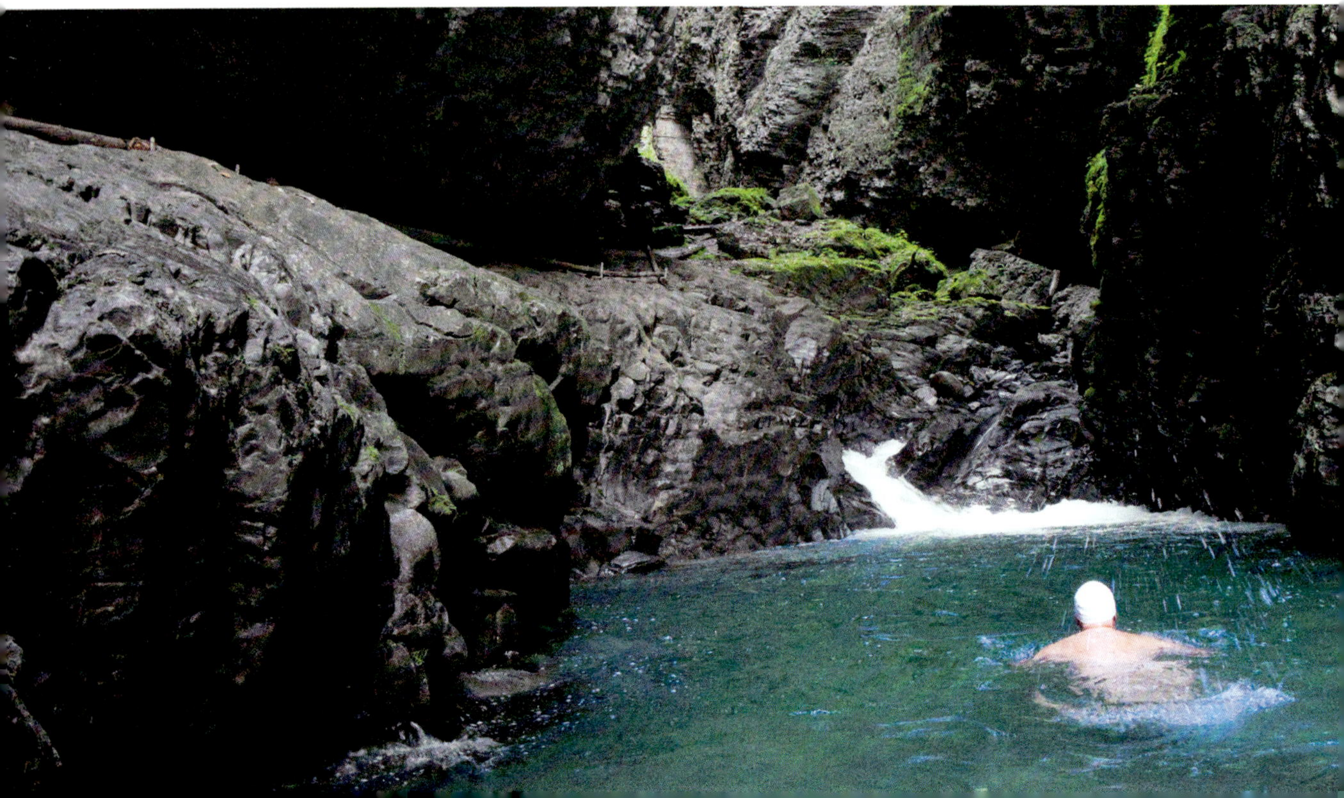

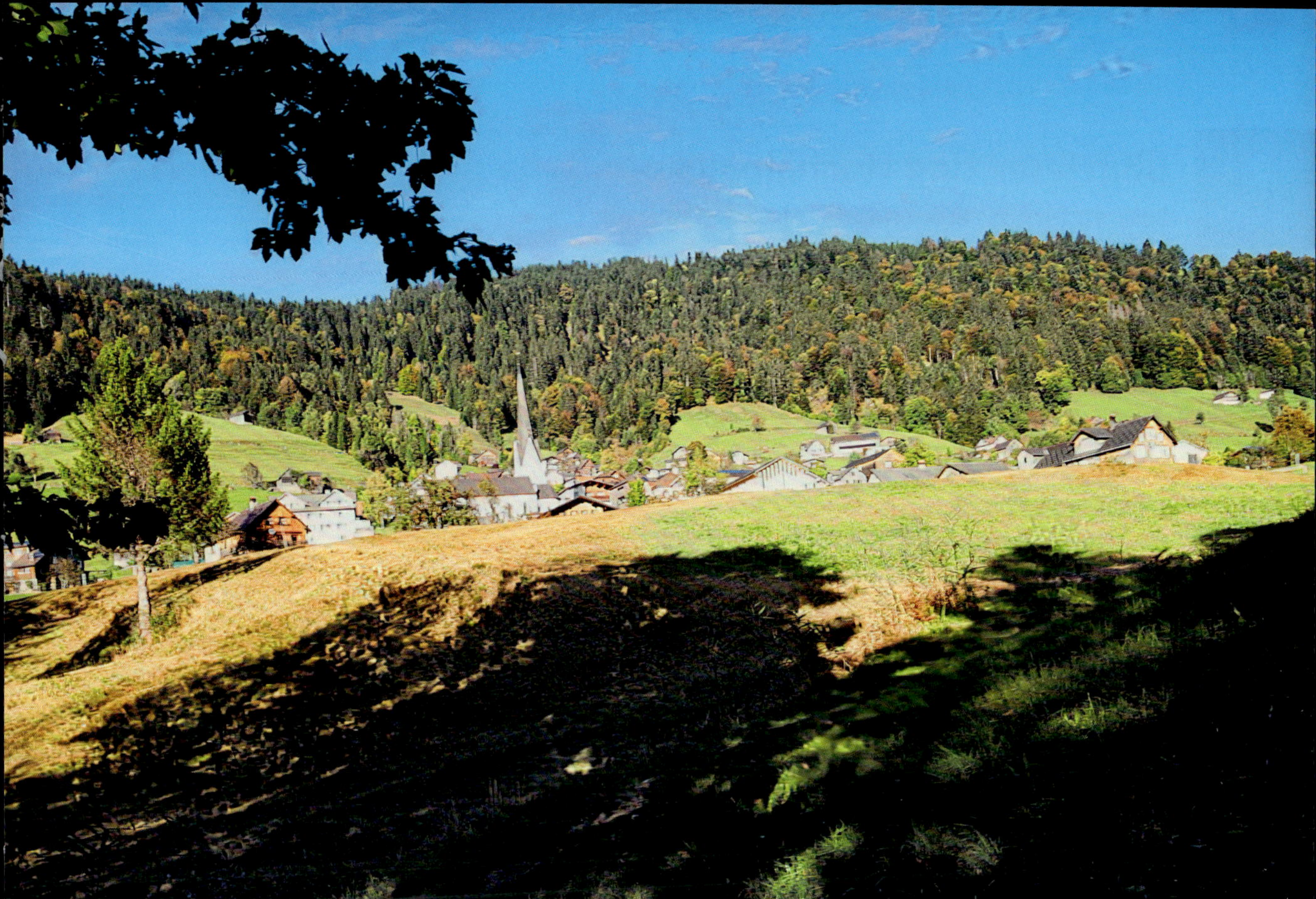

Blick auf Laterns.

Vom **Parkplatz** ❶ an rechts haltend, gehen wir kurz entlang der Laternser Straße talabwärts, biegen jedoch gleich darauf links ab ❷ und folgen der Wegweisung durch den Ort **Laterns**. Nachdem wir die letzten Häuser hinter uns gelassen haben, wandern wir über eine Wiese, ab deren unterem Ende der steile Abstieg in die Schlucht beginnt. Hier ist auch ein **Hinweisschild** angebracht, welches noch einmal eindrücklich auf die Schwierigkeiten und Gefahren der Wanderung hinweist.

Wir müssen etwa 200 Höhenmeter absteigen, um den Talboden zu erreichen. Hier hat sich die **Frutz** auf ihrem 19 Kilometer langen Weg durch das Laternstal tief eingeschnitten und so das Naturwunder der Üblen Schlucht erschaffen. Der Weg ist teilweise seilversichert, oft rutschig und schmal.

Etwas oberhalb der Brücke am Schluchtausgang findet sich nach einer schwierigen Pas-

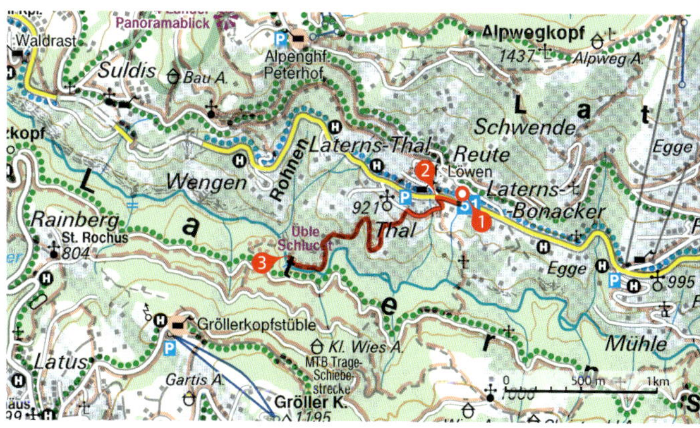

sage über glatte Felsplatten im türkisgrünen Wasser eine ideale **Badegumpe** ❸.

Derart erfrischt machen wir uns anschließend auf den Rückweg aus der faszinierenden, aber auch etwas bedrohlichen, dunklen Schlucht in Richtung **Parkplatz** ❶.

Keine »üble« Badegumpe ...

2 Bödelesee und Hochälpelekopf, 1464 m

Sehr einfach zu erreichender Moorsee und ein Gipfel

3.00 Std. → 9,8 km ↗ 420 m ↘ 420 m

Einst Löschwasserteich – heute Badesee

Als der Dornbirner Fabrikant Otto Hämmerle zu Beginn des 20. Jahrhunderts die Alpe Oberlose erwarb und dort eine Marienkapelle und das Alpenhotel Bödele errichtete, ließ er aufgrund herrschender Wasserknappheit vorsorglich den Bödelesee als Löschwasserteich aufstauen. Trotz dieser Vorsichtsmaßnahme brannte das »alte« Alpenhotel 1938 ab. Zur Blütezeit des damaligen Hotels gab es einen Ruderbootverleih, Umkleideräume und eine hölzerne Wasserrutsche, zudem wurden die »heilwirkenden Bäder im Moorsee« beworben.

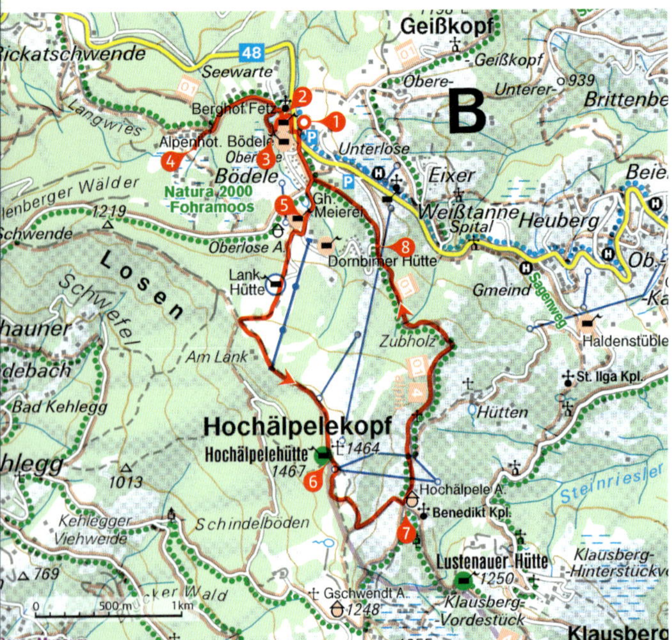

Ausgangspunkt: Parkplatz in der Ortsmitte von Bödele, 1147 m; hierhin auch Linienbus ab Bahnhof Dornbirn.

Anforderungen: Will man nur dem Bödelesee und dem Fohramoos einen Besuch abstatten, so gestaltet sich das als einfache, familienfreundliche, kinderwagentaugliche Seen- und Moorwanderung, die Runde über den Hochälpelekopf ist eine etwas anspruchsvollere Bergwanderung, für die man auch entsprechend ausgerüstet sein sollte.

Einkehr: Gaststubo Meierei Bödele, Tel. +43 660 1617931; Hochälpelehütte, Tel. +43 664 9213133.

Variante: Nur Kurztrip zum Badeplatz ❸ und zum Moor ❹ (gut 30 Minuten, ca. 2,6 km).

Karte: Freytag & Berndt WK 364.

Bödelekapelle.

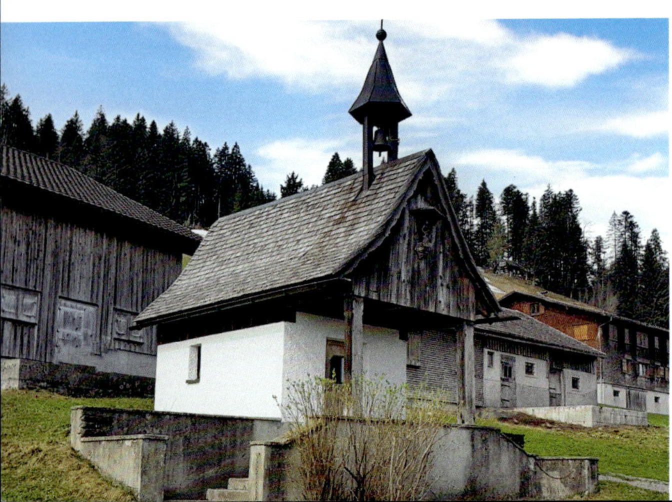

Vom Parkplatz auf der **Bödele-Passhöhe** ❶ folgen wir der Wegweisung »Bödelesee Rundweg – Fohramoos«. Nachdem wir am Berghof Fetz und der **Bödelekapelle** ❷ vorbeigekommen sind, erreichen wir schon bald das Ufer des **Bödelesees**, biegen hier links ab und suchen uns entlang des Seerundwegs einen geeigneten **Badeplatz** ❸.

Weil die Zuflüsse des ca. 50 x 50 Meter großen, ständig von Verlandung bedrohten Seeleins großteils aus dem nahe gelegenen Fohramoos stammen, hat der See eine dunkle Färbung, aber eine kontrolliert gute Wasserqualität. Nach dem Baden und vollendeter Seerunde biegen wir am nördlichen Seeende links ab und folgen ca. 700 Meter der Schotterstraße Richtung **Fohramoos**. An einem unübersehbaren Wegweiser führt zur Linken ein abschnittsweise mit Holzbohlen befestigter Pfad ins **Moor** ❹. Im lichten Bestand von Bir-

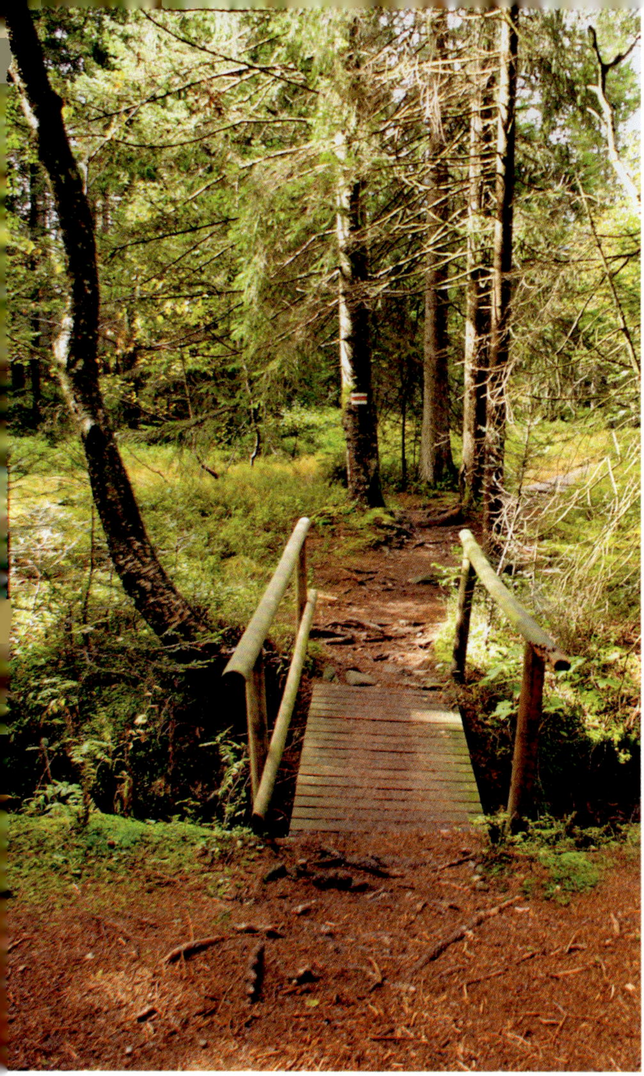

Am Moorwanderweg.

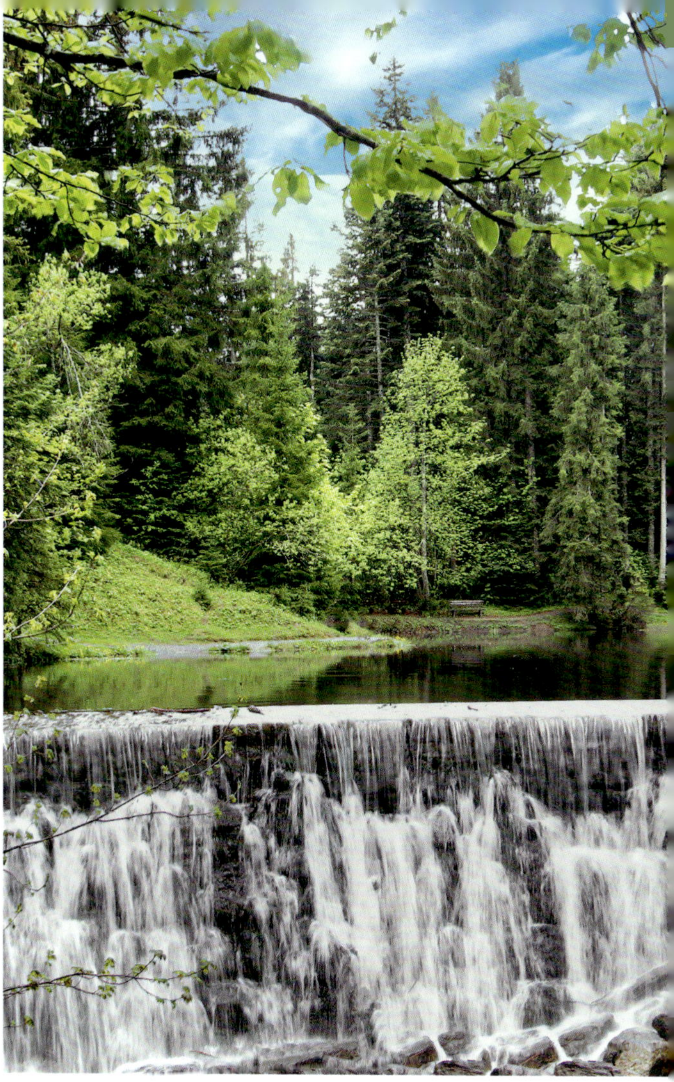

Staumauer am Bödelesee.

ken, Föhren und Latschen tummeln sich Frösche und Libellen und mit Einbruch der Dämmerung auch Fledermäuse.

Nach diesem empfehlenswerten naturkundlichen Abstecher gelangen wir auf bereits bekanntem Wege – mit Ausnahme der kleinen Runde um den Bödelesee – wieder zurück zum **Ausgangspunkt ❶**.

Wenn's weiter gehen soll, kann man noch die aussichtsreiche Gipfelwanderung auf das Hochälpele anhängen. Dazu folgen wir vom zentralen Wegweiser auf der **Bödele-Passhöhe ❶** auf einem breiten Schotterweg der Beschilderung »Lank über Oberlose – Hochälpele«. Ab der Alpe Oberlose, wo die **Jausenstation Meierei ❺** zur Einkehr einlädt, beginnt der steile Anstieg zum Lank, von dem man

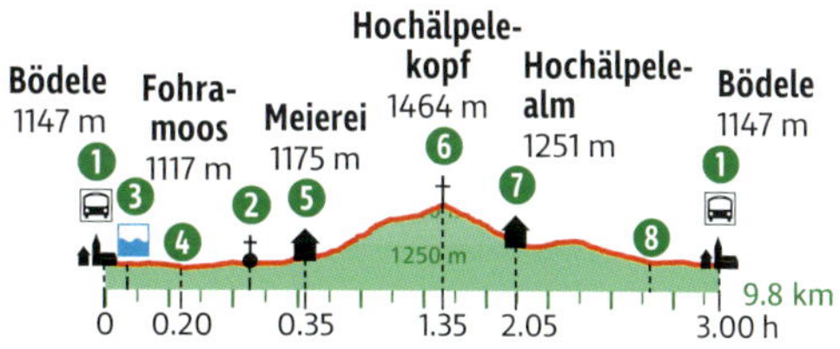

eine herrliche Sicht auf den Bodensee hat. Entlang des Bergkammes erreichen wir den **Hochälpelekopf ❻** mit wunderbarem Blick in den Bregenzerwald.

Der Abstieg führt vorerst in Richtung Schwarzenberg, ab der **Älpele-Alpe ❼** folgen wir der Beschilderung »Bödele« und erreichen bald nach der **Abzweigung ❽** nach **Weißtanne** wieder den Ausgangspunkt auf der **Bödele-Passhöhe ❶**.

3 Seewaldsee

Himmlisches Badevergnügen in Fontanella

1.30 Std. → 4,8 km ↗ 160 m ↘ 160 m

Bergseeschwimmen leichtgemacht
Als sogenannter »Himmelsweiher« bezieht der aufgrund seiner Höhenlage schon als »Bergsee« duchgehende Seewaldsee sein Wasser ausschließlich durch Niederschläge, also vom Himmel. Dadurch weist das idyllische Naturgewässer für diese Höhe völlig atypische Wassertemperaturen auf, was ihn zu einem auch bei Familien äußerst beliebten Badesee macht. Wer es sich in den Sommermonaten besonders leicht machen will, kann sogar den etwa 45-minütigen Spaziergang zum See durch eine Fahrt mit dem bei Kindern äußerst populären Bummelzug ersetzen.

Ausgangspunkt: Parkplatz an der von Damüls heraufführenden Bundesstraße, 1207 m. Hier befindet sich auch die Bushaltestelle Fontanella Säge, die mit Linienbussen vom Bahnhof Rankweil aus angefahren wird.
Anforderungen: Einfache, kinderwagentaugliche Wanderung auf einer für den Autoverkehr gesperrten Straße (Radfahren gestattet), die nur am Seewaldtobel eine leichte Steigung aufweist.
Einkehr: SeeStüble am Seewaldsee, Tel. +43 699 10973307.
Karte: Freytag & Berndt WK 364.

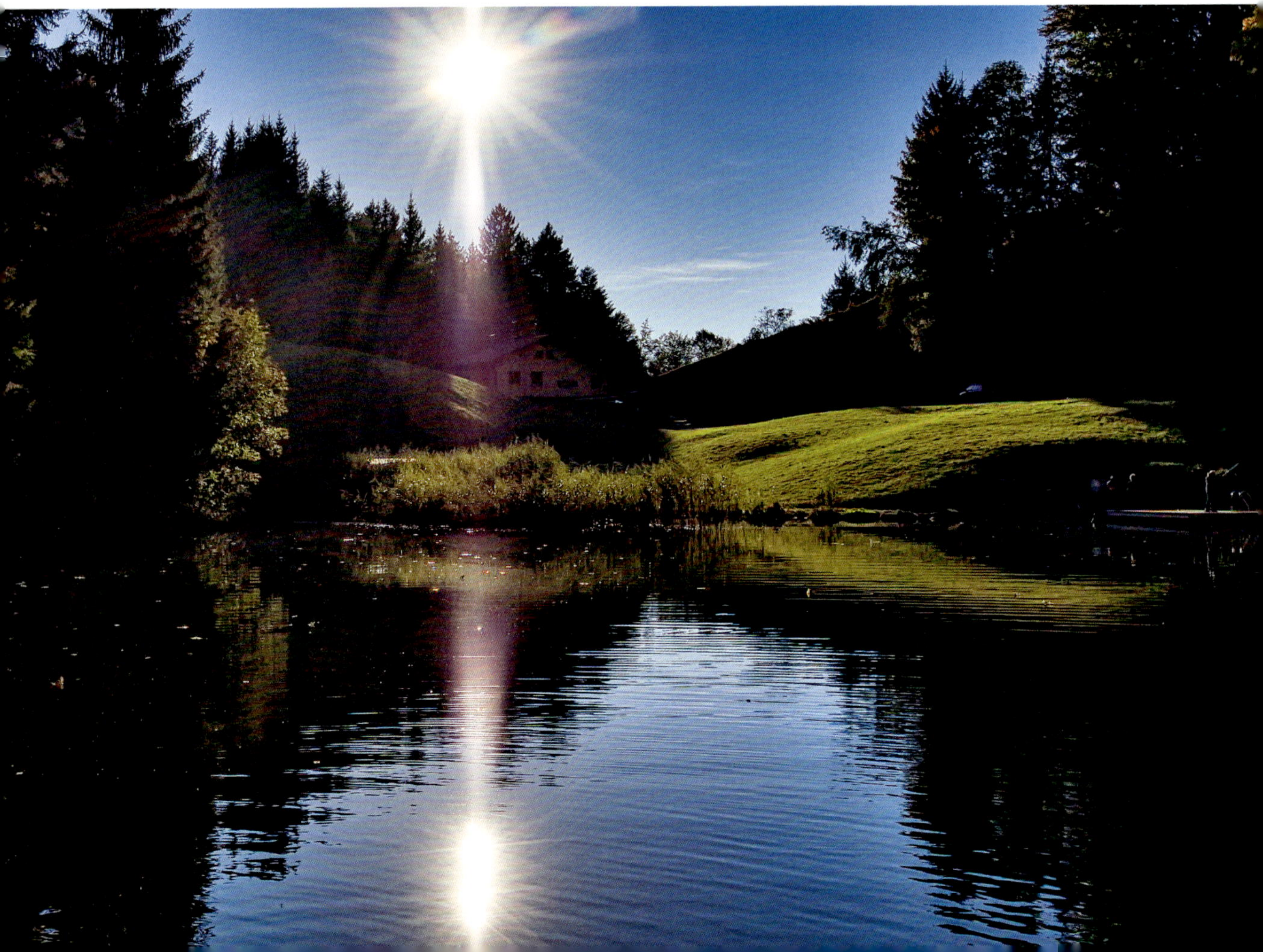

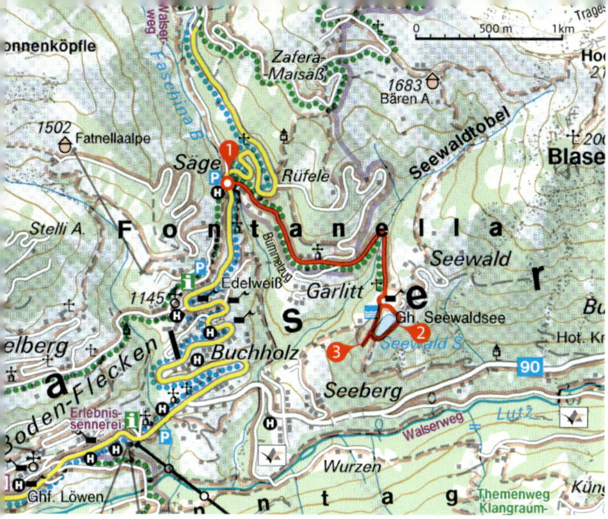

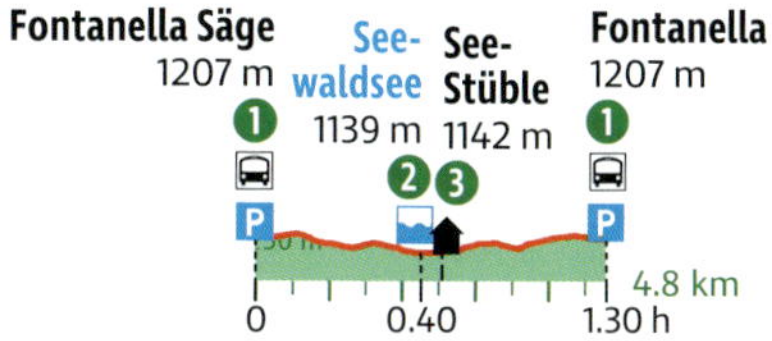

Von dichtem Baumbestand und saftigen Wiesen umgeben ist der nur 1,2 ha große Bergsee ab der **Bushaltestelle Fontanella Säge** ❶ unkompliziert erreichbar. Selbst bei Dunkelheit ist der Spazierweg ausreichend beleuchtet und bietet sich so auch für einen entspannten Abendspaziergang an.

Der als schützenswert deklarierte Badesee weist an seinem West- und Ostufer steilere Hänge und an seinem Nordufer Schilfbewuchs auf. Schöne **Badeplätze** finden sich in Lichtungen im östlich gelegenen **Wäldchen** ❷. Am Südufer reicht unterhalb des nur im Sommer geöffneten **SeeStübles** ❸ die Liegewiese bis zum Wasser, in welchem auch eine hölzerne Badeplattform verankert ist.

Besonders schön ist es, hier im Altweibersommer (»Indian Summer«) zu schwimmen, wenn der See immer noch gute Badetemperaturen hat, die Bäume eine bunte Farbenpracht aufweisen und von den Bergspitzen schon der erste Schnee glänzt.

Zurück zur **Bushaltestelle Fontanella Säge** ❶ geht es dann auf demselben Weg.

Foto links: Blick auf das SeeStüble.
Rechts: Am Seerundweg.

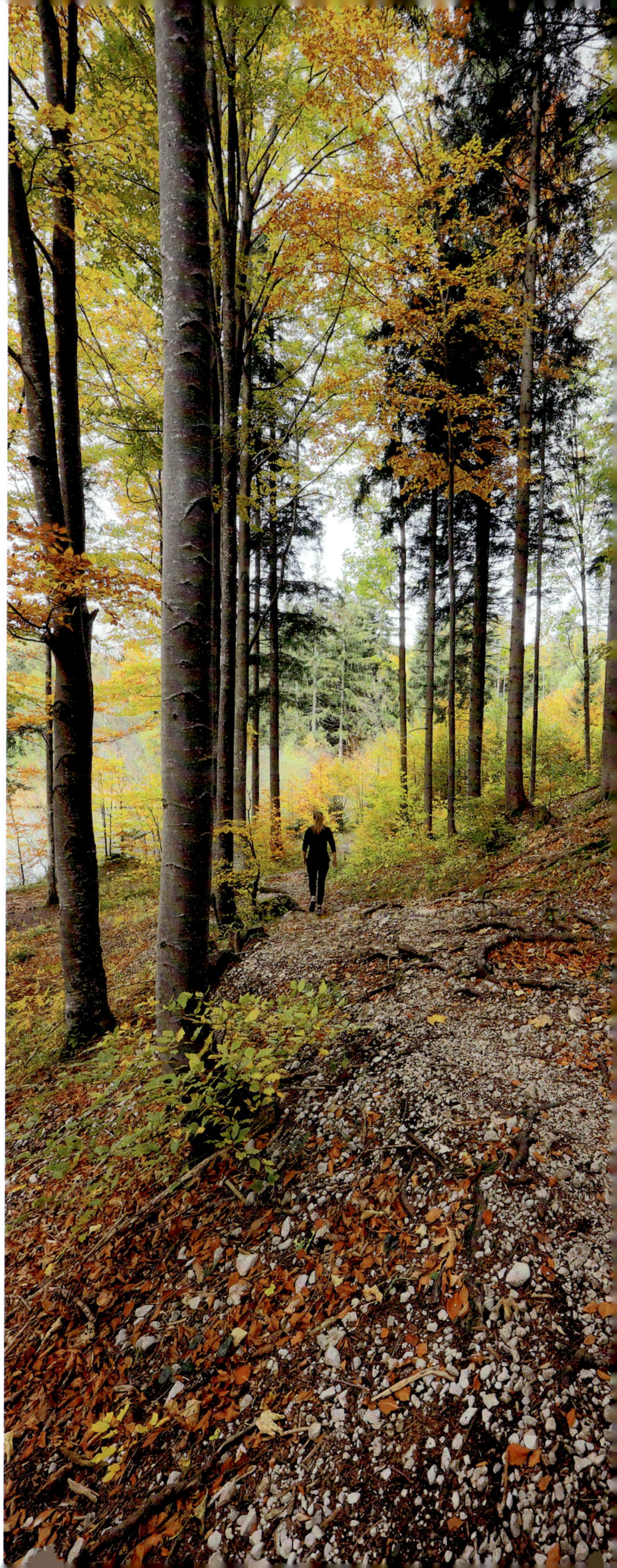

4 Rickenbach-Wasserfall, 773 m

Das Highlight im Wirtatobel

1.00 Std. → 3,4 km ↗ 110 m ↘ 110 m

Einfach schleierhaft
Im Hochtal zwischen Pfänder und Geserberg hat der Rickenbach im sogenannten Wirtatobel eine Fülle kleiner Wasserfälle und Kolke ausgebildet. Unterhalb eines mächtigen Konglomeratriegels befindet sich die höchste und interessanteste dieser Kaskaden, der Rickenbach-Wasserfall. Interessant ist er durch sein relativ einfach erreich- und beschwimmbares Tosbecken fürs Wildswimming, und durch den Umstand, dass man den Wasserschleier dieses Falls ohne schlechtes Gewissen »hintergehen« kann, auch für Fotografen.

Zumeist kann man selbst hinter den Wasserfallschleier kommen.

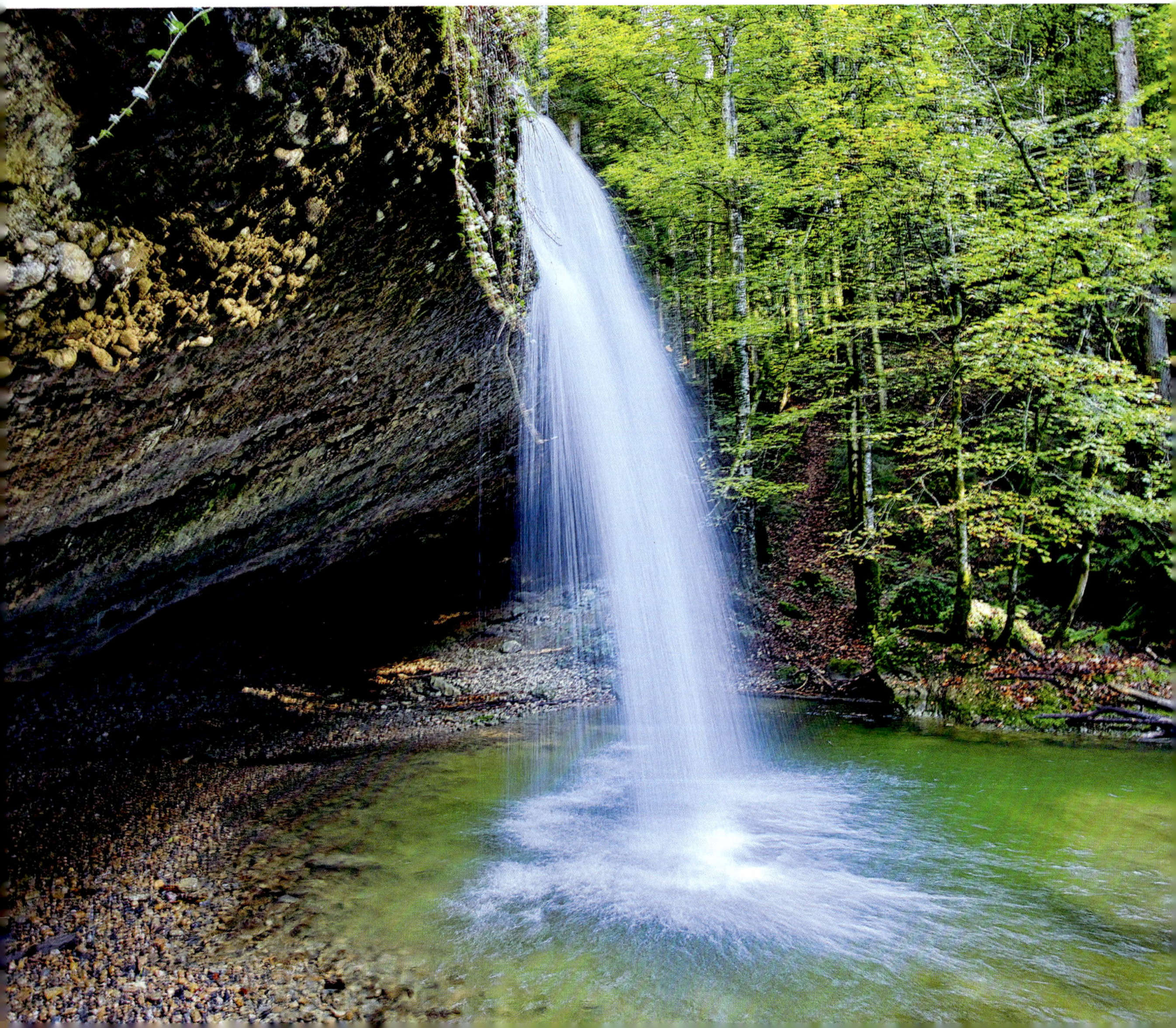

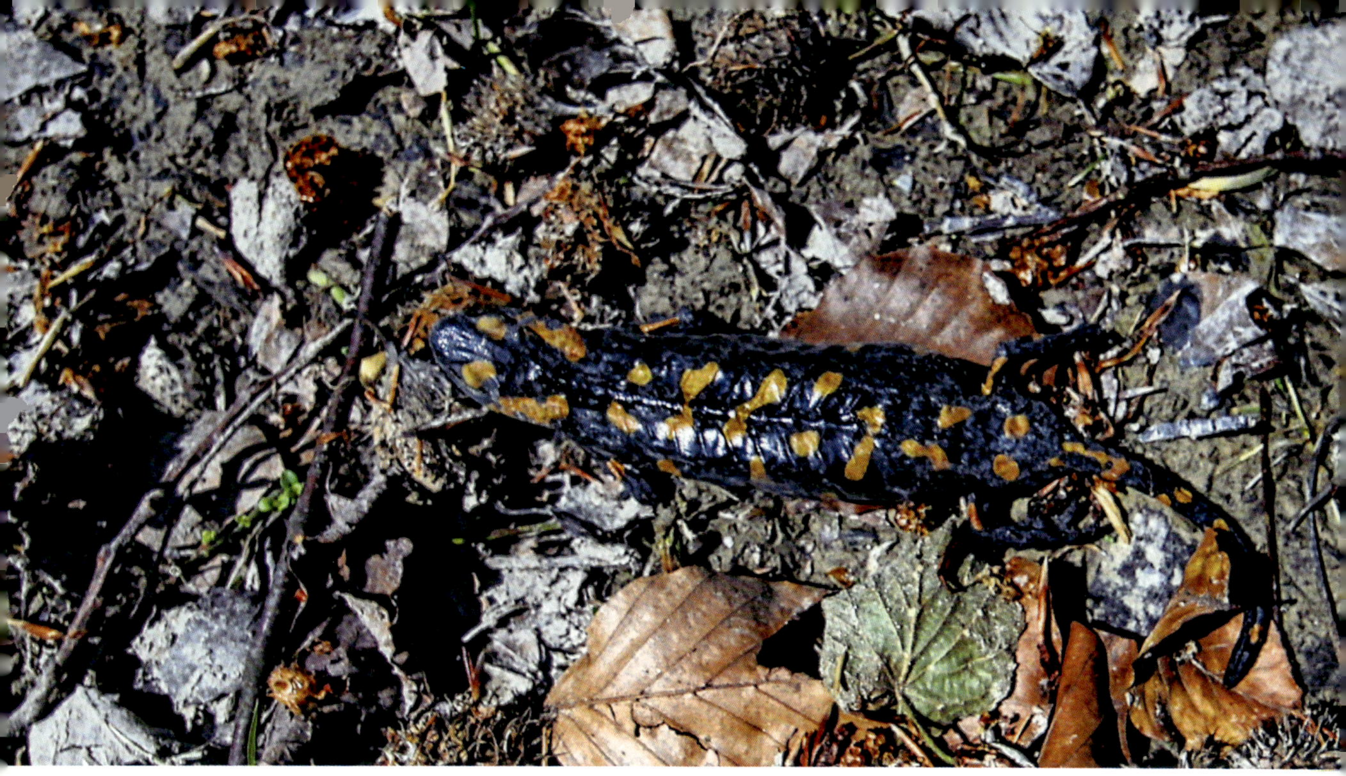

Auch der Feuersalamander fühlt sich hier wohl.

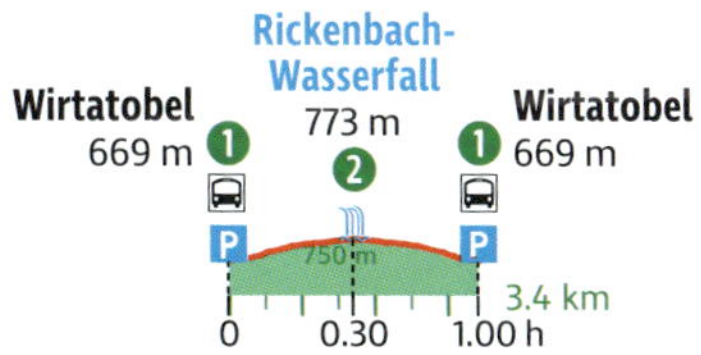

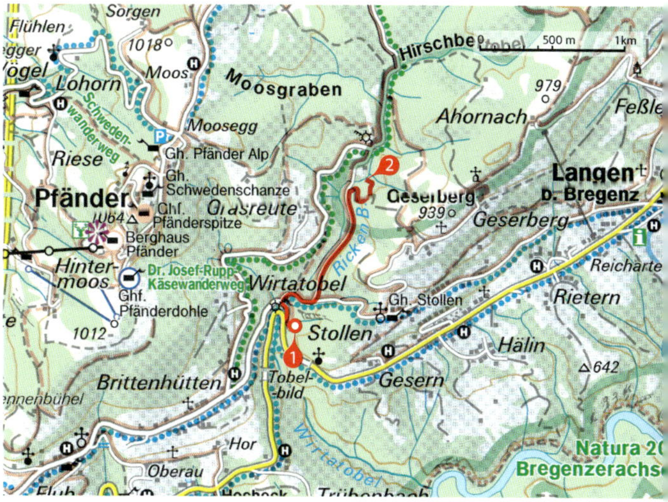

Ausgangspunkt: Kleiner Parkplatz, 669 m, an der Straßenverbindung Bregenz–Langen direkt bei der Abzweigung nach Fluh; hier auch Bushaltestelle Wirtatobel, vom Bahnhof Bregenz aus zu erreichen.
Anforderungen: Sehr einfache, familienfreundliche Wanderung. Lediglich der kurze Abstieg zum Wasserfall ist zumeist recht feucht und rutschig.
Einkehr: Keine.
Karte: Freytag & Berndt WK 364.

Ab dem **Parkplatz** bzw. **Haltestelle** ❶ folgen wir der in Richtung Hirschbergalpe/Pfänder hinaufführenden Schotterstraße. Zumeist verläuft diese sehr nah am Rickenbach entlang, was uns ermöglicht, weitere Bade- und Spielstellen direkt am Wasser auszukundschaften. Nach etwa 20 Minuten zweigt vor einer Brücke rechts eine Stichstraße in den Wald ab. Wir folgen dem Weg auf eine kleine Anhöhe, von der wir erstmalig einen Blick auf den im Wald versteckten Wasserfall werfen können. Jetzt folgen wir einem verwachsenen, teils schlammigen Steig hinunter zum Bach und in weiterer Folge zum **Wasserfall-Tosbecken** ❷. Während sich der Spot sehr gut zum Schwimmen und Fotografieren eignet, bietet er keine schönen, sonnigen Liegeflächen. Solche sollten sich aber, so nicht schon während des Hinmarschs geschehen, im Lauf des Rückwegs zum **Parkplatz** ❶ leicht finden lassen.

5 Körbersee, 1661 m

Von See zu See in der Region Warth-Schröcken

1.45 Std. → 5,5 km ↗ 190 m ↘ 190 m

Ein wahrer Schatz der Natur

Spätestens seitdem er am 26. Oktober 2017 in der ORF-Abendshow »9 Plätze – 9 Schätze« zum schönsten Platz Österreichs gekürt wurde, ist der Vorarlberger Körbersee in der Region Warth-Schröcken kein Geheimtipp mehr. Besonders an Sommerwochenenden wird das Naturjuwel auch von Einheimischen gerne besucht und präsentiert sich dann entsprechend bevölkert. Ratsam ist demnach ein Besuch zu den Tagesrandzeiten, zumal der See abends wie morgens mit besonders reizvollen Lichtstimmungen glänzt.

Ausgangspunkt: Parkplatz, 1650 m, bzw. Bushaltestelle Kalbelesee des von Warth heraufführenden Wanderbusses direkt an der Hochtannberg-Bundesstraße.
Anforderungen: Leichte, familienfreundliche Wanderung.
Einkehr: Berghotel Körbersee, Tel. +43 5519 265.
Karte: Freytag & Berndt WK 352.

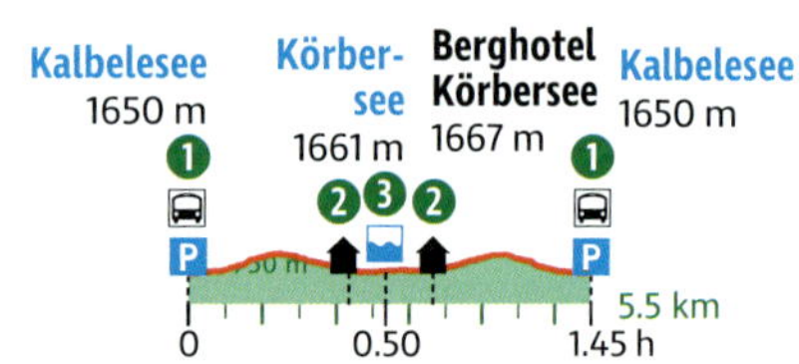

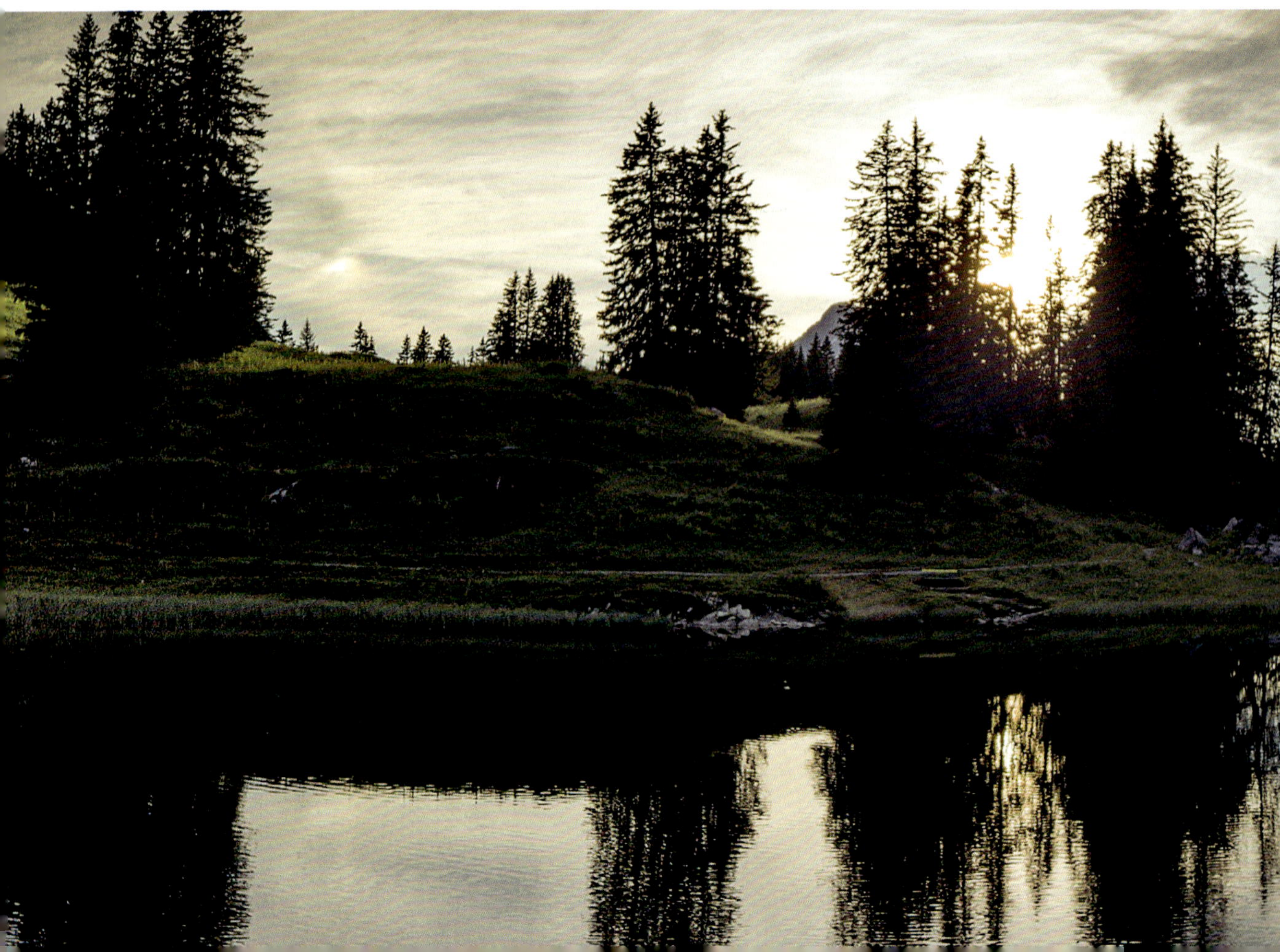

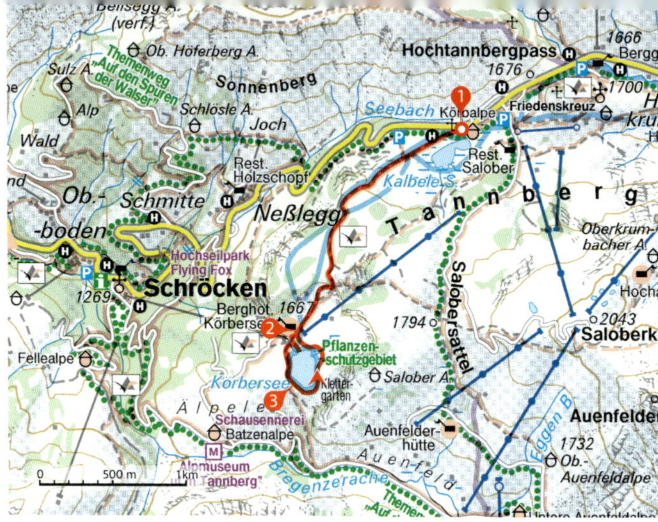

Direkt am **Kalbelesee** ❶ zweigt der Große Walserweg von der Bundesstraße ab und führt am See vorbei leicht ansteigend durch wunderschöne alpine Blumenwiesen. Besonders lohnenswert ist ein Besuch Ende Juni bis Anfang Juli, wenn die Alpenrosen blühen. Nach etwa 30 Gehminuten geht es sanft bergab, und es eröffnen sich faszinierende Ausblicke auf das den See umrahmende satte Grün, das auch die hier weidenden Kühe sichtlich genießen.

Schönes Wetter und wenig Wind vorausgesetzt, spiegelt sich als unwiderstehliches Fotomotiv der Widderstein im glasklaren Wasser des Sees. Dieser weist eine Fläche von rund 3 Hektar und eine maximale Tiefe von etwa 8 Metern auf. Das Wasser hat Trinkwasserqualität, erreicht aber selbst in sehr heißen Sommern keine 18 Grad.

Vorbei am über dem See thronenden **Berghotel Körbersee** ❷ gelangen wir über einen kleinen Steig zum See und über den Seerundweg zu schönen **Badestellen** ❸. Am Ende der See-Umrundung wartet das **Berghotel Körbersee** ❷ mit seiner einladenden, aussichtsreichen Terrasse, bevor es wieder zurück zum Ausgangspunkt am **Kalbelesee** ❶ geht.

Körbersee und Berghotel im Abendlicht.

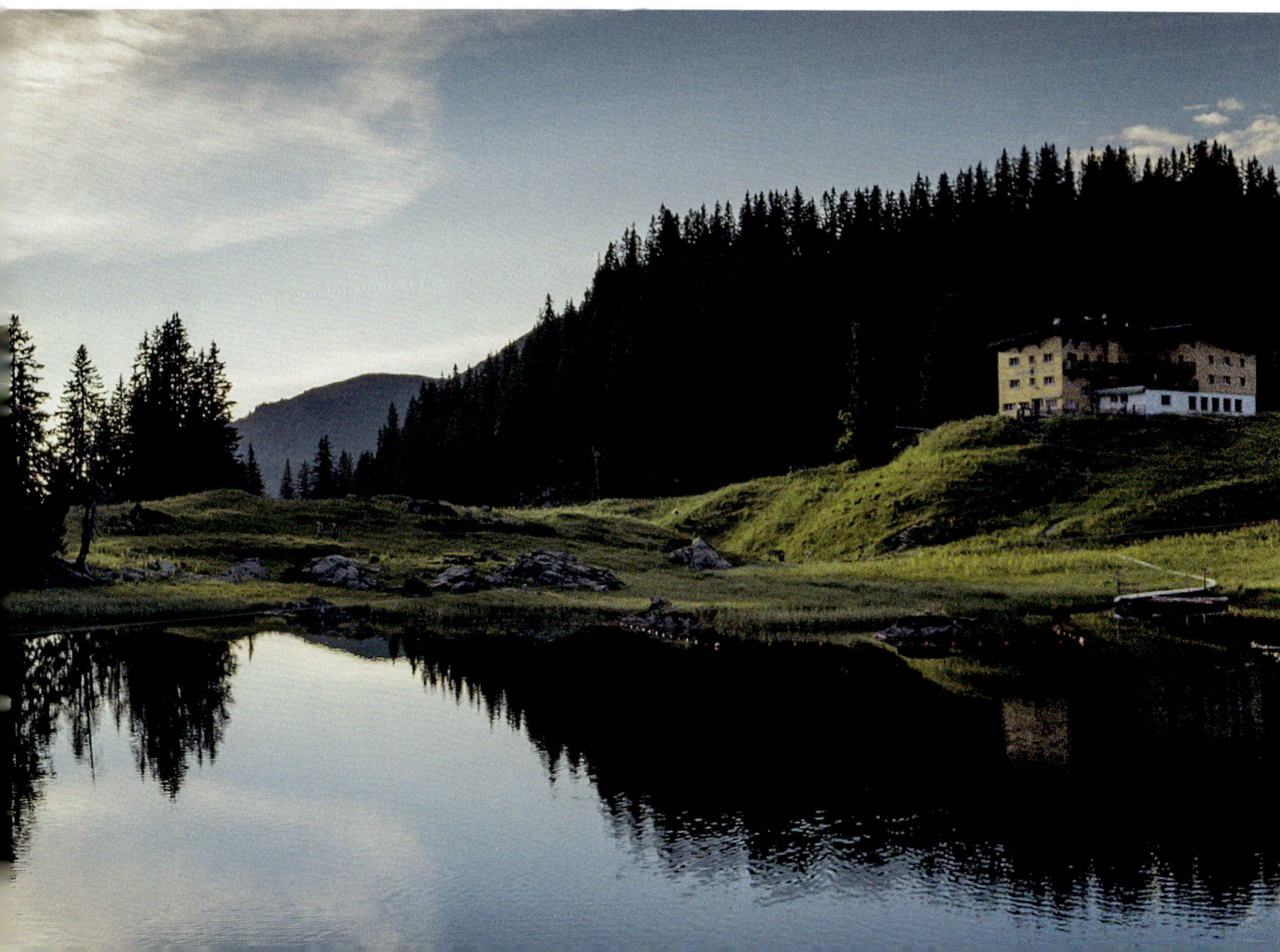

6 Seebensee, 1659 m

Bergsee mit Zugspitzblick

3.00 Std. → 9,8 km ↗ 350 m ↘ 350 m

Panoramawandern, panoramaschwimmen hoch über Ehrwald

Wie man sich am oder im See auch dreht oder wendet, stets ist der Ausblick grandios: der Drachenkopf, das Wettersteingebirge mit der Zugspitze oder der Tajakopf – sie alle verleihen dem fast schon kitschig türkisblauen Bergsee einen überaus würdigen Rahmen. Man sollte es keinesfalls verabsäumen, auch zum Südufer zu schwimmen oder zu wandern, um von hier aus den prächtigen Blick über den See mit dem sich darin spiegelnden Zugspitzmassiv zu genießen.

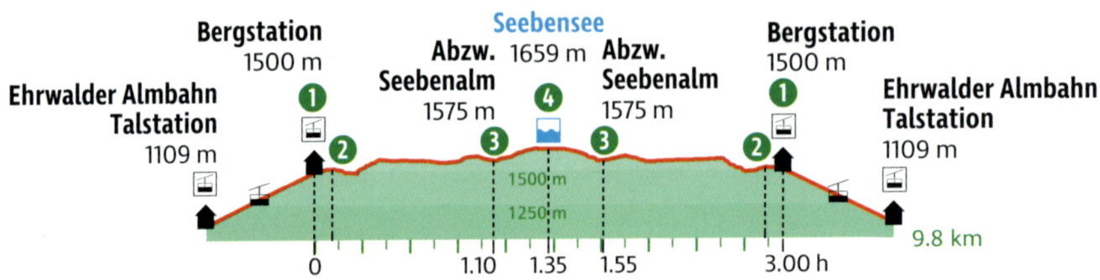

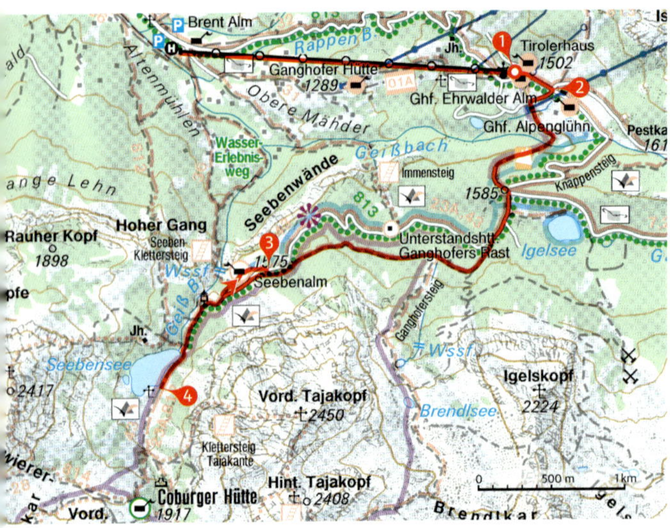

Ausgangspunkt: Per Auto oder per Zug plus Buslinie 1 bis Parkplatz/Haltestelle Ehrwalder Almbahn; Gondelauffahrt zur Bergstation, 1500 m.
Anforderungen: Mittelschwere, aber durchaus familientaugliche Höhenwanderung.
Einkehr: An der Tal- und Bergstation der Seilbahn; Seebenalm, Tel. +43 664 4343277.
Karte: Freytag & Berndt WK 322.

Von der **Bergstation der Ehrwalder Almbahn** ❶ wandern wir am geschotterten Fahrweg kurz in östlicher Richtung leicht ansteigend zu einer **Wegkreuzung** ❷. Hier halten wir uns rechts, folgen der Beschilderung »Koatiger Weg«, wandern leicht abwärts, queren einen Bach, steigen durch lichte Lärchenwälder in südlicher Richtung bergan und erreichen wieder den Fahrweg. Zuerst rechts bei der nächsten Weggabelung wieder links gelangen wir im leichten Auf und Ab, die nördlichen Ausläufer des Tajakopfs umrundend, zur **Abzweigung** ❸, die zur **Seebenalm** führen würde.

Ab hier haben wir am kurvigen Schotterweg noch einen kurzen steileren Anstieg zu bewältigen, ehe wir mit dem grandiosen Seeblick und einer ebenso grandiosen Erfrischungsmöglichkeit im zumeist um die 10 Grad »warmen« glasklaren Wasser des **Seebensees** ❹ belohnt werden.

Eine weitere »Belohnung« erwartet uns beim Abstieg mit einer Einkehr in der beliebten **Seebenalm**, ehe wir uns rechtzeitig vor der letzten Talfahrt wieder zur **Seilbahn-Bergstation** ❶ aufmachen.

Foto oben: Blick auf das Zugspitzmassiv. – Unten: Oberhalb des Seebensees verbirgt sich hinter der nächsten Geländestufe der ebenfalls lohnenswerte Drachensee.

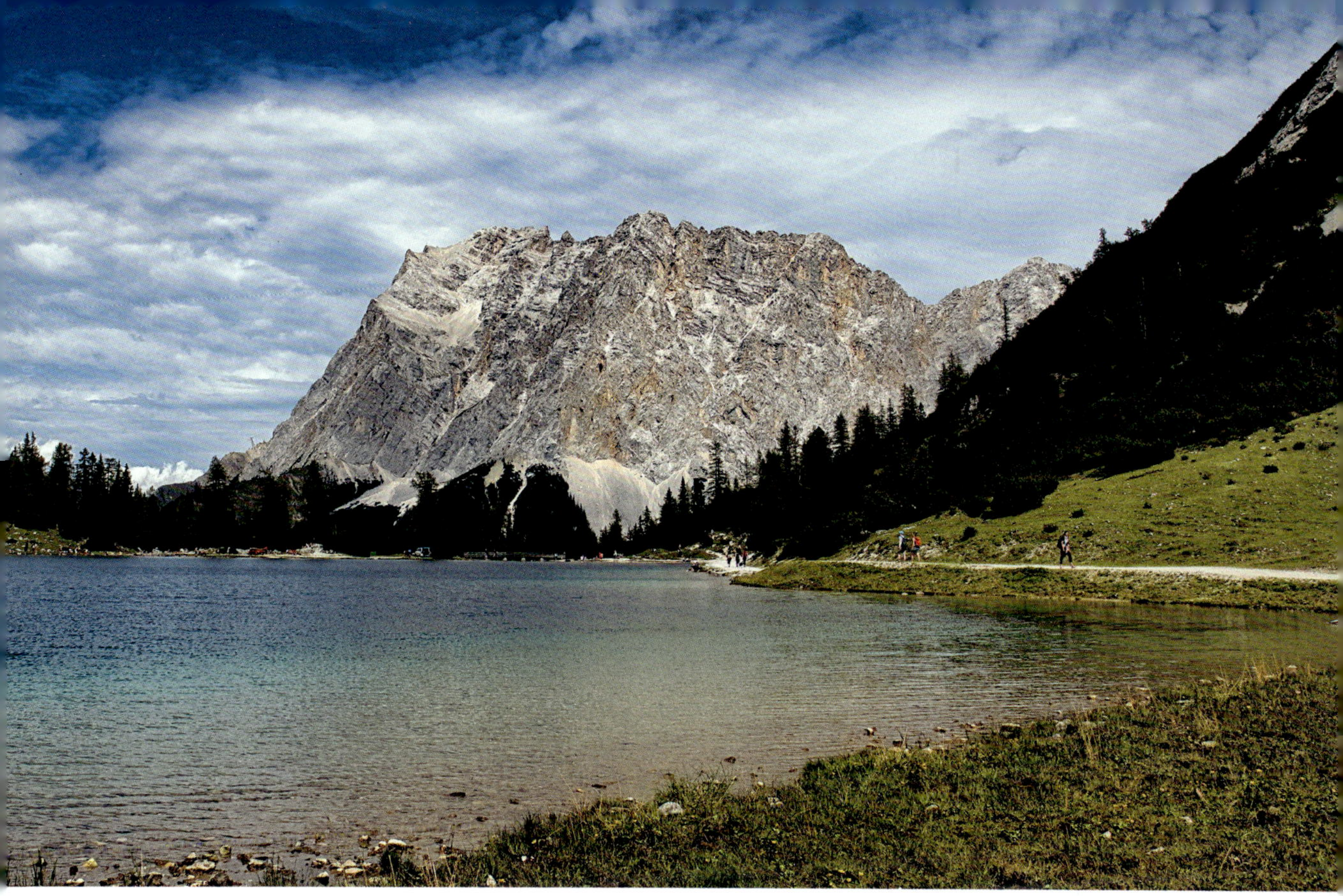

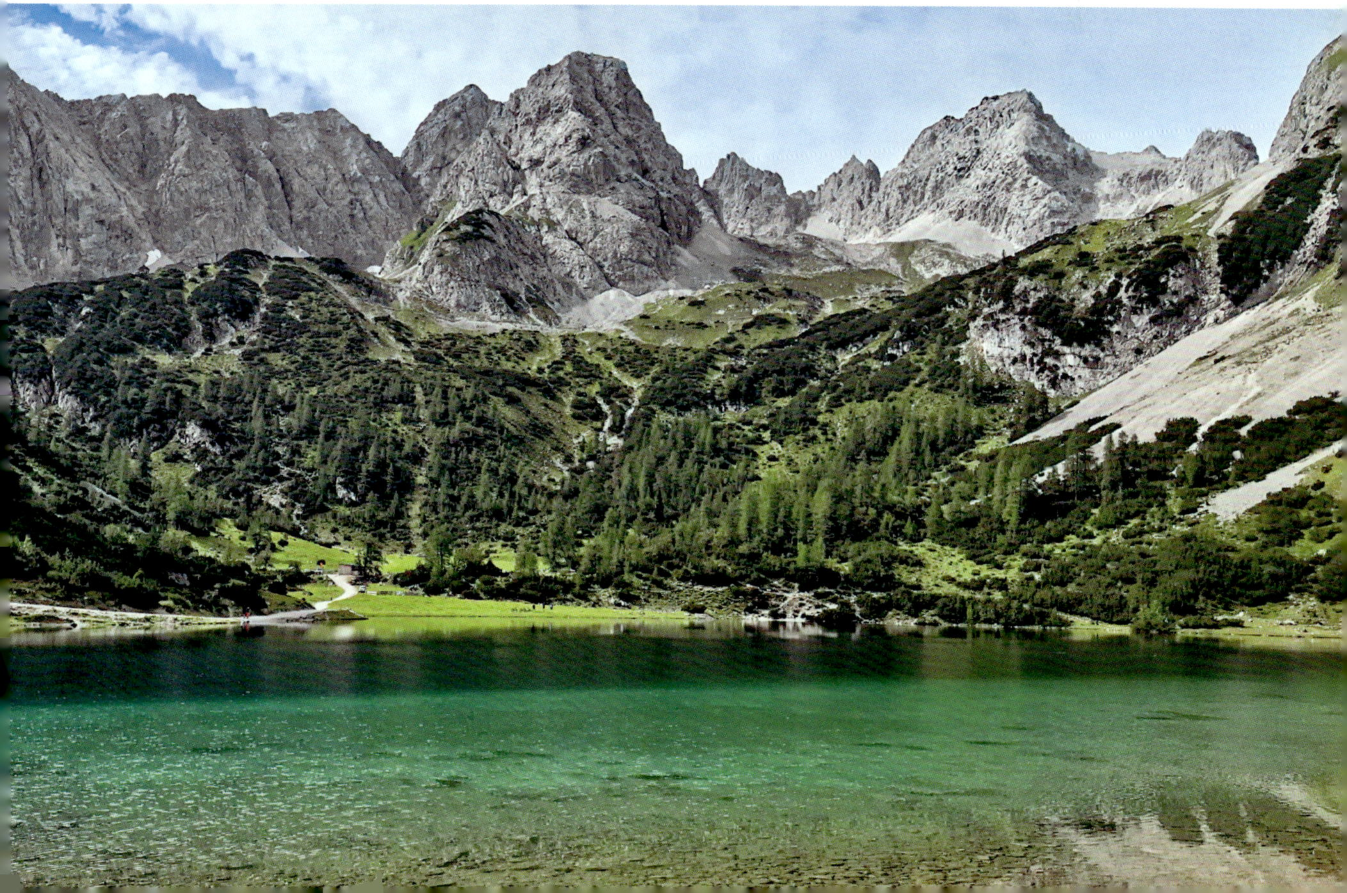

7 Kaiserklamm

Auf Kaisers Spuren entlang der Brandenberger Ache

1.00 Std. → 3,3 km ↗ 90 m ↘ 90 m

»Es war sehr schön, es hat mich sehr gefreut«

Obiges Zitat hätte Kaiser Franz Joseph I. wohl besser anlässlich eines seiner zahlreichen Besuche hier getätigt als anlässlich des Suizids eines von ihm verachteten Architekten. Doch der Kaiser schoss nicht nur verbal scharf, sondern auch tatsächlich. Eines seiner bevorzugten Jagdreviere befand sich flussauf hinter der Klamm, was wohl mit ein Grund war, dass der ursprünglich als Triftsteig angelegte Weg durch die Klamm besonders gut gewartet wurde. An der beschriebenen Schwimmstelle kann man sich je nach Lust, Laune und Ambition entweder nur abkühlen oder gar ein Stück in die Schlucht hineinschwimmen.

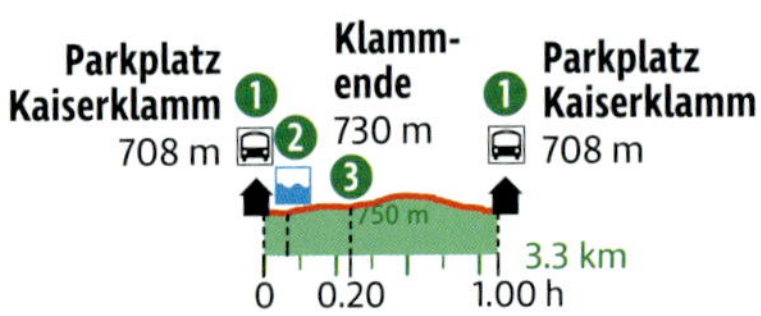

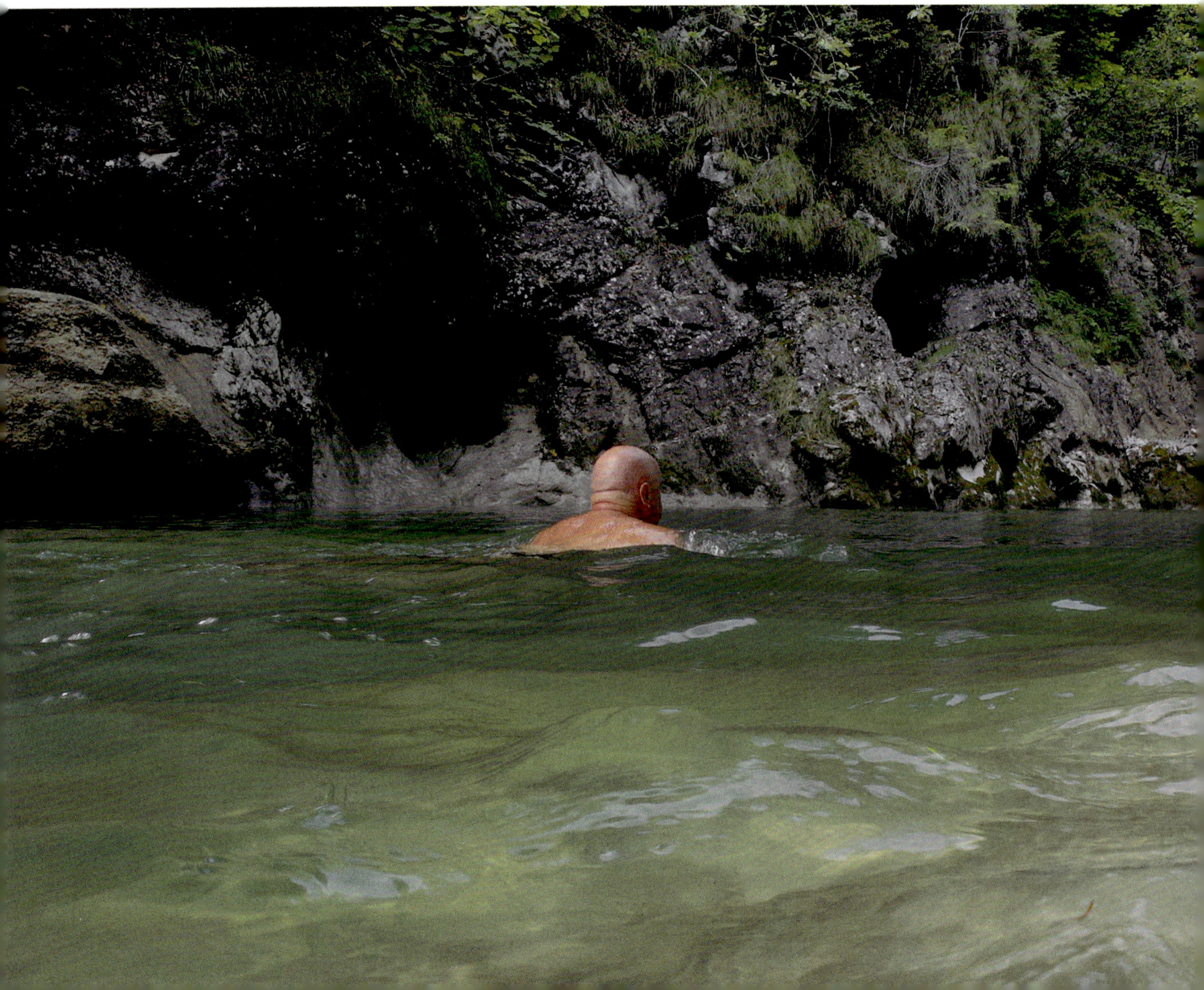

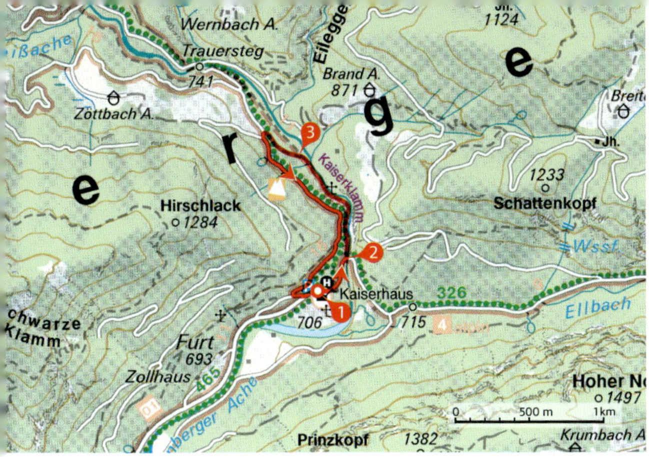

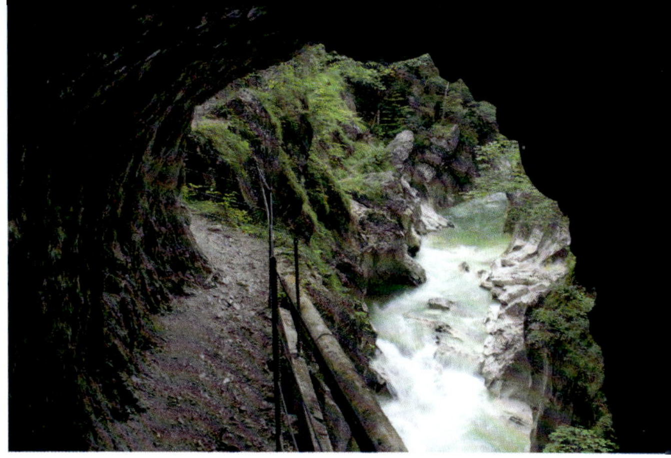

Ziemlich kurz, aber abwechslungsreich – der Triftsteig durch die Kaiserklamm.

Ausgangspunkt: Gebührenpflichtiger Parkplatz Kaiserklamm, 708 m: erreichbar auch per Linienbus ab Bahnhof Kramsach.

Anforderungen: Festes Schuhwerk, Trittsicherheit und Schwindelfreiheit sind unbedingt erforderlich. Bei Schlechtwetter wegen Steinschlaggefahr nicht empfehlenswert. Für (kleine) Kinder können im Gasthof Kaiserhaus gegen Kaution Klettergurte und Sicherheitsleinen entliehen werden.

Einkehr: Gasthof Kaiserhaus, Tel. +43 5531 5271.

Variante: Natürlich kann die Rundtour auch »andersrum« begangen und danach geschwommen werden.

Karte: Freytag & Berndt WK 321.

Der frei begehbare Triftsteig durch die Klamm beginnt etwa 300 m nach dem **Parkplatz ❶** an einer Brücke über die Brandenberger Ache. Am anderen Ufer – direkt gegenüber dem Einstieg – befindet sich eine recht schöne **Schwimmstelle ❷**, von der aus man – je nach Strömungsverhältnissen – ein gutes Stück in die Klamm hineinschwimmen kann.

Danach führt uns der von Hermann Veith erbaute Triftsteig etwa 1 Kilometer durch die geschichtsträchtige Kaiserklamm. Zur Holzbringung wurde das Wasser bei der Erzherzog-Johann-Klause gestaut, die Baumstämme wurden dort gesammelt und dann die Klause »gestochen«. Mit dem dadurch entstehenden Wasserschwall wurde das Holz bis nach Kramsach »getriftet«. Über den Steig konnten in der Klamm »verklauste« (verkeilte) Stämme gelöst werden.

Am **Ende der Klamm ❸** gelangen wir über einen Forstweg wieder gemütlich zurück zum **Ausgangspunkt ❶**, wo wir uns im Gasthof Kaiserhaus die »Brandenberger Prügeltorte« – eine süße Tiroler Spezialität – nicht entgehen lassen sollten!

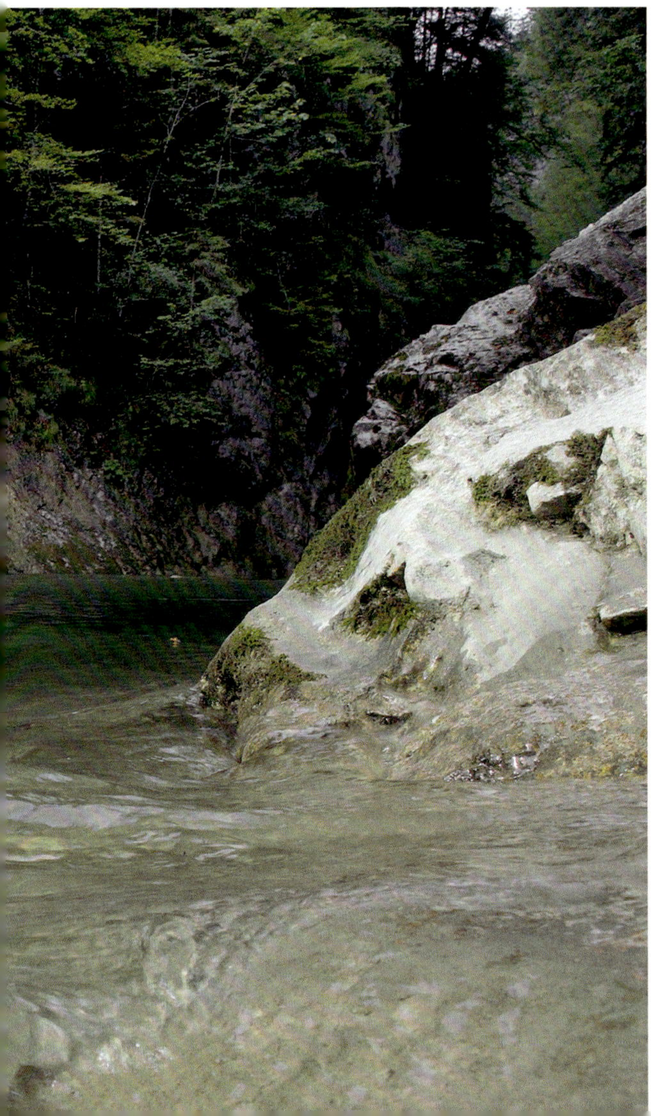

Badestelle unterhalb der Brücke.

8 Blaue Quelle und Trockenbach-Wasserfall

Eldorado für passionierte Wildschwimmer

0.45 Std. → 2,6 km ↗ 50 m ↘ 50 m

Doppelt schwimmt besser

Die Blaue Quelle gilt als das älteste Naturdenkmal Tirols. Als Karstquelle weist sie übers Jahr gesehen fast konstant 8,1 Grad Wassertemperatur auf, was darauf schließen lässt, dass sie hauptsächlich von Tiefenkarstwasser gespeist wird. Legendär ist jedenfalls die Klarheit ihres Wassers und die Poesie des Quellteichs und seiner Umgebung, was sie auch für die Künstler des nahe gelegenen Erler Passionshauses zur einer wahren Inspirationsquelle macht. Während »Blaue Quelle« für jeden Wasser-Aficionado schon einmal recht vielversprechend klingt, kann man das von »Trockenbach« wohl weniger behaupten. Nichtsdestotrotz ist der – in den seltensten Fällen tatsächlich trockene – Wasserfall immer einen Besuch wert.

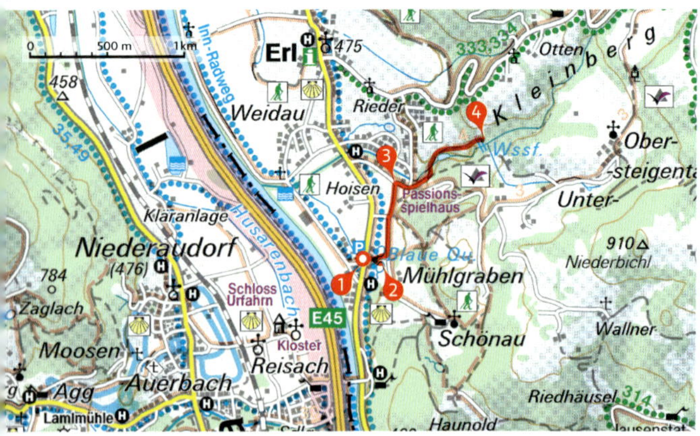

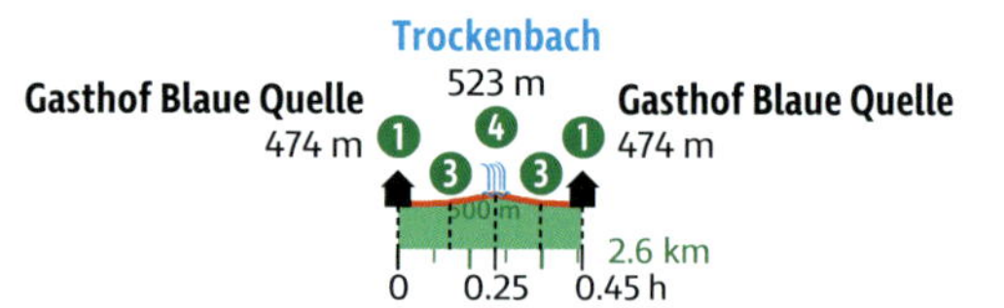

Ausgangspunkt: Parkplatz beim Gasthof Blaue Quelle, 474 m; Bushaltestelle vor dem Gasthaus (Abfahrt vom Bahnhof Kufstein).

Anforderungen: Einfacher, familienfreundlicher Spaziergang ohne wesentliche Steigungen.

Einkehr: Gasthof Blaue Quelle, Tel. +43 5373 812.

Karte: Freytag & Berndt WK 301.

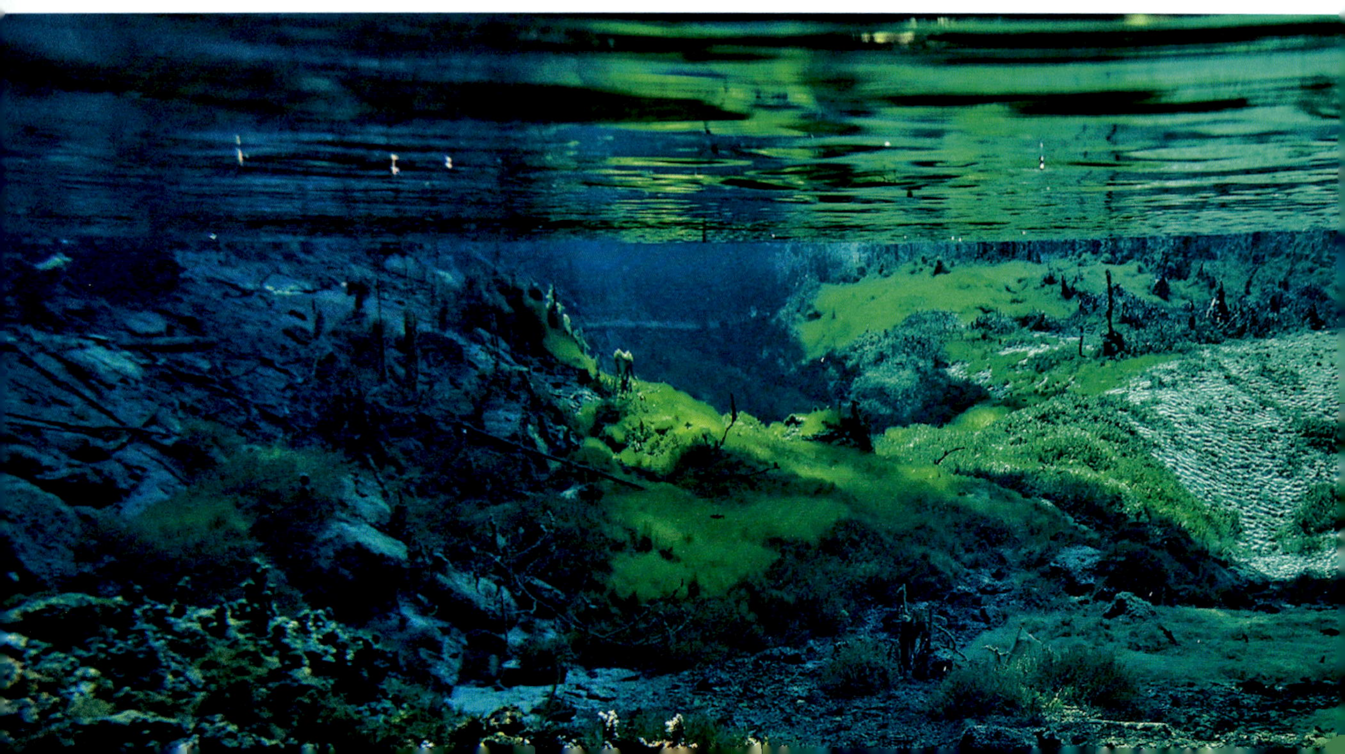

Von dem zum **Gasthof Blaue Quelle** gehörenden **Parkplatz** ❶ gelangen wir durch den Gastgarten auf einem geschotterten Weg zum **Quellteich** ❷. Der Magie dieses Ortes verfällt jeder – erst recht, wenn man tatsächlich in das glasklare Wasser eintaucht. An der Oberfläche spiegeln sich Buchen, Eichen und Linden, und unter Wasser tummeln sich winzig kleine Fischchen; der sandige Boden ist stellenweise mit Armleuchteralgen bewachsen.
Wenn wir außerhalb des umzäunten Areals der nördlich verlaufenden Nebenstraße folgen, kommen wir am **Passionshaus Erl** vorbei und biegen knapp danach rechts ab ❸. Wir folgen dem Bachlauf, passieren ein kleines Stauwehr, hinter dem – obwohl es sehr verlockend wäre – leider nicht geschwommen werden darf, und erreichen kurz danach den **Wasserfall** ❹. So der »Trockenbach« seinem Namen nicht gerecht wird, gibt es hier einen schönen Wasserfall-Pool, der sich perfekt für einen Dip eignet. Danach spazieren wir gemütlich zurück zum **Gasthof Blaue Quelle** ❶ und freuen uns auf dessen schönen Gastgarten und die ausgezeichnete Küche.

Foto unten: Klare Sache.
Rechts: Wasserfall-Dip am Trockenbach.

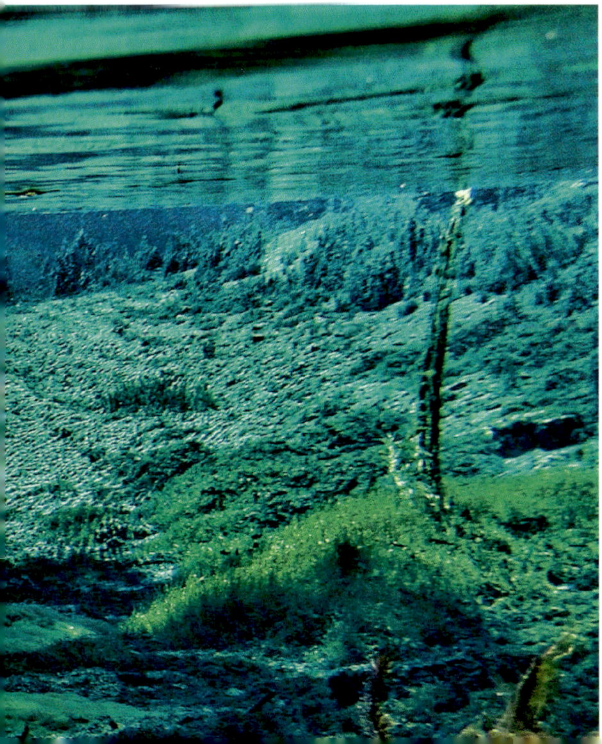

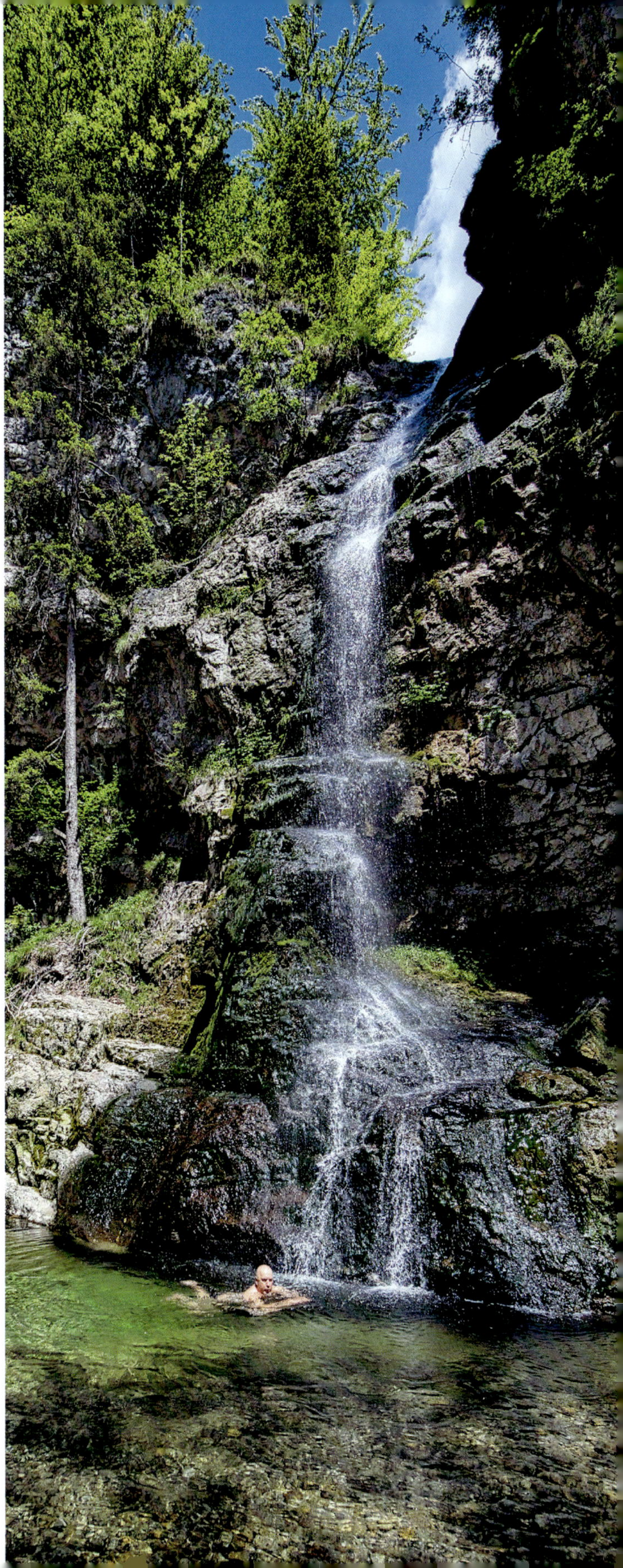

9 Prinzensee, 1253 m

Ein attraktives Ausflugsziel in der Region Hochkönig

2.45 Std. → 6,6 km ↗ 450 m ↘ 450 m

VIDEO

Seine Majestät lässt grüßen

Warum der eigentlich »Natrun« benannte Berg von findigen Touristikern in »Prinzenberg« umgetauft wurde, ist nachvollziehbar, befindet sich dieser Spaßberg doch in unmittelbarer Nachbarschaft des mächtigen Hochkönigmassivs. Mit Bespaßungen ist der durch die Natrunseilbahn erschlossene Prinzenberg wahrlich reichlich gesegnet: Bike-, Hochseil- und Bogenpark sind da noch die banalsten. Eine gewisse Alleinstellung verleihen dem »kleinen Prinzen« allerdings der auf dem ehemaligen Natrun-Gipfel gelegene Prinzensee und der Waldrutschenpark.

Eine vergnügliche Abstiegsvariante.

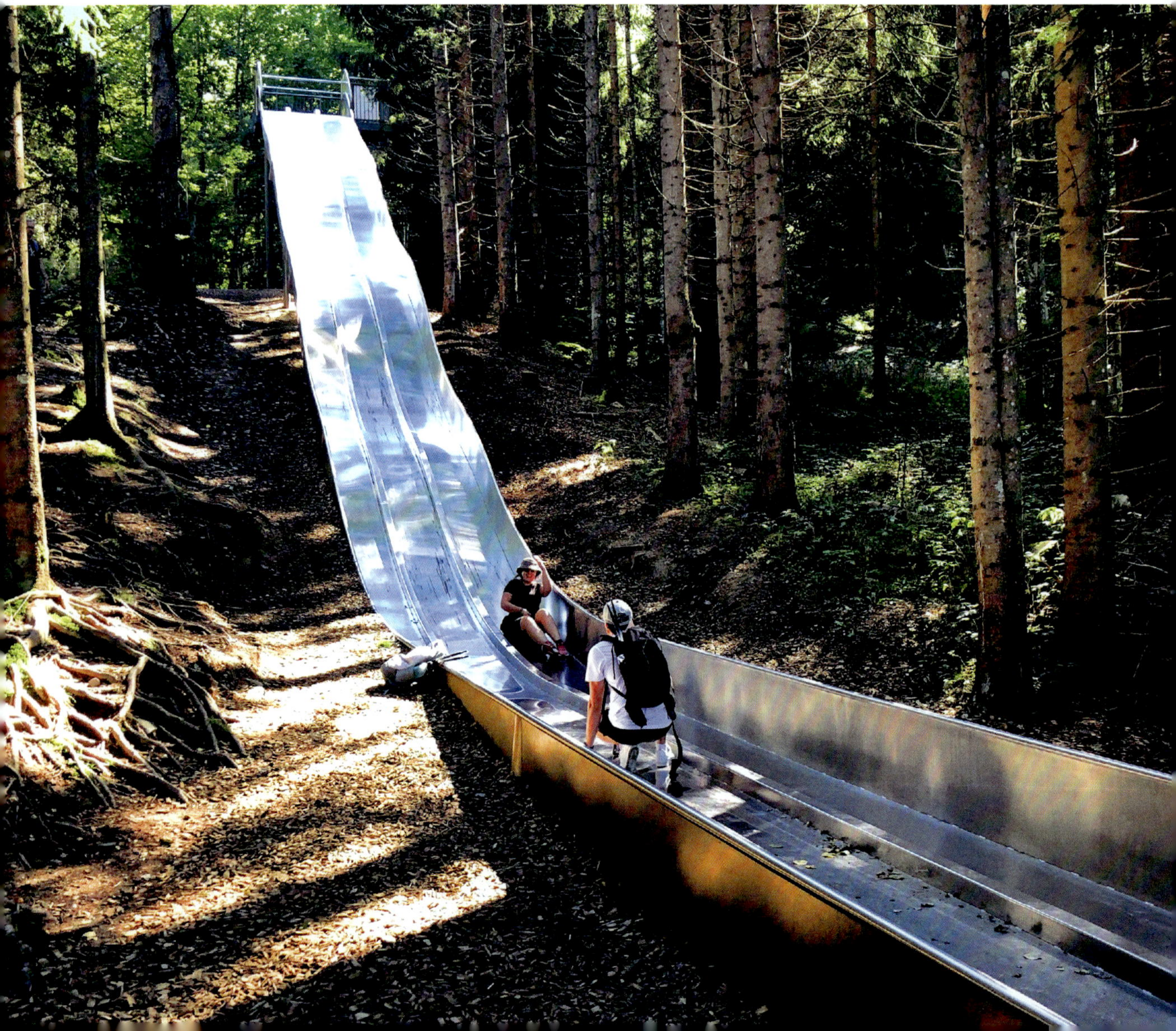

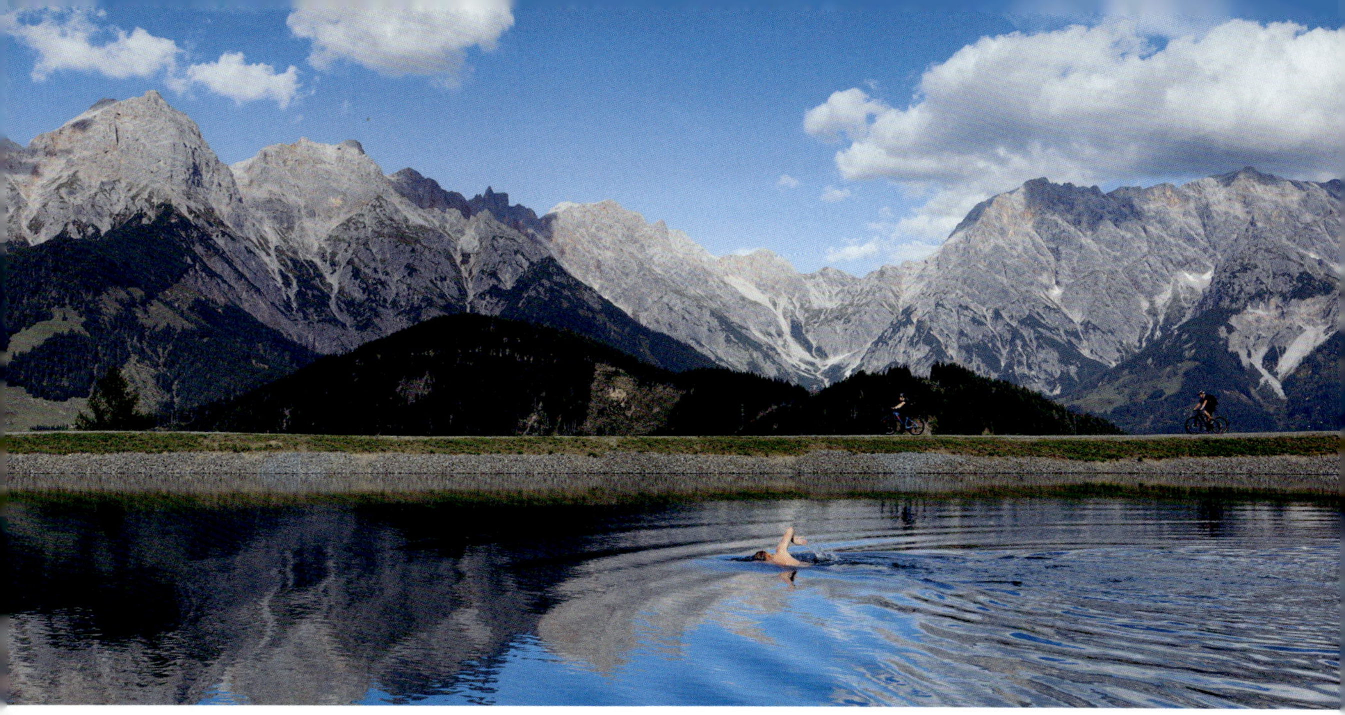

Panoramaschwimmen mit »Meer-Wert«.

Ausgangspunkt: Maria Alm, Parkplatz an der Natrunseilbahn-Talstation, 811 m, auch via Bus ab Bahnhof Saalfelden erreichbar.
Anforderungen: Leichte, familienfreundliche Wanderung mit einer lustigen Option beim Abstieg.
Einkehr: Gasthöfe in Maria Alm; Toms Almhütte, Tel. +43 676 3535045.
Karte: Freytag & Berndt WK 103.

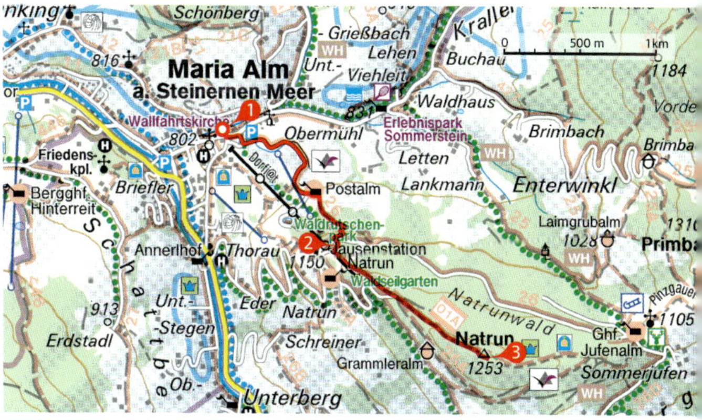

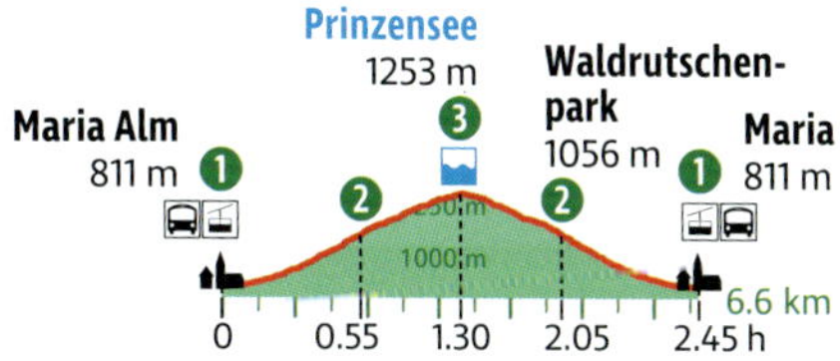

Ab dem **Parkplatz ❶** folgen wir der Wegweisung »Natrun« und biegen nach einem Hotelkomplex auf eine zur Postalm hinaufführende Schotterstraße. Hinter dieser geht es auf einem Wandersteig zuerst in den Hochwald und – nachdem wir diesen hinter uns gelassen haben – entlang der Skipiste in Richtung Seilbahn-Bergstation, vorbei am **Waldrutschenpark ❷**. Etwas oberhalb passieren wir den Bogenparcours und den Hochseilpark und erreichen nach einer Aufstiegszeit von ungefähr 1.30 Stunden den **Prinzensee ❸**.
Der künstlich angelegte, recht große See kann im Winter als Beschneiungsteich und im Sommer – ganz legal – als Badesee genutzt werden. Hier heroben ist es also möglich, entspannt im Süßwasser zu schwimmen und einen Meeresblick zu genießen. Tatsächlich ist die Aussicht auf Steinernes Meer und Hochkönig atemberaubend, im Gegensatz zu der angesichts der Höhenlage erstaunlich moderaten Wassertemperatur.
Beim Abstieg wartet noch ein ganz besonderes Abenteuer auf uns: Im **Waldrutschenpark ❷** können wir auf fünf Edelstahlrutschen, die längste davon misst fast 60 Meter, durchaus rasant talwärts sausen – nicht nur für Kinder ein unvergessliches Erlebnis!

10 Gainfeld-Wasserfall bei Bischofshofen

Zu Besuch bei den Herren von Pongowe

0.40 Std. → 1,6 km ↗ 120 m ↘ 120 m

VIDEO

Zwei Schanzen, ein Wasserfall
Die Paul-Außerleitner-Schanze ist die größte Skisprungschanze der alljährlich ausgetragenen Deutsch-Österreichischen Vierschanzentournee. Eine Schanze der anderen Art, ein Wehrbau, befand sich früher auf dem höchstgelegenen Punkt dieser Wasserfall-Wanderung. Von der ehemaligen Burg der Herren von Pongowe sind heute allerdings nur mehr die Grundmauern erhalten und als »Ruine Bachsfall« ausgewiesen. Am Anfang des Wasserfallsteigs, über den wir zu diesem tollen Aussichtspunkt gelangen, befindet sich ein schöner Wasserfall-Pool, der sich »nicht nur zur Sommerszeit, nein auch im Winter, wenn es schneit«, perfekt für einen Dip eignet …

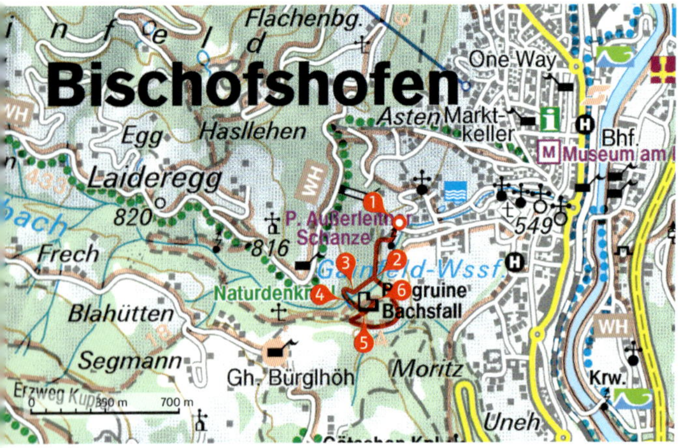

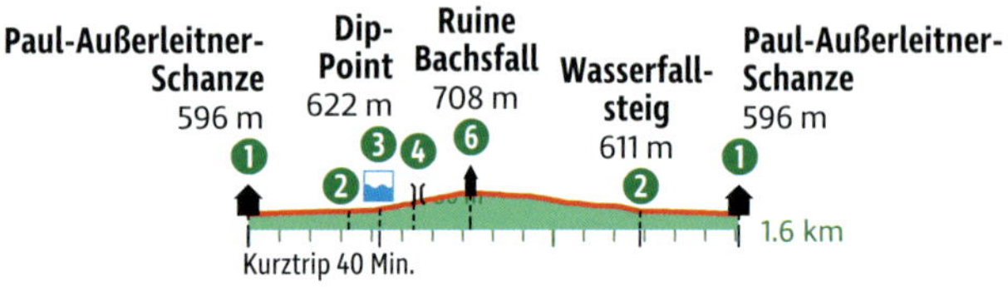

Ausgangspunkt: Parkplatz im Schanzengelände, 596 m, bzw. Bahnhof Bischofshofen (plus 15 Minuten Gehzeit).
Anforderungen: Abwechslungsreiche, auch für Familien geeignete Wanderung.
Einkehr: Österreich Haus, Tel. +43 664 1110085.
Karte: Freytag & Berndt WK 103.

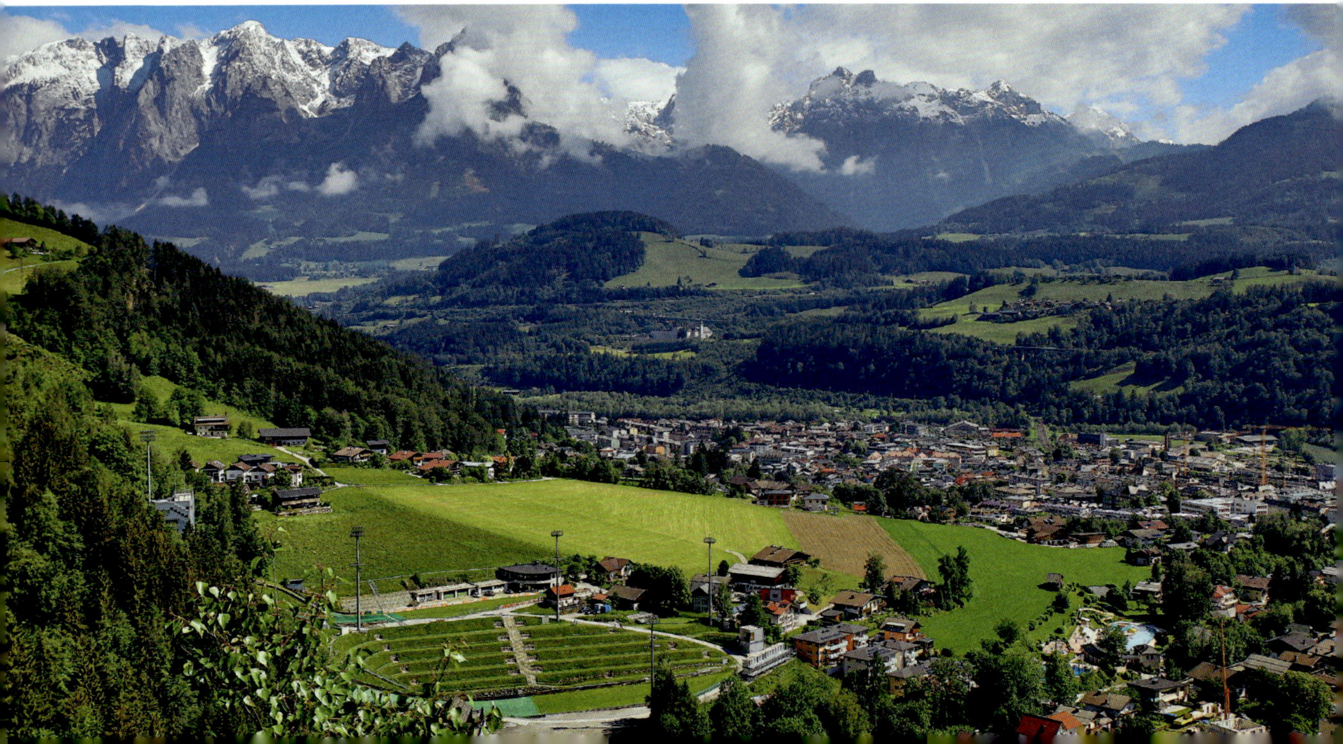

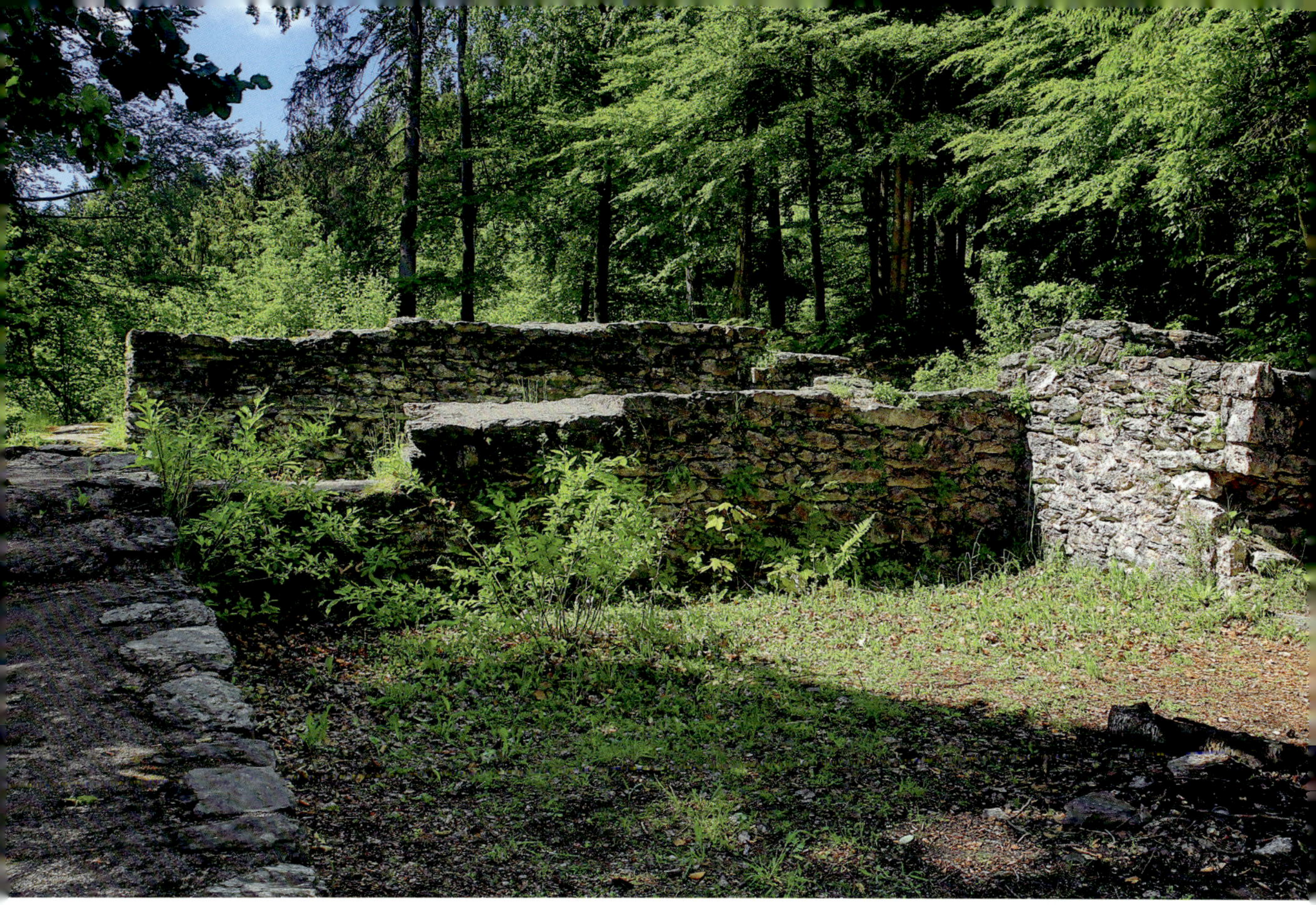

Foto oben: Die ehemalige Schanze der Herren von Pongowe. – Unten: Splish-Splash im Wasserfall-Pool.

Wir starten am **Parkplatz** ❶ der Paul-Außerleitner-Schanze, kommen links vom Österreich Haus zu einem Fitness-Parcours und bei dessen letzter Station an die **Abzweigung** ❷ zum Wasserfallsteig. Am rauschenden Gainfeldbach entlang erreichen wir nach einer kurzen einfachen Kletterei abseits des Steigs den unteren **Wasserfall-Pool** ❸, der für einen kurzen Dip eine völlig ausreichende Größe und Tiefe aufweist.

Nach dem Bade steigen wir über steile hölzerne Stiegen zur **Wasserfallbrücke** ❹ direkt oberhalb der Abbruchkante. Anschließend geht es auf der anderen Bachseite zuerst noch einmal über eine Steiganlage, dann über einen **Waldpfad** ❺ auf den Burghügel der **Ruine Bachsfall** ❻. Wir genießen den tollen Ausblick auf das Tennengebirge, halten uns nach Verlassen des Burghügels links und gelangen über den unteren Abschnitt des Knappensteigs zur unteren Brücke über den Gainfeldbach. Dann geht es wieder zurück ins **Schanzengelände** ❶, wo wir noch die imposante Großschanze besichtigen können.

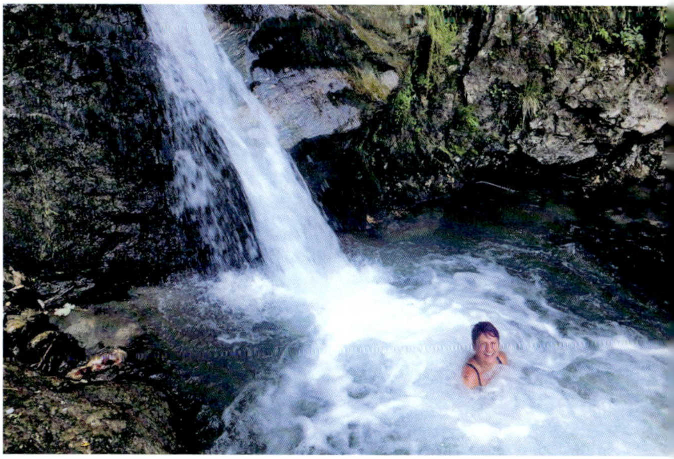

Im Vordergrund das Skisprungstadion, im Hintergrund das Tennengebirge.

11 Hinterer Gosausee, 1154 m

Wildbaden mit Dachsteinblick

3.45 Std. → 13,5 km ↗ 270 m ↘ 270 m

VIDEO

Das »blinzelnde Auge Gottes«

Einst hat der Naturforscher und Weltreisende Alexander von Humboldt das Panorama ob seiner Schönheit »als Auge Gottes« bezeichnet. Der Hintere Gosausee »blinzelt« insofern, als sein Wasserstand starken, manchmal rasch aufeinanderfolgenden Schwankungen unterworfen ist. Ursache dieses Phänomens ist eine sogenannte »Estavelle« im See. Dabei handelt es sich um eine Felsspalte, die mal als Quelle, mal als »Schwinde« fungiert. Durch die extremen Spiegelschwankungen, die bis zu 15 Meter betragen, hat der Bergsee auf den ersten Blick die Anmutung eines Stausees. Nur bei Hochwasserständen – etwa bei plötzlich einsetzender Schneeschmelze – dient ein zumeist trockenes Bachbett als Überlauf, der dann die tiefer liegende periodische Gosaulacke speist.

Ausgangspunkt: Parkplatz an der Gosaukamm-Seilbahn, 923 m. Die Anreise mit öffentlichen Verkehrsmitteln erfolgt per Zug auf der Nebenstrecke Attnang-Puchheim – Stainach-Irdning bis zur Haltestelle Steeg-Gosau, danach weiter mit dem Bus.

Anforderungen: Technisch einfache, relativ lange Wanderung auf einer geschotterten, für den Allgemeinverkehr gesperrten Forststraße.

Einkehr: Seerestaurant am Ausgangspunkt; Hohe Holzmeisteralm am Hinteren Gosausee, Tel. +43 664 1145113.

Karte: Freytag & Berndt WK 0281.

Foto unten: Alpin-Delfin oder Dachstein-Schmetterling? – Rechts: Die Hohe Holzmeisteralm lädt zur Einkehr.

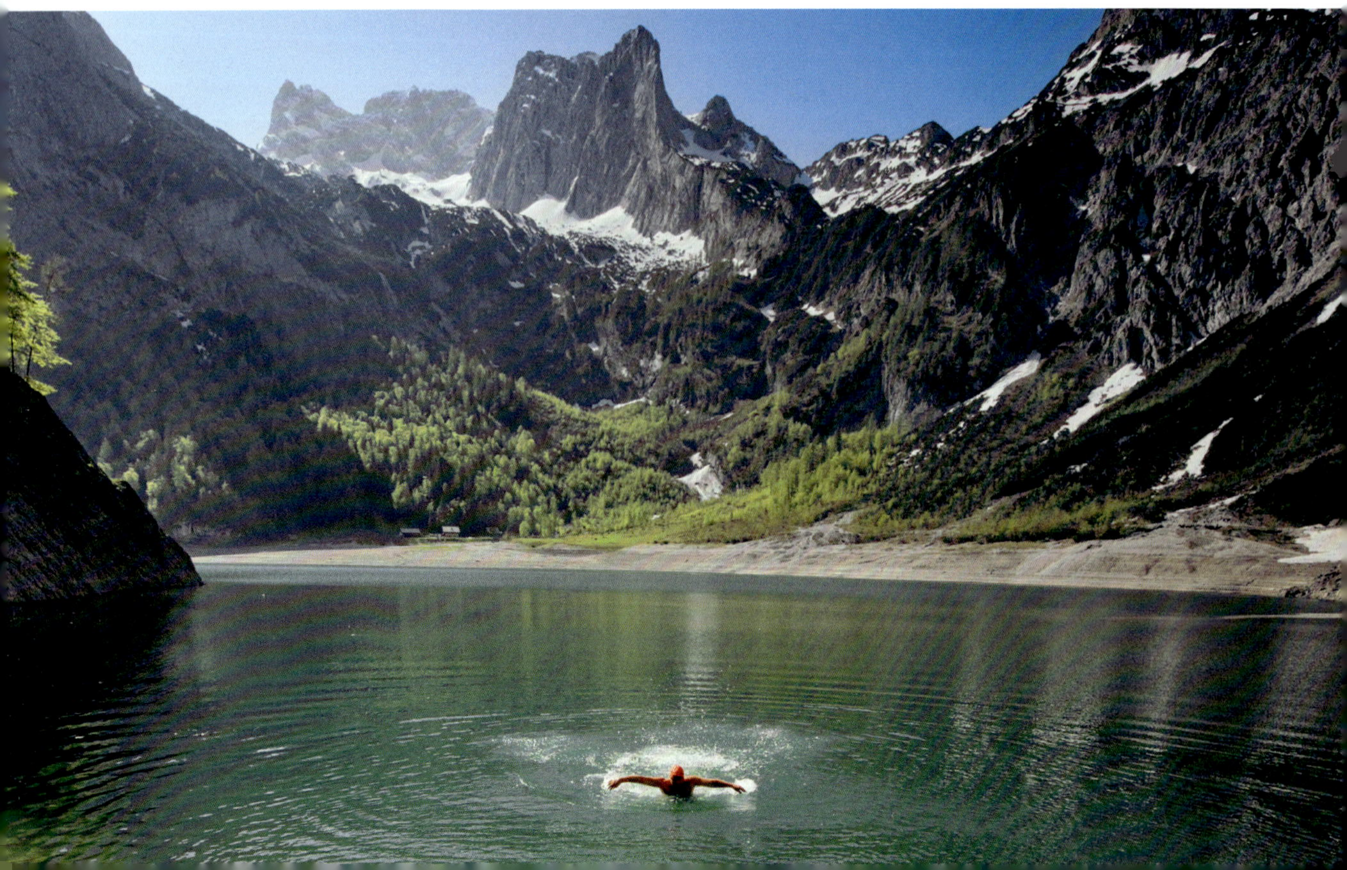

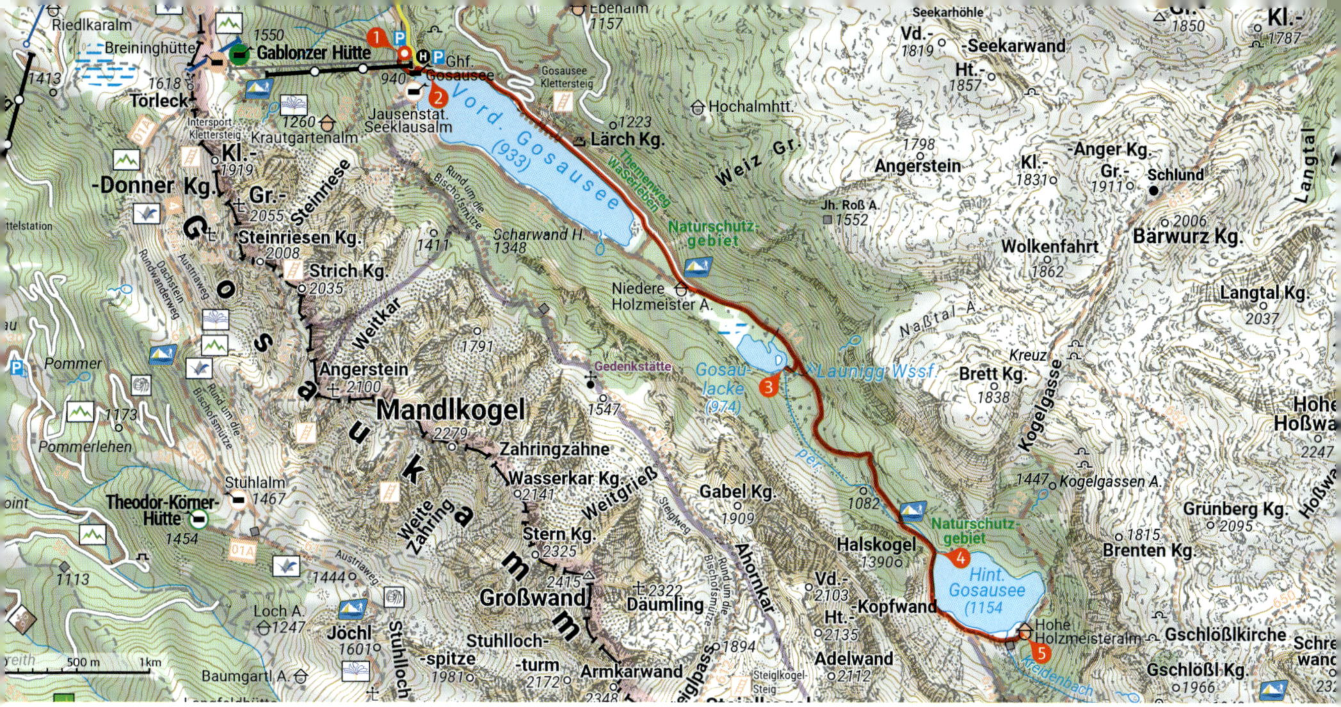

Ab dem **Parkplatz** ❶ zuerst leicht bergauf zum Seerestaurant am **Vorderen Gosausee**. Wir halten uns links und wandern auf einem vorerst flach verlaufenden Forstweg entlang des steil abfallenden Seeufers. Schon hier genießen wir einen fantastischen **Panoramablick** ❷ auf das vergletscherte Dachsteinmassiv, das sich herrlich im See spiegelt.

Am Wegesrand gibt es mehrere Infotafeln sowie den Einstieg zu einem interessanten Klettersteig. Ab dem Ende des ersten Sees wandern wir durch den Wald und blumenreiche Wiesen, bis wir die im Frühsommer am schönsten wirkende, im Hochsommer oft ausgetrocknete **Gosaulacke** ❸ erreichen.

Ab jetzt wird der Weg steiler, die Vegetation karger. Nach einem Steilstück erreichen wir den »Luagbichl«, von dem aus wir einen wunderbaren Blick auf die Gosaulacke und den Vorderen Gosausee haben. Allmählich flacht der Weg wieder ab, und wir gelangen etwa 15 Minuten später an das Ufer des **Hinteren Gosausees**. Der vom Panorama her schönste, von der Zugänglichkeit her wegen scharfkantiger Steine etwas mühsame Schwimmeinstieg findet sich gleich hier am **Nordufer** ❹. Einen bequemeren Schwimmeinstieg erreichen wir, wenn wir der Forststraße weiter zum Südufer folgen, wo mächtige, flache Schuttkegel in den See ragen.

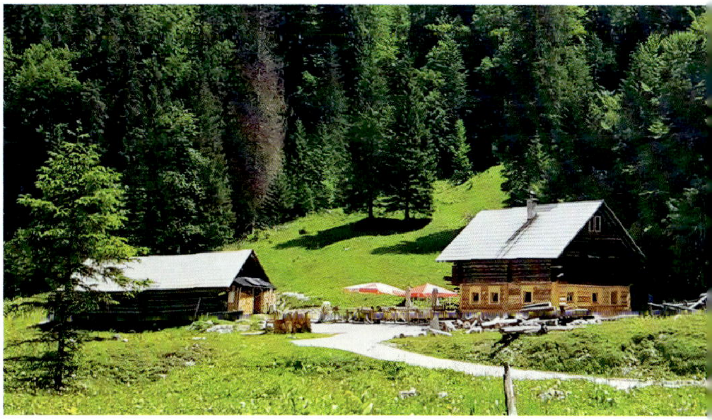

Hier haben wir in der urigen **Holzmeisteralm** ❺ die Möglichkeit, uns für den entlang der schon bekannten Route erfolgenden Rückweg zu stärken.

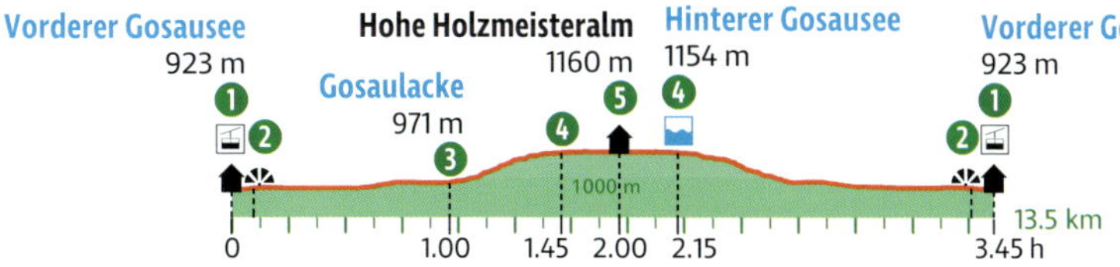

12 Unterer Eissee, 1909 m

Hochalpine Bergseewanderung zur Simonyhütte

5.00 Std. → 13,3 km ↗ 590 m ↘ 590 m

Auf den Spuren des »Abenteurers im Gelehrtenrock«

Friedrich Simony (1813–1896) erforschte das Dachsteingebirge und dokumentierte seine Abenteuer als Autor, Maler und Fotograf. Diese Ausführungen dienten später dem österreichischen Schriftsteller Adalbert Stifter als Informationsquelle für seine berühmte und berührende Novelle »Bergkristall«. Friedrich Simony war es auch, der um 1850 beschrieb, wie der vorstoßende Gletscher den damals noch viel kleineren Unteren Eissee unter sich begrub. Erst zu Beginn des 20. Jahrhunderts wuchs der See wieder, während sich das Karls-Eisfeld stetig zurückzieht.

Ausgangspunkt: Station der Krippenstein-Seilbahn, 1778 m. Erreichbar auch per Zug über die Nebenstrecke Attnang-Puchheim – Stainach-Irdning bis zur Haltestelle Steeg-Gosau, danach weiter mit dem Linienbus bis zur Talstation Obertraun.

Anforderungen: Schwere Wanderung, alpine Erfahrung und sichere Wetterverhältnisse unbedingt erforderlich.

Einkehr: Gjaidalm; Simonyhütte, Tel. +43 660 2196374.

Karte: Freytag & Berndt WK 0281.

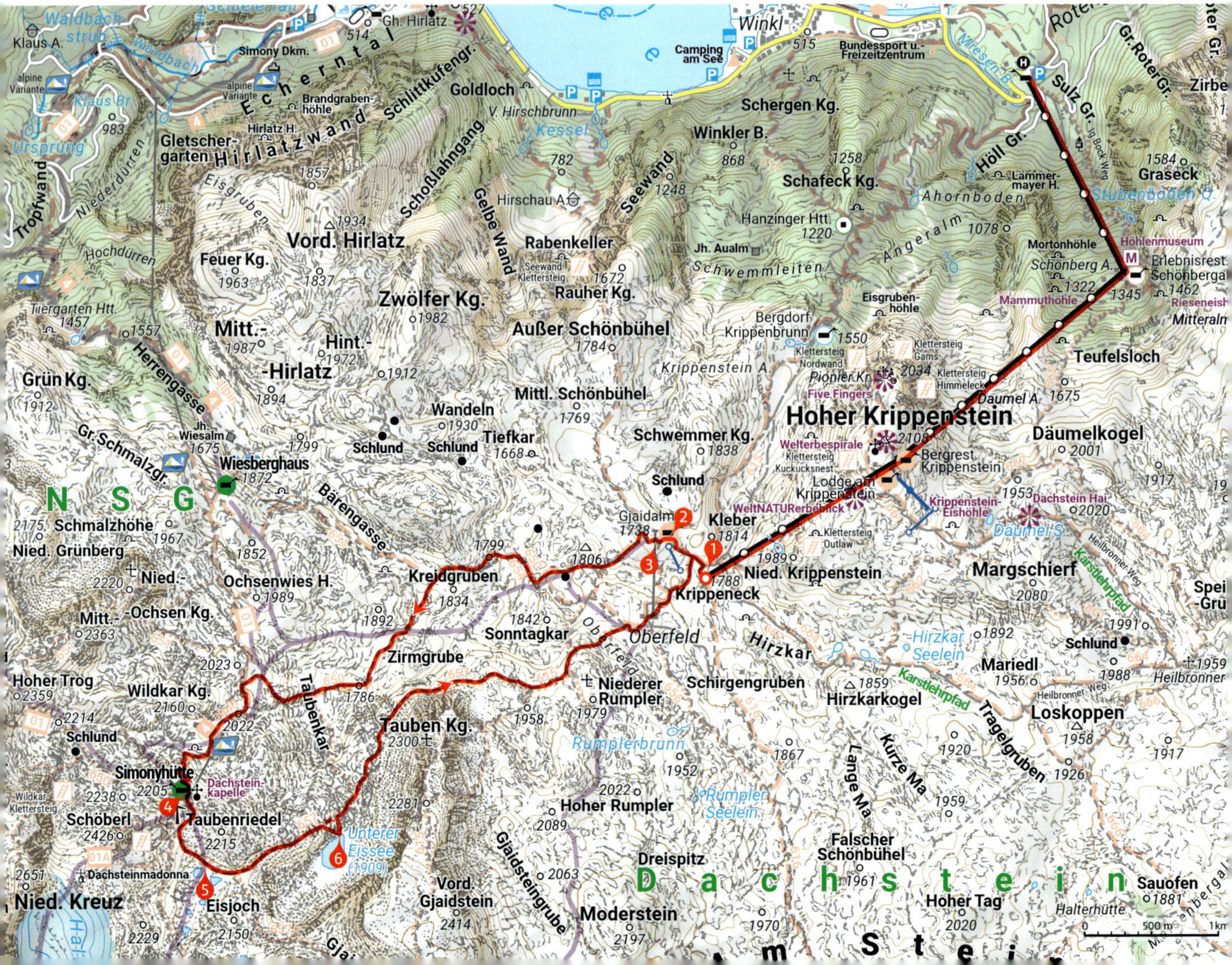

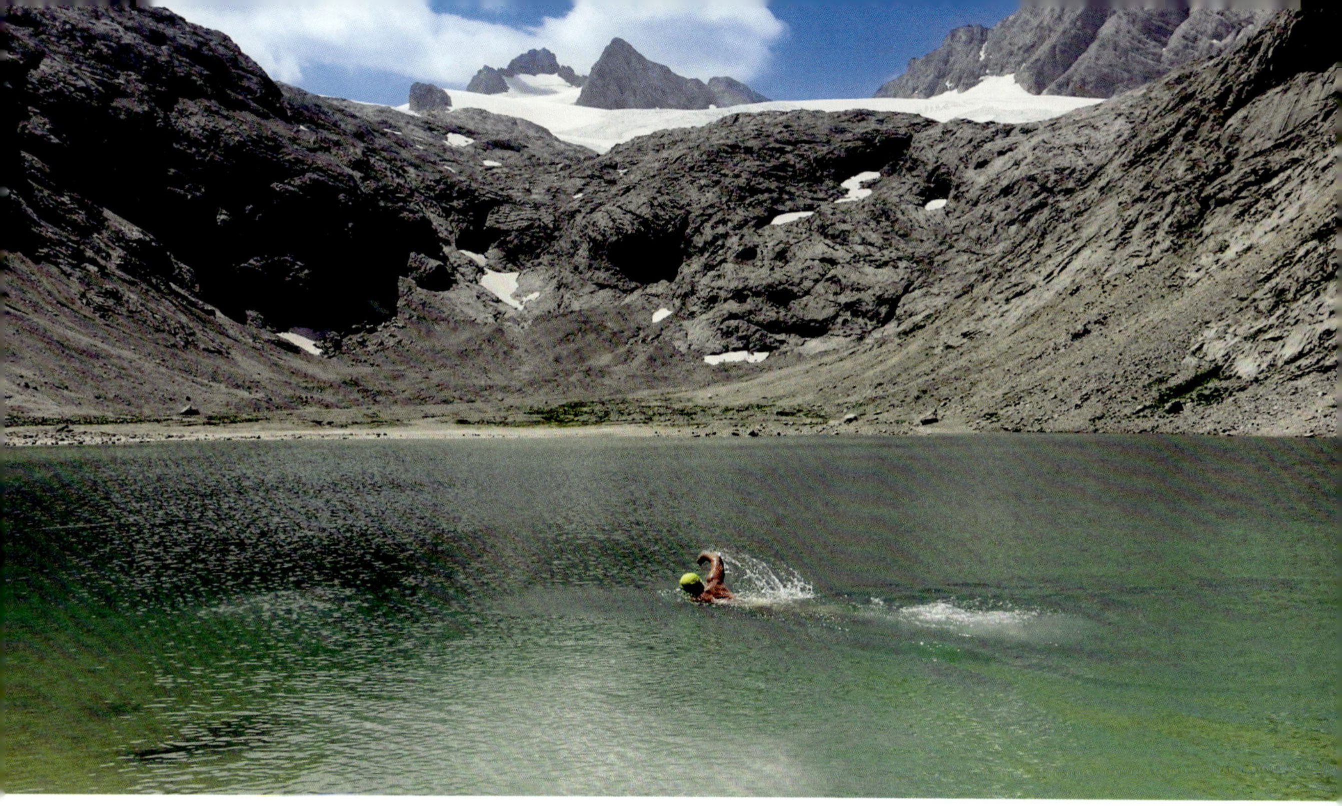

Blick durchs Taubenkar Richtung Dachsteingletscher.

Ab der **Seilbahnstation ❶** geht es erst einmal bergab bis zur **Gjaidalm ❷**. An der folgenden **Weggabelung ❸** halten wir uns links und folgen weiter einem gut markierten und beschilderten Wanderweg zur schon von Weitem sichtbaren Simonyhütte. Anfangs noch steil, flacht der Weg in der Zirmgrube kurzzeitig ab, um dann stets ansteigend in einem Rechtsbogen zur Unterkante markanter Felsplatten zu führen. Im oberen, bei Nässe recht rutschigen und streckenweise seilversicherten Abschnitt dreht der Steig nach links auf ein Plateau, auf dem wir wenig später mit der **Simonyhütte ❹** den höchsten Punkt unserer Tour erreichen.

Nach einer wohlverdienten Rast nehmen wir den unterhalb des Eisjochs verlaufenden Steig, der uns vorbei am fast völlig verlandeten **Oberen Eissee ❺** schließlich an seinen unteren, weit größeren Bruder bringt. Wir verlassen den Steig und begeben uns weglos ans nördliche Ufer des **Unteren Eissees ❻** und über feinsandigen Gletscherschliff ins – mangels Tiefe – nicht allzu kalte, leicht milchig trübe Wasser.

Anschließend geht es in weiten Kehren entlang des »Nature Trails«, vorbei an Taubenkogel und Niederer Rumpel, bergab bis zum Krippeneck. Hier halten wir uns rechts und folgen dem Pfad bis zur **Seilbahnstation ❶**.

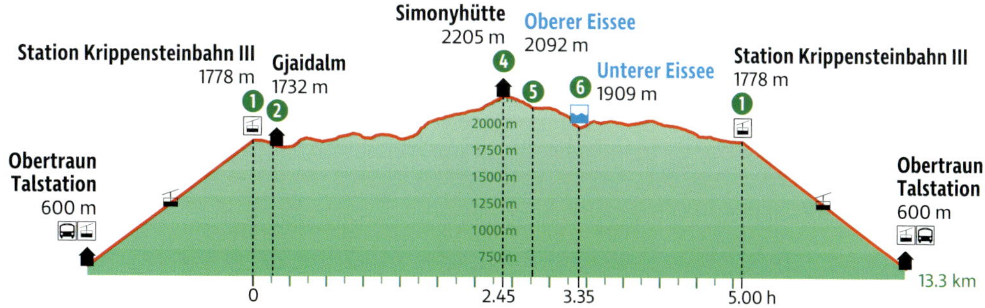

13 Wildkarwasserfall bei Seeham

Durch den sagenhaften Teufelsgraben

0.40 Std. → 2,2 km ↗ 40 m ↘ 40 m

VIDEO

Hier hatte schon der Teufel seinen Spaß

Weil der Bach bei Unwettern viel Lärm machte, wollten der Müller und der Kugelmüller die lockeren Steine im Bach entfernen. Sie staunten nicht schlecht, als sie am Wasserfall eine Gestalt antrafen, die lärmend wieder und wieder den Wasserfall hinunterrutschte und unten unversehrt wieder auftauchte. Alsbald merkten sie, dass hier der Satan persönlich am Werk war, der sich durch das Versprechen, dieses Kunststück auch ihnen zu ermöglichen, ihre Seelen erschleichen wollte. Die beiden überlisteten ihn jedoch, worauf der Herr der Finsternis wütend seinen Fuß in den Wasserfallfels rammte und das Weite suchte. So haben wir es wohl dem teuflischen Zorn zu verdanken, dass wir heute oberhalb der eigentlichen Wasserfallkante eine schöne Badestelle vorfinden.

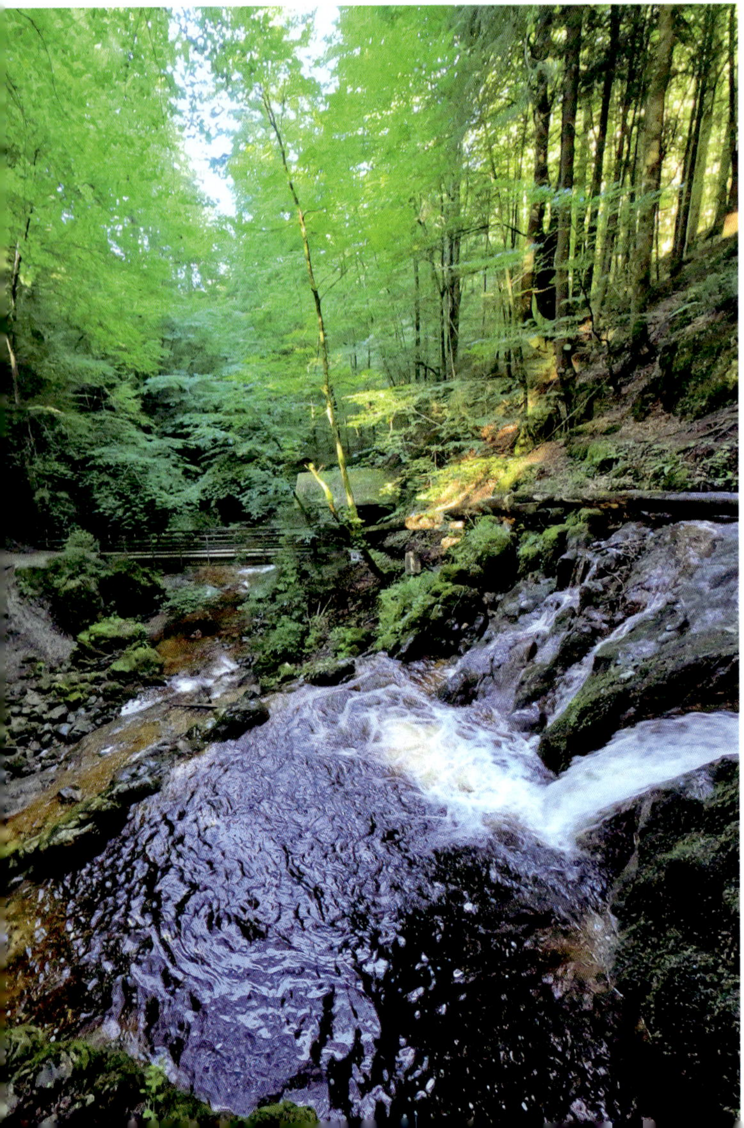

Ausgangspunkt: Parkplatz am Hochseilgarten, 565 m; auch mit Regionalbus ab Salzburg Hauptbahnhof bis Seeham-Matzing erreichbar.
Anforderungen: Kurze und einfache, familienfreundliche Wanderung, jedoch nicht kinderwagentauglich. Vorsicht beim Abstieg in den kleinen Wasserfall-Pool.
Einkehr: Röhrmoosmühle, Tel. +43 6217 7318.
Karte: Freytag & Berndt WK 0391.

Genaueres nicht nur zur Teufels-Sage, sondern auch zu Natur und Mühlengewerbe erfahren wir auf 17 Infotafeln, wenn wir ab dem **Parkplatz beim Hochseilgarten** ❶ den flussaufwärts führenden Weg in den Teufelsgraben einschlagen. Eine weitere Attraktion ist

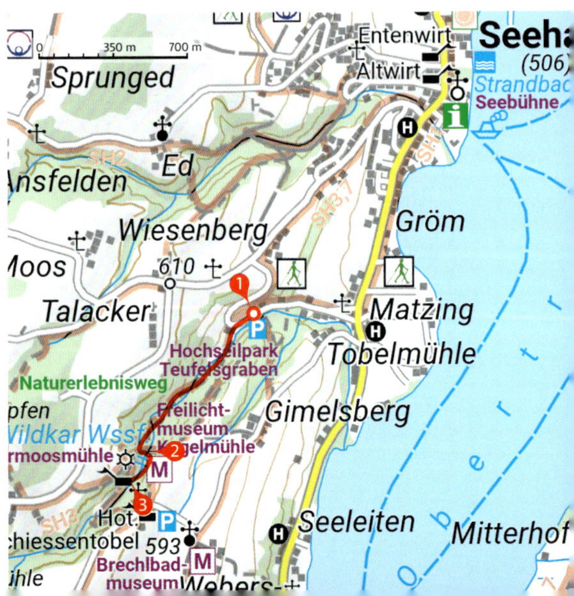

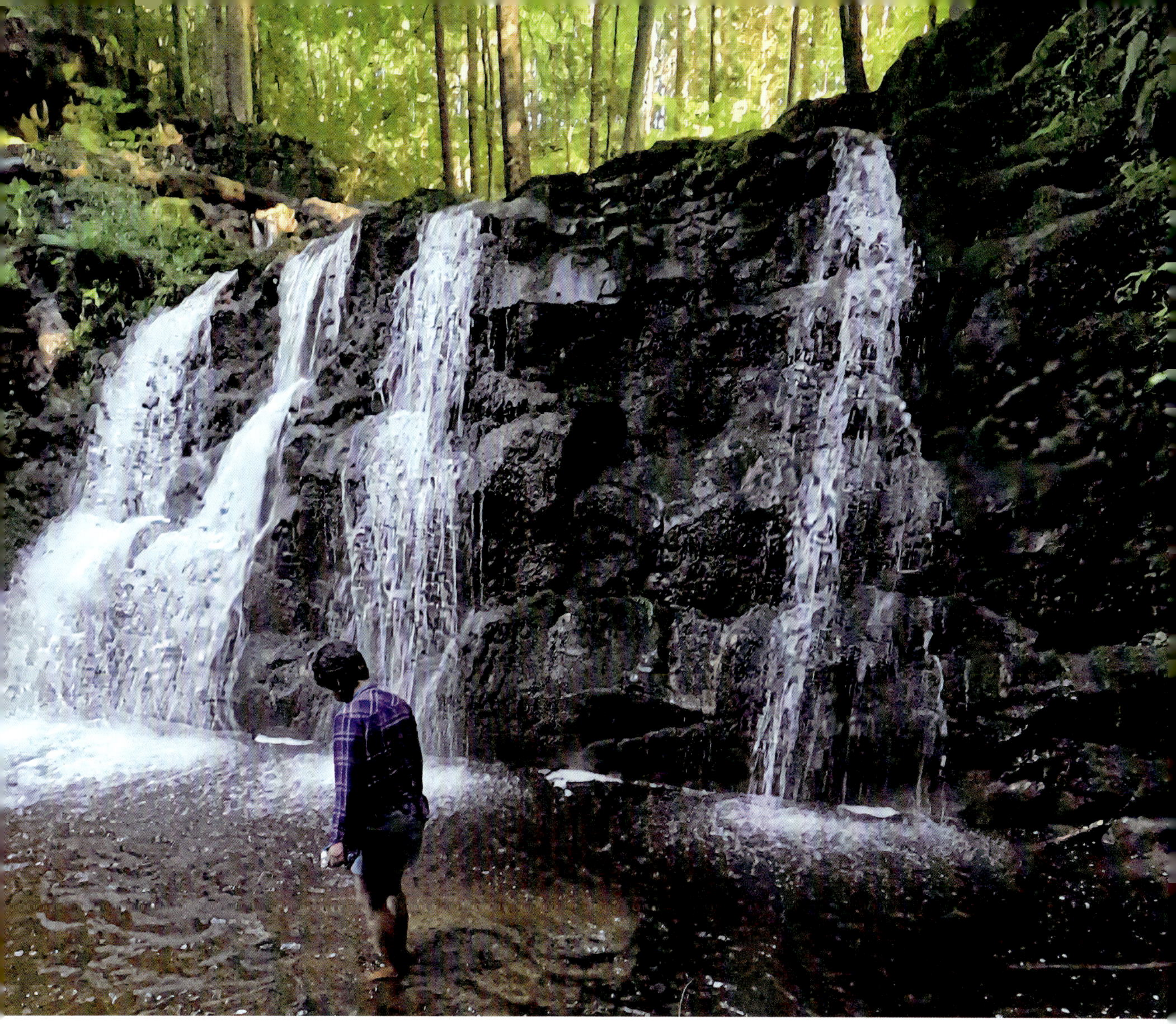

Am Wildkarwasserfall.

die am **Wildkarwasserfall** ❷ befindliche, wieder instand gesetzte historische **Kugelmühle**. Nur durch Wasserkraft wurden hier einst aus kantigen Steinen Kugeln zum Beschuss und zum Spielen geformt.
Für ein erfrischendes Bad ist im mehrstufigen Wasserfall zumeist nur der mittlere Pool geeignet. Um dorthin zu gelangen, müssen wir von der oberen Wasserfallkante auf der in Flussrichtung gesehen linken Seite ein kurzes Stück absteigen. Dabei sollten wir, falls wir nicht mit dem Teufel im Bunde sind, vorsichtig vorgehen, um nicht über den Wasserfall abzustürzen.

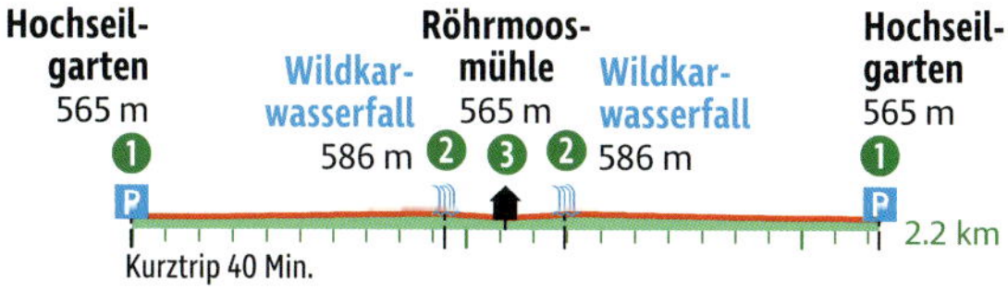

Nach dem Bad im etwas moorigen, dunklen Wasser können wir die nur wenige Gehminuten oberhalb des Wasserfalls gelegene **Röhrmoosmühle** ❸ besuchen, um eine Mühlen-Brotzeit zu genießen.
Anschließend geht es auf dem bekannten Weg durch den Teufelsgraben wieder zurück zum **Ausgangspunkt** ❶.

14 Aubach bei Voglau

Herrlicher Naturpool mit Cliff-Diving-Option

2.15 Std. → 8,8 km ↗ 180 m ↘ 180 m

VIDEO

Hinreißend bis mitreißend
Ersteres bezieht sich auf den knapp unterhalb des spektakulären Aubachfalls gelegenen großen, grün schimmernden Naturpool. Zweiteres auf die bei zu hohen Wasserständen herrschende Strömung in Lammer und Aubach. Bevor wir uns nämlich überhaupt der Badestelle am Aubach nähern können, gilt es die Lammer zu durchfurten. Was bei sommerlichen Normalwasserständen eine leicht zu bewältigende Übung darstellt, kann sich bei höheren Wasserständen leicht zu einer schwierigen bis gefährlichen Unternehmung auswachsen. Hier ist also in jedem Fall eine gehörige Portion Vorsicht und Umsicht gefragt!

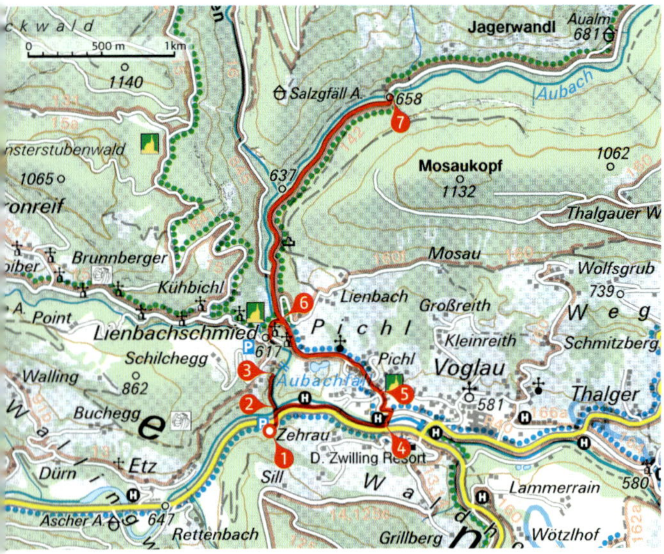

Ausgangspunkt: Parkplatz an der von Golling nach Abtenau führenden Bundesstraße (B 162) etwa 2 km nach dem Eingang der Lammeröfen, 549 m. Alternativ mit dem Zug nach Golling-Abtenau und dem Postbus bis Haltestelle Voglau Wegmacherhaus.
Anforderungen: Achtung, die Tour ist nur bei niedrigem Wasserstand der zu querenden Lammer möglich! Für Kinder nur sehr bedingt geeignet.
Einkehr: Keine.
Variante: Nur Kurztrip zum Naturpool ❸ (ca. 15 Min.).
Karte: Freytag & Berndt WK 392.

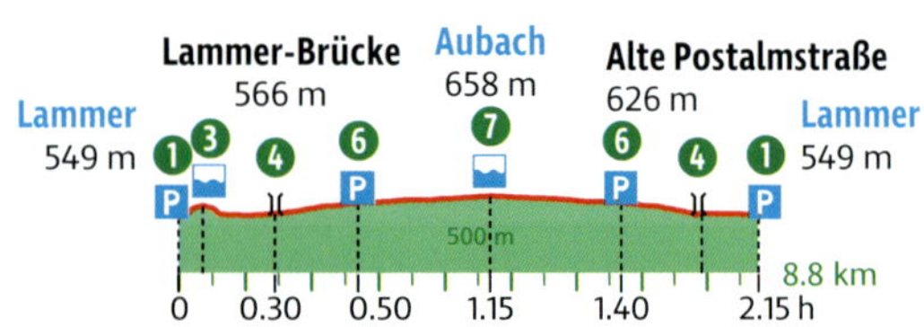

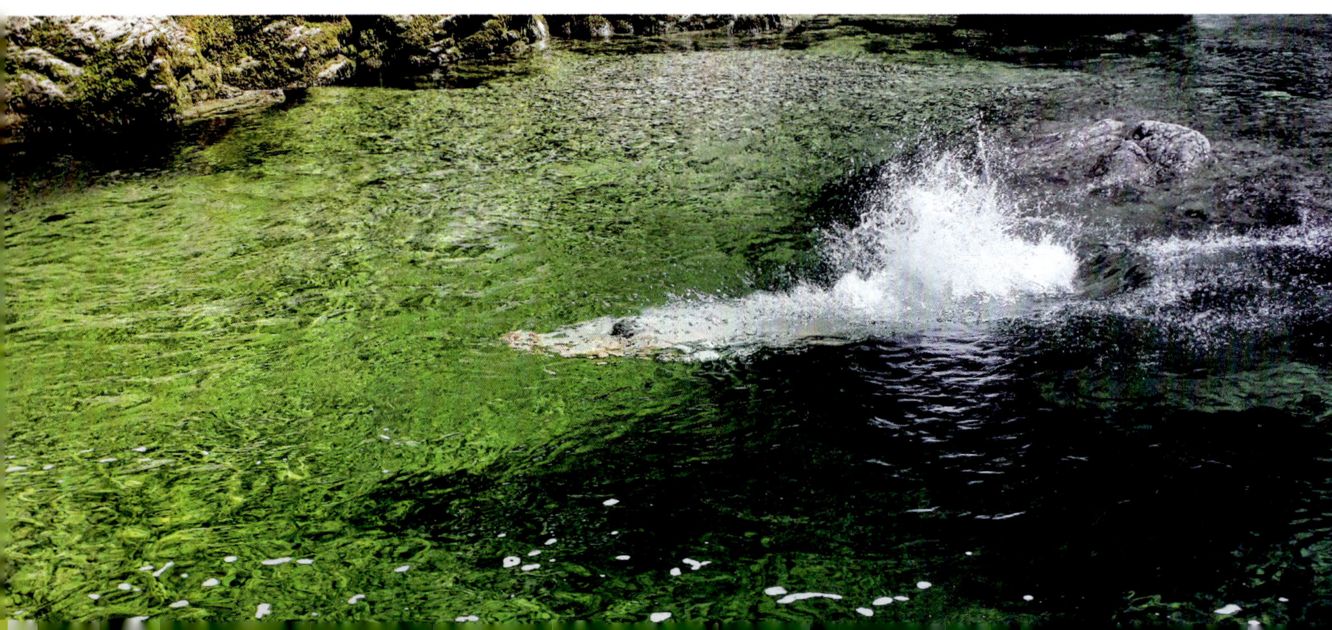

Etwa 100 m flussaufwärts von unserem **Ausgangspunkt** ❶ befindet sich am gegenüberliegenden Lammerufer eine im Sommer gerne von der einheimischen Jugend als Badeplatz genutzte Kiesbank. An dieser mündet auch der Aubach in die Lammer. Um zur **Aubachmündung** zu gelangen, müssen wir hier die Lammer durchfurten, was am besten in Badekleidung und mit gutem Schuhwerk (ideal sind etwa die bei Kajakfahrern üblichen Neopren-Füßlinge oder noch besser Canyoningschuhe) bzw. nur bei Niedrigwasserstand gelingt.
Sind wir glücklich am jenseitigen Ufer angelangt, folgen wir, diesen mehrmals querend, dem Lauf des Aubachs, was mitunter auch einfache Blockkletterei erfordert. Nach etwa 300 Metern sehen wir auf der in Fließrichtung gesehen linken Seite einen kleinen Steig, der auf eine große Klippe hinaufführt.
Der **Schwimmeinstieg** ❸ befindet sich auf der diesem (Sprung-)Felsen gegenüberliegenden Seite. Bei richtigem Wasserstand lässt sich der herrliche Naturpool bis zu seinem Zulauf, einem kleinen Wasserfall, beschwimmen. Weil dieser Spot zwar sehr schön ist, aber nicht allzu viel Sonne abbekommt, empfiehlt sich zum anschließenden Aufwärmen und gegebenenfalls Sonnenbaden eher die Kiesbank an der **Aubachmündung** ❷.
Um den imposanten Aubach-Wasserfall in seiner ganzen Pracht zu bestaunen und zu einer weiteren schönen Badestelle zu gelangen, wandern wir ca. 1,5 Kilometer bachaufwärts entlang der Bundesstraße oberhalb der Voglau-Klamm bis zu einer Fußgängerbrücke, hier die Klamm queren und der Wegweisung »Aubach-Wasserfall« folgen. Von dem Aussichtspunkt genießt man einen faszinierenden Tiefblick. Um an den oberen Badespot zu gelangen, gehen wir ein Stück zurück zu einem **Wanderparkplatz** ❻ (bis hierher auch Auto-Anfahrt möglich) und folgen jetzt der Wegweisung »Alte Postalmstraße«. Nach etwa 30 Minuten erreichen wir auf einer flach verlaufenden Forststraße den unterhalb einer Brücke gelegenen **Badeplatz** ❼, der auch Möglichkeiten zum Klippenspringen bietet. Zurück geht es dann auf demselben Weg.

Links: Kopfüber rein ins Vergnügen. – Rechts: Wer will, der kann – hier sind Sprünge aus ca. 7 m Höhe möglich.

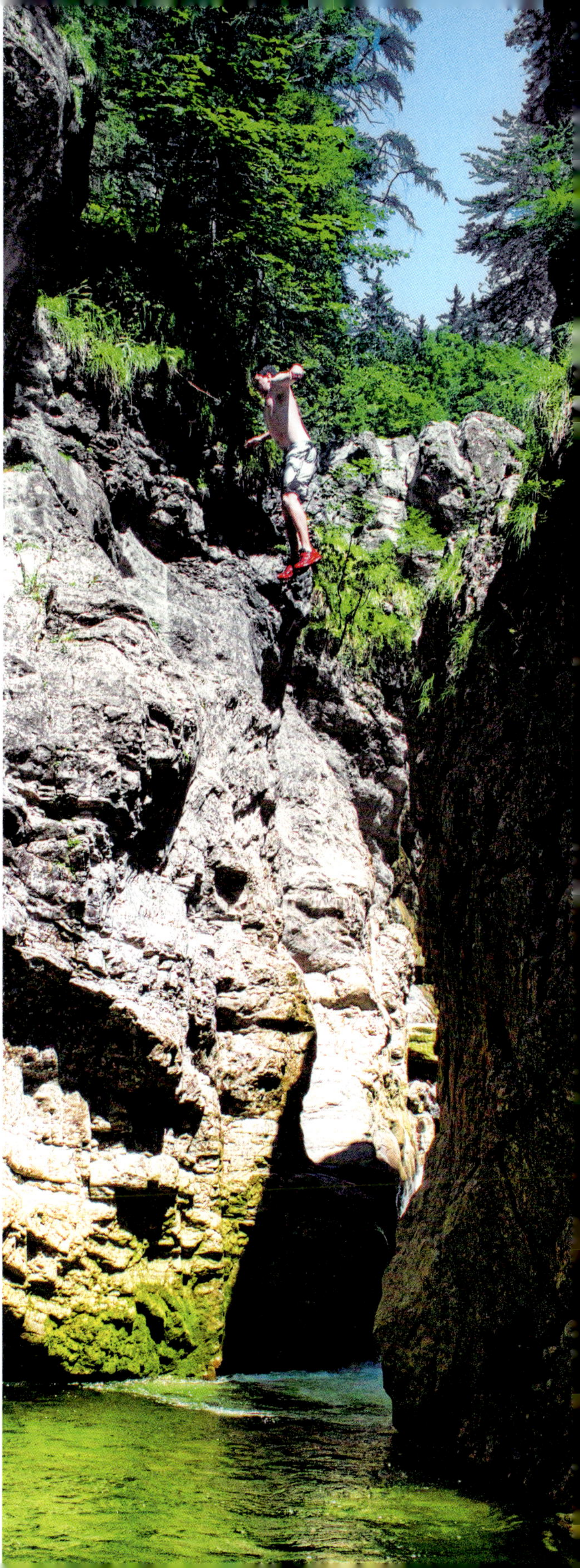

15 Kasbach-Wasserfall

Ein kleiner, aber feiner Naturpool bei Sankt Koloman

0.20 Std. → 0,9 km ↗ 70 m ↘ 70 m

Wasserfallbaden mit »Fleißaufgabe«

In diesem Fall besteht die »Fleißaufgabe« aus einer kurzen Wanderung, die uns über einen zuletzt steilen (!) verwachsenen Steig zum Höhlenportal des Hennerlochs, einer der vielen Höhlen im karstigen Schlenkengebiet führt. Angeblich birgt die Höhle in ihrem Inneren sogar kleine Seen und Wasserfälle. Die zu erreichen bleibt aber wohl Spezialisten vorbehalten. Und weil die Höhlendecke eine gewisse Brüchigkeit aufweist, sollte man selbst in der Vorhalle Vorsicht walten lassen.

Ausgangspunkt: Parkmöglichkeit am in die Ortschaft Kasbach hinaufführenden Güterweg nahe der Abzweigung des Schlenken-Wanderwegs, 650 m. Mit öffentlichen Verkehrsmitteln ist dieser Spot schwer erreichbar. Die günstigste Variante wäre wohl, den Zug nach Golling-Abtenau, den Linienbus nach Sankt Koloman und dort ein Leihrad zu nehmen.

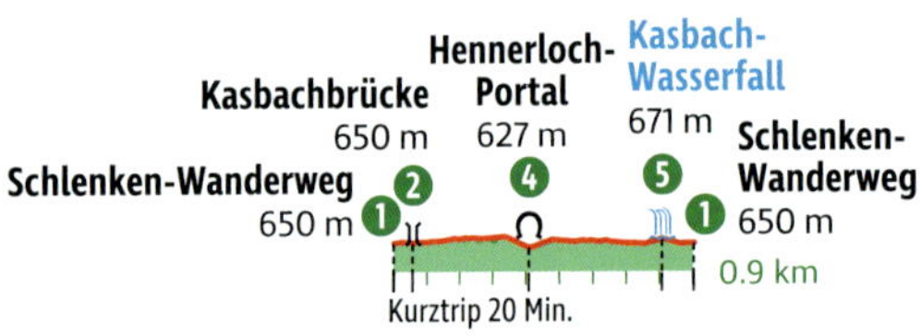

Anforderungen: Kurze, bis auf den rutschigen Abstieg zum Höhlenportal und die Kletterstelle am Felsriegel einfache, aber abenteuerliche Unternehmung. Jedenfalls gutes Schuhwerk und gegebenenfalls Licht mitbringen.

Einkehr: Sankt Koloman: Tauglerei, Tel. +43 6241 26242.

Hinweis: Achtung: Durch Hangrutschungen ist der Abstieg zum Höhleneingang mittlerweile nicht mehr ganz ungefährlich!

Karte: Freytag & Berndt WK 0391.

Wasserfall-Baden vom Feinsten.

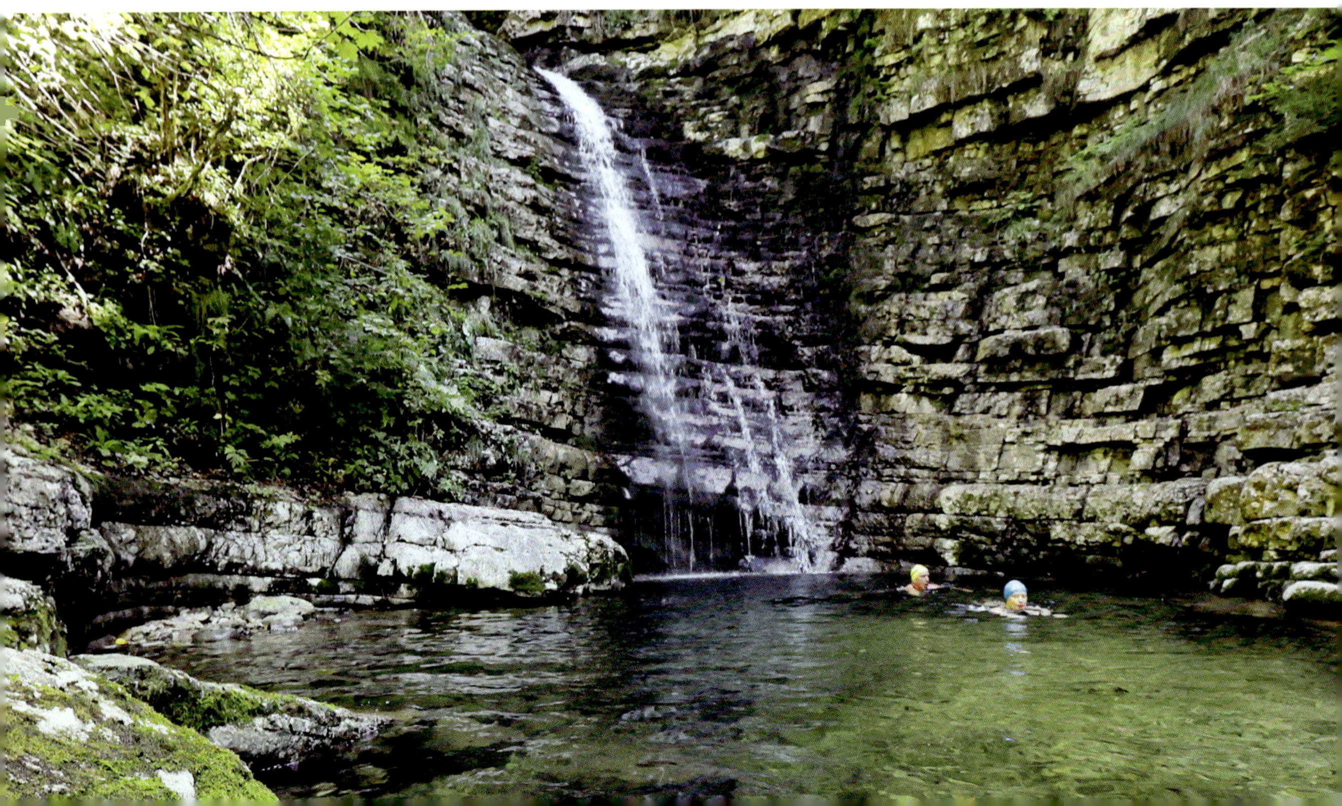

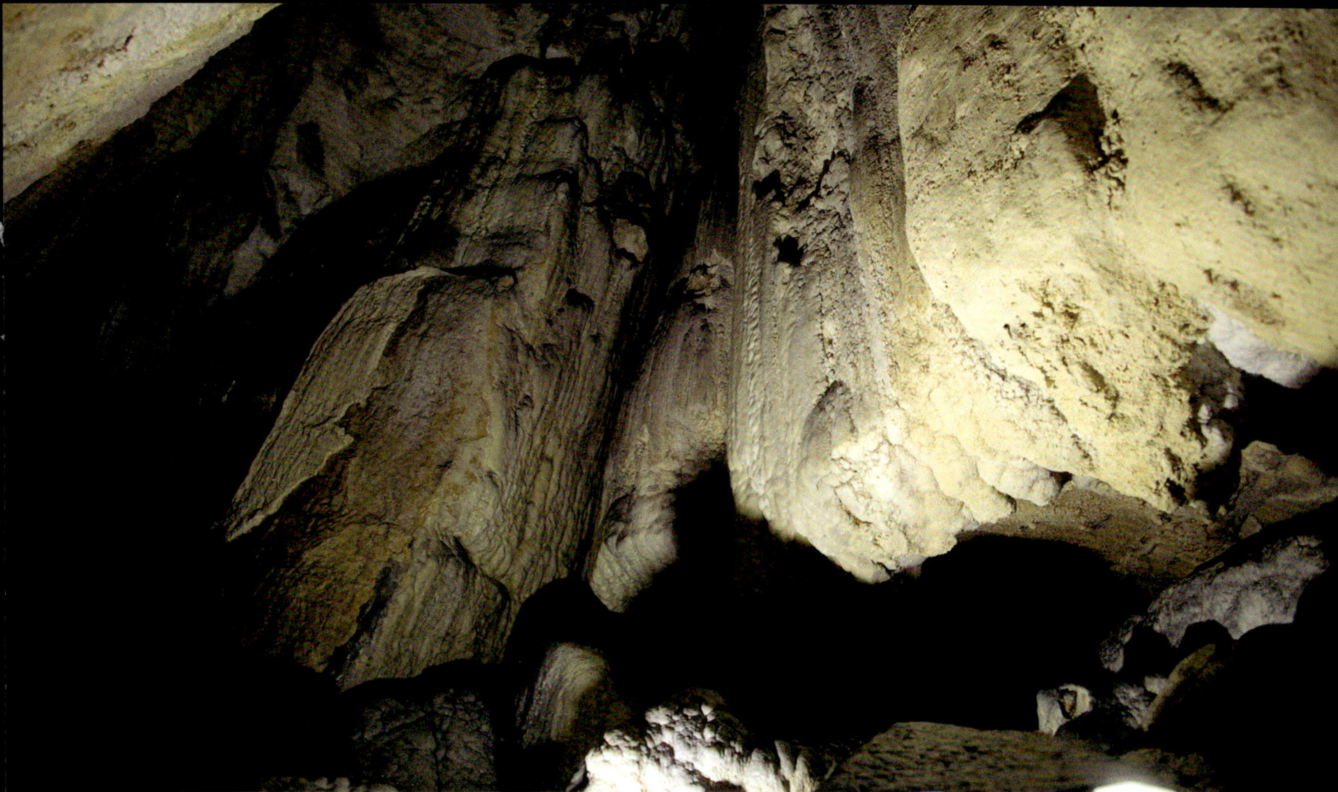

Sinterbildungen im hinteren Teil der Vorhalle.

An der **Abzweigung** ❶ des Wanderwegs zum Schlenken steigen wir hinab zur kleinen **Kasbachbrücke** ❷. Ab hier folgen wir ein kurzes Stück dem Wanderweg und wählen an der nächsten **Weggabelung** den unteren Pfad. Auf diesem geht es weiter bergan, bis wir linker Hand den Steilabbruch zum Trockenbach und einen schwer auszumachenden, teilweise abgerutschten **Trampelpfad** ❸ hinunter zum **Höhlenportal** ❹ entdecken. Wenn man sich etwas bückt und geeignetes Licht mitbringt, kann man die etwa 80 m lange Vorhalle relativ mühelos erkunden. Höhlenunkundige sollten allerdings spätestens an deren Ende kehrtmachen, um sich dem Hauptzweck der Anreise, einem gepflegten Wasserfallbad, zu widmen.

Nach diesem Abstecher zum Hennerloch zweigen wir nach der kleinen **Kasbachbrücke** ❷ links ab und folgen dem Bachlauf weglos bis zu einem querliegenden Felsriegel. Unterhalb dieser Barriere überqueren wir den Bach und klettern uns links haltend ein kurzes Stück über den zumeist feuchten und rutschigen Fels nach oben. Nachdem wir dieses nur wenige Meter hohe Hindernis überwunden haben, gelangen wir an einen wunderbaren

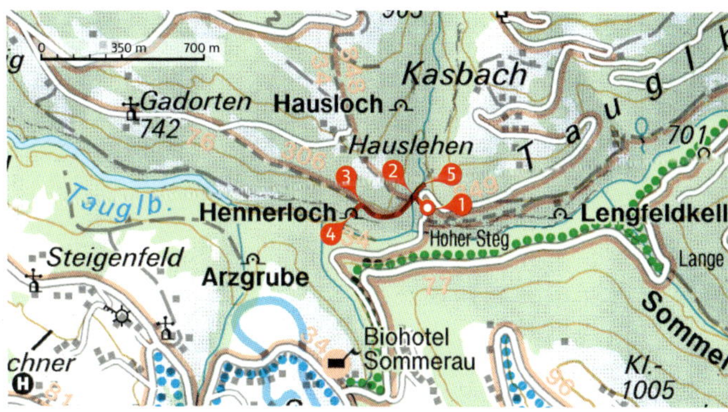

kleinen **Wasserfall-Pool** ❺. Der Einstieg und das Schwimmen darin erweisen sich als völlig unproblematisch. Was wir an diesem Spot allerdings nicht erwarten können, sind wirklich geeignete Liegeflächen zum Sonnenbaden, zumal die Sonne auch im Hochsommer das versteckte Plätzchen nur um die Mittagszeit kurz bescheint.

Nichtsdestotrotz ist ein Dip in diesem wundervollen Naturpool ein eindrucksvolles Erlebnis – welches mit der Wanderung zum Höhleneingang zusätzlich aufgewertet ist –, bevor es wieder zurück zum **Ausgangspunkt** ❶ geht.

16 Wiesensee, 782 m

Periodischer See unterhalb des Ebenseer Hochkogels

2.15 Std. → 6,8 km ↗ 280 m ↘ 280 m

Naturschauspiel ohne Gewähr

Gelegentlich wird das ohnedies schon seenreiche oberösterreichische Salzkammergut über Nacht um einen weiteren See reicher. Mit einem See, dessen Kommen und Gehen selbst für Anrainer und Insider schwer vorhersehbar ist. Die Erklärung für dieses Phänomen liefert der Umstand, dass der »Wiesensee« ein periodischer See ist. Manchmal braucht es nur die Schneeschmelze, manchmal noch Regen dazu, und ab und zu reicht auch Regen allein, um auf einer blühenden Bergwiese auch einen faszinierenden Bergsee »erblühen« zu lassen. Glücklich derjenige, der den launischen See zufällig in einer solchen Situation erwischt, oder aber der, der von »für gewöhnlich gut informierten Kreisen« einen heißen Tipp erhält …

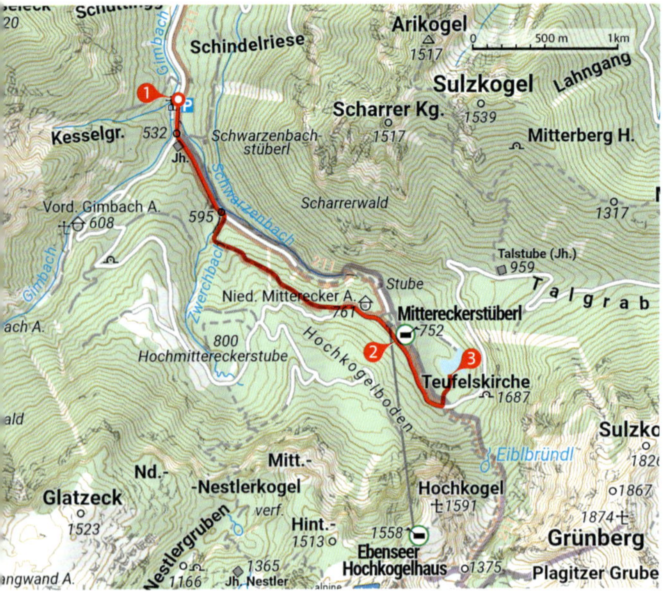

Ausgangspunkt: Schwarzenbach-Parkplatz, 520 m, mit öffentlichen Verkehrsmitteln nicht erreichbar. Für die Anfahrt aus dem Trauntal folgt man zuerst der Wegweisung »Offensee« und kurz vor dem See den Hinweisschildern »Mittereckerstüberl«.

Anforderungen: Einfache, familienfreundliche Wanderung.

Einkehr: Mittereckerstüberl, Tel. +43 676 5862880.

Karte: Freytag & Berndt WK 0081.

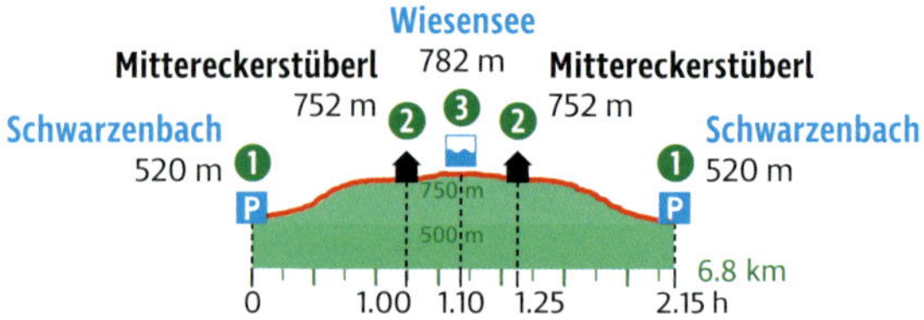

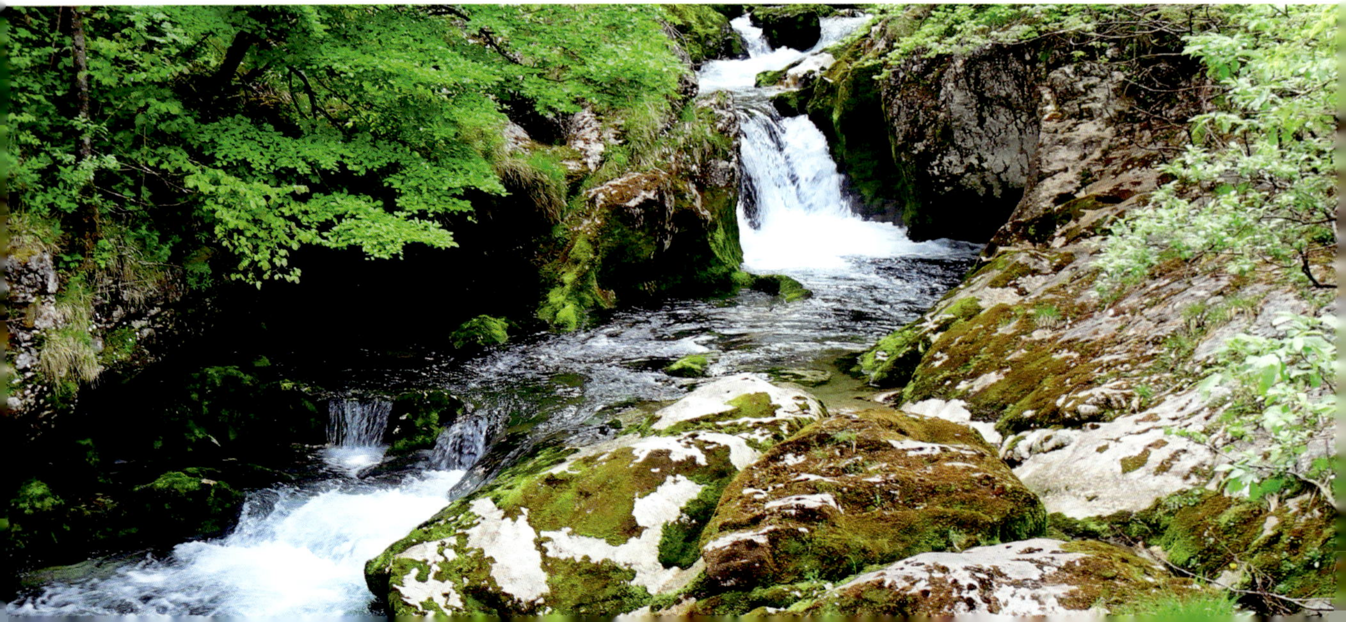

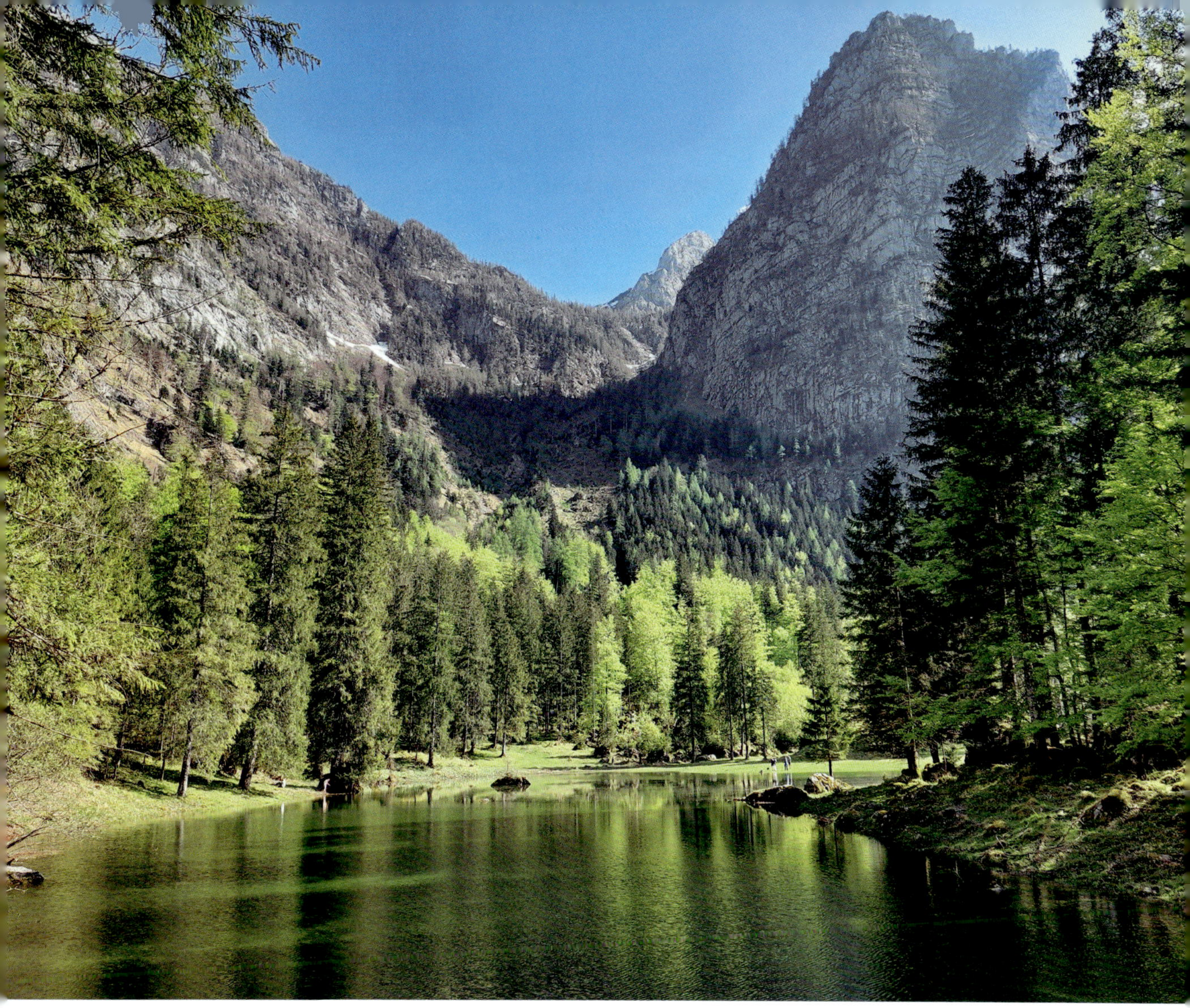

Glück gehabt!

Zunächst geht es vom **Parkplatz ❶** aus auf einer Forststraße Richtung Mittereckerstüberl. Nach wenigen Hundert Metern queren wir den Zwerchbach und biegen rechts ab auf den Almweg. Wir folgen dem Wildbach vorbei an einigen Wasserfällen und gelangen über den nur mäßig steilen Waldpfad nach etwa 30 Minuten Gehzeit wieder auf die Forststraße.
Uns links haltend kommen wir am **Mittereckerstüberl ❷** vorbei, bis nach wenigen Metern links ein markierter Pfad zum Wiesensee abzweigt. Die letzten Meter geht es über einen oft feuchten Wiesenweg zum **Wiesensee ❸**. Größe und Tiefe des Sees variieren recht stark, können aber bis zu zwei Hektar bzw. zwei Meter erreichen. Besonders bei Schönwetter und hohem Sonnenstand ist es ein sowohl unvergessliches als auch erfrischendes Erlebnis, durch blühende Almwiesen zu schwimmen.
Nachdem wir dieses Glücksgefühl entsprechend ausgekostet haben, ist es nur allzu nahe liegend, vor dem Abstieg im **Mittereckerstüberl ❷** auch noch vom legendären Holzofenbratl zu kosten.
Gestärkt wandern wir schließlich wieder zurück zum **Parkplatz ❶**.

Führt der Bach viel Wasser, ist das womöglich ein gutes Zeichen. Aber keine Garantie ...

17 Rötelsee, 610 m

Abenteuerliches Höhlenschwimmen im Traunsteinmassiv

1.15 Std. → 2,1 km ↗ 210 m ↘ 210 m

Ohne Licht geht's nicht

Einer Sage zufolge ist in der schwer zugänglichen, hoch über dem oberösterreichischen Traunsee gelegenen Höhle ein Schatz vergraben, was schon früh allerlei Glücksritter hierherführte und zu Grabungen veranlasste. Heute sind in dem Naturdenkmal unautorisierte Grabungen aller Art verboten, und auch der schon 1882 für touristische Zwecke errichtete Steig ist verfallen, einstige Sicherungen durch Lawinen und Steinschlag längst zerstört. Da der unweit des Höhlenportals, jedoch tiefer als dieses gelegene See kein Tageslicht abbekommt, ist die Mitnahme einer eigenen Lichtquelle unbedingt nötig.

Ausgangspunkt: Bootsanlegestelle Karbach, 430 m, erreichbar mit Bootstaxi von Traunkirchen; dieser Ort liegt an der Salzkammergut-Eisenbahnlinie.
Anforderungen: Schwere, nicht ungefährliche Wanderung mit ausgesetzten Passagen, die keinewegs bei Nässe angetreten werden sollte! Gutes Schuhwerk und Licht unbedingt erforderlich, lange Wanderhose wegen der Zeckengefahr empfehlenswert.
Einkehr: Café Johannisberg im Hafen von Traunkirchen, Tel. +43 664 4234862. Die Jausenstation Karbach ist leider nicht mehr geöffnet.
Karte: Freytag & Berndt WK 0081.

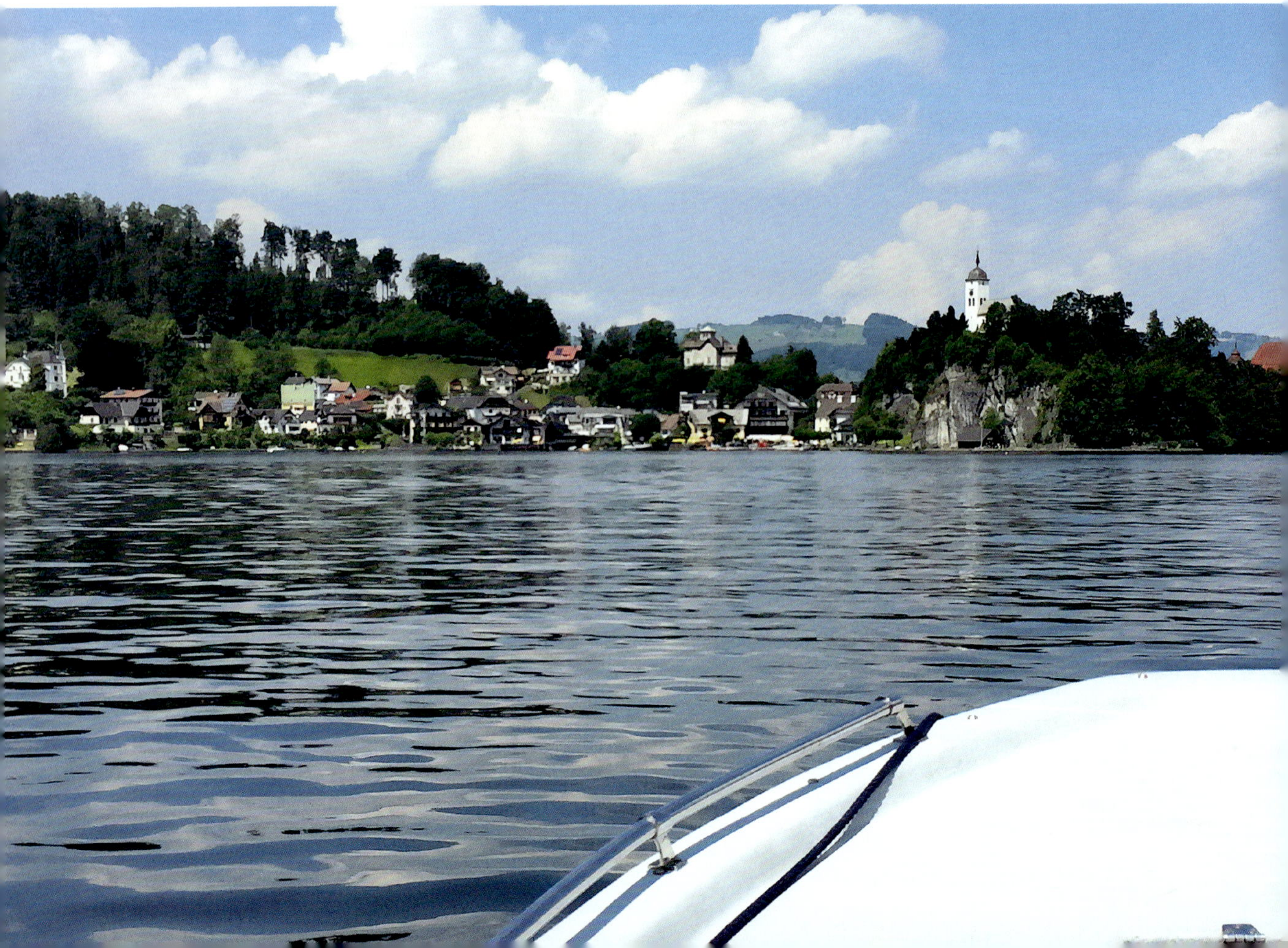

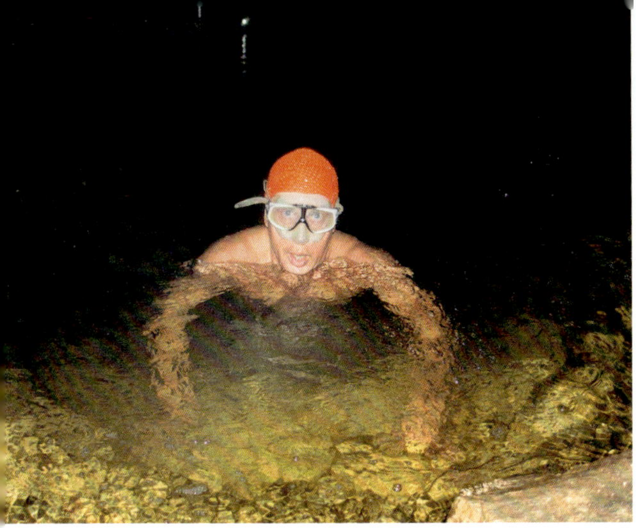

Grottenolme werden nie erwachsen.

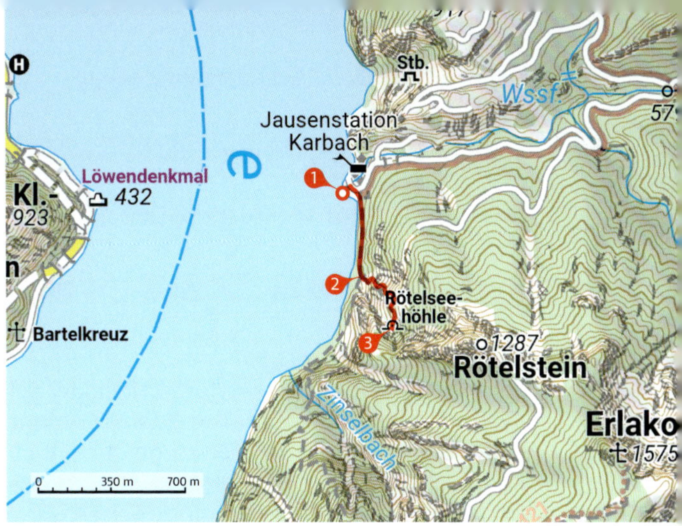

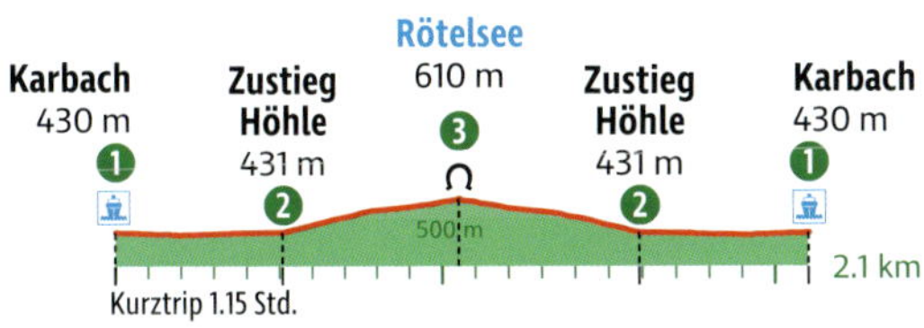

Ab der **Bootsanlegestelle Karbach** ❶ folgen wir etwa 400 Meter einem exakt nach Süden entlang des Traunsee-Ostufers verlaufenden Steig. An einer **Weggabelung** ❷ verlassen wir links den weiter zur – nicht grundlos – »Zeckeninsel« genannten Halbinsel führenden Pfad und steigen ab jetzt steil bergan. Wie schon erwähnt, befindet sich dieser Zustiegsweg in äußert schlechtem Zustand. Enge Serpentinen bringen uns über einen Grashang bis an die Felskante heran, wo die Steigspuren nach Süden drehen, uns über steile Schuttrinnen hinweg zu einer ausgesetzten Querung zwingen; Trittsicherheit erforderlich!

Ab dem Quellaustritt des zumeist trockenfallenden Rötelseebaches bedarf es noch einer kurzen Blockkletterei, um zum jetzt auftauchenden **Höhlenportal** ❸ zu gelangen. Nachdem wir unser Licht ausgepackt haben, folgen wir einer abfallenden, in eine Lehmbahn übergehende Schutthalde zum etwa 7 Meter tiefer liegenden Seeufer. Abenteuerlustige und kälteresistente Zeitgenossen können jetzt den dunklen, etwas unheimlichen ca. 160 m² großen Höhlensee bis zum gegenüberliegenden, lehmigen Ufer beschwimmen.

Anschließend machen wir uns voll konzentriert an den schwierigen Abstieg und hoffen, dass uns unser Fährmann tatsächlich zum vereinbarten Zeitpunkt nach Traunkirchen zurückbringt. Natürlich können wir uns eine eventuelle Wartezeit in **Karbach** ❶ durch einen Sprung in den zumeist recht erfrischenden Traunsee verkürzen.

Mit dem Bootstaxi geht's retour nach Traunkirchen.

18 Laudachsee, 896 m

Die alpine Traunsee-Alternative am Grünberg

2.30 Std. → 7,5 km ↗ 290 m ↘ 290 m

Schöner als Schloss Orth?
Wer kennt nicht das als Drehort unzähliger Spielfilme und TV-Serien berühmt gewordene Schloss Orth in Gmunden am Traunsee? So sehr manche diesen »Talsee« auch schätzen, manche geben dem Bergsee den Vorzug. Der Sage nach auch die Nixe vom Laudachsee: Als sie eines Tages den Riesen Erla traf, war dies Liebe auf den ersten Blick. Um seiner Geliebten ein würdiges Heim zu gestalten, riss der Riese gewaltige Felsen aus dem Traunstein. Aus diesen errichtete er am Traunsee eine Insel und ein Schloss. Nur ein Jahr später hatte die Nixe allerdings solche Sehnsucht nach »ihrem« See, dass sie über Nacht verschwand – worauf der sitzen gelassene Riese Schloss Orth den Menschen überließ.

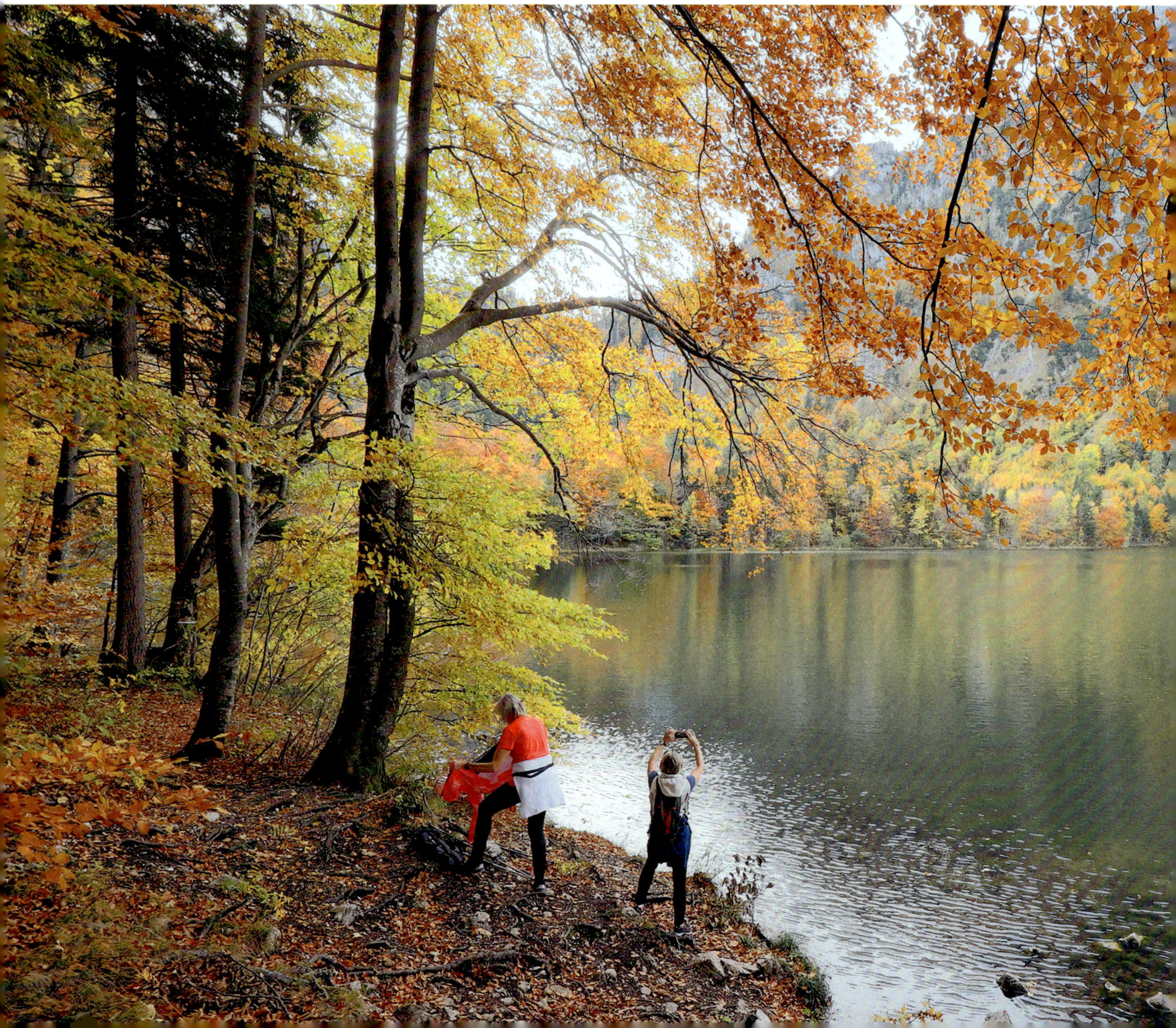

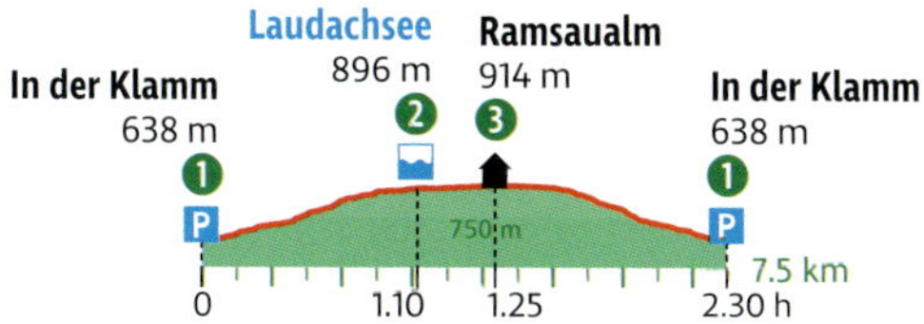

Ausgangspunkt: Parkplatz In der Klamm, 638 m; bzw. mit der Bahn nach Gmunden und mit dem Bus bis zur Haltestelle Franzl im Holz.

Anforderungen: Leichte, familienfreundliche Wanderung.

Einkehr: Ramsaualm, Tel. +43 664 9329694.

Karte: Freytag & Berndt WK 0081.

Gleich nach dem **Parkplatz ❶** wandern wir vorbei am kleinen Weiler »In der Klamm« und gelangen, nachdem wir eine Schranke passiert haben, auf einen gut beschilderten Wanderweg, der durch den schönen Laubwald bergan führt. In weiterer Folge haben wir mehrmals die Wahl zwischen Steig und Forststraße. Die ebenfalls gut beschilderten Abkürzungen sind zwar kürzer, aber auch steiler, feuchter und rutschiger, weshalb man sie nach Niederschlägen speziell beim Abstieg eher meiden sollte.

Nach etwa 45-minütigem, nicht allzu steilem Aufstieg erreichen wir das Ostende des grün schimmernden **Laudachsees**, ein herrlich zwischen Katzenstein und Traunstein eingebettetes Naturidyll.

Über den Seerundweg, der nahezu ohne Steigungen durch das Naturschutzgebiet führt, finden wir an den großteils mit Wald bestandenen Ufern des **Laudachsees** schöne **Badeplätze ❷**. Die Wasserqualität ist superb, und in den heißen Sommermonaten erreicht der See bis zu 20 Grad Wassertemperatur, was ihn zu einem beliebten Badesee macht.

Überaus großer Beliebtheit erfreut sich auch die etwas oberhalb des Sees gelegene **Ramsaualm ❸**, die ihren Gästen einen wunderbaren Gastgarten und eine gute regionale, bodenständige Küche bietet.

Anschließend geht es auf dem bekannten Weg zurück in die **Klamm ❶**.

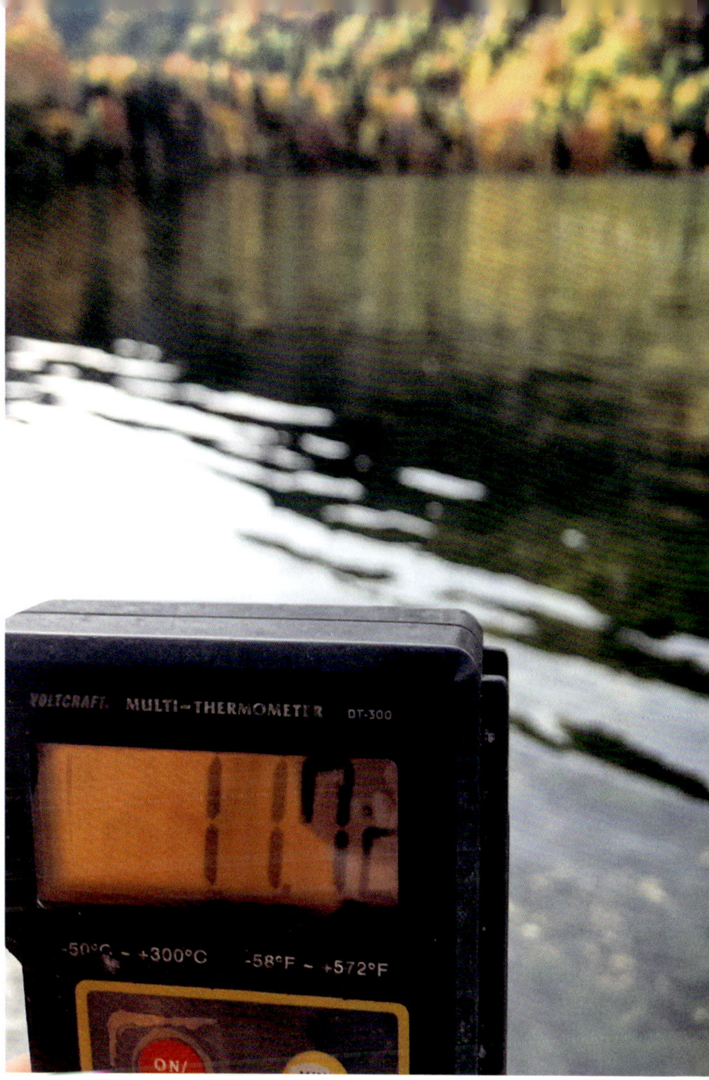

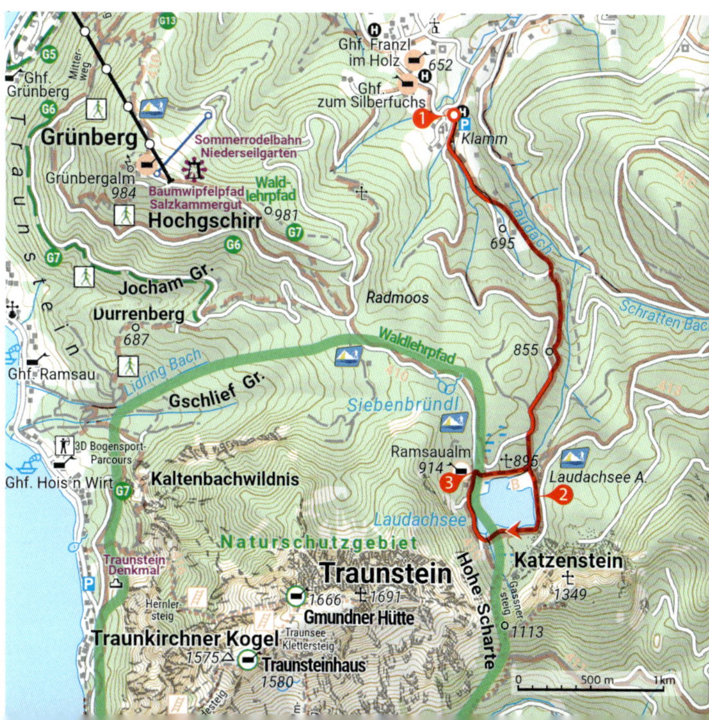

Foto links: Im Herbst ist der See besonders schön …
… aber nicht mehr allzu warm (rechts oben).

19 Reichramingbach

Über den Triftsteig ins Reichraminger Hintergebirge

3.45 Std. → 12,7 km ↗ 310 m ↘ 310 m

Ideal als Bike & Hike-Tour

Natürlich kann man bis zum Einstieg in den Triftsteig auch wandern, komfortabler und schneller gelangt man dorthin allerdings auf dem eigenen oder geliehenen Drahtesel. Vom letzten Parkplatz »Reichraminger Hintergebirge« bis zum Triftsteig sind es etwa 4,5 Kilometer, die entweder über eine leicht abschüssige Forststraße ganz einfach »er-wandert« (ca. 1 Stunde) oder »er-radelt« (ca. 15 Minuten) werden können. Wird die erste Etappe per Rad bewältigt, sollte man auf ein gutes Fahrradschloss nicht vergessen! Direkt am Triftsteig oder aber auch am Hin- oder Rückweg finden sich herrliche Badestellen im glasklaren Wasser des Reichramingbachs.

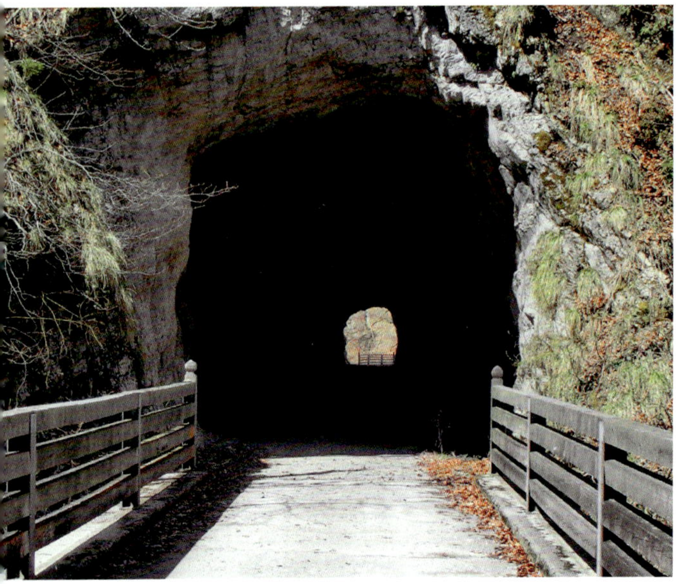

Ausgangspunkt: Parkplatz Triftsteig, 711 m; auch mit Rad oder Wanderbus erreichbar (kalkalpen.at/de/Nationalpark_Wanderbus_2).
Anforderungen: Je nach Betrachtungsweise ein relativ schwieriger »Alpin-« oder ein leichter »Klettersteig«. Anfänger und Kinder sollten eventuell Klettersteigausrüstung verwenden. Kleine Kinder besser per eigenem Seil sichern, da für sie ein Einhängen in die oft hoch angebrachten Seile nicht so gut klappt.
Einkehr: Keine.
Karte: Freytag & Berndt WK 051.

Die Wanderung (oder Radtour) startet am **Parkplatz ❶** und führt zuerst einmal vorbei am Schleierfall bis zum etwa 100 Meter dahinter befindlichen, vor einem Tunnel liegenden **Einstieg ❷** in den **Triftsteig**.

Es werde Licht!

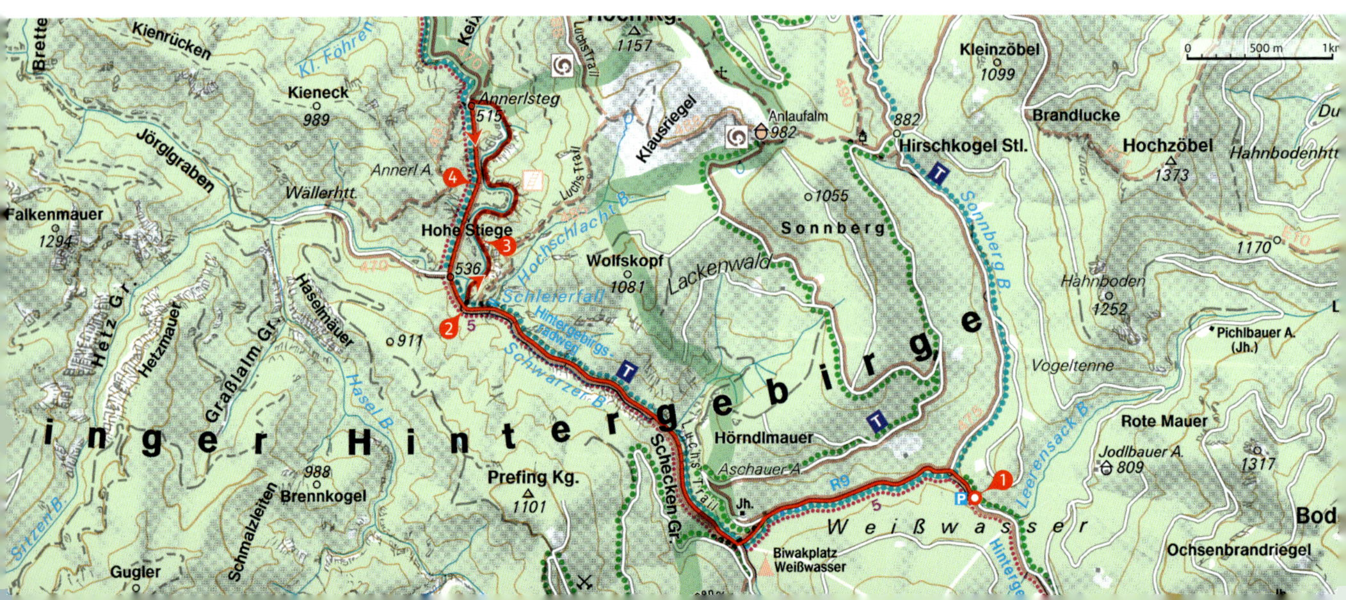

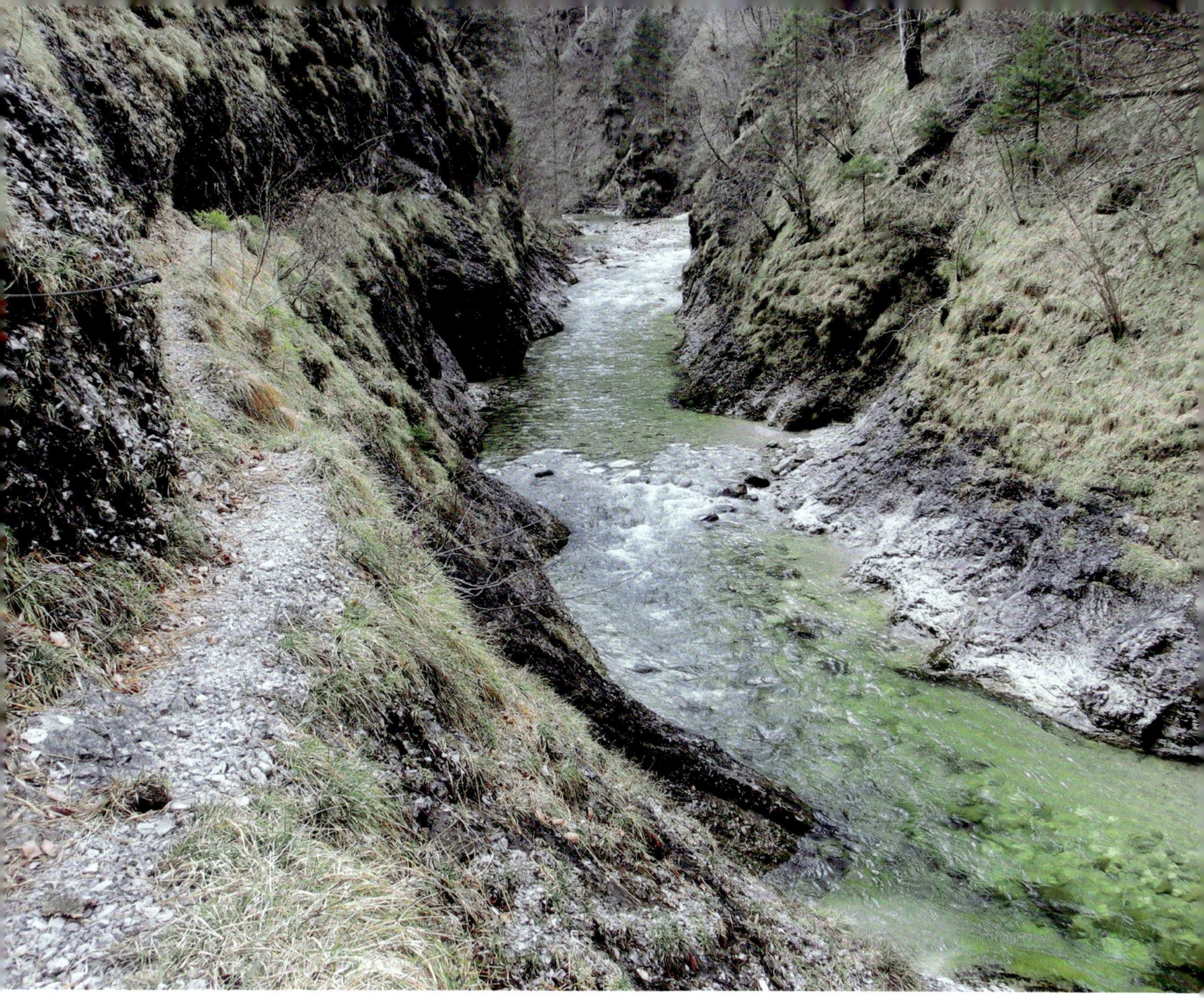

Je nach Wasserstand gibt es mehr oder weniger gut geeignete Badestellen.

Gleich nach der Brücke beginnt die Seilsicherung. Am rechten Ufer des »Großen Baches« auf- und absteigend durchqueren wir die enge Schlucht. Während alle kritischen, ausgesetzten Passagen gut abgesichert sind, gibt es zwischendurch auch immer wieder Strecken, wo man ganz »normal« wandern kann.

Mehrmals gelangen wir auch direkt ans glasklare Wasser und finden dort sehr schöne **Badestellen** ❸. Nach etwa 2 Kilometern trifft der Steig an der Annerlsteg-Brücke mit der Forststraße zusammen, der früheren »Waldbahn«. Über diese erreichen wir mühelos, jedoch durch einige lange, dunkle **Tunnels** ❹, für die sich die Mitnahme einer Taschenlampe empfiehlt, wieder den Beginn des **Triftsteigs** ❷ und schließlich den **Ausgangspunkt** ❶ der gesamten Tour.

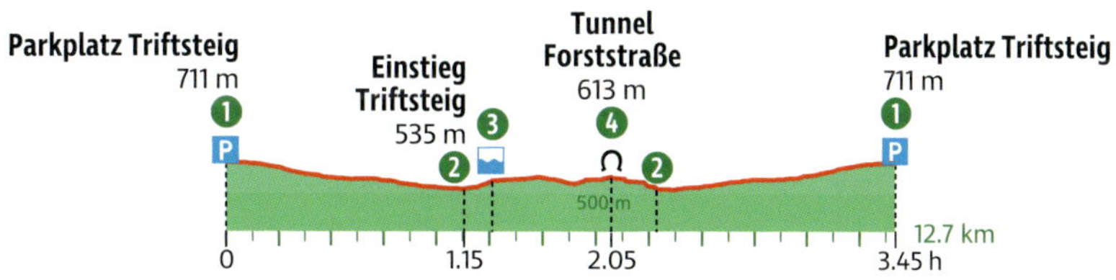

20 Schiederweiher – Krumme Steyr

Die Perle des Stodertales

1.15 Std. → 5,3 km ↗ 40 m ↘ 40 m

So sehen Sieger aus!
Bei der ORF-Liveshow »9 Plätze – 9 Schätze« ging der Schiederweiher am Nationalfeiertag 2018 als Österreich-Sieger hervor. Somit darf sich der zwischen 1897 und 1902 vom k.u.k. Hofbaumeister Johann Schieder errichtete Stausee zusammen mit anderen Jahressiegern ganz offiziell mit dem begehrten Titel »schönster Platz Österreichs« schmücken. Tatsächlich ist es ein bildschöner Anblick, wenn sich in dem türkis schimmernden, glasklaren Wasser die Gipfel des Großen Priel und der Spitzmauer spiegeln. Während im Schiederweiher selbst das Baden verboten ist, wird es unmittelbar unterhalb seines Wehrs in der Steyr geduldet.

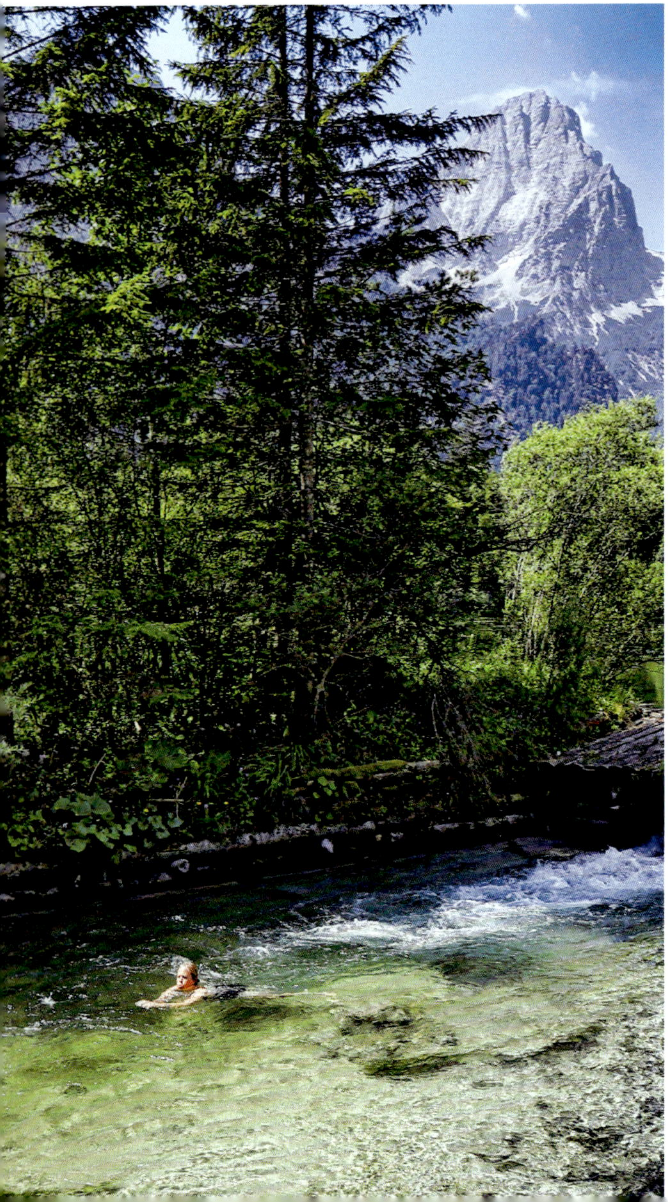

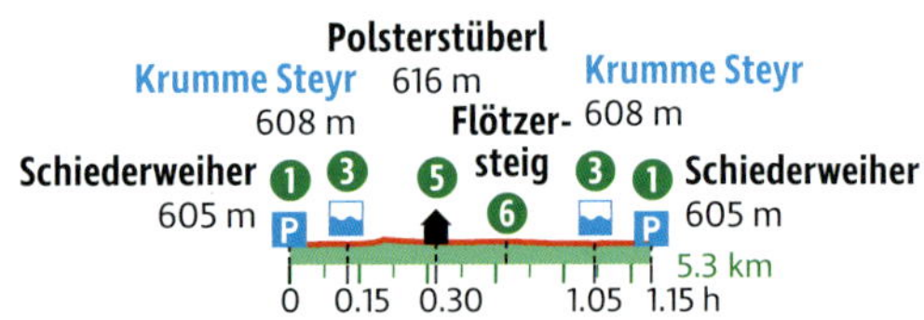

Ausgangspunkt: Kostenpflichtiger Parkplatz Schiederweiher, 605 m; oder per Tälerbus 432 ab Hinterstoder.

Anforderungen: Einfache, kinderwagentaugliche Wanderung.

Einkehr: Imbissstand am Parkplatz; Polsterstüberl, Tel. +43 7564 54822.

Karte: Freytag & Berndt WK 051.

Vom **Parkplatz Schiederweiher** ❶ an der Steyr folgen wir dem gut beschilderten Spazierweg über die Steyr-Brücke ans andere Bachufer. In einem weiten Linksbogen umgehen wir einige Häuser, Gärten und Wiesen, ehe uns der Pfad direkt ans Wasser heranführt. An der In-

Schwimmen ist nur unterhalb des Wehrs möglich.

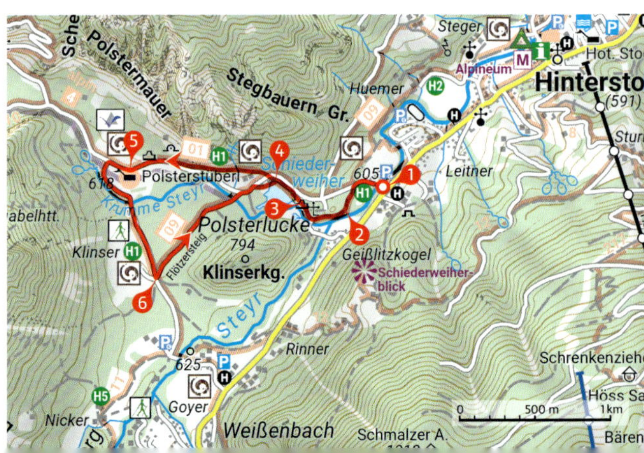

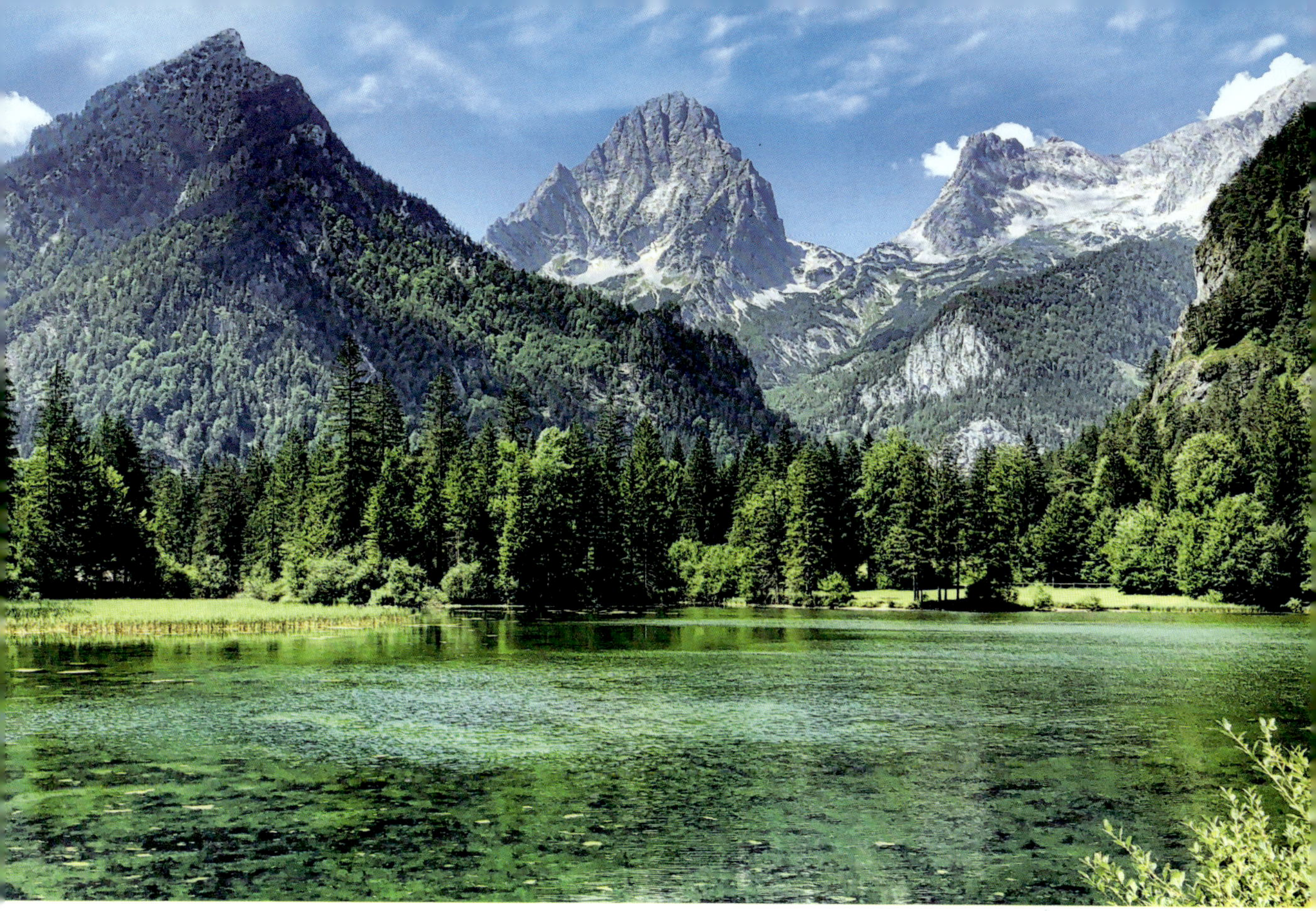

So sehen Sieger aus!

nenseite einer Flussbiegung gelangen wir zu einer kleinen Lichtung mit der vielsagenden Bezeichnung **»Der schönere Platz«** ❷. Hier ist der Bach seicht und strömungsarm – ein idealer Wasserspielplatz für Kinder.

Der »Wasserspielplatz« für Schwimmer befindet sich nur ein paar Hundert Meter weiter flussaufwärts. Direkt unterhalb des **Wehrs** finden wir einen guten **Einstieg** ❸ in die **Krumme Steyr** und bei geeignetem Wasserstand so etwas wie eine natürliche Gegenstromanlage, wobei wir auch den links einmündenden Steyr-Seitenarm beschwimmen können.

So wir es nicht ohnedies schon getan haben, sollten wir auf alle Fälle oberhalb des Wehrs noch die schöne **Aussicht** vom und auf den **Schiederweiher**, der völlig zurecht als »Perle des Stodertales« bezeichnet wird, genießen.

Ab dem **Wehr** ❸ können wir am Ufer des Weihers unseren Weg in Richtung Polsterlucke fortsetzen. Dazu bleiben wir auf einer auch für Rollstuhlfahrer oder Kinderwagen gut fahrbaren Forststraße und erreichen, vorbei an der **Abzweigung** ❹ des Rundwegs, nach etwa 15 Minuten die in einer blumenbestandenen Talweitung gelegene **Jausenstation Polsterstüberl** ❺. Hier lässt sich trefflich einkehren, um Jause, Aussicht und die nach Blumen duftende Bergluft zu genießen.

Danach setzen wir unseren Weg fort, biegen nach etwa 150 Metern bei einem kleinen Fahrradabstellplatz nach links ab und folgen weiter einer Forststraße entlang der Krummen Steyr. Nach etwa 500 Metern zweigen wir scharf links in den Wald ab ❻ und gehen zurück in Richtung Schiederweiher. Wir durchschreiten ein lichtes Wäldchen, überqueren eine Brücke und erreichen die schon bekannte **Abzweigung** ❹ des Rundwegs.

Jetzt können wir wieder hinunter zum Schiederweiher spazieren oder auf der breiten Forststraße bleiben und nach einer kurzen Steigung oberhalb des Schiederweihers zurück zum **Ausgangspunkt** ❶ wandern.

21 Schafferteich

Empfehlenswerter Naturbadeteich bei Vorderstoder

0.40 Std. → 2,4 km ↗ 40 m ↘ 40 m

Wildbaden & Durchatmen

An diesem Naturidyll kann man nicht nur die Seele baumeln lassen, sondern auch die Beine. Dabei laden die durchaus badetauglichen Temperaturen des im Sommer bis zu 24 Grad warmen Naturbadeteichs selbst für Warmduscher zu weit mehr ein als nur die Beine im Wasser baumeln zu lassen. Egal ob man also im Wasser seine Runden dreht oder rund um den See, äußerst erholsam ist es in jedem Fall. Auch fürs Trailrunning mit anschließender »Wasserung« ist diese Location geradezu prädestiniert.

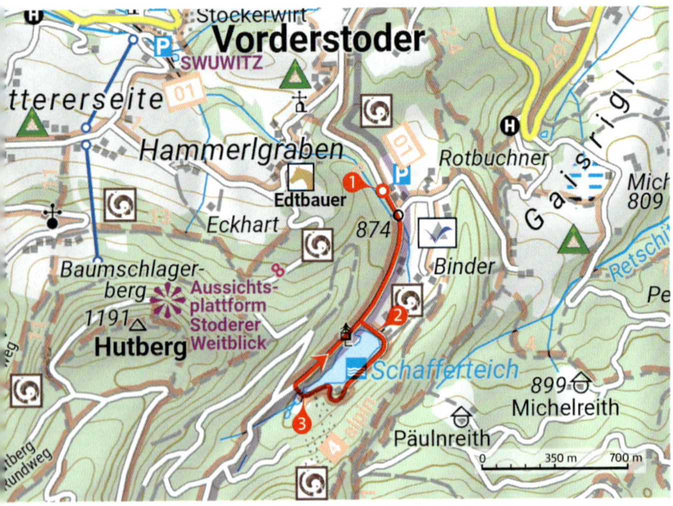

Ausgangspunkt: Gebührenpflichtiger Parkplatz Schafferteich, 865 m.

Anforderungen: Einfache, familienfreundliche Wanderung.

Einkehr: Keine.

Karte: Freytag & Berndt WK 051.

Vom **Parkplatz** ❶ geht es auf einer Schotterstraße entlang des Waldrands, vorbei an einigen alten Gehöften, in wenigen Minuten zum Teichufer. Der **Schafferteich** weist einen fast rechteckigen Grundriss auf und ist an drei Seiten von einem Wald umschlossen, der am

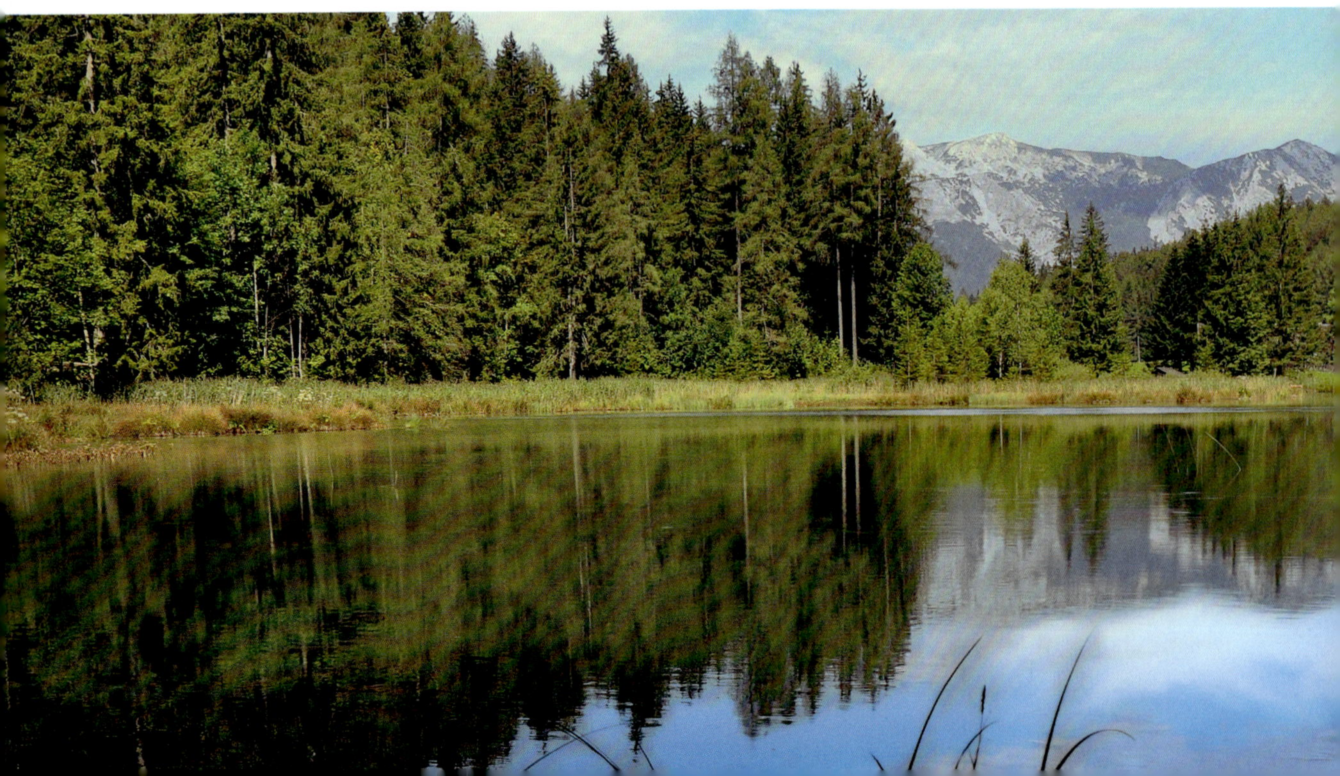

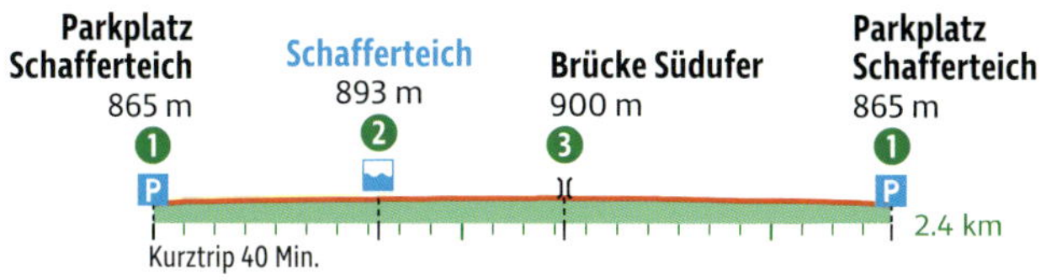

südlichen Ende von Brennert und Schallerkogel überragt wird.

Am **Nordostufer** ❷ befindet sich ein Badesteg und dahinter eine sonnige Liegewiese. Wenn man dem Teichrundweg folgt, findet man aber auch noch andere schöne Wildbadeplätze. Das Wasser ist etwas dunkel, weil leicht moorig, hat aber eine gute Badewasser-Qualität und zumeist eine recht angenehme Temperatur.

Der Rundwanderweg führt fast immer unmittelbar am Teich entlang durch den Wald. Über eine kleine Brücke gelangen wir ans **Südufer** ❸, wo sich auch eine Bank befindet und von wo man einen schönen Blick über das lang gezogene Gewässer genießen kann. Anschließend geht es rechts über die Forststraße zurück zum Nordufer. Hier schließt sich der Kreis, der in diesem Fall eigentlich ein Rechteck ist …

Foto rechts: Rein ins Vergnügen!
Unten: Blick vom Südufer.

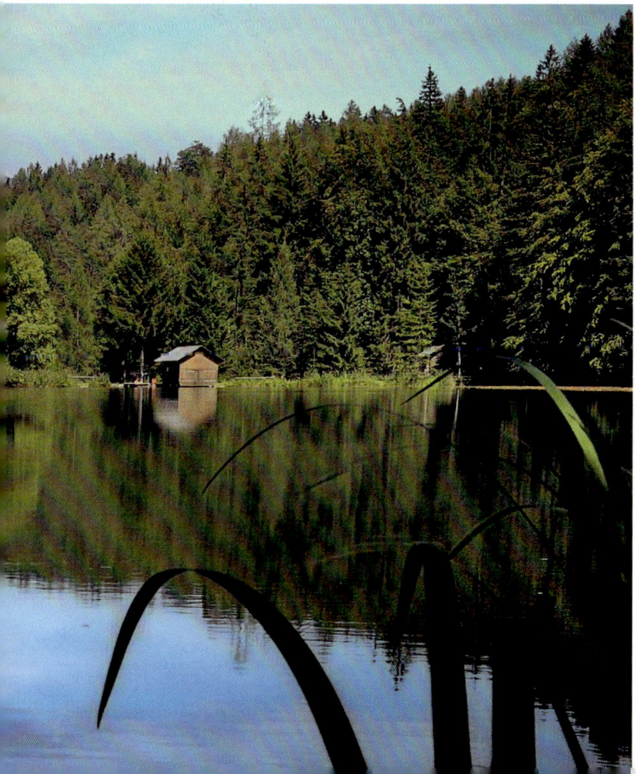

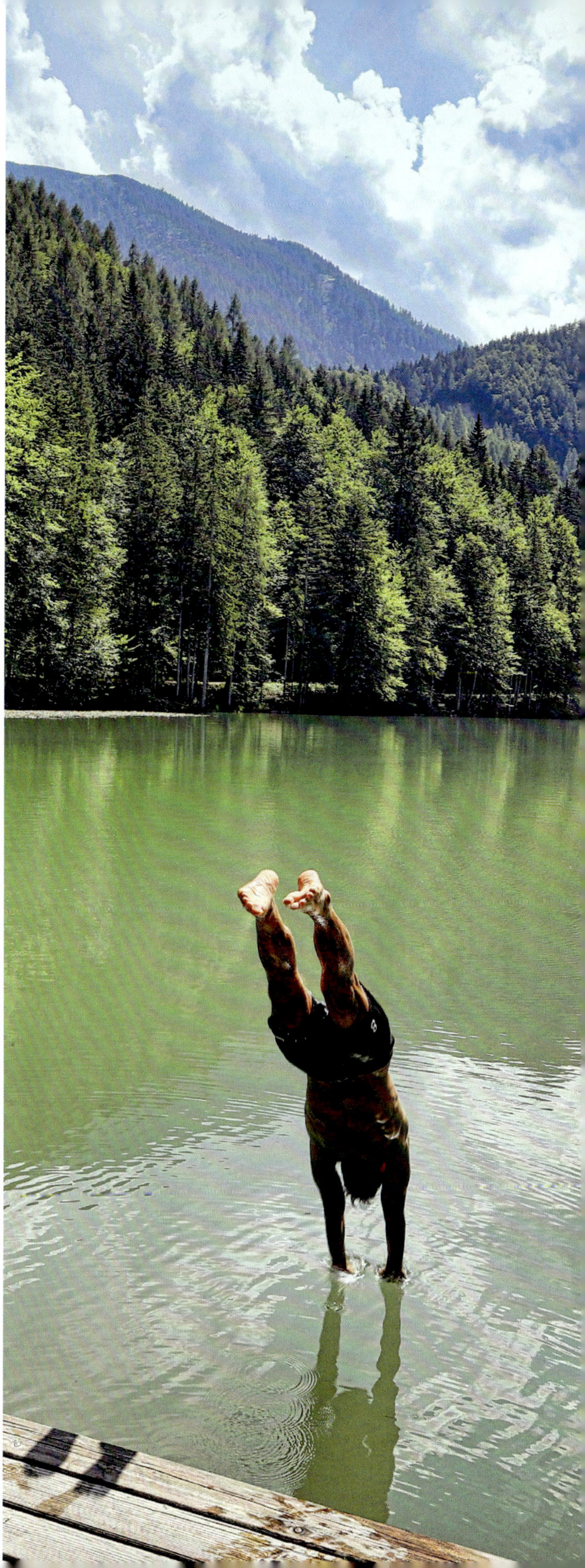

22 Stromboding-Wasserfall bei Hinterstoder

Am Flötzersteig entlang der Steyr

1.00 Std. → 3,9 km ↗ 80 m ↘ 80 m

Lange Zeit galt hier: let's fletz!

Jahrhundertelang wurde die Steyr als »Förderband« für das Holz, welches die metallverarbeitenden Betriebe im unteren Steyrtal benötigten, genutzt. Zusammen mit den Köhlern, die das Holz zum »schwarzen Gold« (Holzkohle) der damaligen Zeit veredelten, waren die »Fletzer« ganz wichtige Glieder in der Lieferkette. Ihre Aufgabe war es, dafür zu sorgen, dass die an den Oberlauf des Flusses verbrachten Stämme sicher bei den Rechen im Unterlauf ankamen. Dazu legten sie am Flussufer sogenannte »Flötzersteige« an, die heute für spannende Schluchtenwanderungen genutzt werden können. Entlang des Steiges ergeben sich in den kleinen Buchten hinter Konglomeratblöcken auch immer wieder schöne Bademöglichkeiten.

Ausgangspunkt: Parkplatz nahe Hinterstoder Sagmeisterbrücke, 534 m, hier gibt es auch eine Bushaltestelle für Linienbusse ab Bahnhof Windischgarsten.
Anforderungen: Einfache, auch für Familien geeignete Wanderung. Schwimmen direkt am Wasserfall nur für erfahrene Wildschwimmer, viele Stellen unterhalb des Falls sind aber auch für Kinder zum Baden geeignet.
Einkehr: Keine.
Karte: Freytag & Berndt WK 051.

Hinter Konglomeratblöcken findet man auch familienfreundliche Badeplätze.

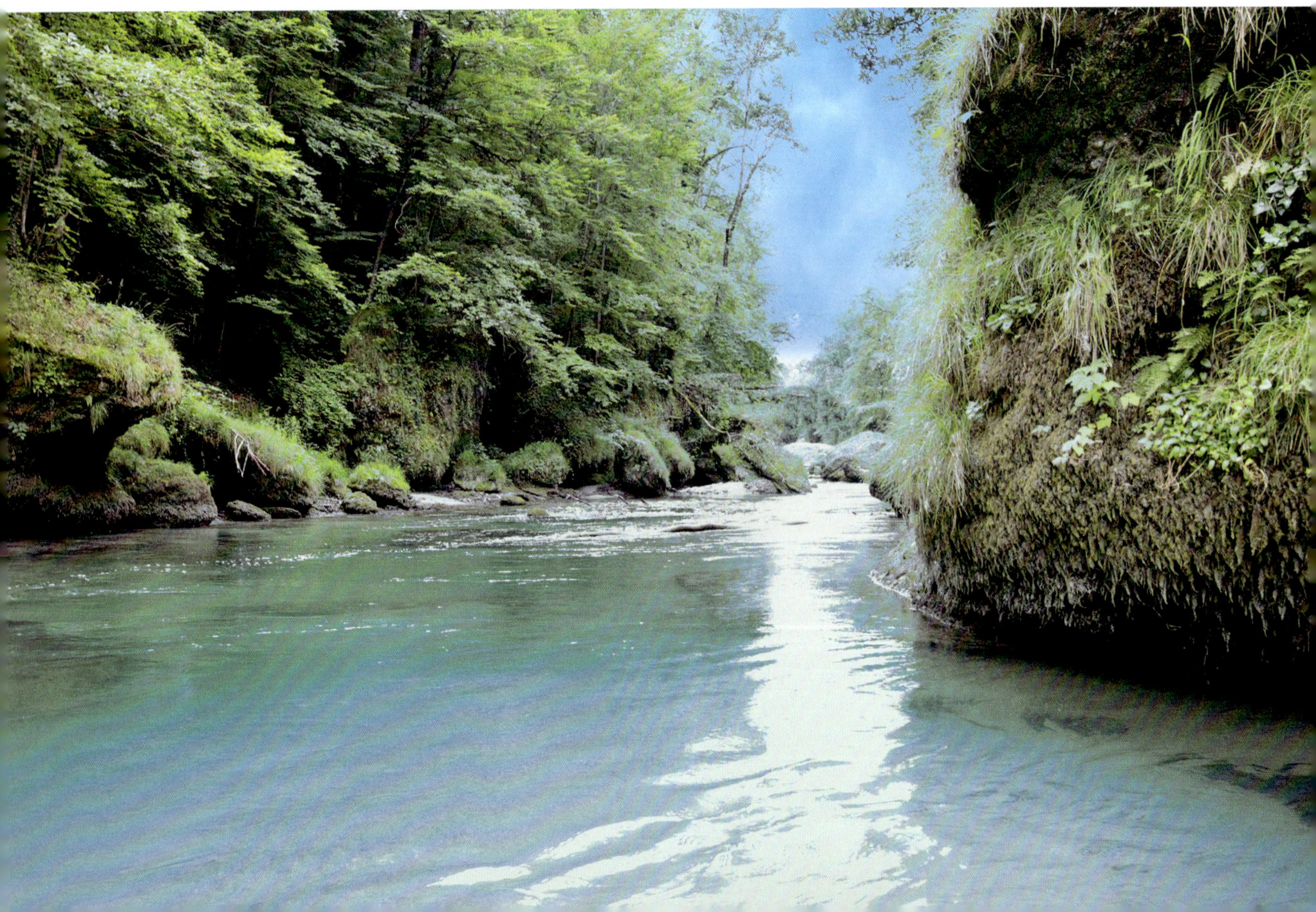

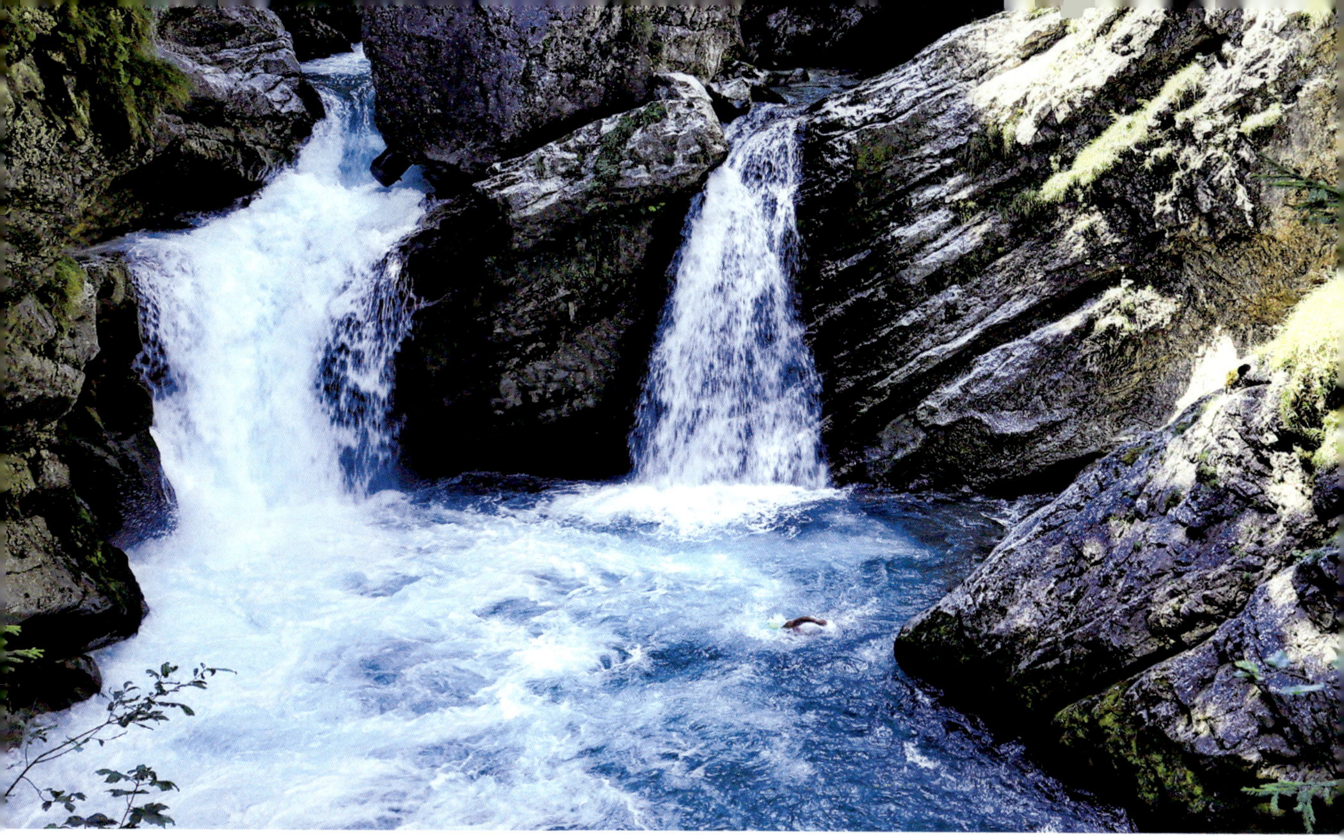

Etwas herausfordernder ist das Schwimmen unmittelbar unterhalb des Wasserfalls.

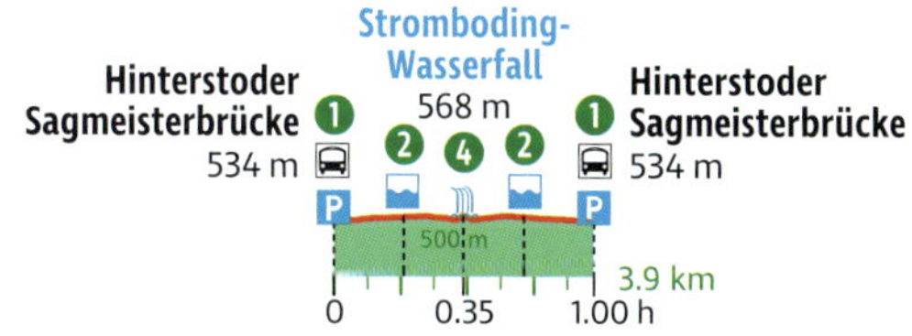

Ab der **Bushaltestelle ❶** folgen wir dem Karlbauerweg, der uns erst über die Steyrbrücke und dann westwärts vom Fluss wegführt. Vor den letzten Häusern zweigen wir links ab und gelangen in einem weiten Bogen auf den eigentlichen **Flötzersteig**, der relativ eben flussaufwärts verläuft. Schon auf diesem Abschnitt würden sich in der Konglomeratschlucht immer wieder schöne **Flussbadestellen ❷** anbieten.

Fürs Erste bleiben wir jedoch auf unserem Triftsteig, der uns bald darauf zu einem **Fußgängersteg ❸** bringt. Nachdem wir über diesen auf die andere Flussseite gelangt sind, führt ein Steig erst zu einer Aussichtskanzel und dann hinunter zum **Wasserfall ❹**.

Hinter einem Felsen können wir ins Wasser steigen und versuchen, aus dessen Kehrwasser heraus den Fluss zu queren, um in das gegenüberliegende Kehrwasser zu gelangen. Von dort aus können wir in die Hauptströmung schwimmen und uns von dieser wieder flussabwärts ins Kehrwasser hinter unserem Start-Felsen treiben zu lassen.

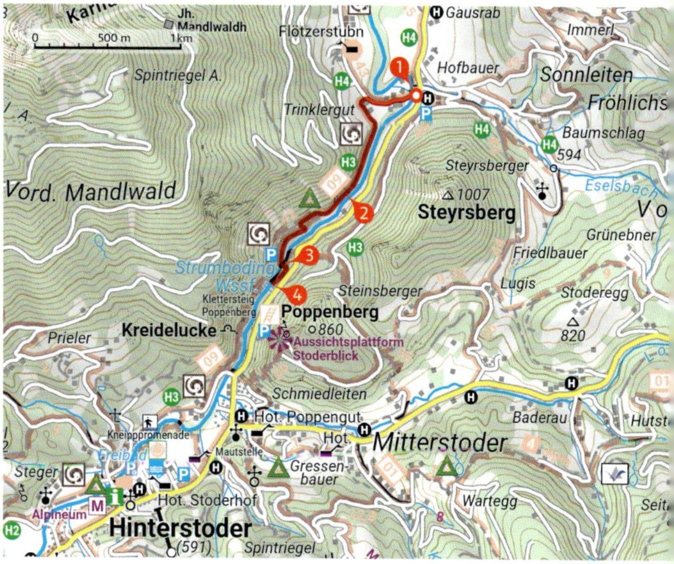

23 Sackwiesensee, 1414 m

Vom Tor des Hochschwab zum höchstgelegenen See

4.30 Std. → 9,7 km ↗ 760 m ↘ 760 m

Seegraswiesen gibt's auch in den Alpen

Der Begriff »Sackwiesen« hat seinen Ursprung von dem an feuchten Standorten gedeihenden, in der Region auch als »Socher« bezeichneten sauren, langstieligen Gras, das früher in getrockneter Form zur Füllung von Matratzen und als Tiereinstreu genutzt wurde. Weitere Flurnamen, die diese Namensherkunft bestätigen, sind der nahe gelegene Socherbichl und die Socherlacke. Ob das Matratzenlager in der urgemütlichen Häuslalm sich auch noch dieses traditionellen Füllstoffs bedient, darf allerdings bezweifelt werden ... Was das Schwimmen anbelangt, so erweist sich der Sackwiesensee an seinen seichteren Stellen auch für weniger Abgehärtete als durchaus badetauglich.

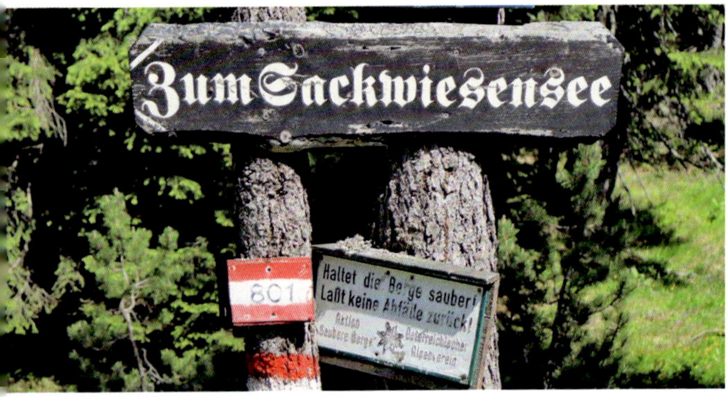

Ausgangspunkt: Parkplatz Bodenbauer in Thörl/St. Ilgen, 884 m; öffentliche Anreise per Zug nach Kapfenberg und mit dem Taxi (hochschwab-reisen.at) zum Alpengasthof.
Anforderungen: Mittelschwere Tageswanderung, die im unteren Teil Forststraßen, weiter oben gut angelegten Wanderwegen folgt und auch für tourenerprobte Kinder geeignet ist.
Einkehr: Alpengasthof Bodenbauer, Tel. +43 386 18130; Häuslalm, Tel. +43 650 7812018; Sackwiesenalm, Tel. +43 664 2530369.
Karte: Freytag & Berndt WK 0041.

Vom großzügigen **Parkplatz** ❶ beim **Alpengasthof Bodenbauer**, der auch als Tor zum Hochschwab gilt, folgen wir der flach verlaufenden Forststraße taleinwärts bis zur ersten Weggabelung. Wir halten uns links und gelangen auf dem stetig ansteigenden Wanderweg 840 in den Sackwald.

Dann schlängelt sich die weiterhin moderat bergauf führende Route am nordostseitigen Abhang des Buchbergkogels hoch zur **Häusl-**

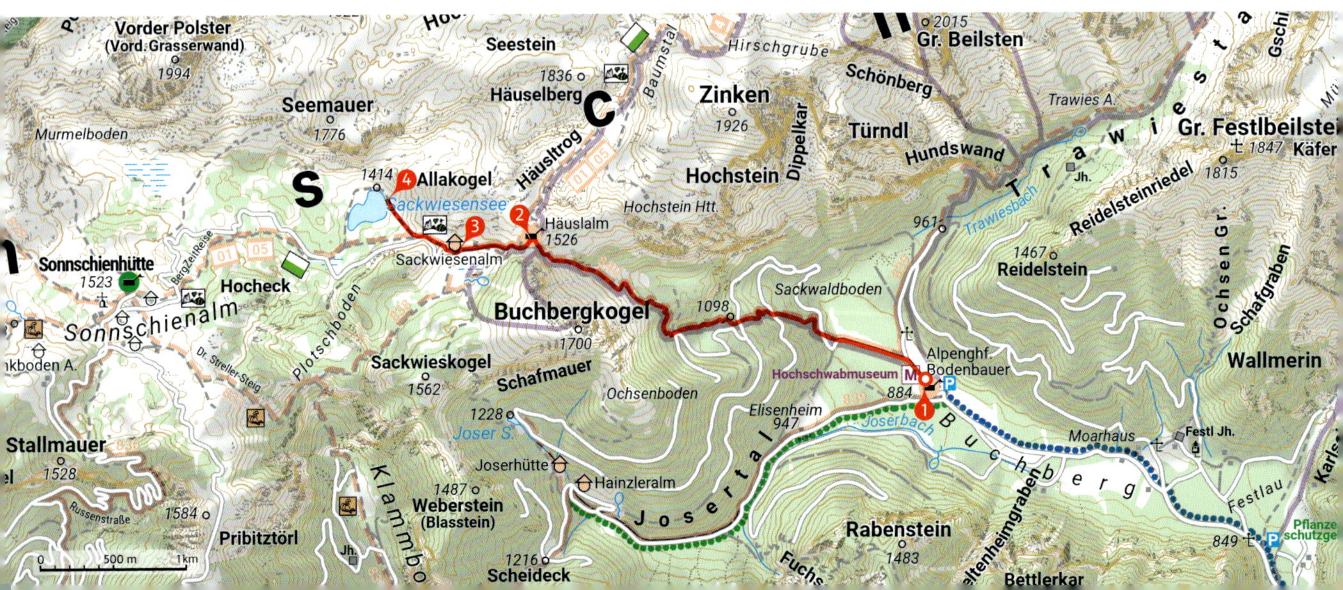

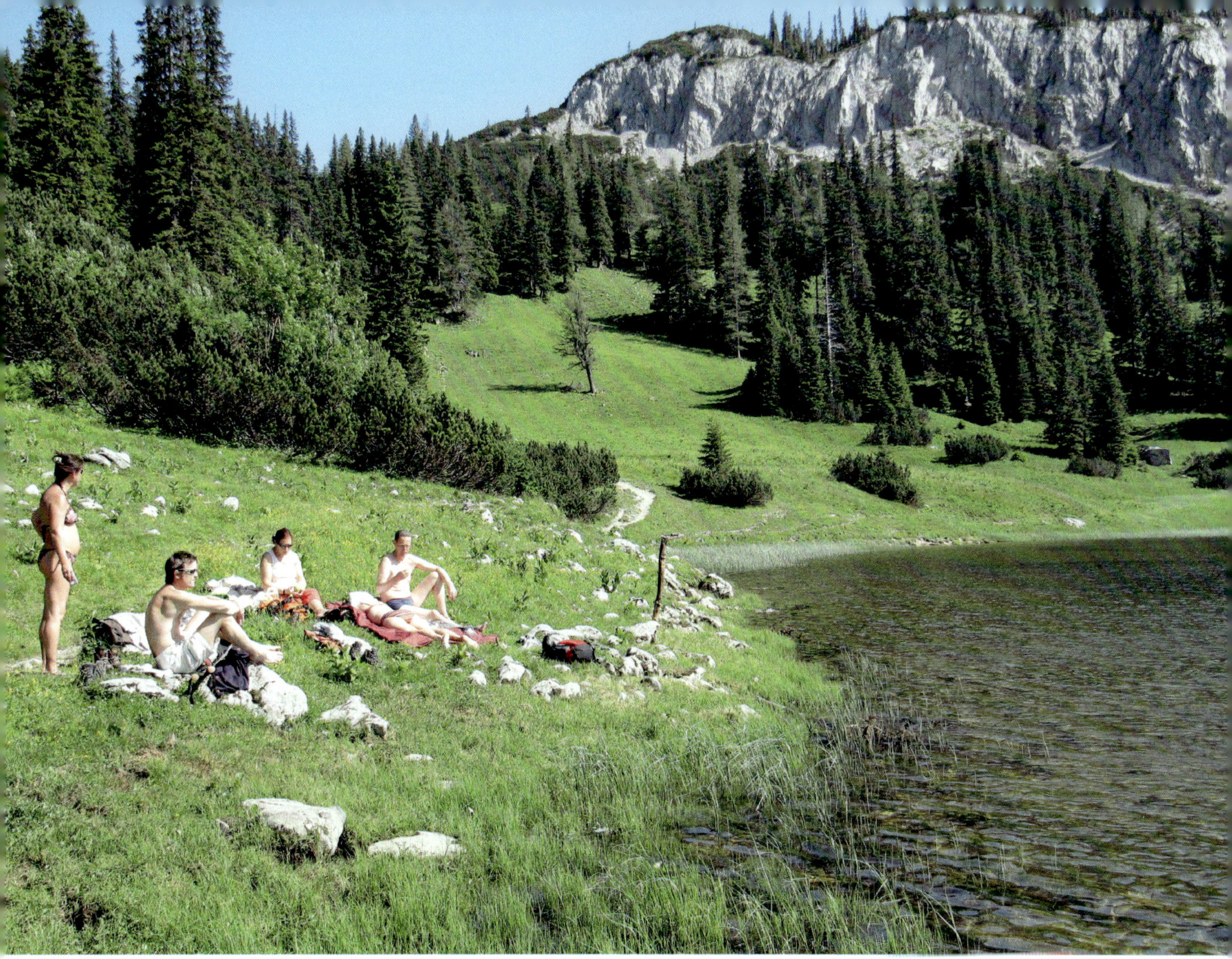

Almbaden in Reinkultur.

alm ❷. Mit ihrem idealen Standort bietet sich diese als Rast-, Aussichts- und Schlafplatz geradezu an. Über die Weitwanderwege 01/05 führt die Tour weiter zur nahen, in einer Senke gelegenen **Sackwiesenalm** ❸, die sich ebenfalls für eine Einkehr empfiehlt, jedoch nur wenige Schlafplätze bietet.

Nach Überwindung einer nicht mehr allzu fordernden Kuppe gelangen wir an den in einer kleinen Senke liegenden, von Seemauer und Allakogel umrahmten **Sackwiesensee** ❹. An seinem Nordufer liegt ein feuchtes Moor, am Ostufer finden wir die einfachsten Einstiege und die wärmsten, weil seichtesten Badezonen.

Beim der Aufstiegsroute folgenden Rückweg haben wir mit **Sackwiesenalm** ❸, **Häuslalm** ❷ und **Bodenbauer** ❶ noch drei Einkehroptionen, um diesen Tagesausflug stimmig ausklingen zu lassen.

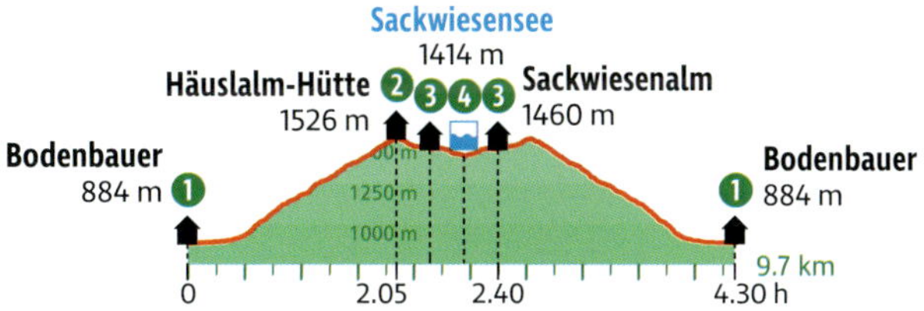

24 Schwarza

Zu den Badegumpen am 1. Wiener Wasserleitungsweg

2.00 Std. → 7,2 km ↗ 120 m ↘ 120 m

VIDEO

Einmal Hölle & retour
Im niederösterreichischen Höllental lassen sich Wissensvermittlung, Wandern und Baden ideal kombinieren. Entlang der glasklaren Schwarza erfährt man am 1. Wiener Wasserleitungsweg allerlei Wissenswertes über Ursprung, Qualität und Geschichte des hervorragenden Trinkwassers der Millionenstadt, denn wir begeben uns auf seinen Spuren in die wegen ihrer Gefährlichkeit von den Triftknechten dereinst gefürchtete, »verfluchte« Schlucht des Schwarzabaches. Es geht also tatsächlich einmal in die Hölle und retour ... Durchaus himmlisch präsentieren sich hingegen einige Badestellen entlang des Wasserleitungswegs.

Foto unten: Klippenspringen an der Spannbrücke.
Rechts: Hier findet jeder sein (Bade-)Plätzchen.

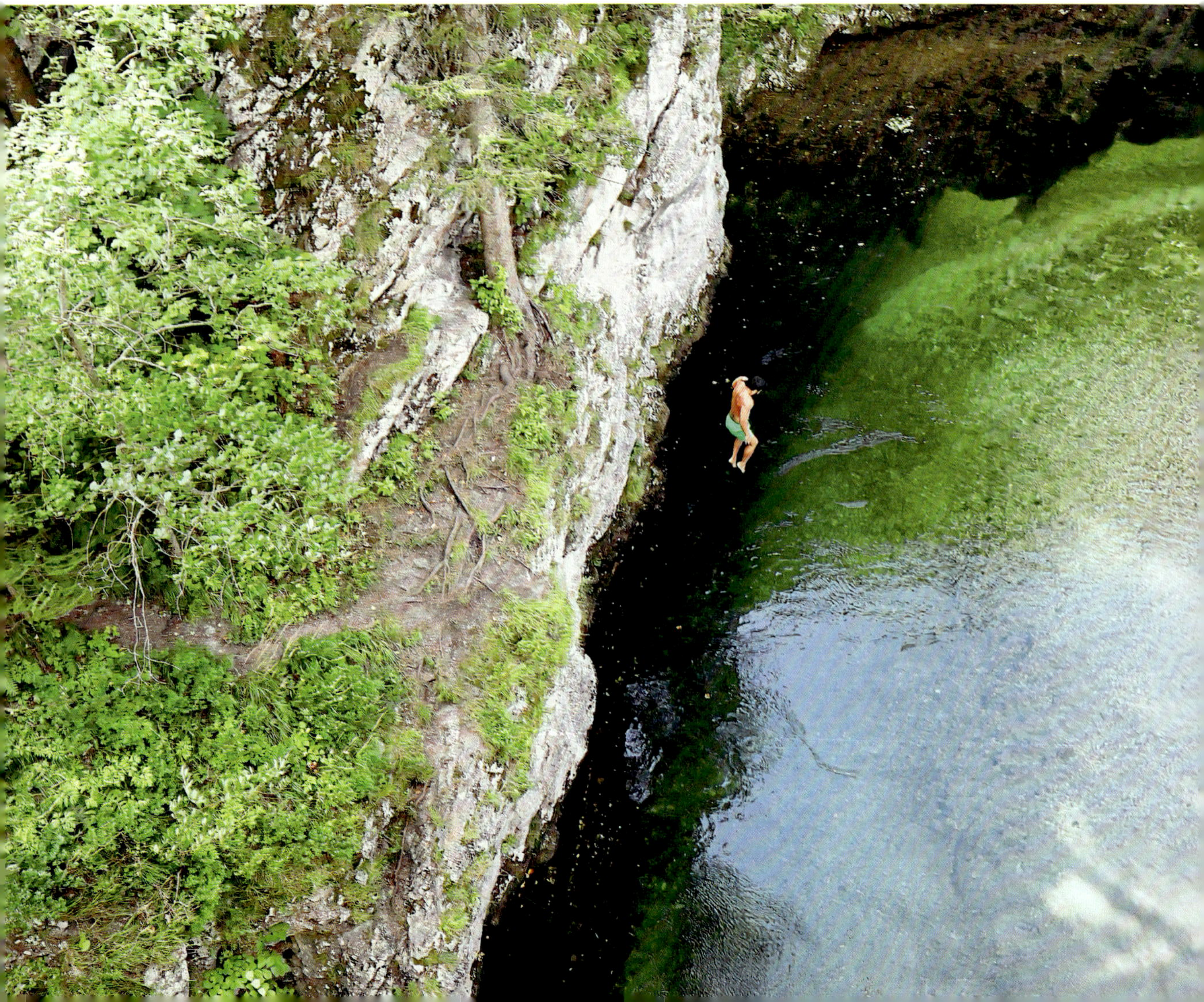

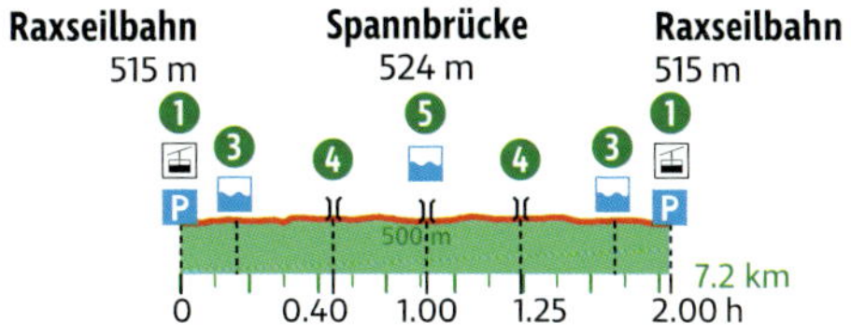

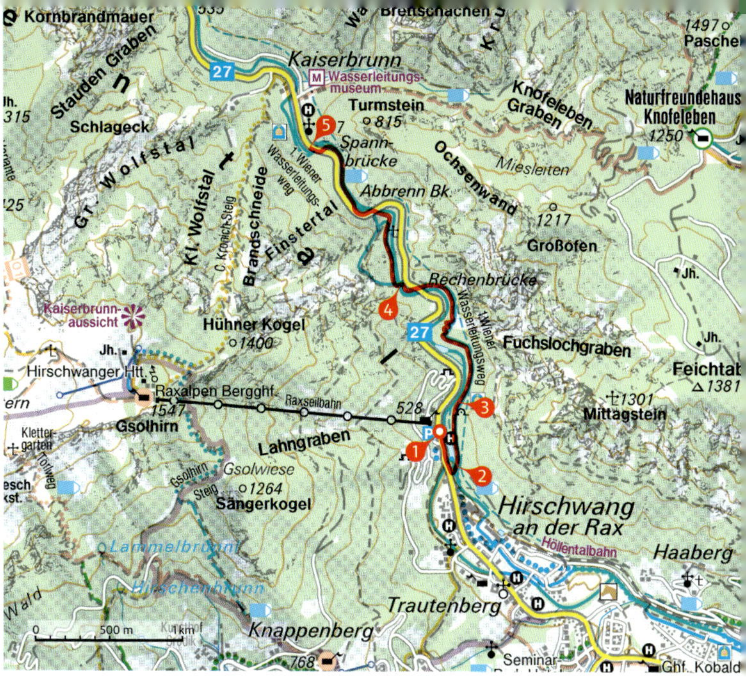

Ausgangspunkt: Parkplatz an der Rax-Seilbahn, 515 m, bei Hirschwang an der Rax; ab dem Bahnhof Payerbach-Reichenau auch mit Bussen der Retter-Linie erreicbar.

Anforderungen: Mittelschwerer Alpinsteig, teilweise seilversichert, gutes Schuhwerk erforderlich, gut beaufsichtigt und unterstützt auch für Kinder geeignet.

Einkehr: Restaurant am Wasserwerk oberhalb der Spannbrücke, Tel. +43 2666 52391.

Karte: Freytag & Berndt WK 022.

Vom **Parkplatz** ❶ aus folgen wir ein kurzes Stück der Straße flussabwärts, überqueren diese und gelangen so zum offiziellen Startpunkt des **1. Wiener Wasserleitungswegs** ❷. Auf der hier angebrachten Informationstafel erfahren wir, dass der Weg aufgrund einiger Leitern, Brücken und seilgesicherter Passagen als »alpiner Steig« gilt, als mittelschwer eingestuft wird und nach stärkeren Regenfällen nicht begangen werden sollte.

Mit diesem Wissen ausgestattet folgen wir dem Alpinsteig auf der orografisch linken Bachseite in leichtem Bergauf-Bergab zu einer der vielen hier möglichen **Badestellen** ❸.

Anschließend geht es weiter flussaufwärts, eine **Fußgängerbrücke** ❹ bringt uns über die Schwarza auf die andere Bachseite, ehe wir ein kurzes Stück der Bundesstraße folgend die **Spannbrücke** ❺ erreichen, an der wir eine der schönsten Badegumpen des Höllentals vorfinden. Hier gibt es auf der breiten Schotterbank schöne Liegeflächen und von der gegenüberliegenden Prallwand sogar die Möglichkeit zum Klippenspringen.

Der anschließende Rückweg zum Parkplatz an der **Rax-Seilbahn** ❶ erfolgt auf demselben Weg.

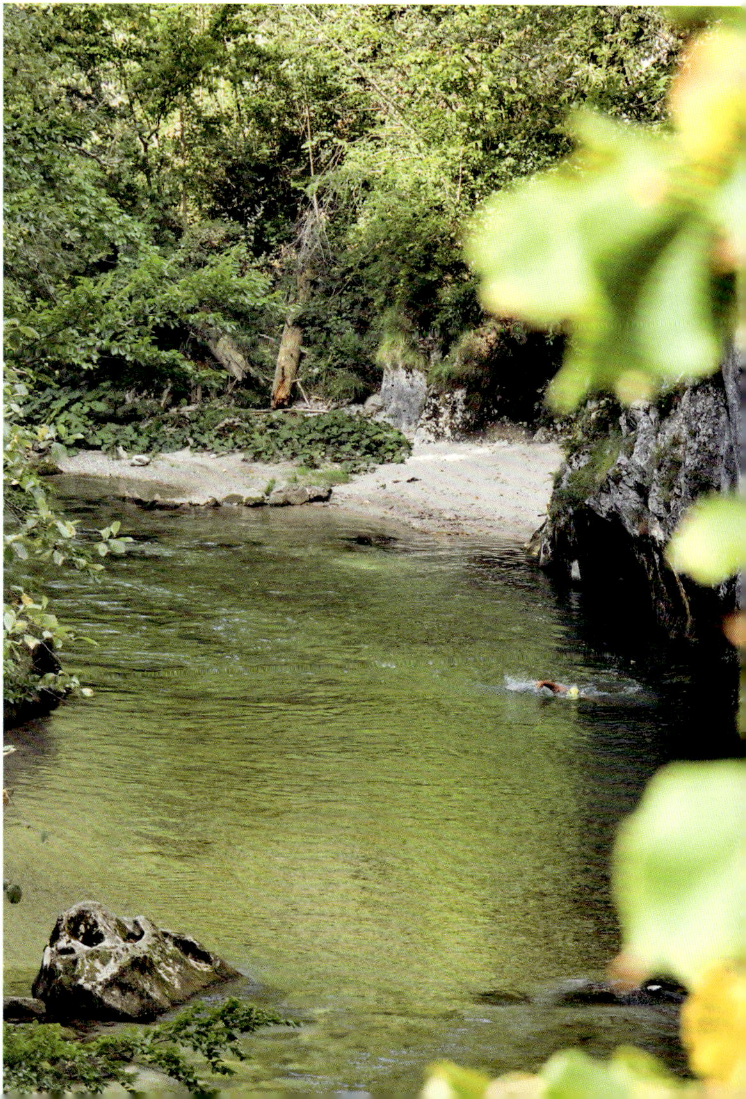

25 Myrafälle

Wasserwanderung bei Muggendorf mit Badeoption

1.30 Std. → 4,9 km ↗ 170 m ↘ 1700 m

Über viele Brücken musst du gehen ...

Über verwinkelte Brücken, zahlreiche Stege und Stiegen folgen wir nach Entrichtung eines Beitrags zur Wegerhaltung der Steiganlage entlang des Myrabaches. Dieser entspringt im 7 Kilometer entfernten Unterberg einer mystischen Quellhöhle, der sogenannten Myralucke, in der eine Sage dereinst sogar den Eingang zur Unterwelt vermutete. Im Jahresschnitt sind es täglich an die 5 Mio. Liter Wasser, die über die 125 Meter Gesamthöhe der Myrafälle in die Tiefe stürzen. Besonders eindrucksvoll gestaltet sich dieses Schauspiel naturgemäß zur Zeit der Schneeschmelze.

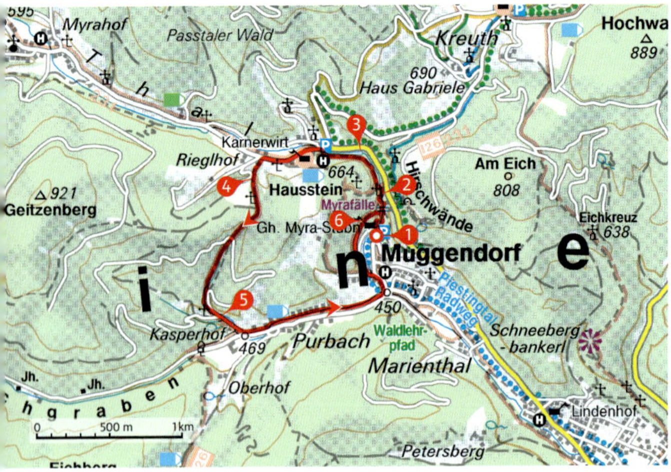

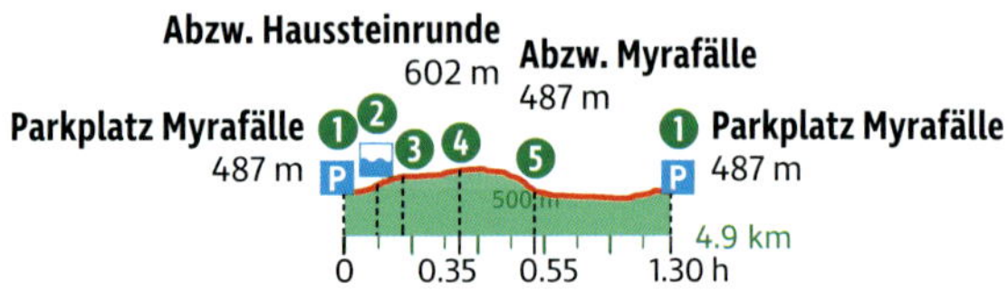

Ausgangspunkt: Parkplatz Myrafälle, 487 m. Während der Sommermonate verkehren an Sonn- und Feiertagen sieben Mal täglich Autobusse vom Bahnhof Pernitz aus.

Anforderungen: Sehr gut angelegte und gewartete Steiganlage; für Kinder geeignet, jedoch nicht für Kinderwagen.

Einkehr: Gasthaus Myrastubn, Tel. +43 650 6407977.

Karte: Freytag & Berndt WK 022.

Vom **Parkplatz** ❶ weg geht es leicht bergab, vorbei an den Ufern des Myrateiches, an dem für Kinder ein großer Spielplatz mit Wasserspielen, Kletter- und Floßfahrmöglichkeiten eingerichtet wurde. Hier erfahren wir auch, dass dereinst schon Kaiserin Maria Theresia die Myrafälle durch ihren Besuch adelte.

Wir überqueren die Brücke über den Myrabach, kommen am Gasthaus Myrastubn vorbei, gelangen zu einem Kassengebäude samt Drehkreuz und beginnen unseren Aufstieg über den **Wasserfallsteig**.

Nachdem wir das Drehkreuz passiert haben, werden wir entlang des Aufstiegs anhand von 11 Themenstationen über Geologie, Fauna und Flora sowie die Historie der Fälle und deren einst geplante energiewirtschaftliche Nutzung informiert.

Die schönste, von Eisbadern aus Wien auch im Winter gerne genutzte **Badegumpe** ❷ finden wir am Ende der offiziellen Steiganlage unterhalb eines kleinen Wasserfalls. Je nach Dauer des Aufenthalts im Kaltwasser sollte man zur Regeneration eine wärmende Einkehr in die Myrastubn erwägen ...

Ab der Badestelle können wir nur mehr mäßig steigend am Wanderweg mehrere Klüfte und Höhleneingänge passieren; so erreichen wir bald den **oberen Stausee** ❸. Weiter geht in westliche, dann südliche Richtung zur Abzweigung der **Haussteinrunde** ❹ und über einen beschilderten Wanderweg zur **Abzweigung** ❺ zurück zu den Myrafällen. Zuletzt passieren wir den **Unteren Stausee** ❻, bevor wir wieder an unseren **Ausgangspunkt** ❶ zurückkehren.

Selbst im Winter reizvoll, nicht nur für Eisbader.

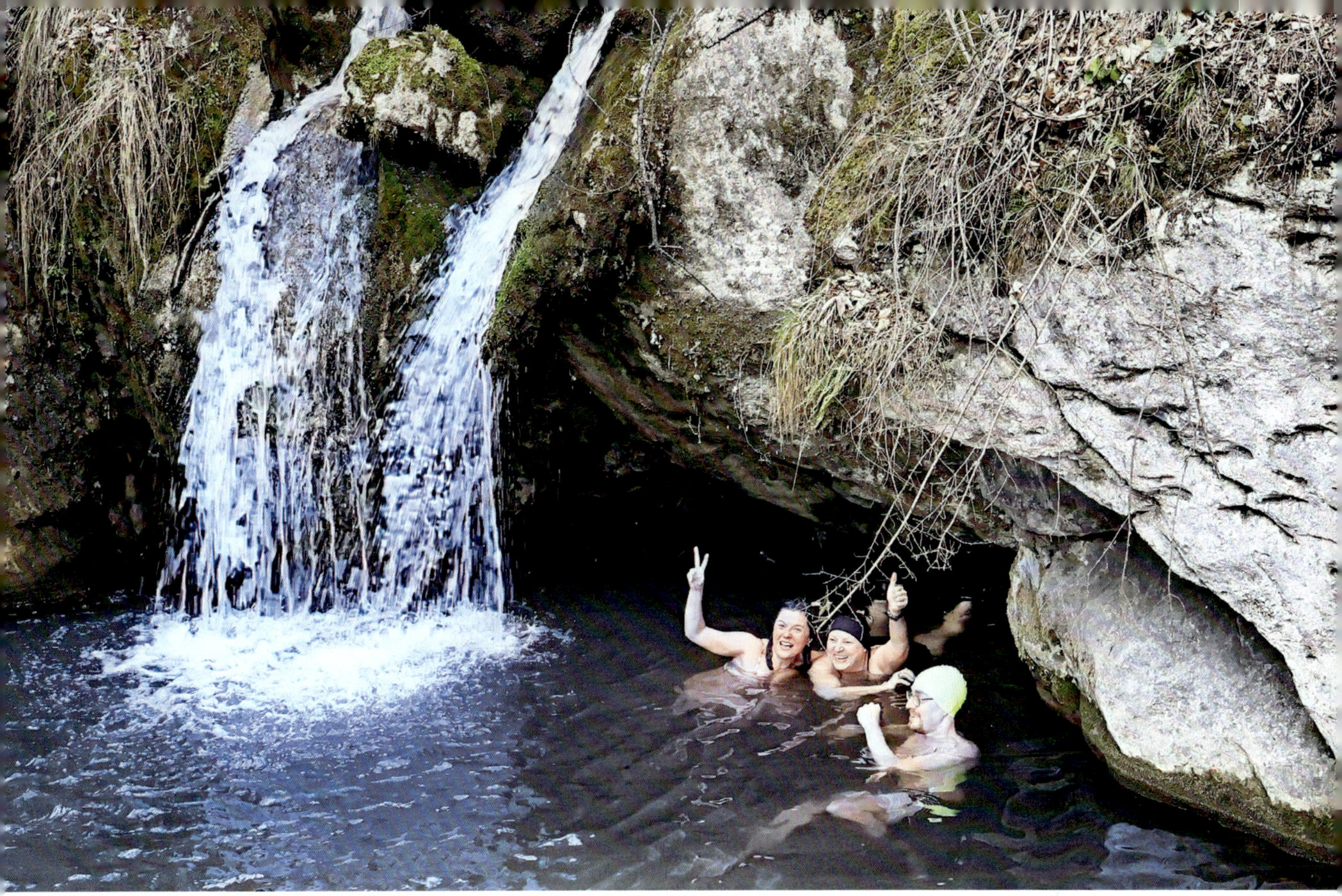

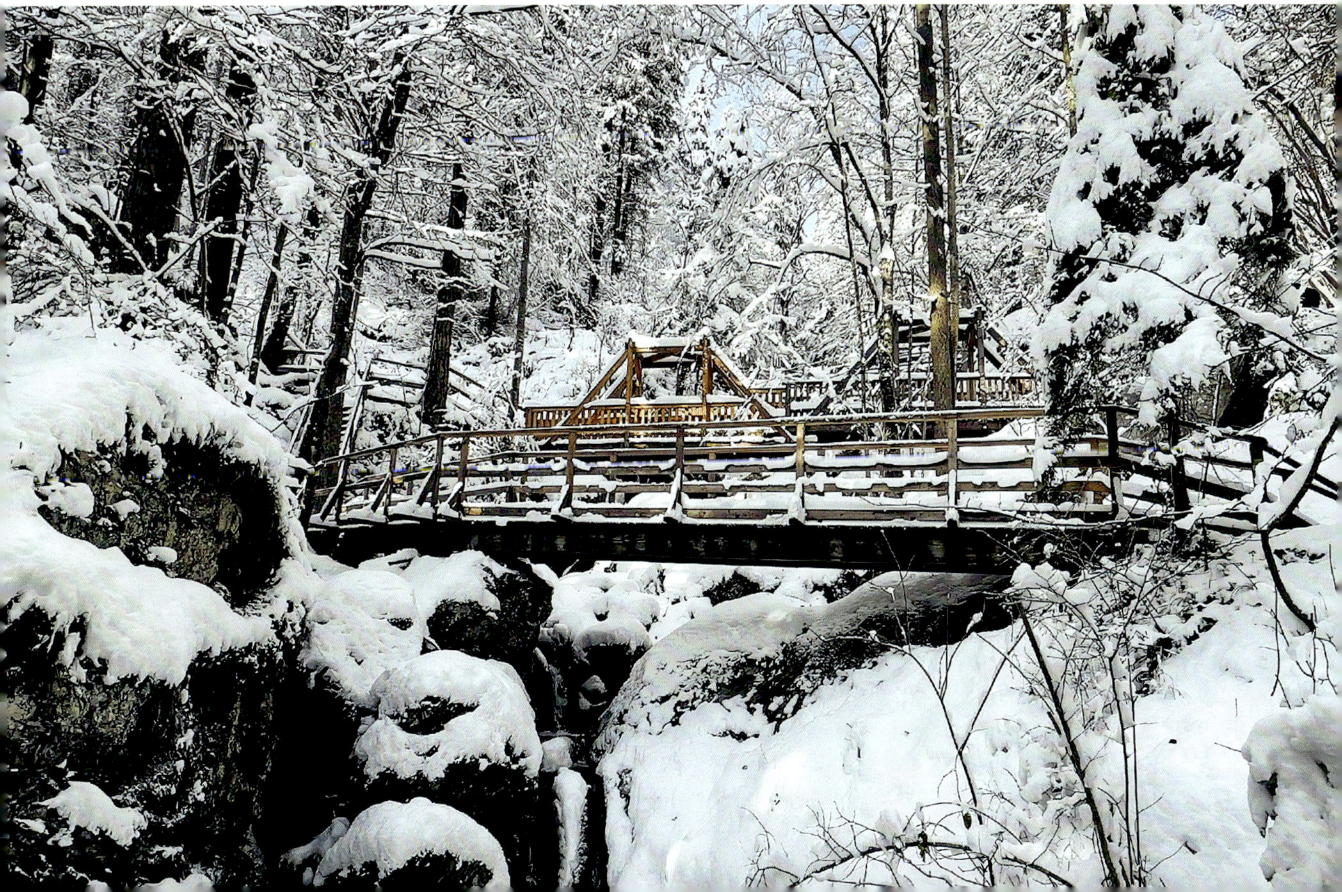

26 Erlaufschlucht bei Purgstall

Aus mächtigem Konglomerat gemeißelt

0.30 Std. → 1,6 km ↗ 30 m ↘ 30 m

Die »Ur-Erlauf« hat's gebracht, die Erlauf hat's geschafft

Während der letzten Eiszeit kam es in dieser Region zu gewaltigen Gesteinsbewegungen. Nach dem Abschmelzen der Eismassen transportierte eine mächtige »Ur-Erlauf« über viele Jahrtausende unvorstellbare Schottermassen aus den jetzt eisfreien Gebirgstälern. Mit abnehmendem Gefälle wurden diese Schottermassen in der Gegend um Purgstall abgelagert und durch das im Flusswasser gelöste Kalziumkarbonat zu Konglomerat verfestigt. Auf dem Weg bis zu ihrer Mündung in die Donau bahnte sich die »junge Erlauf« dann durch diese Ablagerungen ihren Lauf und schuf so die beeindruckende Durchbruchstrecke, die im Hochsommer auch gerne für erfrischendes Flussbaden genutzt wird.

Ausgangspunkt: Gratis-Parkplatz in Purgstall am Schluchteingang, 290 m. Erreichbar auch mit der »Erlauftalbahn« ab Bahnhof St. Pölten; der Schluchteingang befindet sich etwa 800 m nordöstlich der Haltestelle.

Anforderungen: Einfache und speziell für Familien recht gut geeignete Schluchtenwanderung.

Einkehr: Keine.

Karte: Freytag & Berndt WK 022.

Hinweis: Die Schlucht kann gratis begangen werden, zum Erhalt der Steige und Brücken wird jedoch um freiwillige Spenden gebeten.

Badeausflug ins Grüne.

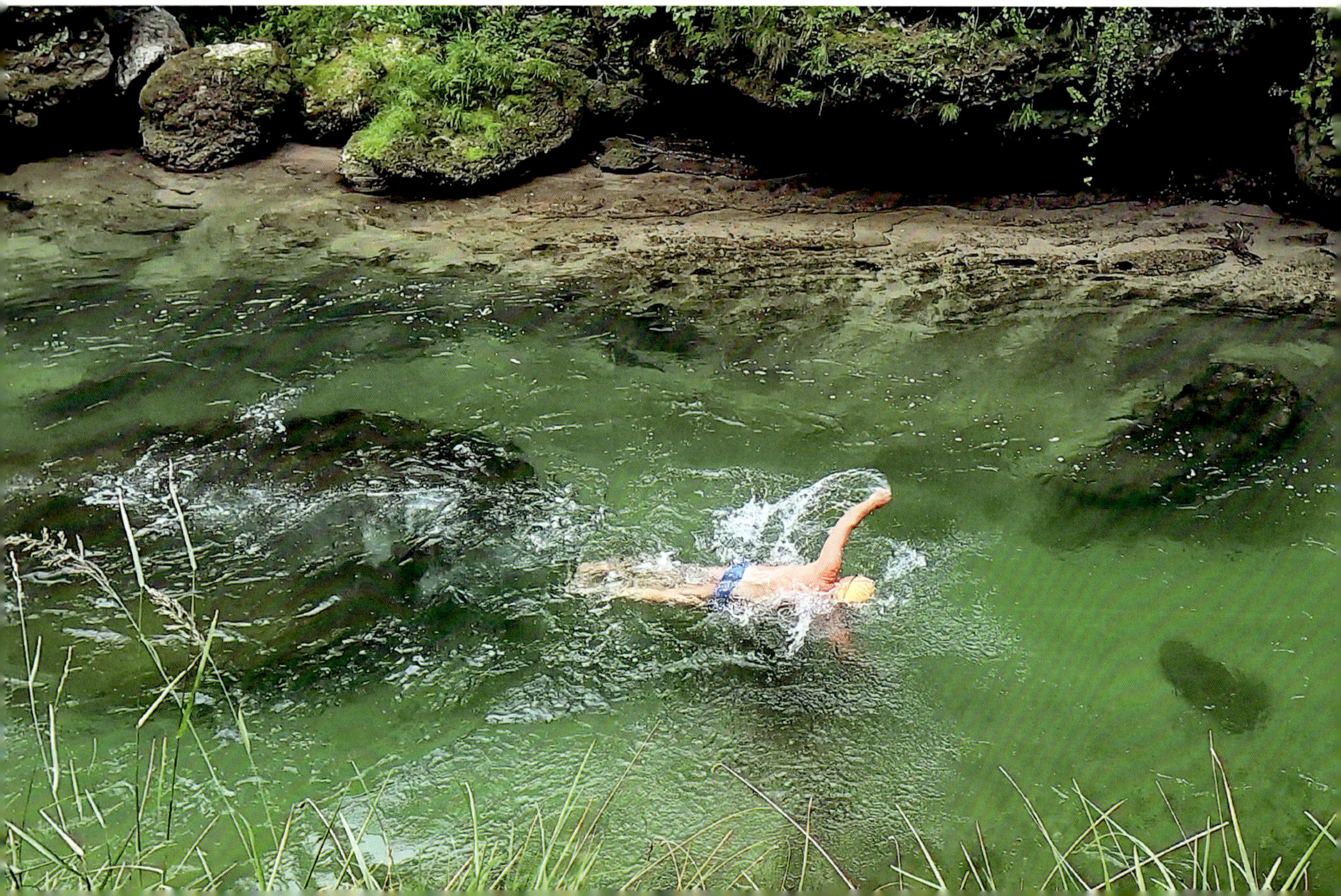

Vom **Parkplatz** ❶ gelangen wir über eine Metallstiege hinunter auf den Fischersteig, der zumeist flach am Fluss entlang verläuft. Immer wieder kommen wir an kleinen **Sandbänken** ❷ vorbei, die zum Baden einladen. An manchen Stellen ist der Fluss sogar so tief, dass man von den Konglomeratblöcken hineinspringen kann. Manchmal geht es eng zwischen mächtigen Felsen und kurzen Höhlen hindurch, was kleinen Entdeckern viel Spaß bereitet. Zu entdecken gibt es aber auch für die Erwachsenen so einiges: Neben der imposanten Geologie sind Fauna und Flora dieses einzigartigen Habitats so schützenswert, dass die Erlaufschlucht nicht nur als Naturdenkmal, sondern auch als »Natura 2000«-Gebiet unter Schutz gestellt wurde.

Wir können den etwa 1,5 km langen Fischersteig nur als »Schwimmzubringer« nutzen oder über die ca. 3,8 km lange Praterstegrunde wieder zum Parkplatz zurückkehren. Wenn wir uns für Letzteres entscheiden, kommen wir am Pratersteg auch an einer **Aussichtsplattform** ❸ vorbei, von der aus wir einen herrlichen Blick in die Schlucht genießen können.

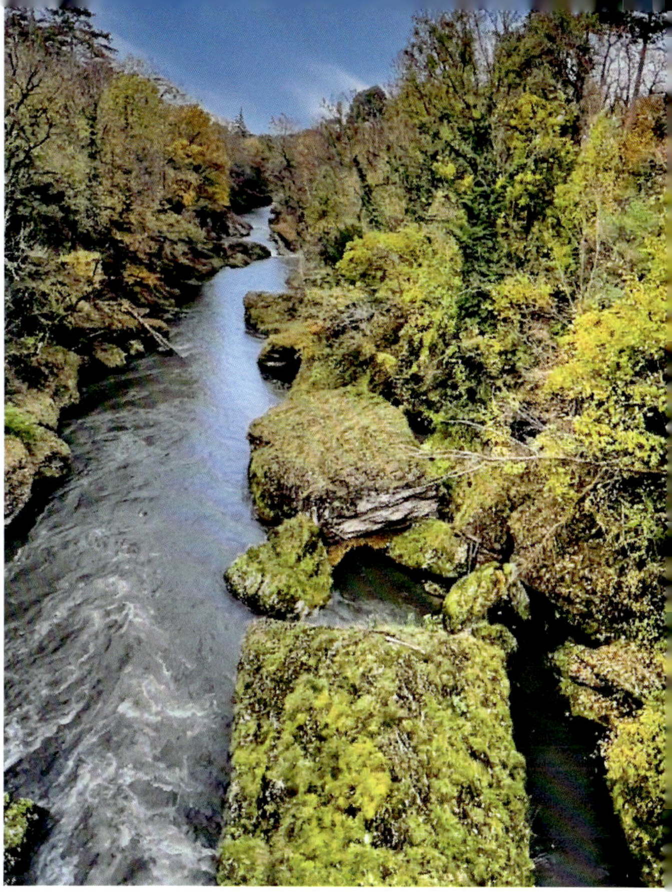

Ein-Blick in die Schlucht.

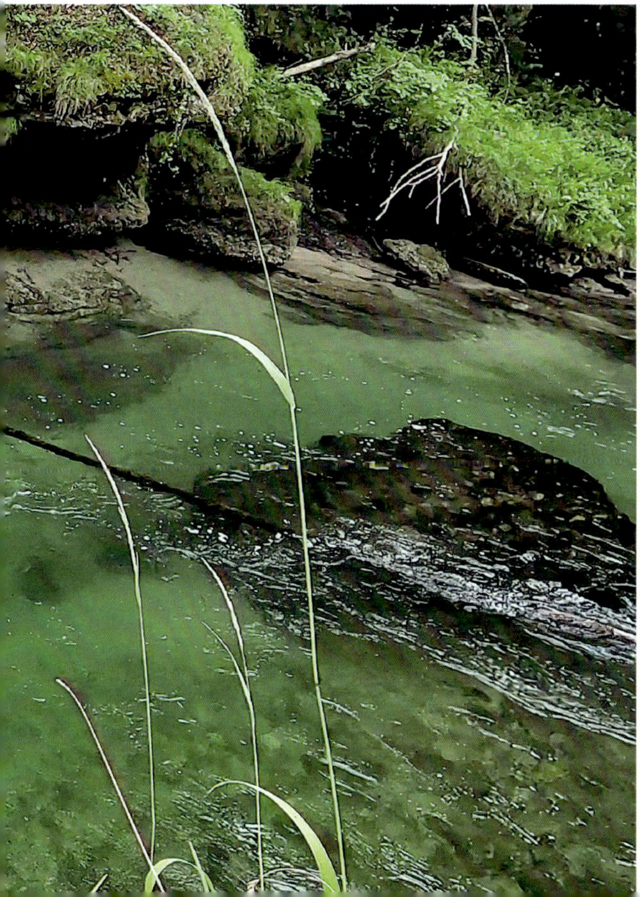

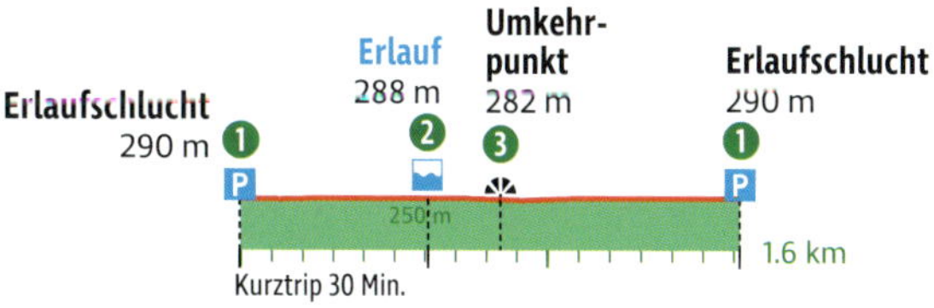

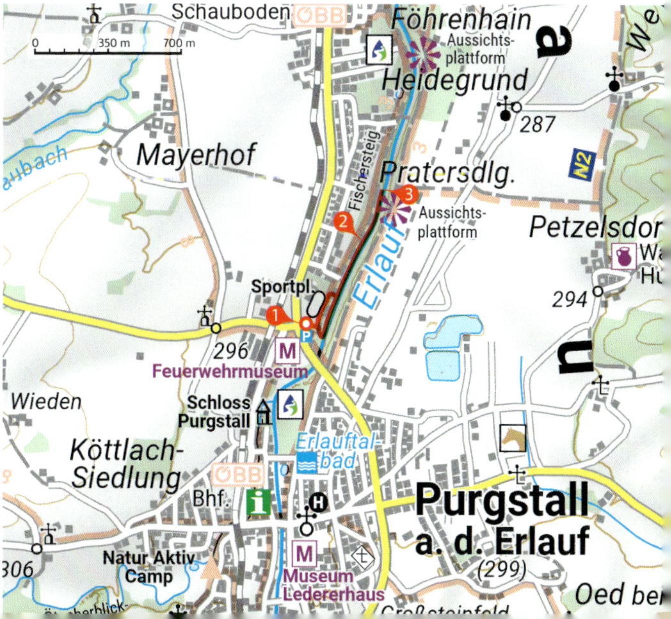

Zentrale Ostalpen

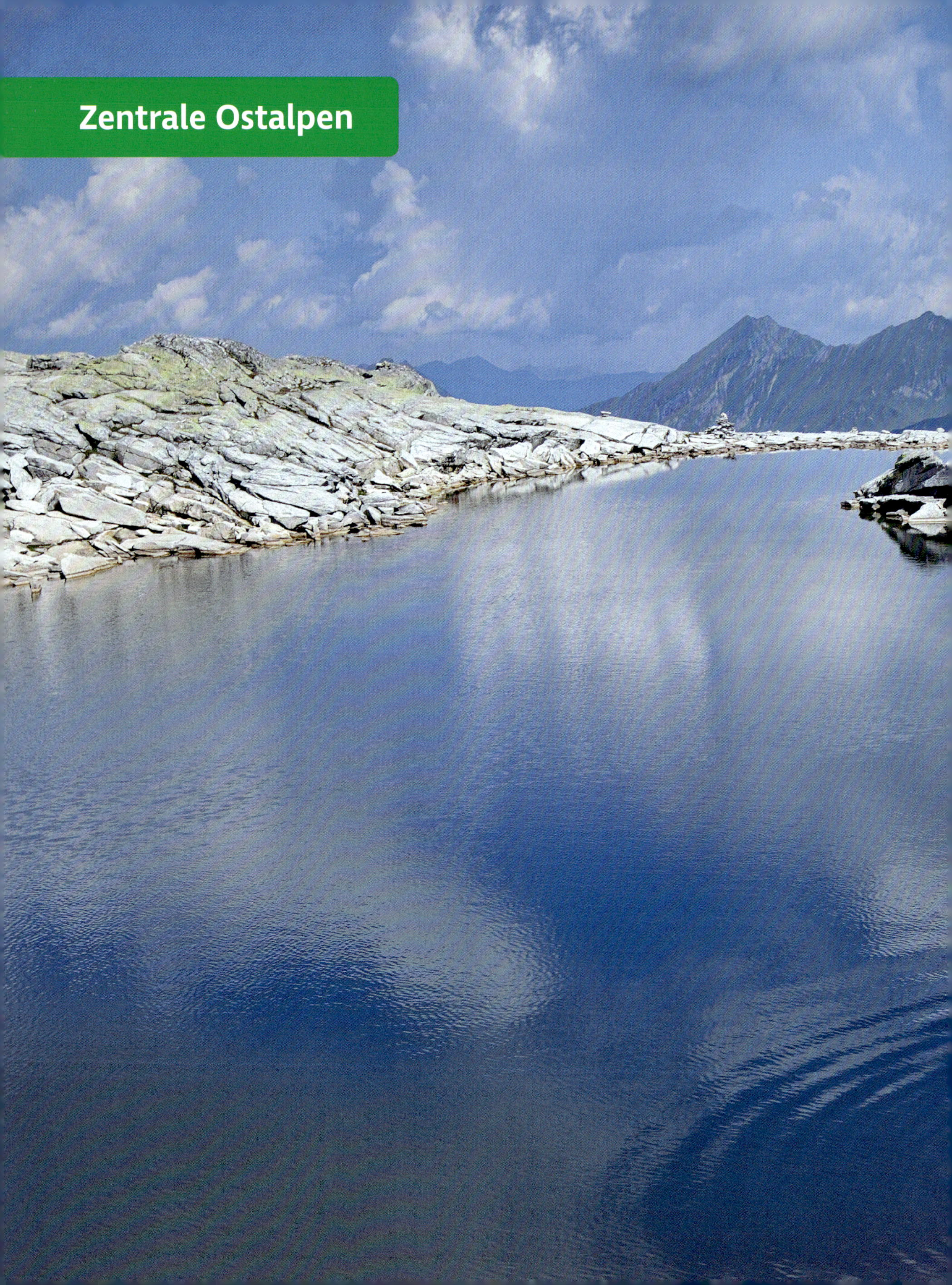

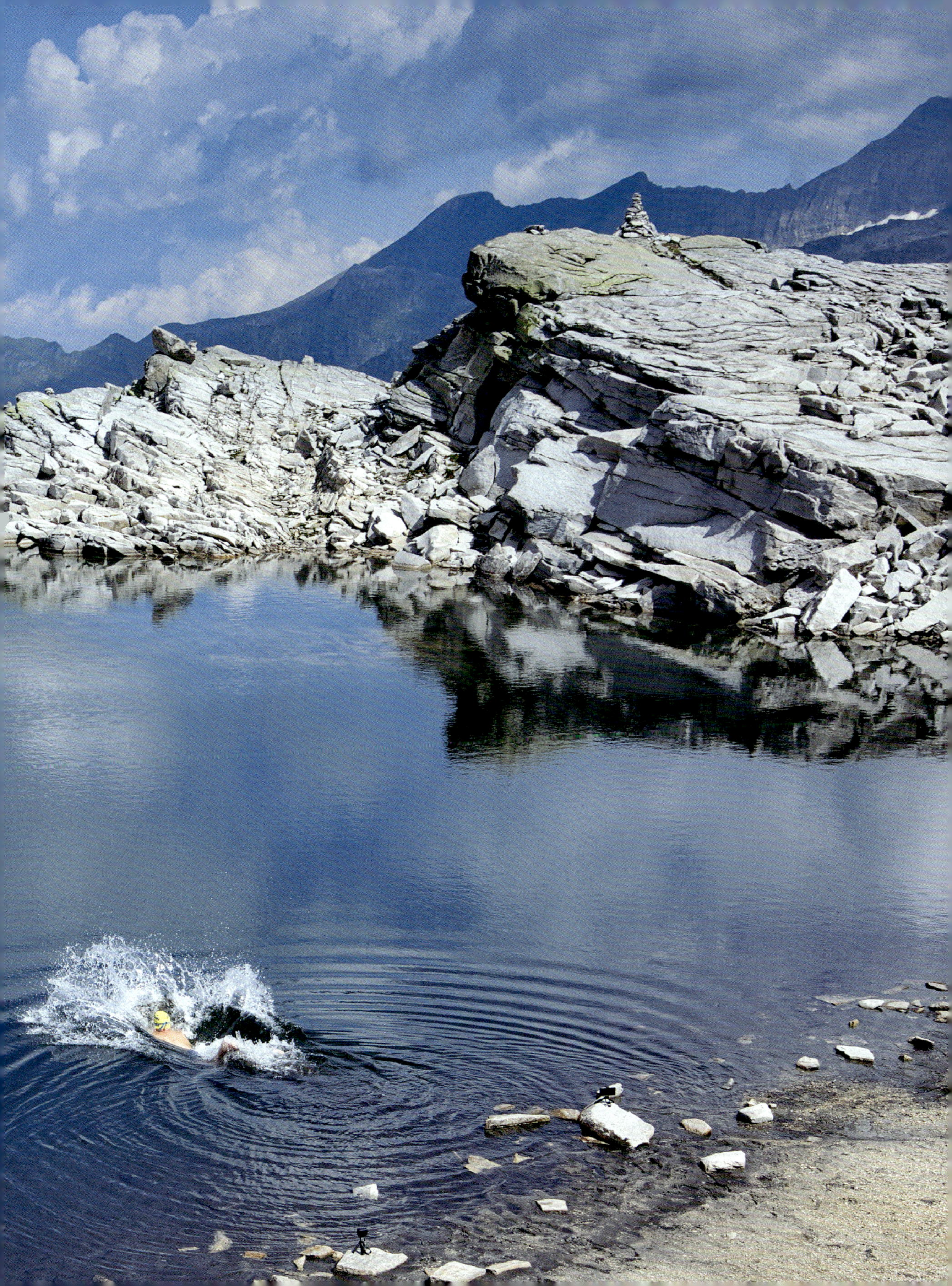

27 Bürser Schlucht

Wanderbares Naturdenkmal im Brandnertal

0.45 Std. → 1,8 km ↗ 100 m ↘ 100 m

Geologisch interessant, schwimmerisch lohnend

Nur rund 2 Kilometer von Bludenz entfernt liegt der kleine Ort Bürs. Während man heute auf einer Straße über den Bürserberg ins höher gelegene Brandnertal gelangt, musste man früher den mühsamen Weg durch diese Schucht nehmen. Im Vergleich zu anderen Klammen führt die gratis begehbare Bürser Schlucht im wahrsten Sinne des Wortes ein Schattendasein, was sie besonders an heißen Hochsommertagen zu einem hervorragenden Wanderziel macht. Schließlich finden wir dann die besten Bedingungen vor, um den nahe des unteren Eingangs gelegenen Kiesstrand sogar zum Sonnenbaden und die in der Klammmitte befindlichen Badegumpen zum Wildbaden so richtig zu genießen.

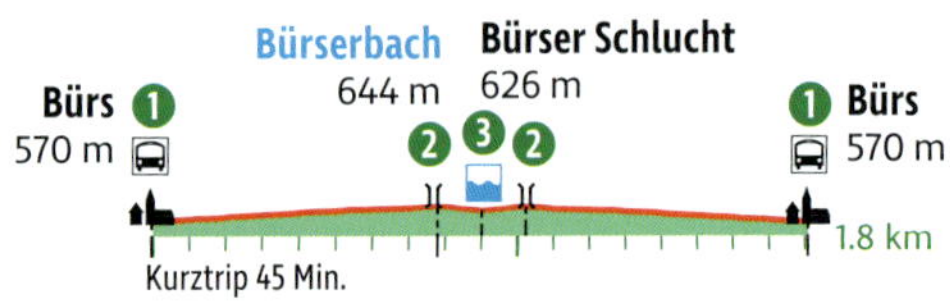

Ausgangspunkt: Parkplatz beim Elektrizitätswerk Lug, 570 m, oder Haltestelle Gasthaus Adler des Landbusses ab Bahnhof Bludenz.

Anforderungen: Ein Wechselspiel von breiten, leicht begehbaren Abschnitten, schmalen, steilen, felsigen, wurzeldurchsetzten Teilstücken, Tunnels, Brücken und Stiegen. Nicht für Kinderwagen, jedoch gut auch für Kinder geeignet. Gutes Schuhwerk empfehlenswert!

Einkehr: Dorfgasthöfe in Bürs.

Karte: Freytag & Berndt WK 5504.

Passage im unteren, offenen Schluchtteil.

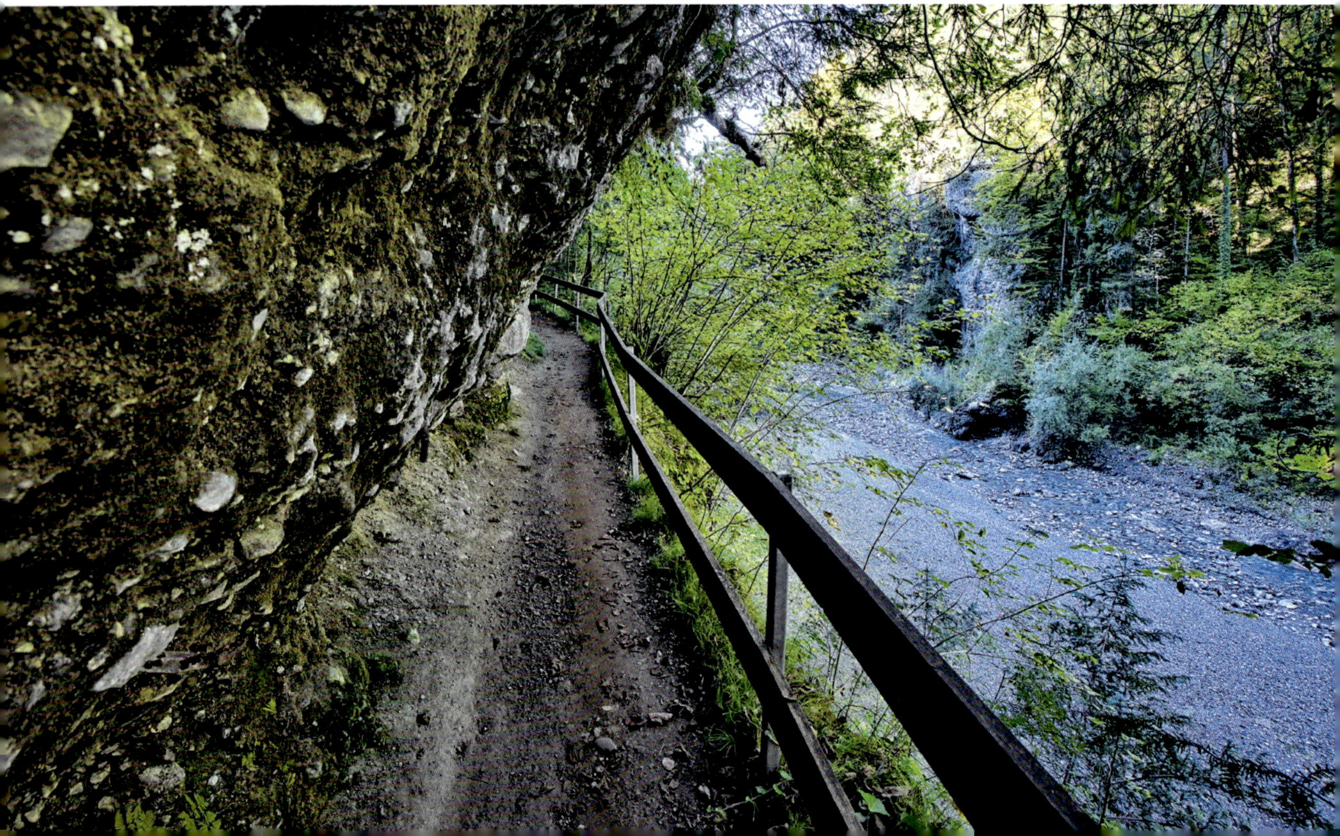

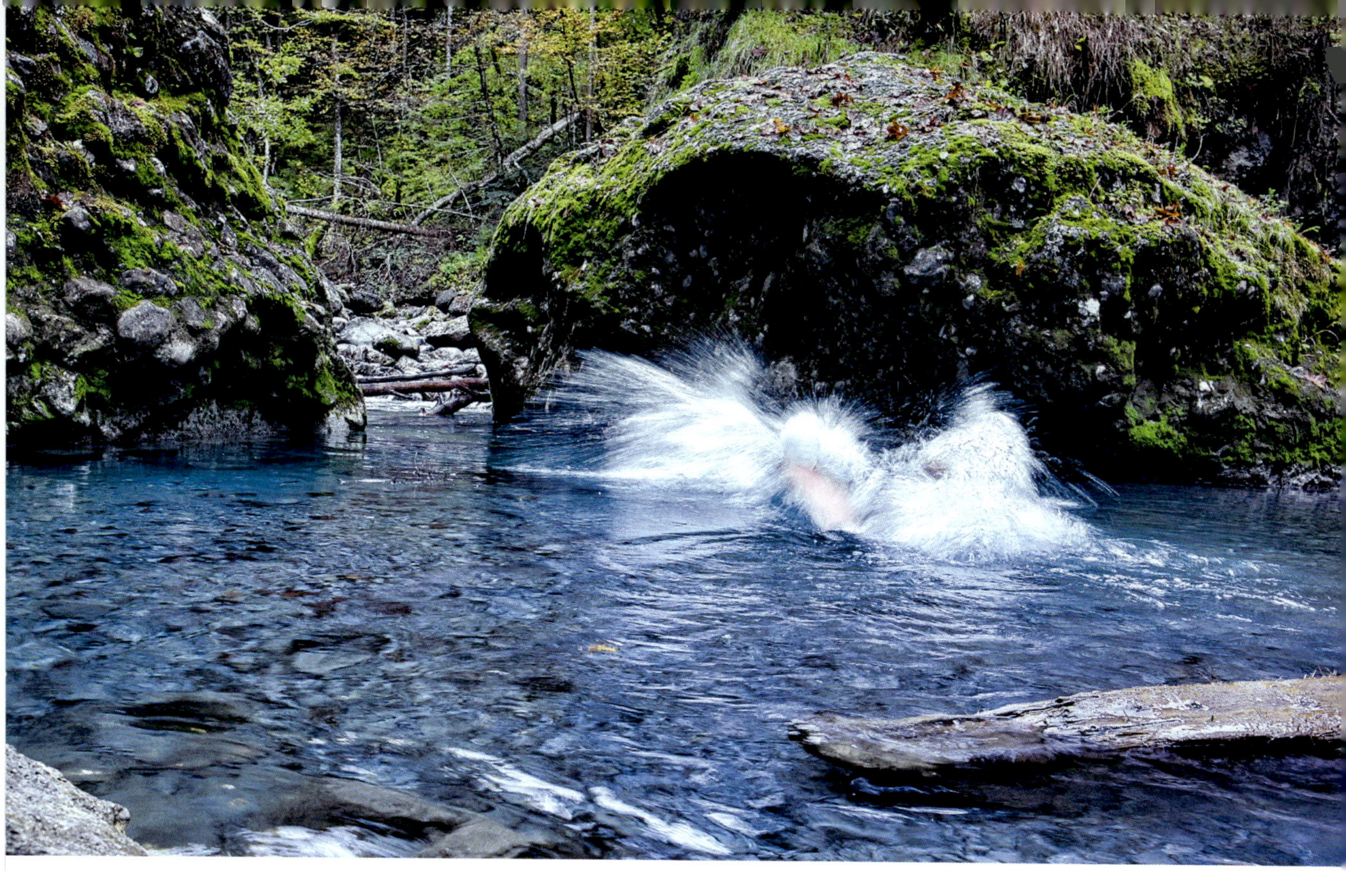

Frisch gewagt ist halb geschwommen!

Kurz nach dem Start vom Parkplatz beim **Elektrizitätswerk** ❶ beginnt an einem engen Felsdurchlass, an dem der Steig zu einem Klettergarten abzweigt, der eigentliche Schluchtweg. Dieser führt eben verlaufend an einem Schießplatz und einem Kiesstrand samt legaler Grillstelle vorbei durch den hier noch relativ breiten Klammeingang.

Je weiter wir in die Schlucht vordringen, umso abwechslungsreicher gestalten sich Wegverlauf und Landschaftsbild. Immer wieder queren wir über **Brücken** ❷ den Wildbach, der sich seit dem Ende der letzten Eiszeit seinen Lauf durch das »Bürser Konglomerat« gebahnt hat. Nach dem Rückgang des Hauptgletschers wurden am Grund der Ablagerungen Gneisblöcke freigespült, hinter denen sich schöne Kehrwasser und **Gumpen** ❸ gebildet haben, die wir recht gut zum Schwimmen nutzen können. Als weitere geologische Attraktion haben einige der seitlich zuströmenden, kalkhaltiges Wasser führende Rinnsale sogenannten Quelltuff gebildet, das sind interessant geformte Sinterablagerungen.

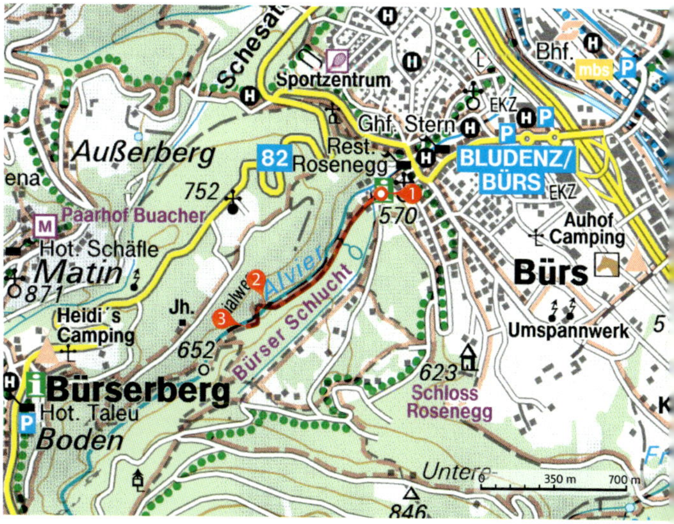

Wer, anders als hier beschrieben, die komplette Schlucht durchwandern möchte, folgt dem ausgeschilderten Rundweg und gelangt über einen außerhalb der Schlucht geführten Pfad nach etwa 2 Stunden wieder zurück zum Parkplatz.

29 Smaragdsee, 2206 m

Neues Schmuckstück im Radurschltal bei Pfunds

4.30 Std. → 13,1 km ↗ 610 m ↘ 610 m

Baumeister Natur

Nach einem riesigen Murenabgang entstand ein Naturdamm, hinter dem der Radurschlbach aufgestaut wurde und einen See bildete. Ursprünglich war dieser im Vergleich zum heute noch bestehenden fast doppelt so groß. Aus Sicherheitsgründen wurde der See jedoch kontrolliert entleert und auf die Hälfte geschrumpft. Nachdem sich der von der Mure mitgerissene Schlamm gesetzt hatte, wies der neue See eine wunderschöne grüne Farbe auf, was ihm den Namen »Smaragdsee« einbrachte. Aktuell hat dieser die Größe von ungefähr zwei Fußballfeldern und ist bis zu vier Meter tief.

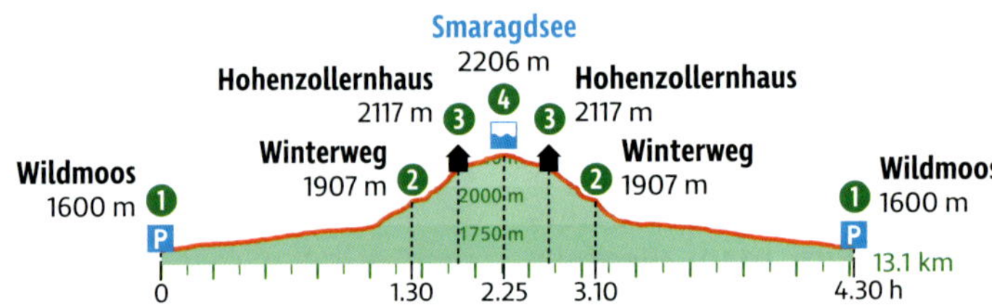

Ausgangspunkt: Wanderparkplatz Wildmoos, 1600 m. In den Sommermonaten jeden Dienstag auch per Wanderbus von Pfunds erreichbar. Dorthin gelangt man mit dem Linienbus vom Bahnhof Landeck.

Anforderungen: Einfache Wanderung, auf dem Sommerweg auch für Familien gut geeignet.

Einkehr: Hohenzollernhaus, Tel. +43 664 5311915.

Karte: Freytag & Berndt WK 254.

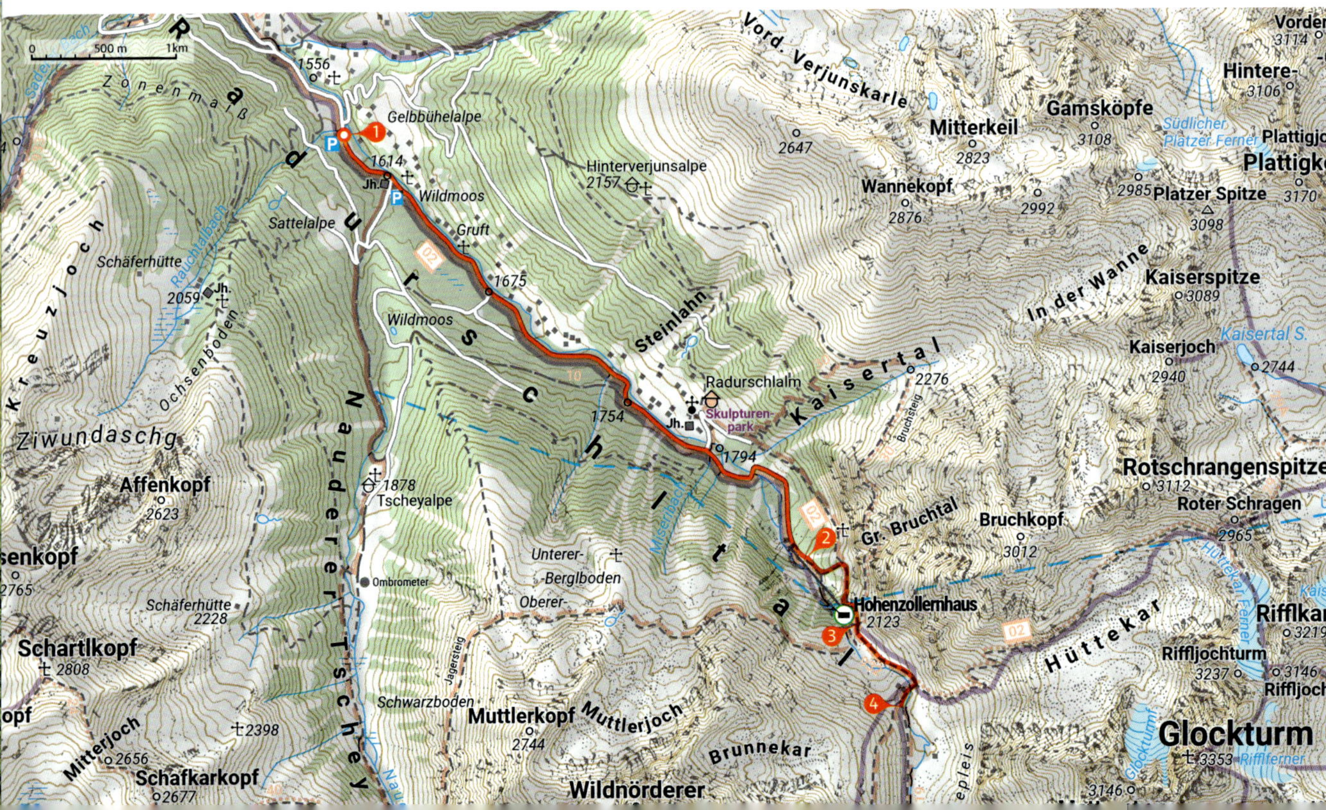

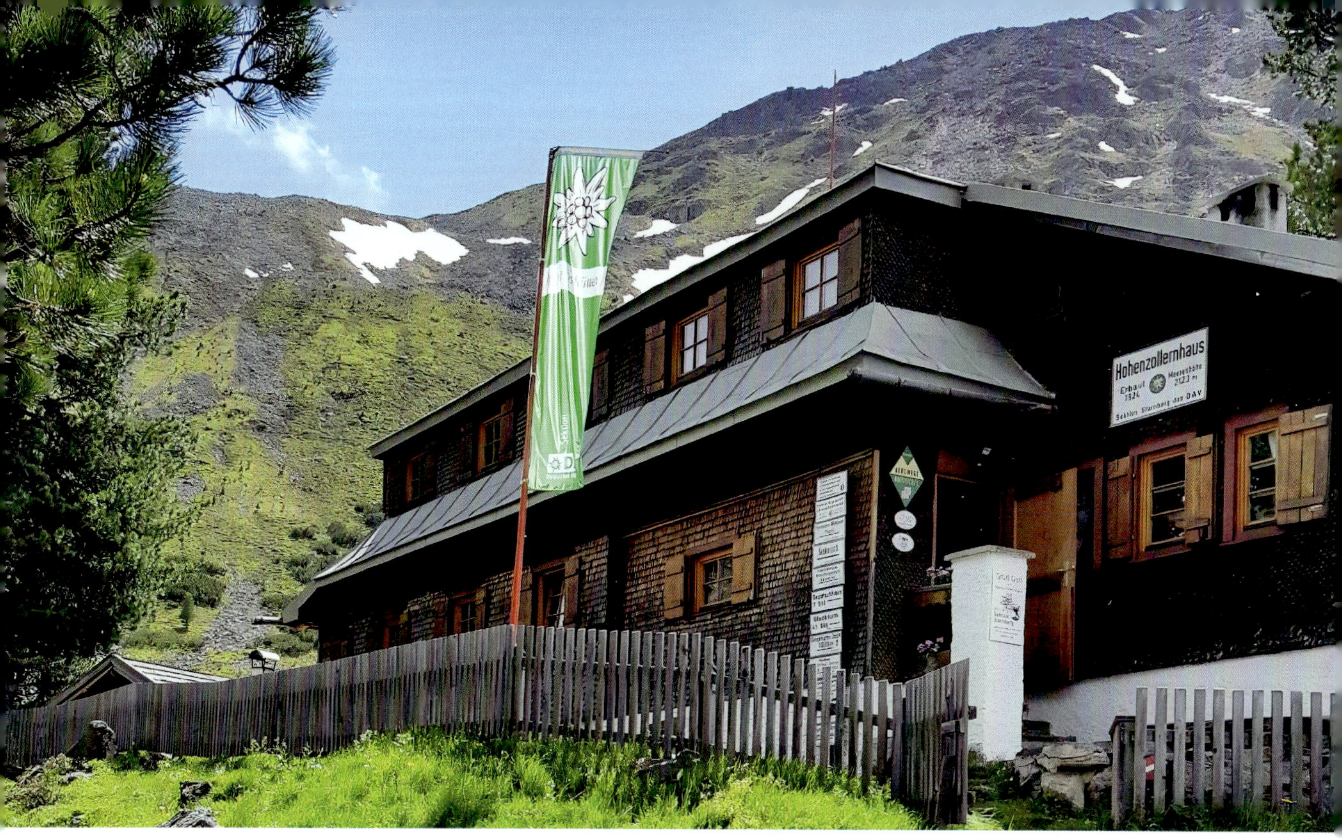

Foto oben: Alle Wege führen nach Rom, zwei unterschiedliche zum Hohenzollernhaus.
Unten: An den Ufern des »neuen« Bergsees.

Das Radurschltal, in dem sich außer Almhütten keine Siedlungen befinden, erstreckt sich von Pfunds über 15 Kilometer bis zur italienischen Grenze. Vom **Gratis-Parkplatz Wildmoos** ❶ wandern wir auf einem breiten Forstweg durch Bergweiden vorbei an der **Abzweigung** zur bewirtschafteten **Radurschlalm**. Dahinter gelangen wir in einen herrlichen Hochwald, der als größter zusammenhängender Zirbenwald der Ostalpen gilt.

Etwa auf Höhe der Talstation der Hohenzollernhaus-Materialseilbahn haben wir die Wahl zwischen **Sommer-** und **Winterweg** ❷. Der Winterweg verläuft direkter und steiler, streckenweise über hohe Stufen, entlang des Radurschl-Wasserfalls. Wir aber erreichen über den Sommerweg etwas gemütlicher das auf einer markanten Geländestufe liegende **Hohenzollernhaus** ❸, von dem sich ein herrlicher Blick bietet, Richtung Norden bis hinaus nach Pfunds, Richtung Süden bis zur Grenze nach Südtirol.

In dieser Richtung geht's für uns auch weiter, und so erreichen wir nach einer weiteren Viertelstunde den fast schon im Talschluss liegenden **Smaragdsee** ❹. Nahe des Weges finden wir schöne Badestellen, die uns einen mühelosen Einstieg ermöglichen.

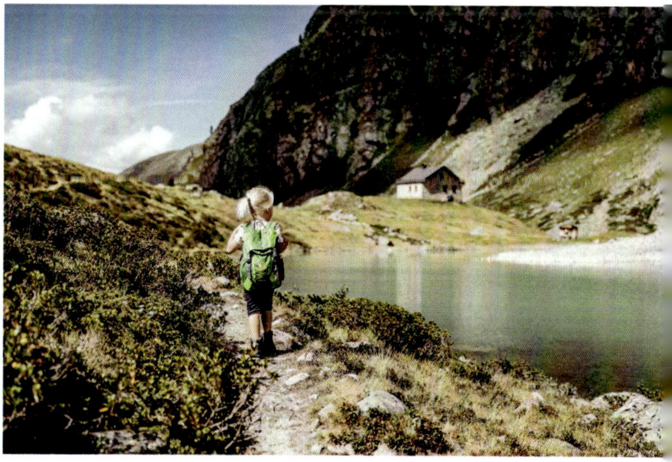

Auf den Schwimmgenuss können wir im Gastgarten der **Berghütte** ❸ den kulinarischen folgen lassen, ehe wir wieder über den Sommerweg talwärts streben.

30 Reschensee, 1500 m

Wenn der Stausee zum »Staunsee« wird

5.30 Std. → 21,0 km ↗ 840 m ↘ 840 m

Grenzgang & Kirchschwumm

Mit dem Staubeginn um 1950 wurden am Reschensee 677 Hektar Grund und Boden, 163 Häuser sowie zahlreiche wertvolle Kulturgüter überflutet. 150 Landwirtschaftsbetriebe verloren ihre Daseinsgrundlage, über 1000 Anwohner mussten umsiedeln bzw. auswandern und wurden lediglich mit Almosen abgespeist. Heute erinnert nur noch der versunkene Kirchturm an das malerische frühere Dorf Graun und legt stummes Zeugnis über das erlittene Unrecht ab.

Ausgangspunkt: Parkplatz beim Seilbahncenter Nauders, 1410 m; oder Bushaltestelle Seilbahncenter für den Linienbus vom Bahnhof Landeck (Schnellzugstation).

Anforderungen: Lange, aber unkomplizierte Tour.

Einkehr: Restaurants am Reschenpass, z.B. Café am Turm in Graun, Tel. +39 0473 633336.

Karte: Freytag & Berndt WK 254, WK S2.

Foto unten: »Kirchschwumm« statt Kirchgang.
Rechts oben: Vorbei an der Quelle, von der sich »Alto Adige« – die italienische Bezeichnung für Südtirol – herleitet.

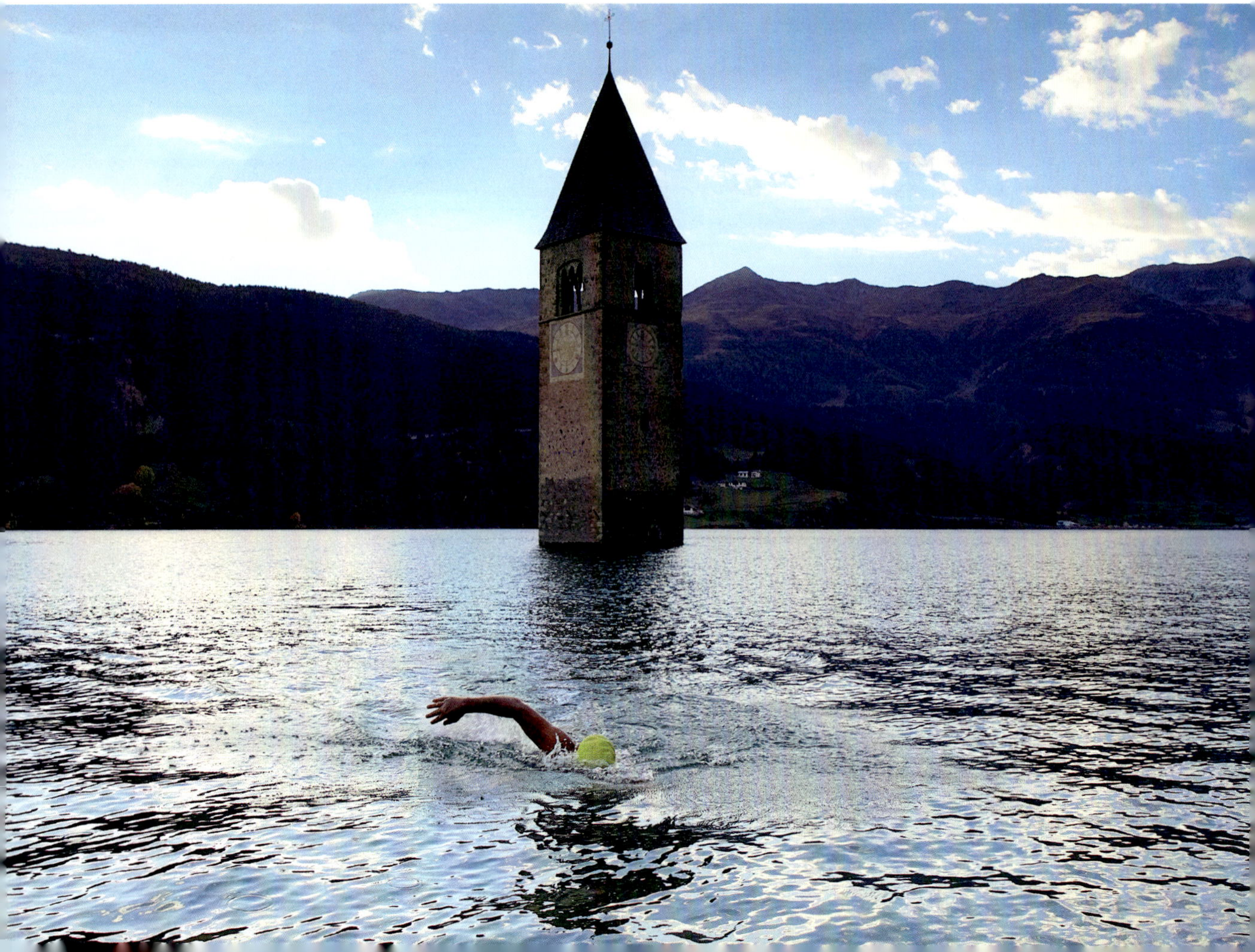

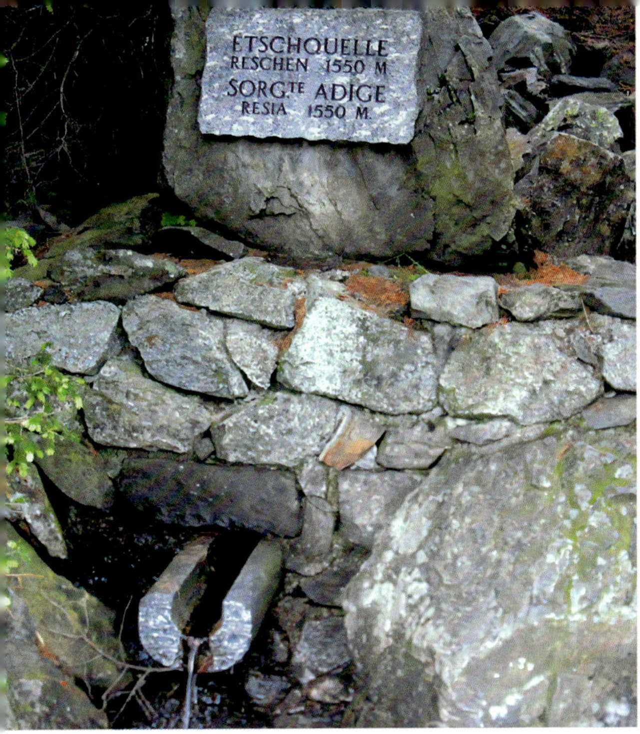

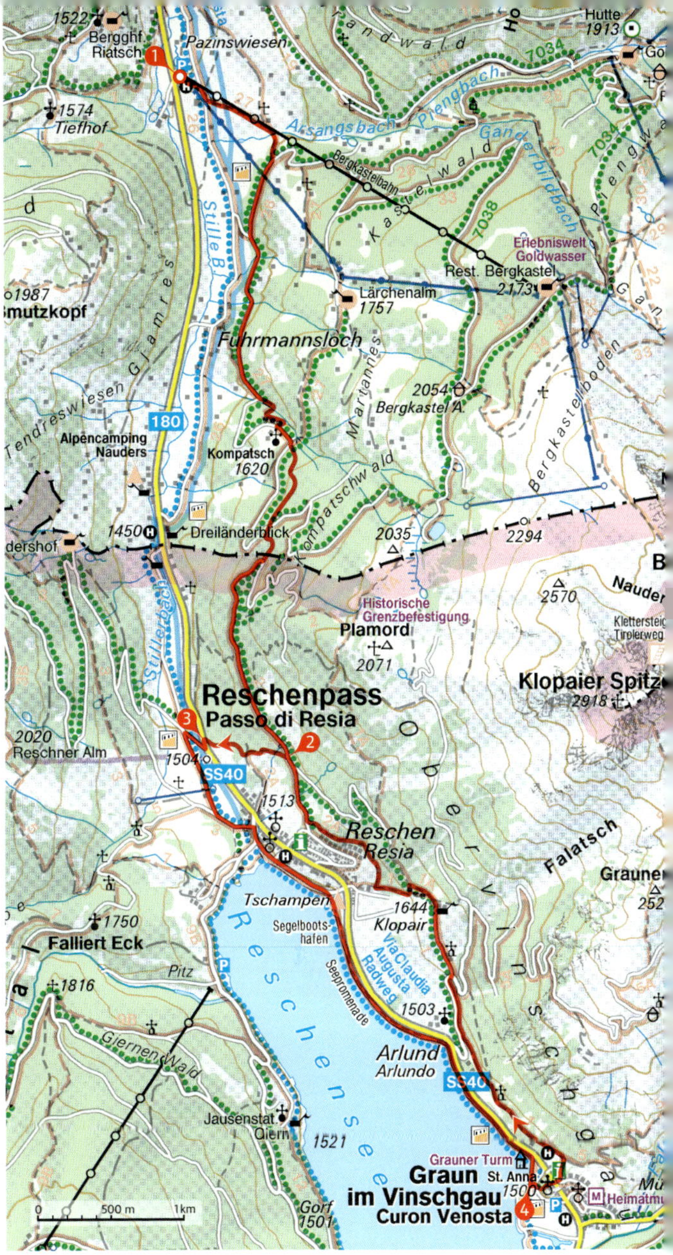

Vom **Parkplatz** ❶ aus an der Talstation Lärchenkogellift 1 vorbei beschreiten wir einen mäßig steilen Wanderweg, der entlang der Bergkastelbahn verläuft. Bei seiner Einmündung in eine schmale Nebenstraße folgen wir dieser bis zum Weiler Fuhrmannsloch. Ab hier gelangen wir über Karren- und Wirtschaftswege durch lichten Baumbestand und nach Überquerung der österreichisch-italienischen Grenze an die Abzweigung nach rechts talwärts zur **Etschquelle** ❷.

Nach Überquerung der **Reschenstraße** ❸ geht es Richtung Süden auf die flach verlaufende Seepromenade, über die wir schließlich den versunkenen **Kirchturm** ❹ bei **Graun** erreichen. Der Turm ist 36 Meter hoch und steht bei Höchstwasserstand – zumeist im Hochsommer – 7 Meter tief im Wasser.

Nach einer unvergesslichen Schwimmrunde um diese »Seenswürdigkeit« halten wir uns ostwärts und treten nach neuerlicher Überquerung der Reschenstraße über schöne, auf höherer Ebene parallel zum See verlaufende Wanderwege den Rückweg an. Der Wegweisung »Etschquelle« folgend kommen wir am interessanten Weltkriegs-Bunker 20 vorbei, ehe wir wieder auf das schon vom Hinmarsch bekannte Wegstück treffen, dem wir bis zum **Seilbahncenter** ❶ in **Nauders** folgen.

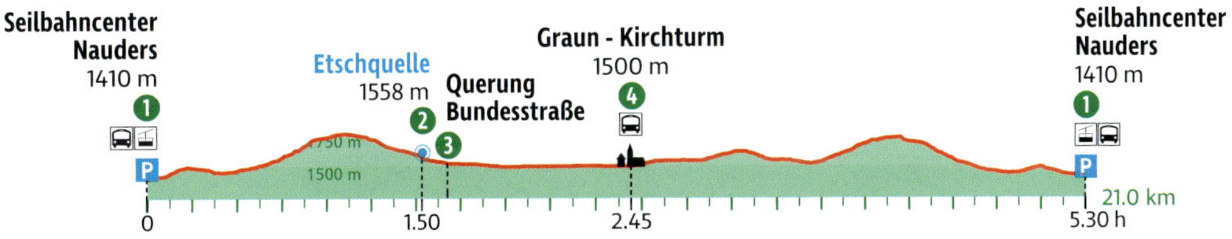

31 Unterer und Oberer Goldsee, 2591 m

Hochalpines Schwimmen mit Liftunterstützung

3.15 Std. →8,0 km ↗ 420 m ↘ 420 m

Zwei unterschiedlich blaue Augen in den Goldbergen oberhalb von Nauders
Der Name dieser mit zwei völlig unterschiedlichen Blautönen gesegneten Bergseejuwelen leitet sich vermutlich von dem goldgelben Flechtenbewuchs der ringsum befindlichen Felswände ab. Besonders ausgeprägt zeigt sich dieses Farbenspiel im Herbst. Die zwei gänzlich verschiedenen Blautöne der beiden Seen, dunkelblau der Untere, grünblau der Obere Goldsee, rühren wohl von den eingetragenen Schwebstoffen bzw. Sedimenten her, die das Sonnenlicht in differenten Spektralfarben absorbieren bzw. reflektieren.

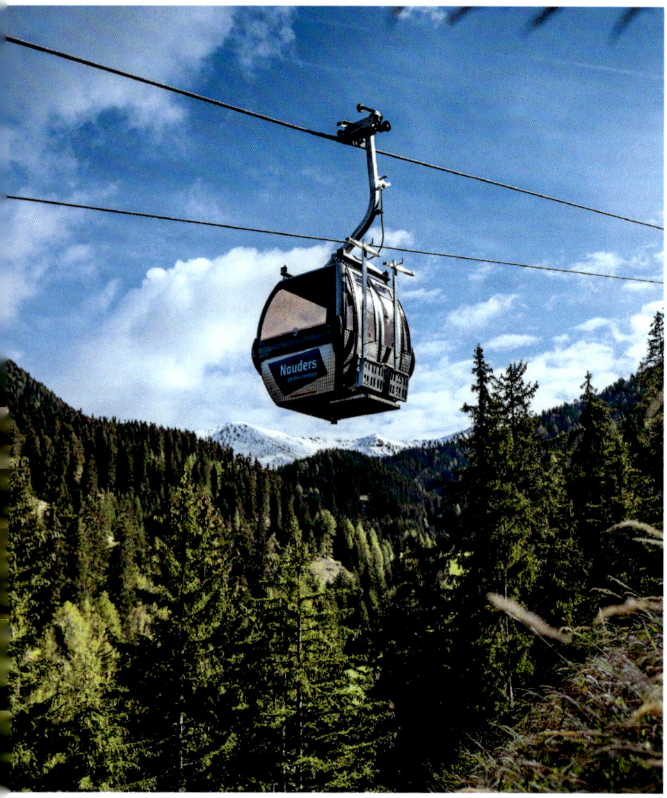

Ausgangspunkt: Bergstation der Bergkastelbahn, 2173 m, an deren Talstation man auch parkt. Hierher gelangt man auch mit dem Linienbus ab Bahnhof Landeck.
Anforderungen: Hochalpine Bergwanderung, die nur bei stabilen Wetterverhälnissen angetreten werden sollte. Blockwerk und loses Geröll machen die Tour trotz eher kurzer Weglänge relativ anstrengend. Für Kinder deshalb nur bedingt geeignet.
Einkehr: Panoramarestaurant Bergkastel an der Seilbahn-Bergstation, Tel. +43 5473 8742737.
Karte: Freytag & Berndt WK 254.

Nach Erreichen der **Bergkastel-Bergstation ❶** folgen wir dem Wanderweg 20a, vorbei an alten Zirben, über Schotterhalden und Holzbrücken bis zu einem Bildstock. Ab hier geht es über Grasflächen durch eine mit Almrosen bestandene Talmude, in deren Mitte ein riesiger Findling, der sogenannte »Große Stein«, liegt. Nach Überwindung einer letzten Geländestufe gelangen wir zum **Unteren Goldsee ❷**. Wir folgen der Route noch einige Minuten, bis wir zum **Oberen Goldsee ❸** kommen, damit wir beim Rasten und Schwimmen beide Seen im Blick haben. Von einem etwas erhöhten

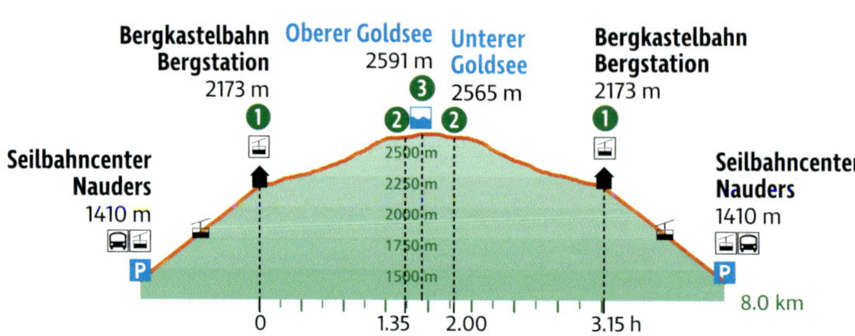

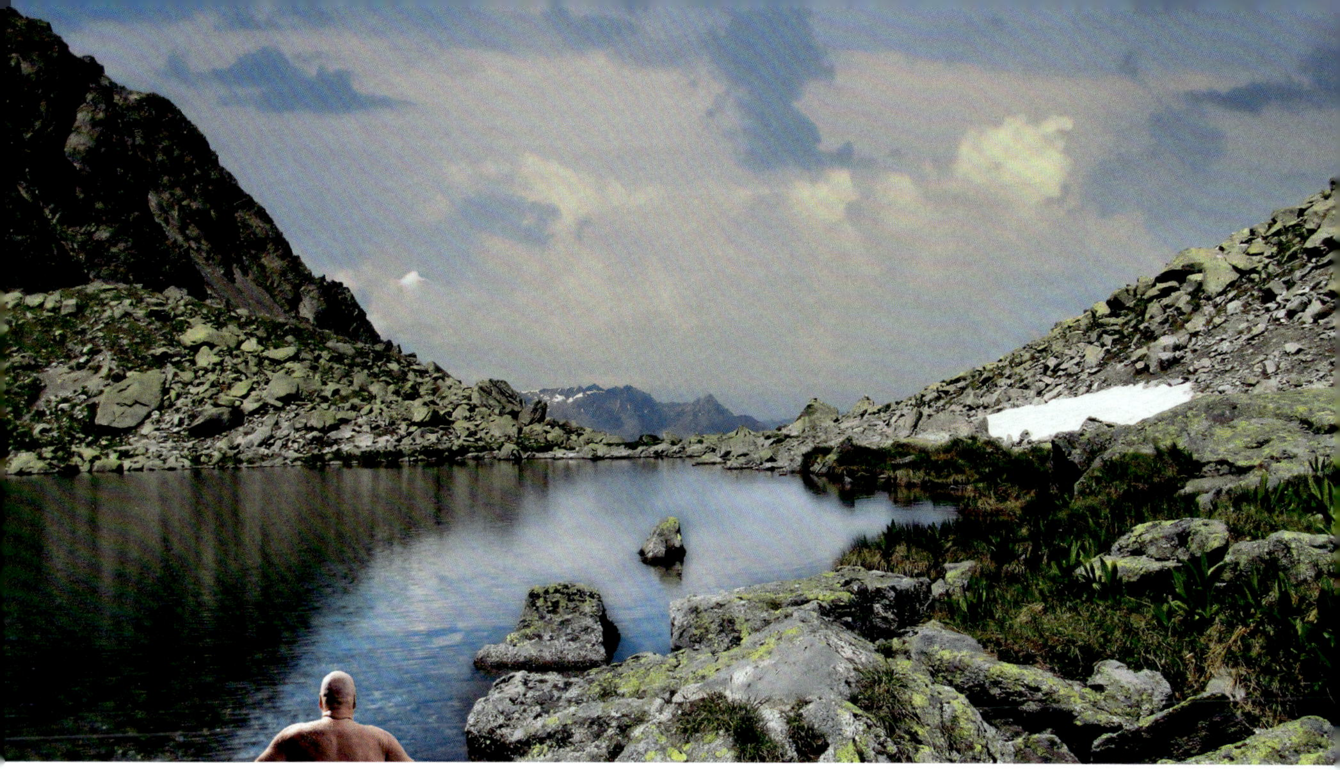

Foto oben: Noch sind die Flechten rund um die Goldseen grün, im Herbst werden sie goldfarbig und namensgebend. Links: »Marscherleichterung« durch die Bergkastelbahn.

Standort **»ober dem Oberen See«** 4 ist der Tiefblick wirklich einzigartig: vor uns die beiden in einen kargen Bergkessel eingebetteten kristallklaren Seen, Im Hintergrund ein majestätisches Bergpanorama. Wenn wir uns an diesem sattgesehen haben, folgen wir unserer Aufstiegsroute hergab bis zur **Berg-** 1 bzw. Talstation der **Bergkastelbahn**.

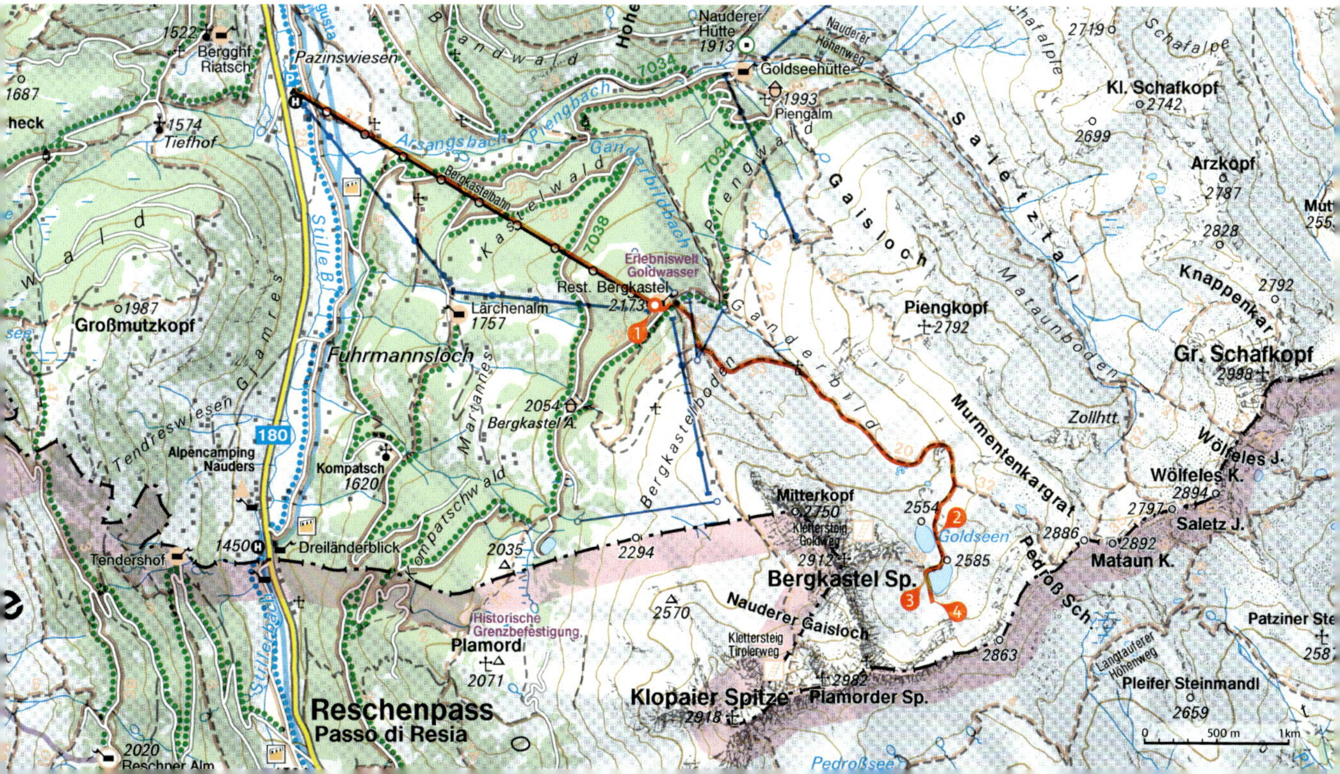

32 Grünsee, 1840 m, bei Nauders

Vom geschützten Schwarz- zum geschätzten Grünsee

3.15 Std. → 9,7 km ↗ 320 m ↘ 770 m

Es grünt so grün ...

... wenn am Schwarzsee die Seerosen blühen. Tatsächlich ist das Vorkommen der weißen Seerosen an diesem höchstgelegenen Standort der Alpen mit ein Grund dafür, dass dieser See unter Naturschutz gestellt und das Schwimmen darin untersagt wurde. Am etwas höher gelegenen Grünsee kann man allerdings ganz legitim und nach Lust und Laune dieser Passion frönen.

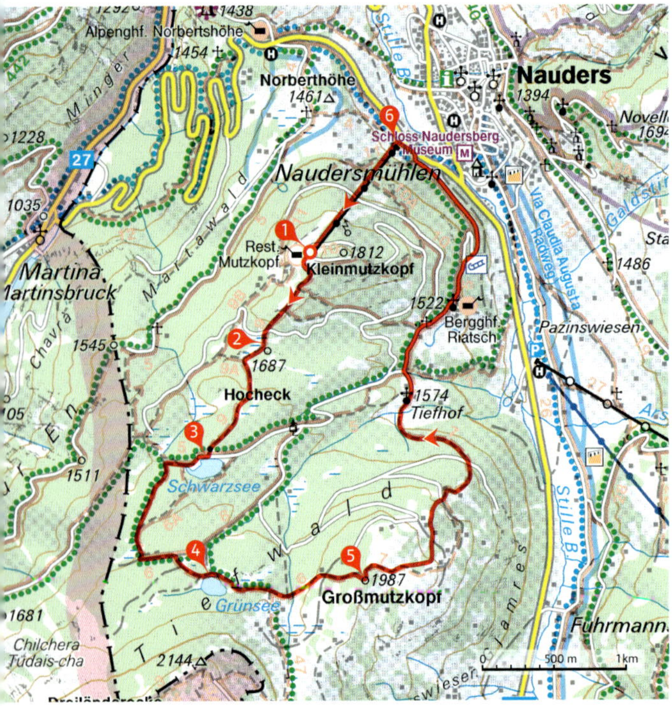

Ausgangspunkt: Bergstation der Mutzkopf-Sesselbahn, 1802 m, Parkplatz an deren Talstation. Auch erreichbar mit Buslinie 273 von Bahnhof Landeck bis Haltestelle Nauders-Mühle.

Anforderungen: Mittelschwere Wanderung, die dank Liftunterstützung (Bergfahrt) vorwiegend flach oder bergab verläuft. Auch andersherum mit Liftunterstützung (Talfahrt) machbar.

Einkehr: Riatschhof, Tel. +43 5473 87389.

Karte: Freytag & Berndt WK 254.

Diese Rundwanderung im Dreiländereck Österreich – Schweiz – Italien führt durch eine sehenswerte Naturlandschaft. Nachdem wir mit der Doppelsesselbahn am **Kleinen Mutzkopf** ❶ angelangt sind, geht es erst leicht bergab zu einem mit weißem Wollgras bestandenen **Hochmoor** ❷ und dann nur mäßig steigend weiter.
Schließlich passieren wir den unter Naturschutz stehenden **Schwarzsee** ❸, dessen wei-

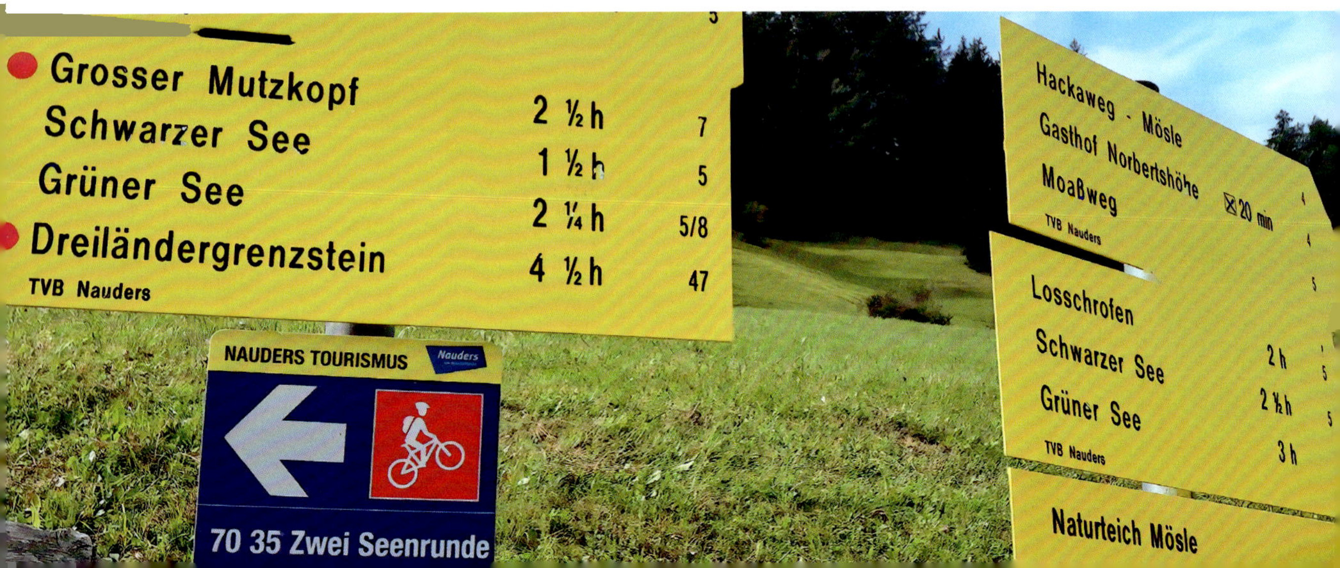

Vorbildliche Ausschilderung aller Wander-Optionen.

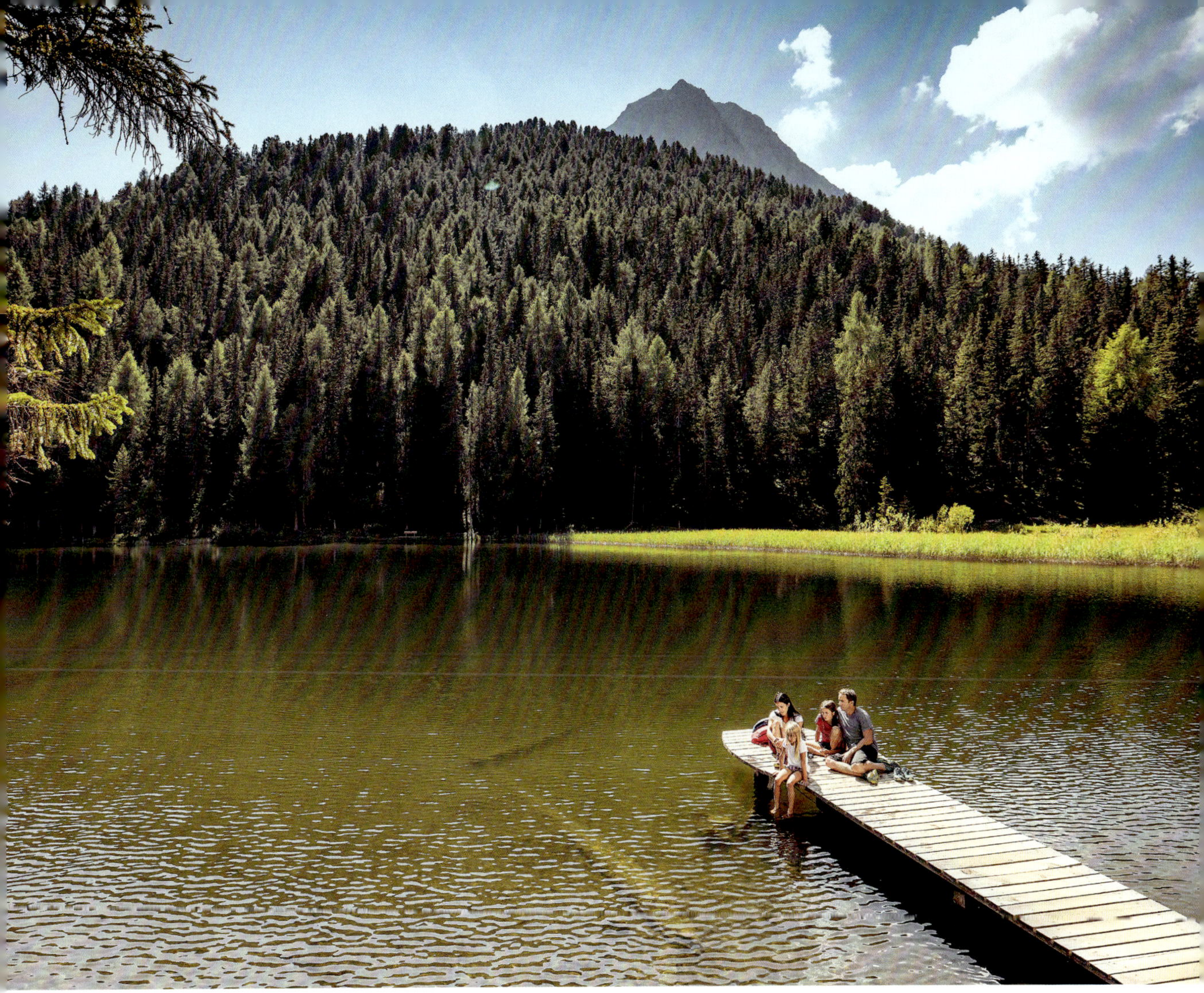

Herrlicher Rast- und Badeplatz am Grünseesteg.

ße Seerosen alljährlich im Frühsommer zur vollen Blüte gelangen. Wenig darauf erreichen wir auch schon das Nordufer des **Grünsees** ❹, wo sogar ein Steg zum Bade lädt.
Anschließend geht es, ein kurzes steiles und etwas holpriges Stück überwindend, auf den **Großmutzkopf** ❺ und nach dessen Überschreitung nur noch talwärts bergab. Der direkt am Weg liegende Riatschhof stellt eine empfehlenswerte Einkehroption dar, ehe sich wenig später an der **Bergbahn-Talstation** ❶ der Kreis schließt.
Wem das Bergabgehen z.B. wegen Kniebeschwerden nicht so liegt, der kann die Tour natürlich auch in der anderen Richtung begehen.

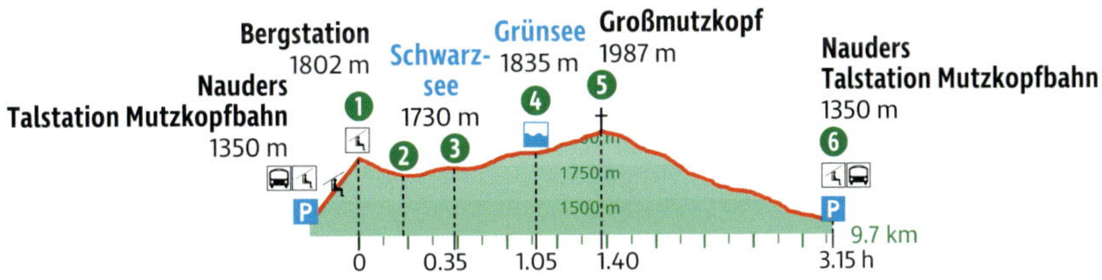

33 Soomsee, 2560 m

Zum größten See der Gurgler Seenplatte

4.00 Std. → 7,3 km ↗ 740 m ↘ 740 m

Der frühe Vogel ...
Zu diesem Hochgebirgssee früh aufzubrechen empfiehlt sich gleich in doppelter Hinsicht. Was die Saisonzeit betrifft, so ist es deshalb ratsam, nicht zu spät im Jahr unterwegs zu sein, da speziell nach einem heißen Sommer die Seenplatte mangels Wasser viel an Attraktivität einbüßt. Auch bezüglich der Tageszeit empfiehlt sich – speziell im Sommer – ein früher Aufbruch, da sich die Aufstiegsroute fast durchgängig steil und schattenlos präsentiert.

Ausgangspunkt: Gratisparkplatz an der Festkogelbahn, 1915 m, bei Obergurgl; hierher auch mit dem Linienbus ab Bahnhof Ötztal.
Anforderungen: Steile und im Sommer mitunter heiße Bergtour. Für Familien mit kleinen Kindern weniger geeignet.
Einkehr: In den Gaststätten in Obergurgl.
Karte: Freytag & Berndt WK 251.

Vom **Parkplatz** ❶ spazieren wir zuerst Richtung Ortszentrum Obergurgl, dann leicht bergab zur **Gurgler Ache**, die wir auf einer **Brücke** ❷ überqueren. Vorerst geht es noch relativ flach flussabwärts, bevor wir nach etwa 15 Minuten zu einer **Weggabelung** ❸ kom-

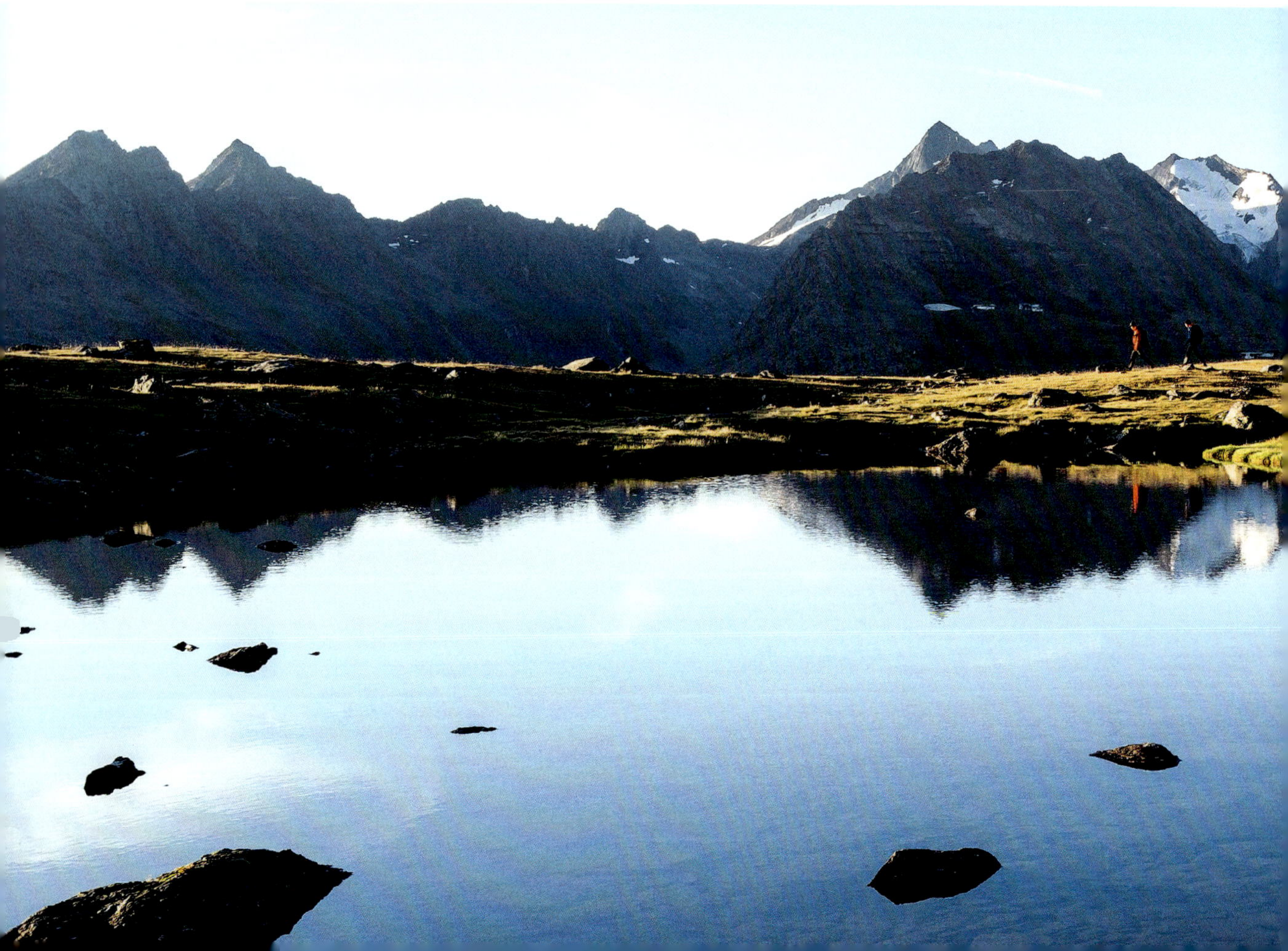

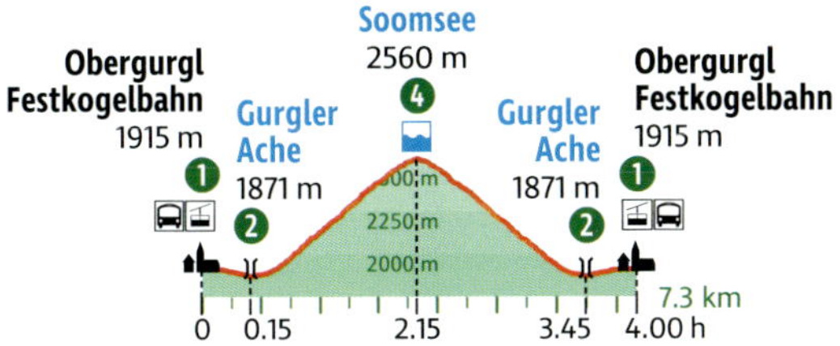

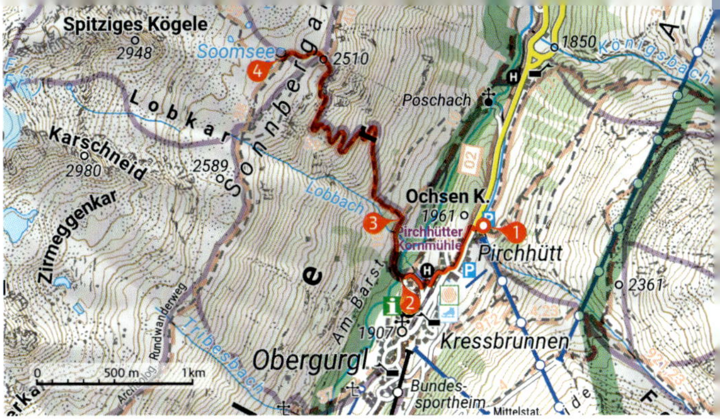

men, bei der wir links zur Seenplatte abzweigen.

Ab jetzt wandern wir an die 600 Höhenmeter steil bergauf. Danach haben wir einen steinigen Hang zu queren und gelangen über nach wie vor steile Serpentinen zu einer Geländestufe. Hier wird's kurzzeitig noch steiler und felsiger. Ähnlich atemberaubend wie der Aufstieg ist allerdings der Blick zu den vergletscherten Dreitausendern, den wir kurz darauf vom endlich erreichten Seenplateau genießen können.

Zum Schwimmen bietet sich eigentlich nur der **Soomsee** ④, und auch der nur bei ausreichend Wasserstand, an. Falls dies – auch aus ökologischer Sicht – vertretbar und sinnvoll ist, ist ein Bad in diesem Ambiente jedoch ein einmaliges Erlebnis. Die Wassertemperatur sollte wegen der geringen Tiefe des Sees jedenfalls nicht das Problem sein.

Der nicht zu unterschätzende Abstieg erfolgt in hinlänglich bekanntem Terrain.

Ein in jeder Hinsicht »seenswertes« Bergpanorama.

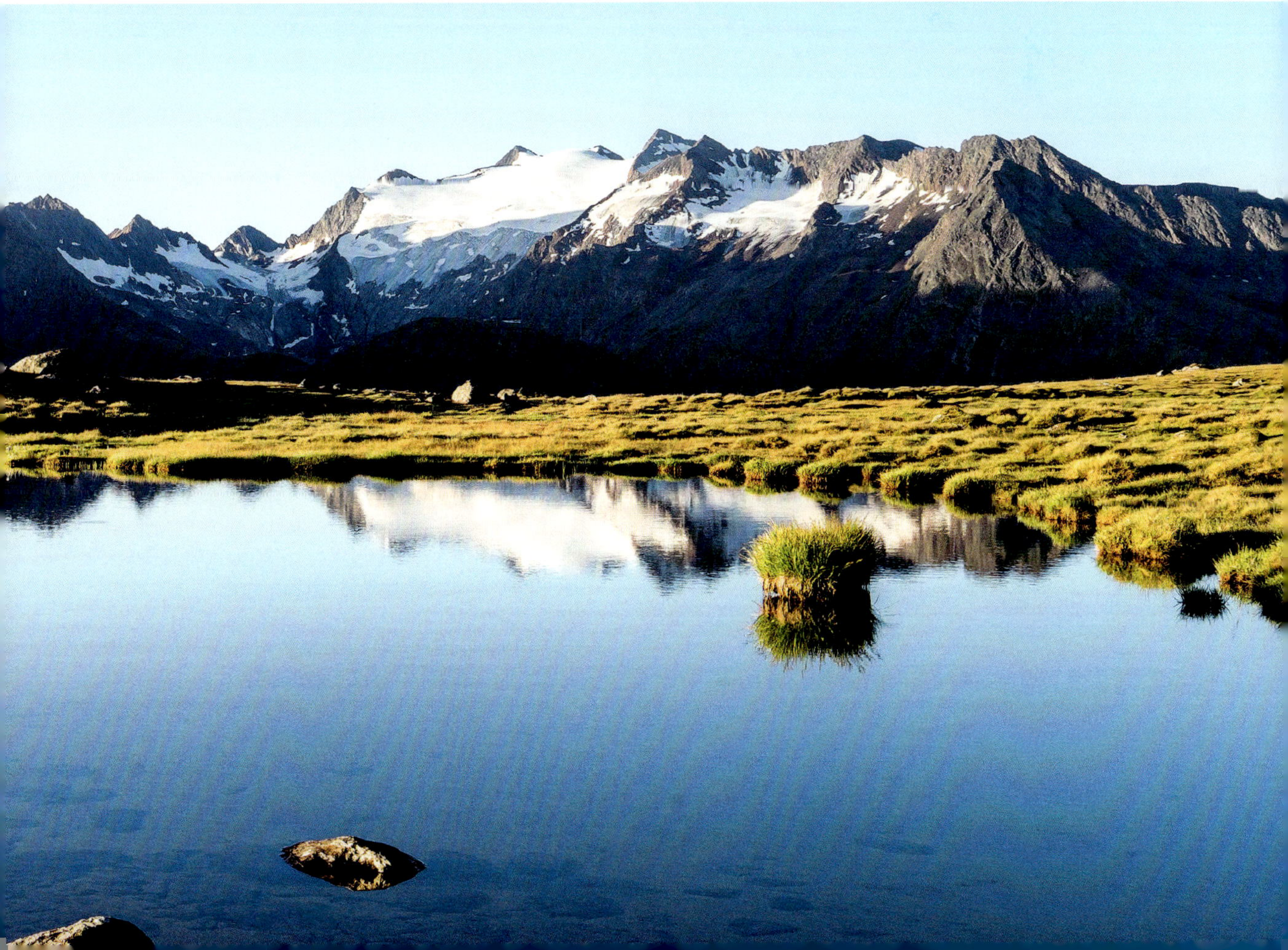

34 Wannenkarsee, 2647 m

Durchs Windachtal zum Hochgebirgssee

4.00 Std. → 8,7 km ↗ 730 m ↘ 730 m

Was für ein Farbenspiel?!

In den beiden Naturreseservaten des Windachtals, die sich insgesamt über 135 Hektar und Seehöhen bis zu 2200 Meter erstrecken, stehen bis zu 300 Jahre alte Zirben und Lärchen. Auf beiden Talseiten finden sich oberhalb der Baumgrenze aber auch wunderbare Hochgebirgsseen. Einer der schönsten ist mit dem Wannenkarsee ein Bergsee, der für seine intensiven Farben bekannt ist. Um diese voll genießen zu können, lohnt es sich, höher über den See aufzusteigen, da kann man die je nach Wolkenbildung und Sonneneinstrahlung wechselnden Farbenspiele am besten beobachten.

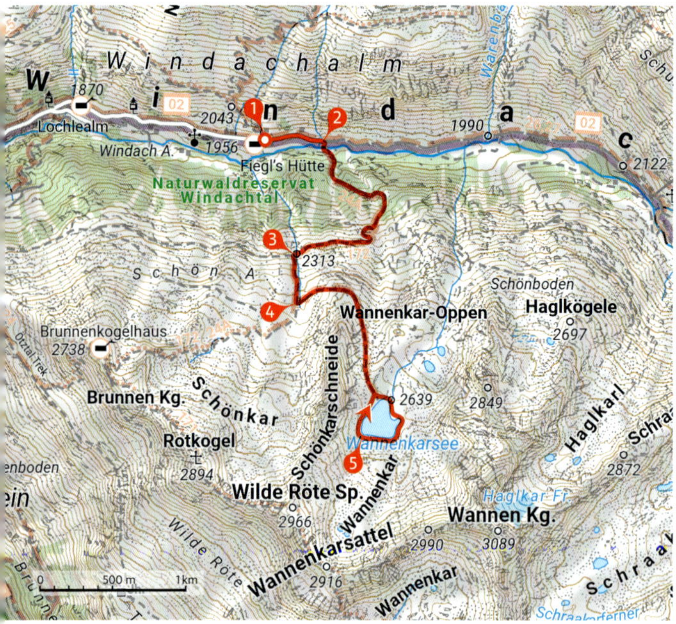

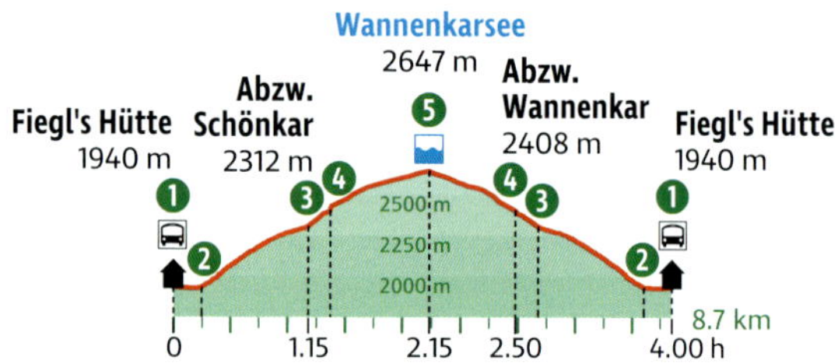

Ausgangspunkt: Der mit dem Hüttentaxi (Tel. +43 5254 3559) ab Sölden erreichbare Wendeplatz, 1940 m, bei Fiegl's Hütte, etwas unterhalb der Windachalm. Nach Sölden gelangt man auch mit dem Linienbus ab Bahnhof Ötztal.

Anforderungen: Unschwierige, familienfreundliche Bergwanderung, die allerdings nur bei sicheren Wetterverhältnissen angetreten werden sollte.

Einkehr: Fiegl's Hütte auf der Windachalm, Tel. +43 650 5053958.

Karte: Freytag & Berndt WK 251.

Ab dem Punkt bei **Fiegl's Hütte ❶**, an dem uns das Wandertaxi absetzt, wandern wir auf einer flach verlaufenden Schotterstraße taleinwärts. Nach etwa 700 m biegt rechts ein **Steig ❷** zu einer Fußgängerbrücke ab. Von hier steigen wir erst über Almwiesen, dann durch den mit der Höhe immer lichter werdenden Zirbenwald bergan.

An der Baumgrenze queren wir eine Weile auf dem hier relativ flach verlaufenden Pfad talauswärts bis zu einer Weggabelung. Wir halten uns links ins **Schönkar ❸** und erblicken das exakt in Wegrichtung über uns liegende Brunnenkogelhaus. Über allmählich in schrofiges Gelände übergehende Wiesen wandern wir steil am Bach entlang bis zur nächsten **Weggabelung ❹**, an der wir links ins Wannenkar abzweigen, um nach etwa 1.30 Stunden Aufstieg den Hochgebirgssee zu erreichen. Zum Schwimmen begeben wir uns nicht zuletzt wegen der besseren Aussicht ans Südufer des **Wannenkarsees ❺**. Hier sollten wir uns die Zeit nehmen, um von einem erhöhten Standort die wechselnden Farbenspiele auf der Wasseroberfläche zu genießen.

Nachdem wir den See umrundet haben, machen wir uns an den Abstieg und freuen uns auf eine Einkehr in **Fiegl's Hütte ❶**.

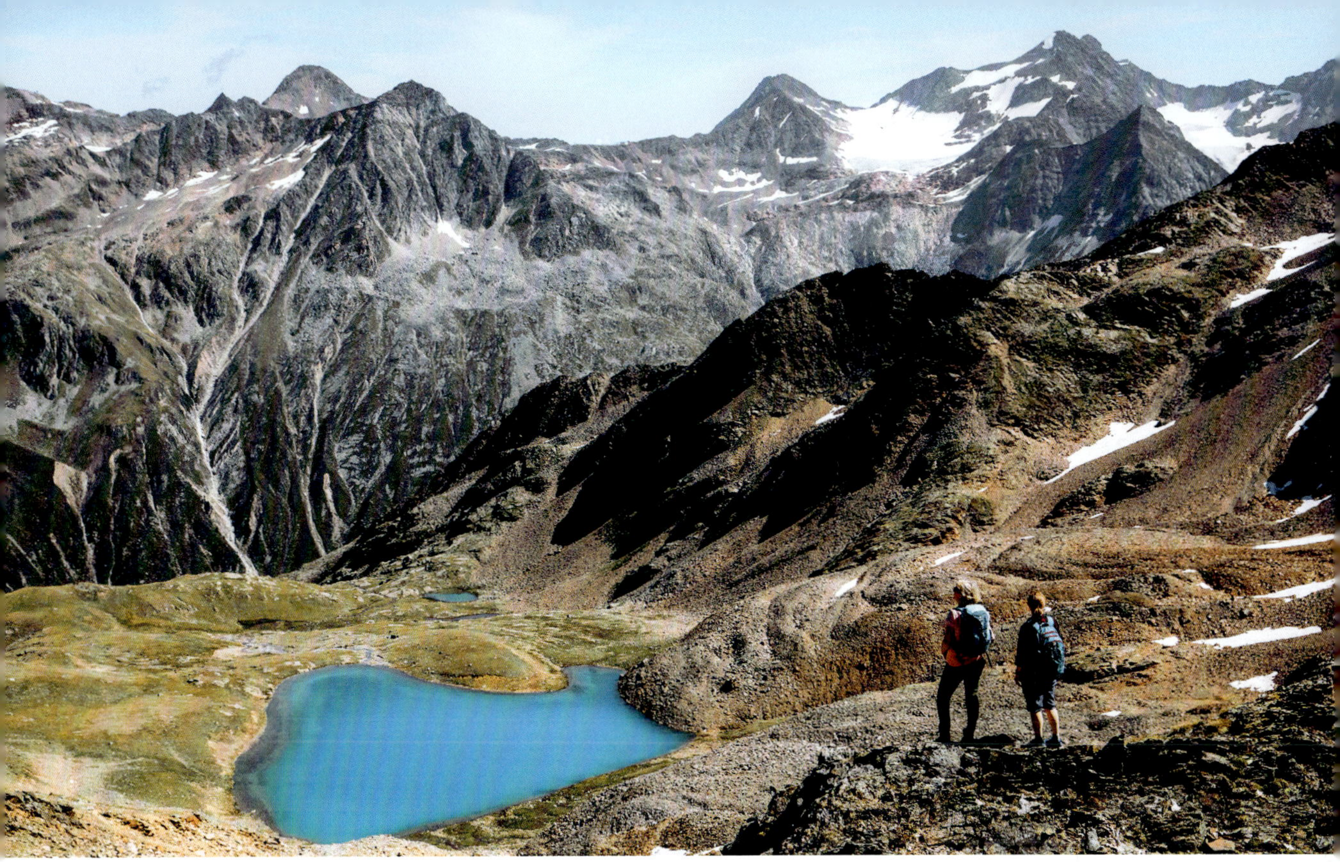

Genüssliches Eintauchen ins Berg-Panorama ...
... und ins Berg-Gewässer.

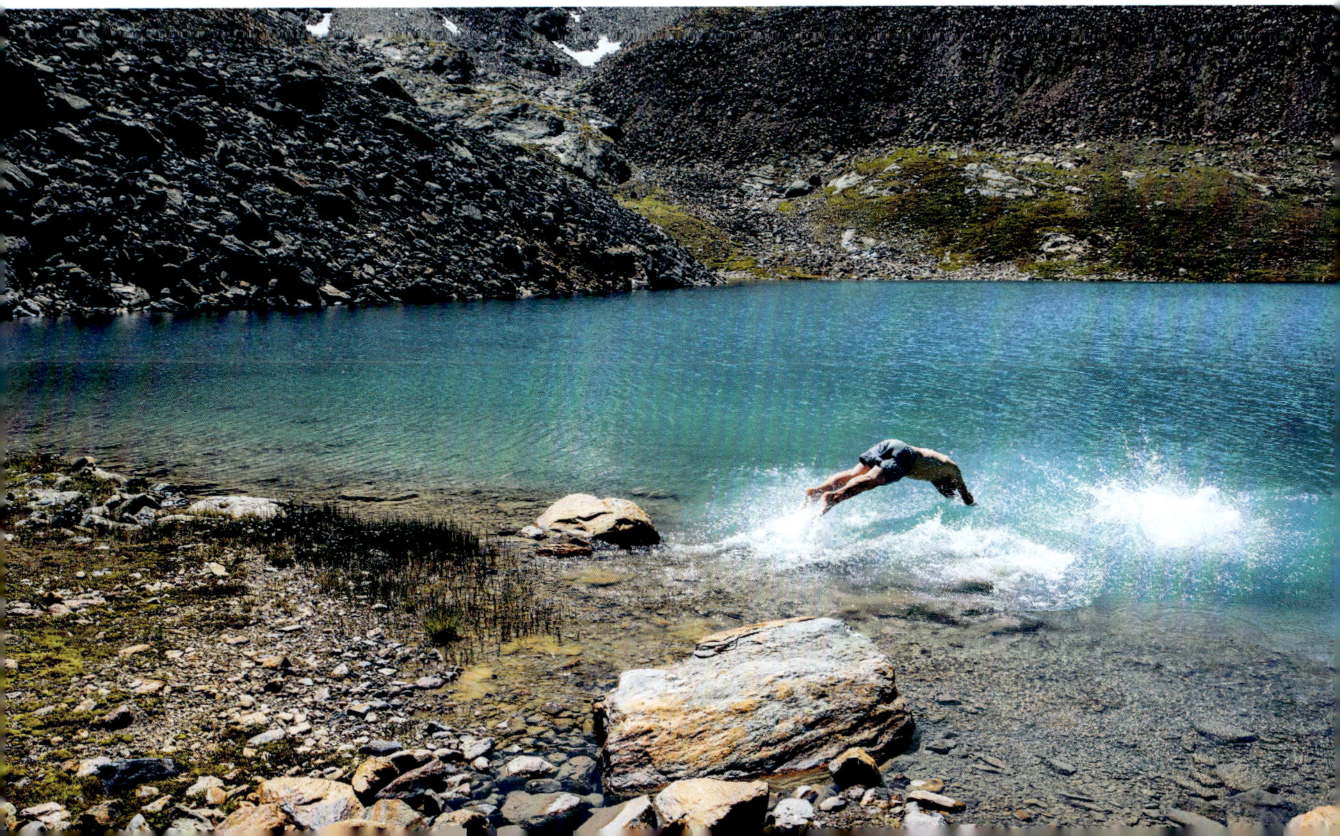

35 Blaue Lacke, 2294 m

Seilbahnunterstützt zum Gletscherrandsee

5.30 Std. → 11,1 km ↗ 500 m ↘ 1200 m

Veränderung ist die einzige Konstante
Auch nach der letzten Eiszeit wichen hier die Eismassen nicht dauerhaft zurück. Um 1850 kam es zu einem vorerst letzten großen Vorstoß, was heute noch viele Moränen im Hochgebirge bezeugen. In einer vom Gletscher ausgeschürften Senke hinter einer dieser Moränen sammelte sich das Schmelzwasser der sich ab dann zurückziehenden Gletscher und schuf somit die Blaue Lacke. Deren intensive blaue Farbe hängt mit der Mineralität des Seegrunds zusammen, »glänzt« naturbedingt aber nur bei der richtigen Sonneneinstrahlung wirklich brillant.

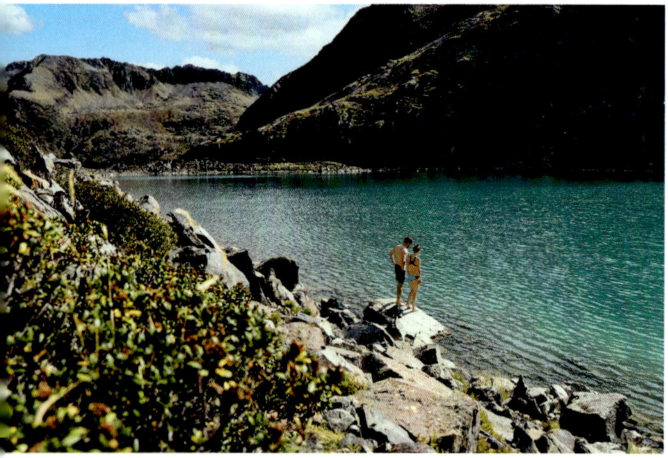

Ausgangspunkt: Mittelstation der Stubaier Gletscherbahnen, 2285 m. Parken an der Talstation der Gamsgarten-Bergbahn, erreichbar auch ab dem Hauptbahnhof Innsbruck via direkter Busverbindung nach Neustift im Stubaital (Haltestelle Mutterbergalm).
Endpunkt: Bushaltestelle Sulzenaualm, 1584 m. Mit dem Bus entweder zurück zum Ausgangspunkt oder Richtung Innsbruck.
Anforderungen: Schwierige Bergwanderung in hochalpinem Gelände, Bergerfahrung, Trittsicherheit und gute Kondition erforderlich.
Einkehr: Dresdner Hütte, Tel. +43 5336 8112; Sulzenauhütte, Tel. +43 5226 24320; am Endpunkt die Grawa-Alm, Tel. +43 676 4121009.
Karte: Freytag & Berndt WK 241.

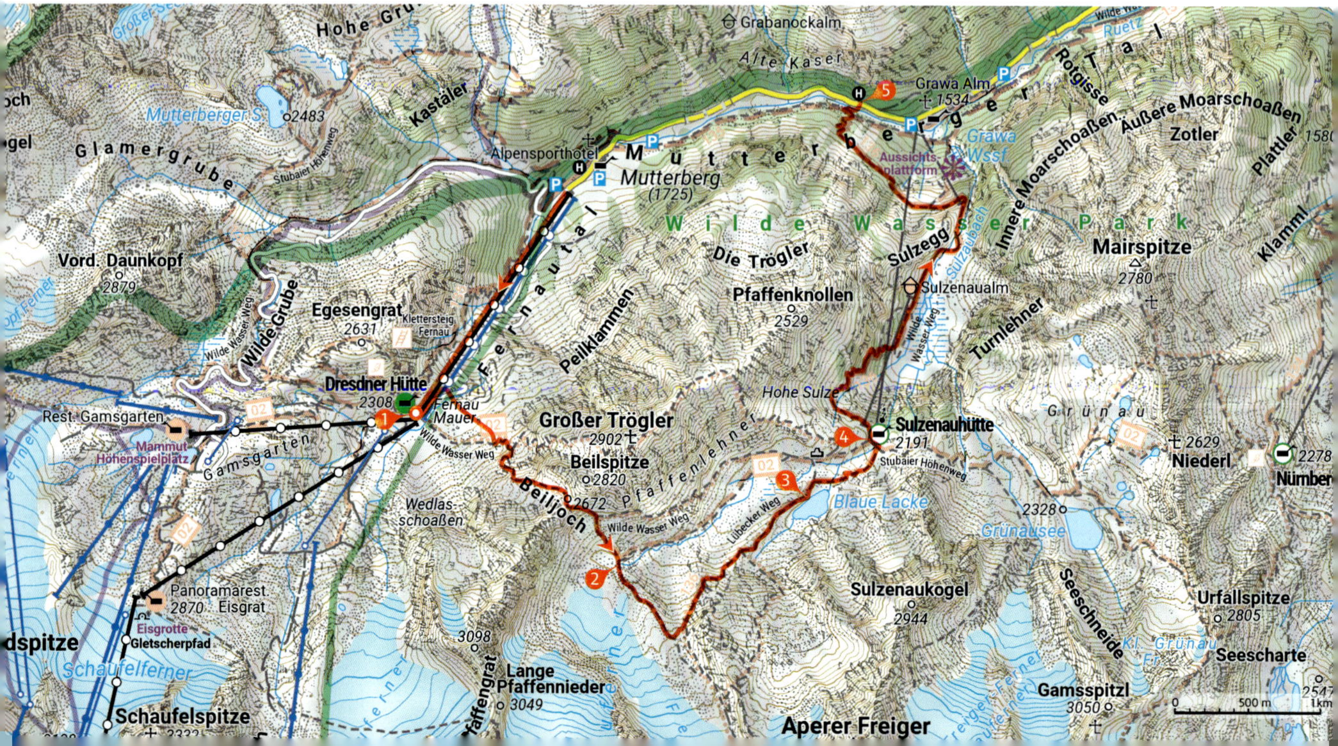

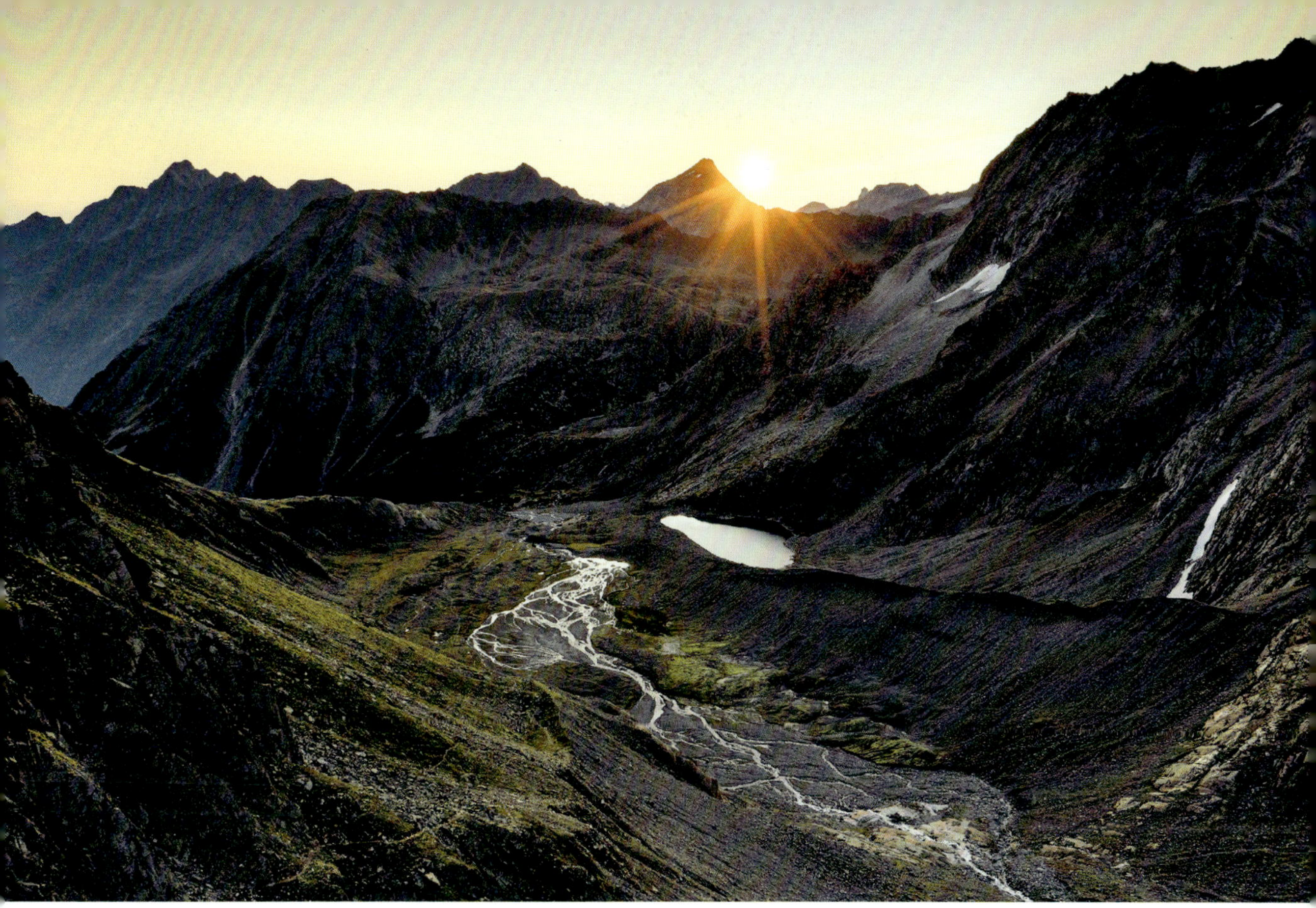

Der Bergsee – einmal im »Blaue-Lacke«-Licht (links), einmal im Abend-Licht.

Nachdem wir mit der **Stubaier Gletscherbahn** bis zur **Mittelstation** ❶ aufgefahren sind, folgen wir vorbei an der Dresdnerhütte den Wegweisern in Richtung »Beiljoch«. Wir queren über eine Brücke den Fernaubach und steigen in steilem Gelände hinauf zum Beiljoch. Nach einem kurzen Abstieg erreichen wir nach ca. 2 Stunden Gehzeit den **Sulzenausee** ❷.

Jetzt nehmen wir nicht den »Wilde Wasser Weg«, sondern wir wandern, nachdem wir eine kleine Brücke überquert haben, ansteigend in südöstlicher Richtung bis zu einem Plateau am Gletscherrand. Anschließend geht es entlang einer Moräne hinunter zur **Blauen Lacke** ❸, die wir in gut 3 Stunden erreicht haben sollten.

Nach dem erfrischenden Bad in dem faszinierenden, hoffentlich tatsächlich blau schimmernden Gewässer steigen wir in ca. 10 Minuten bis zur **Sulzenauhütte** ❹ ab.

Von der Sulzenauhütte führt der Wandersteig über die Sulzenaualm hinunter ins Tal zur **Bushaltestelle Sulzenaualm** ❺ beim Grawa-Wasserfall. Von dort gelangen wir mit dem regelmäßig verkehrenden Linienbus zurück zu unserem Ausgangspunkt.

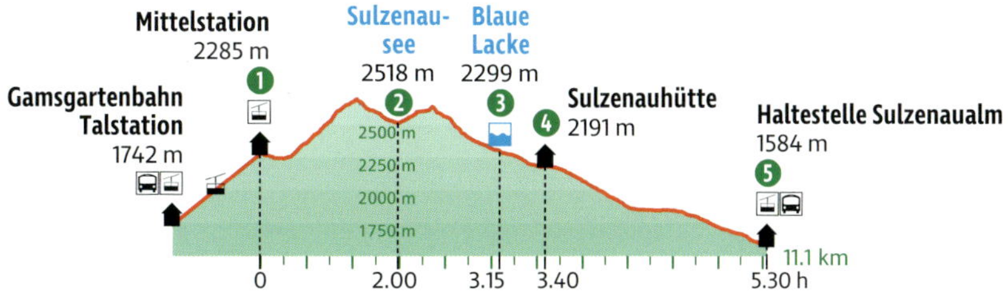

36 Schleierfall, 1899 m

Wasserfall-Dip am Eingang zum Weitental

2.45 Std. → 7,1 km ↗ 400 m ↘ 400 m

Wenn der Schleier zum Regenbogen wird
Findet man sich zum richtigen Zeitpunkt, im Sommer zumeist um Mittag herum, am 40 Meter hohen Wasserfall ein, dann schillert dessen Schleier manchmal in allen Farben des Regenbogens. Bei ausreichend Wasserstand eignet sich der Wasserfall-Pool auch ausgezeichnet für einen kurzen Dip und eventuell sogar ein Untertauchen unter dem herabprasselnden Strahl. Folgt man dem direkt am Wasser entlangführenden Steig weiter nach oben, kann man nicht nur den Fall aus einer anderen Perspektive betrachten, sondern auch ins schöne Weitental mit seinen vielen Murmeltieren gelangen.

Ausgangspunkt: Parkplatz an der Talstation der Hintertuxer Gletscherbahn, 1500 m. Mit dem Zug nach Jenbach, mit dem Regionalzug nach Mayrhofen und von dort mit dem Regionalbus zur Talstation der Gletscherbahn-Talstation.

Anforderungen: Mäßig steile, problemlose Wanderung. Bei Auf- und Abstieg via Bichlalm noch einfacher und familienfreundlicher.

Einkehr: Bichlalm, Tel. +43 5287 87776.

Karte: Freytag & Berndt WK 152.

Am Eingang ins Weitental.

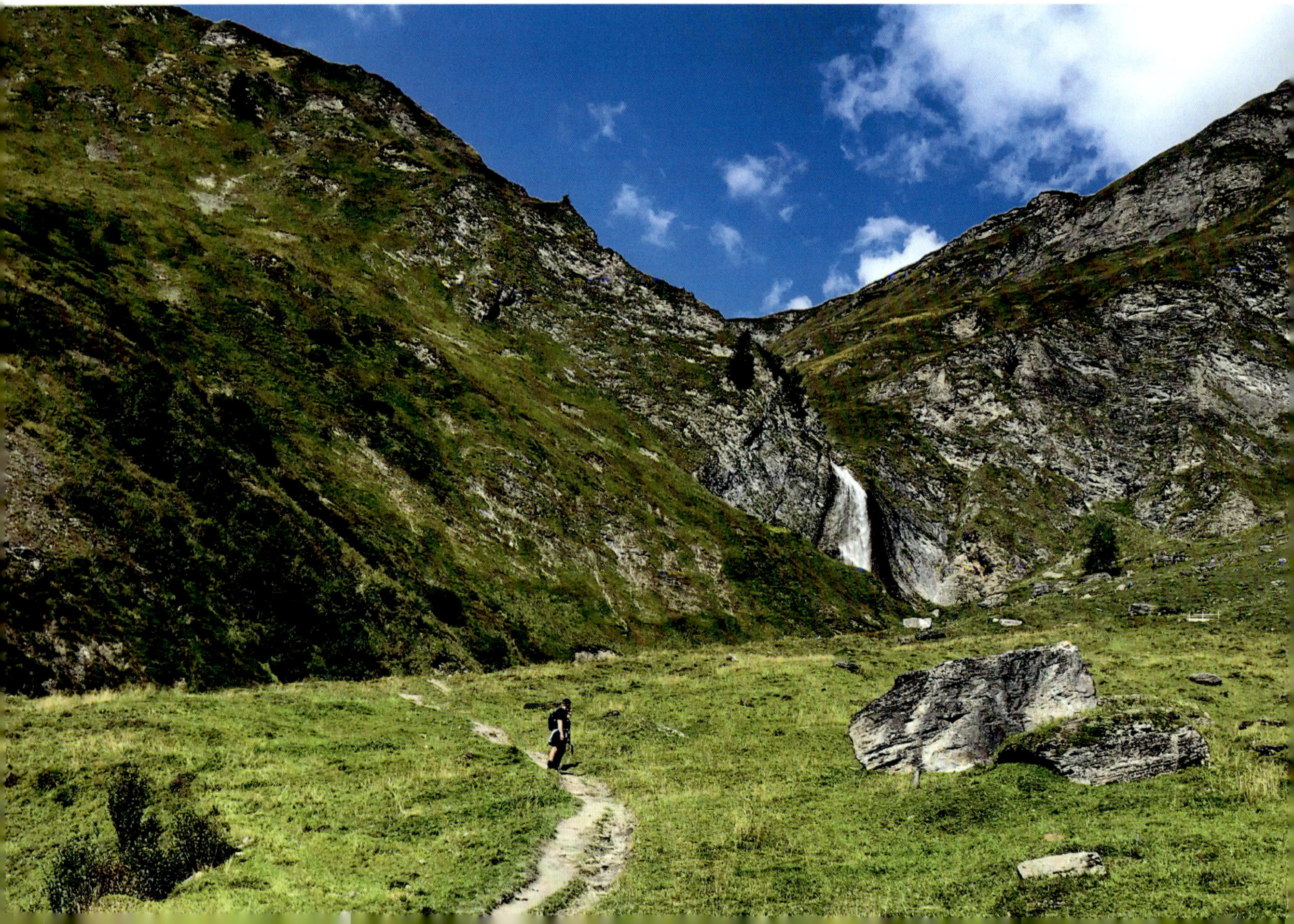

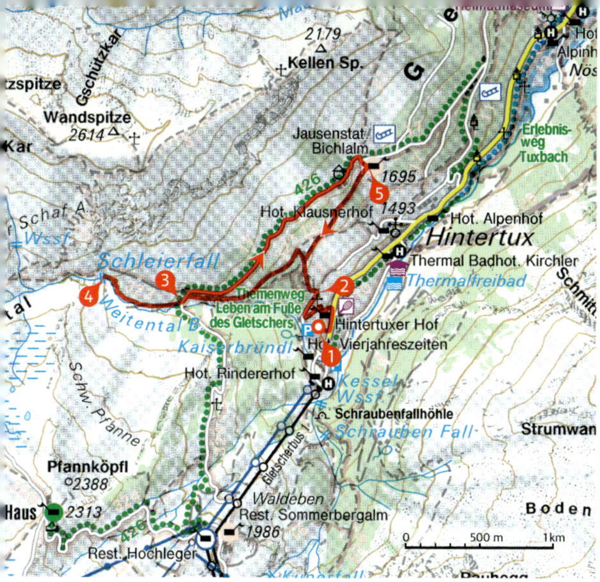

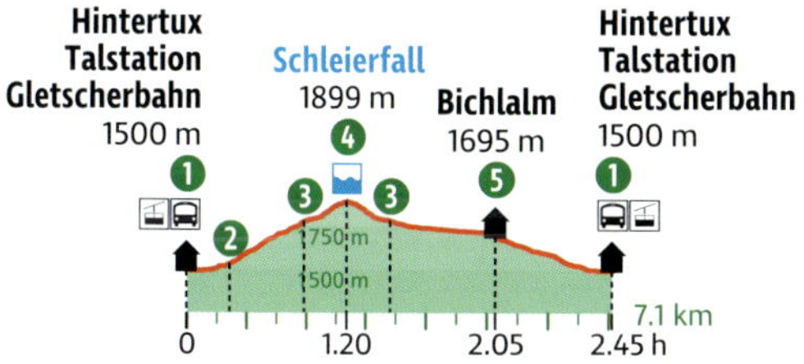

Wir starten vom **Parkplatz** ❶ Richtung Norden auf einem anfänglich breiten und flachen Wanderweg. An der ersten **Weggabelung** ❷ biegen wir links auf einen jetzt steiler durch den Wald führenden Steig ab. Nach einigen schweißtreibenden Kehren gelangen wir auf eine Forststraße, die ins Liftgebiet zum Sommerberg hinaufführt. Schon nach wenigen Hundert Metern verlassen wir diese wieder und steigen rechts vom Wasserfallbach über einen **Wiesenweg** ❸ zu seinem allmählich sichtbaren Fall auf. Rechts davon sehen wir auch den steilen Steig, der am Wasserfall vorbei ins höher gelegene Weitental führt.

Am Pool des **Wasserfalls** ❹ angekommen prüfen wir, ob die Verhältnisse ein Bad erlauben und ob der Regenbogen tatsächlich sichtbar ist. Jedenfalls sichtbar – und das äußerst beeindruckend – ist von hier aus der Hintertuxer Gletscher mit seinen steilen Schründen.

Für den Rückweg wählen wir die Route, die uns an der **Bichlalm** ❺ mit ihrer schönen Sonnenterrasse vorbeiführt.

»Somewhere over the rainbow …«

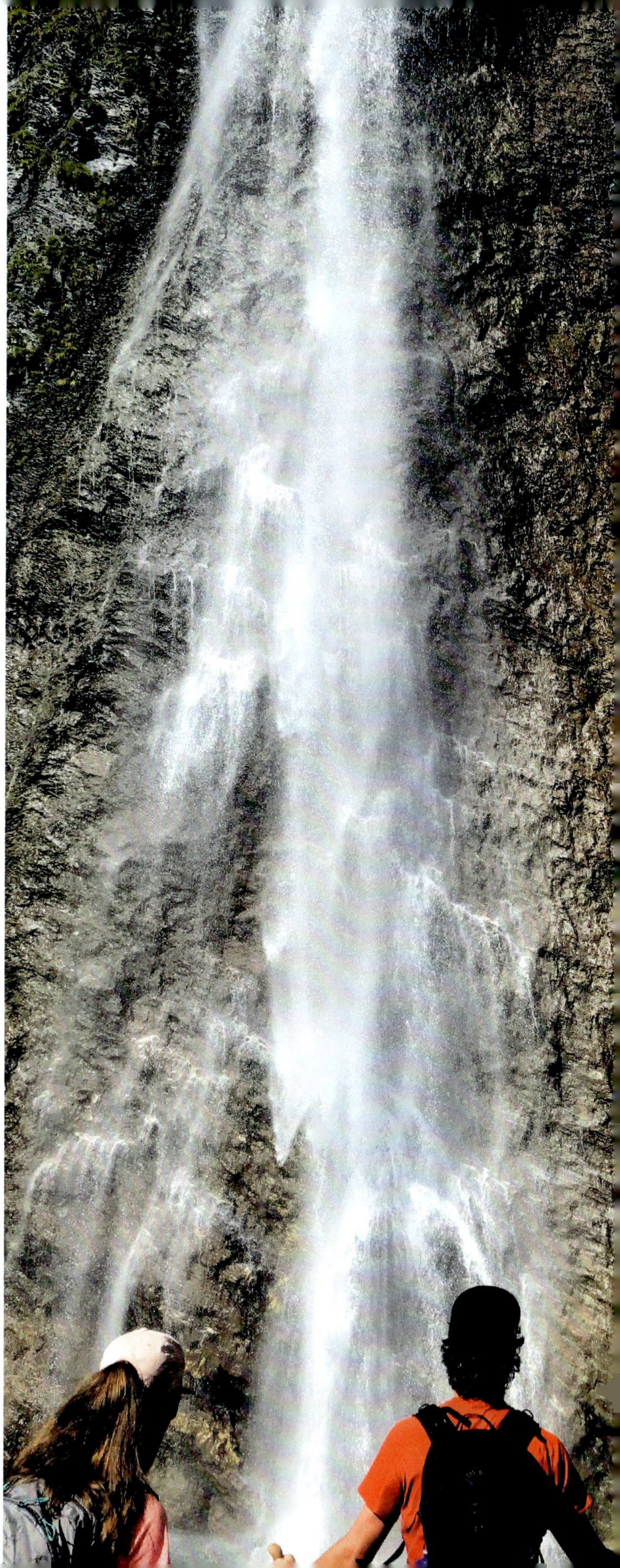

37 Eiskarsee, 2363 m

Von Tirol höchster Alm zum Hochgebirgssee

1.15 Std. → 2,7 km ↗ 230 m ↘ 230 m

Alpine Swimming mit »Marscherleichterung«
Die »Marscherleichterung« besteht in diesem Fall darin, dass wir uns An- und Abstieg zum/vom Eiskarsee durch die Nutzung eines Wandertaxis verkürzen. Dieses bringt uns über einen für den öffentlichen Verkehr gesperrten Wirtschaftsweg zu Tirols höchster Alm, der Vallruckalm. Eine Alm, die nicht nur für ihre ausgezeichnete Aussicht, sondern vor allem für die Qualität ihrer Milch bekannt ist und geschätzt wird, was dazu führt, dass hier oftmals regelrechte Milchverkostungen zelebriert werden.

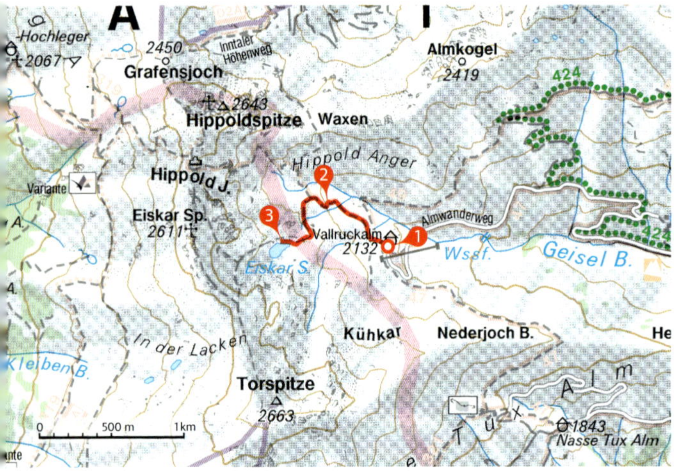

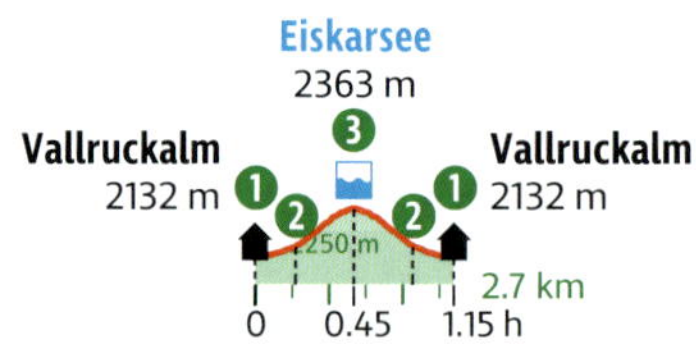

Ausgangspunkt: Vallruckalm, 2132 m. Auffahrt mit dem Wandertaxi aus dem Tuxertal (Tel. +43 664 4260106, Abholung in der Unterkunft möglich).
Anforderungen: Kurze, aber sehr lohnende und aussichtsreiche, familienfreundliche Wanderung mit einigen wenigen steileren Abschnitten.
Einkehr: Vallruckalm, Tel. +43 664 1311711.
Karte: Freytag & Berndt WK 152.

Aussicht auf beeindruckende Gipfel und erfrischendes Bergseeschwimmen.

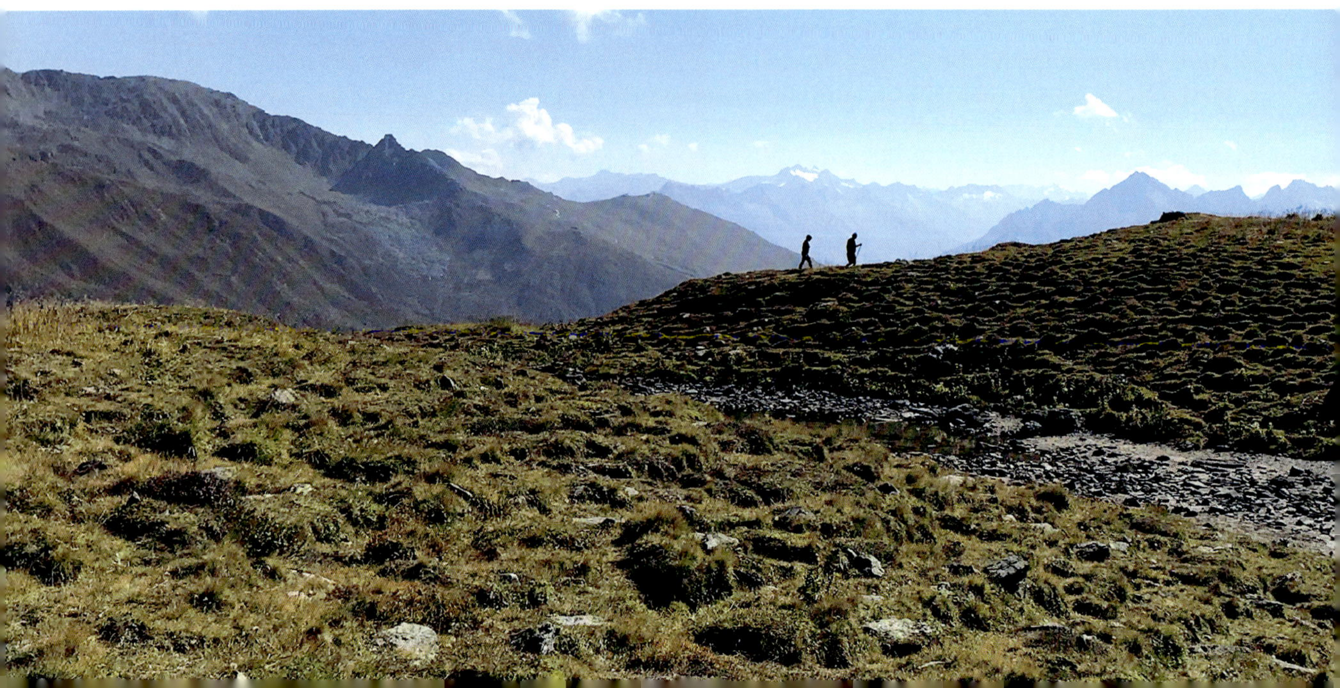

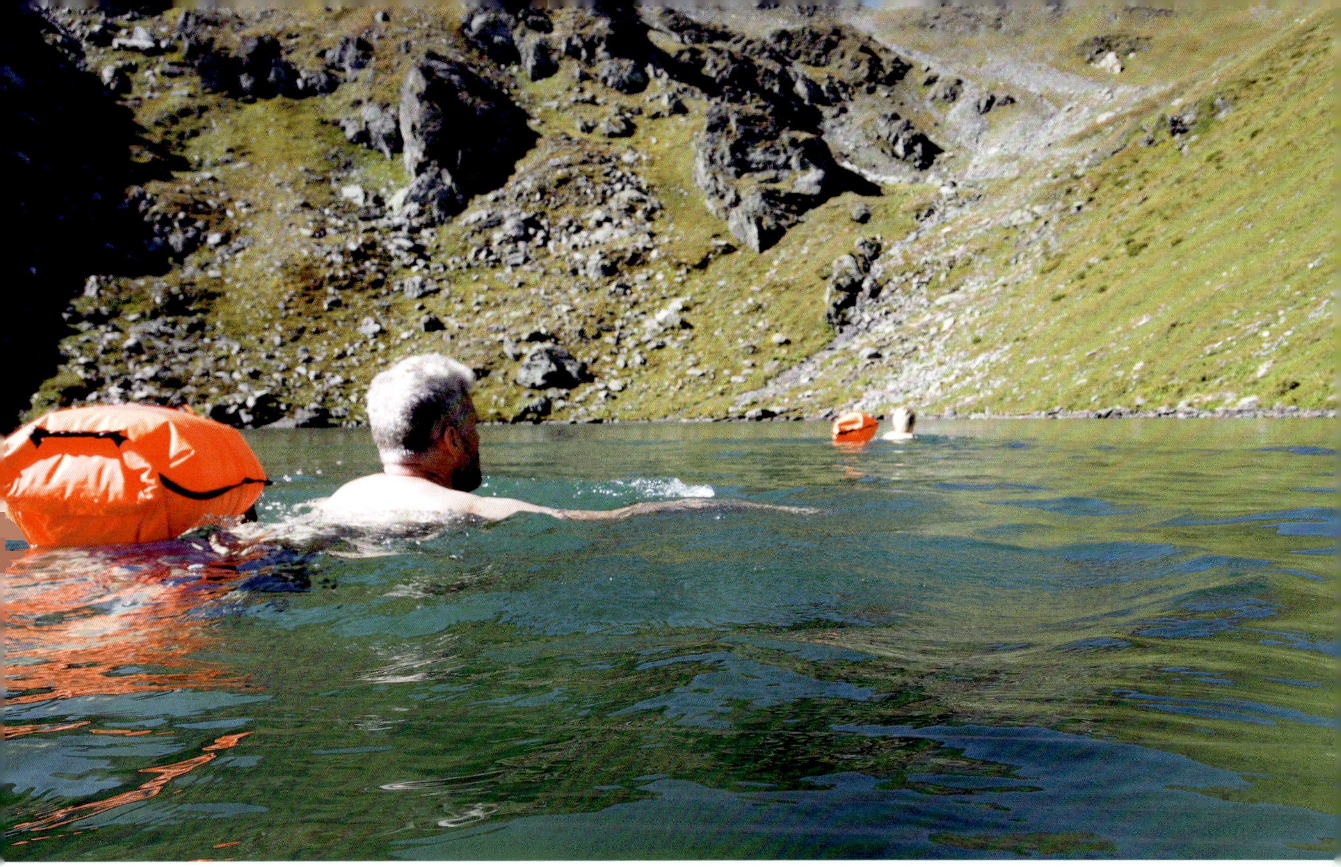

Zur Sicherheit in kalte, tiefe Gewässer immer mit Schwimmboje.

Von der **Vallruckalm** ❶ geht es auf einem markierten anfänglich eher flach verlaufenden Almsteig Richtung Nordwest. Satte Almböden machen klar, warum hier die Milch gar so gut schmeckt. In den feuchten Bergwiesen wachsen auch viele gelbe Trollblumen, die wegen ihrer leichten Giftigkeit vor den Kühen sicher sind. An einer **Weggabelung** ❷ zweigt rechts der Steig zu Hippoldspitze ab.

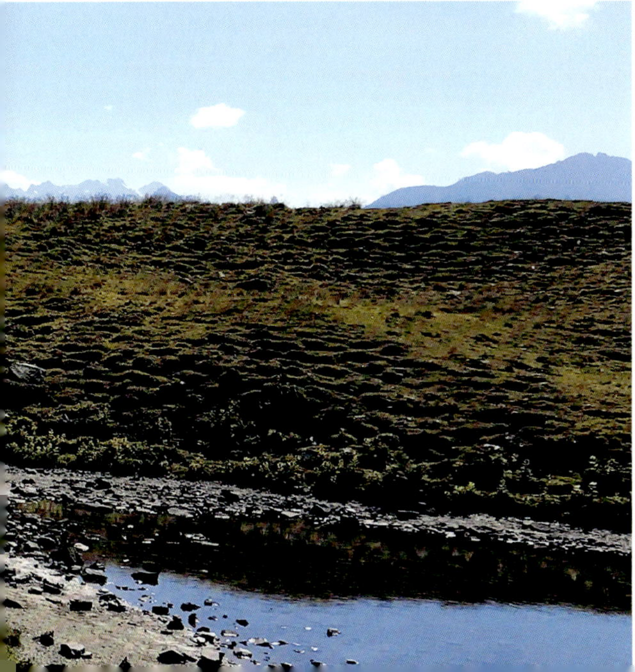

Wir aber halten uns links, unsere Route dreht erst nach Süden und dann nach Westen hin zum Fuß einer niedrigen Steilstufe. Auf deren Höhenrücken angelangt, genießen wir nicht nur einen herrlichen Talblick, sondern können auch schon die Eiskarspitze erkennen. Wir begeben uns jetzt in das vor ihr liegende Kar, wo wir nach einer Gehzeit von etwa 45 Minuten den **Eiskarsee** ❸ erreichen. Obwohl – wie der Name ja schon erahnen lässt – dieser See oft bis lange ins Frühjahr hinein mit Eis und Schnee bedeckt ist, so erwärmt er sich wegen seiner geringen Tiefe im Hochsommer auf durchaus badetaugliche Temperaturen.

Und auch wenn der ruhige See noch lange zum Verweilen einladen würde, müssen wir doch irgendwann auf schon bekannter Route den Rückweg zur gastfreundlichen **Vallruckalm** ❶ und dem dorthin bestellten Wandertaxi antreten.

38 Blaue Lagune

Herrliche Badestelle am Ausgang der Zemmschlucht

1.45 Std. → 5,0 km ↗ 220 m ↘ 220 m

Über die Teufelsbrücke ins Wildswimming-Paradies
In den Alpen gibt es ja einige »Teufelsbrücken«, wobei die in Finkenberg über den Tuxbach führende wohl eine der schönsten ist. Der Sage nach verzweifelten die Finkenberger beinahe an der Aufgabe, die tiefe Schlucht mit einer Brücke zu überspannen. Da witterte der Höllenfürst seine Chance und versprach, ihnen eine Brücke hinzustellen, wenn ihm im Gegenzug die Seele des ersten Geschöpfes, welches die Brücke überqueren würde, gehöre. Die listigen Tiroler willigten ein und trieben, als die Holzbrücke fertig war, eine Ziege darüber ... Apropos sagenhaft: Dieses Attribut verdient sich jedenfalls die herrliche und leicht erreichbare Badestelle am Zemmbach.

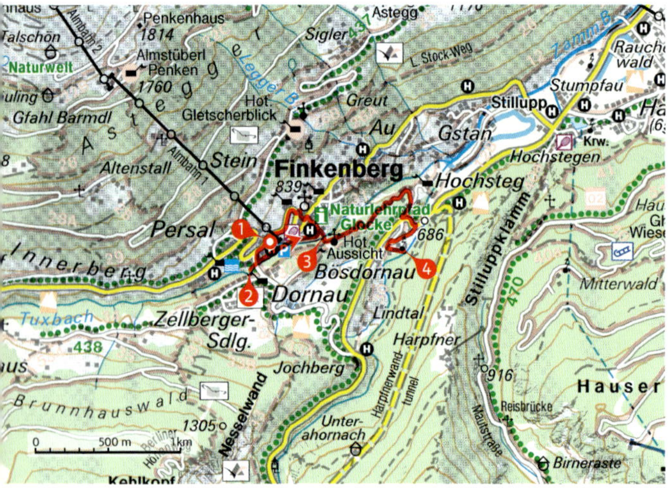

Ausgangspunkt: Parkplatz der Finkenberger Almbahn, 873 m, in Finkenberg. Um mit öffentlichen Verkehrsmitteln hierher zu gelangen, nimmt man den Zug bis Jenbach, die Zillertalbahn von Jenbach bis Mayrhofen und ab dort den Linienbus.
Anforderungen: Leichte Wanderung.
Einkehr: In den Gasthöfen von Finkenberg.
Karte: Freytag & Berndt WK 152.

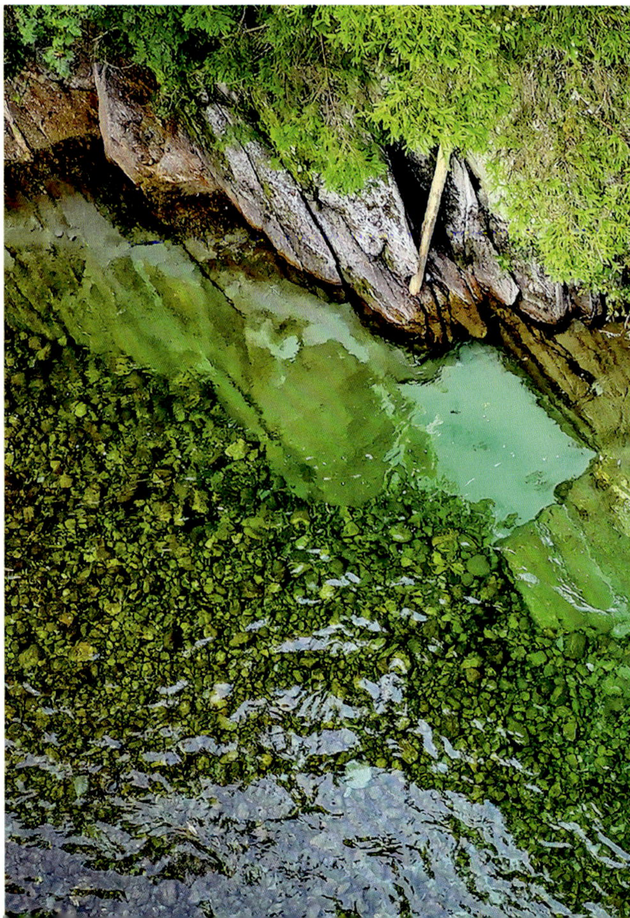

Ab der **Seilbahn-Talstation ❶** folgen wir der Wegweisung »Teufelsbrücke« durch den Ort. An der sehenswerten **Brücke ❷** halten wir uns links und wandern oberhalb der Schlucht des Tuxbaches flussabwärts bis zur nächsten **Brücke ❸**, von der aus wir einen Blick bis zu dem am Schluchtausgang gelegenen Ort Mayrhofen haben. Wir überqueren die Brücke und erreichen einen Wanderweg, der uns durch lichten Wald und über Wiesen hinunter ins Tal in den Weiler Hochsteg bringt. Bei den ersten Häusern biegen wir rechts Richtung Ortszentrum ab und erreichen kurz darauf die Zillertal-Bundesstraße; wir halten uns wieder rechts und folgen ein kurzes Stück der Straße. Jetzt sollten wir bereits rechts unter uns ein Kraftwerk erblicken, zu dem eine Stichstraße hinabführt.

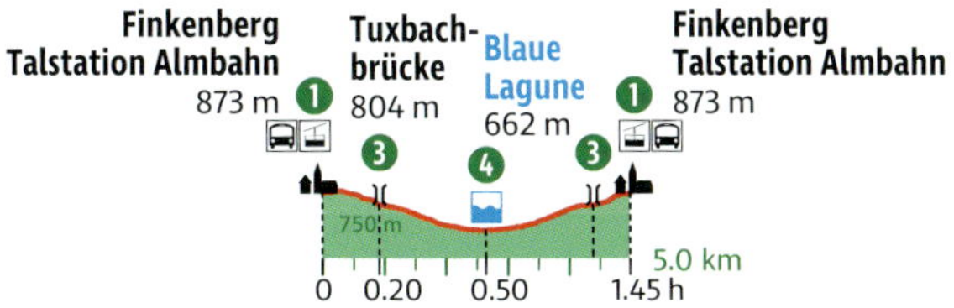

Am Kraftwerk angekommen, folgen wir flussabwärts einem Trampelpfad zu einer kleinen Sandbank in der Flussbiegung. Diese wunderbare **Gumpe** ④ des **Zemmbaches** wurde von den Einheimischen **»Blaue Lagune«** getauft, schimmert aber zumeist in nicht minder schönen Grüntönen. Wie auch immer, es ist jedenfalls ein Wildswimming-Spot der Extraklasse, Sandbank und Liegewiese inklusive.
Für den Rückweg, bei dem es naturgemäß die meiste Zeit bergauf geht, wandeln wir bis zur ersten Brücke über den **Tuxbach** ③ auf schon bekannten Pfaden, kürzen dann jedoch durch den Ort ab.

Foto rechts: Diese Brücke entstand mit List und Tücke. Unten: Je nach Lichteinfall und Perspektive mal blau, mal grün. Immer herrlich!

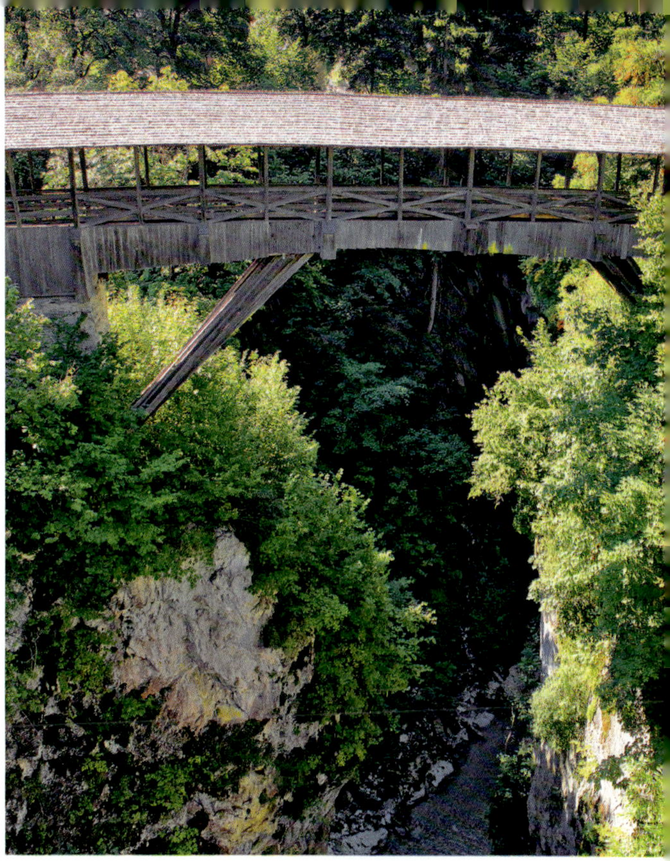

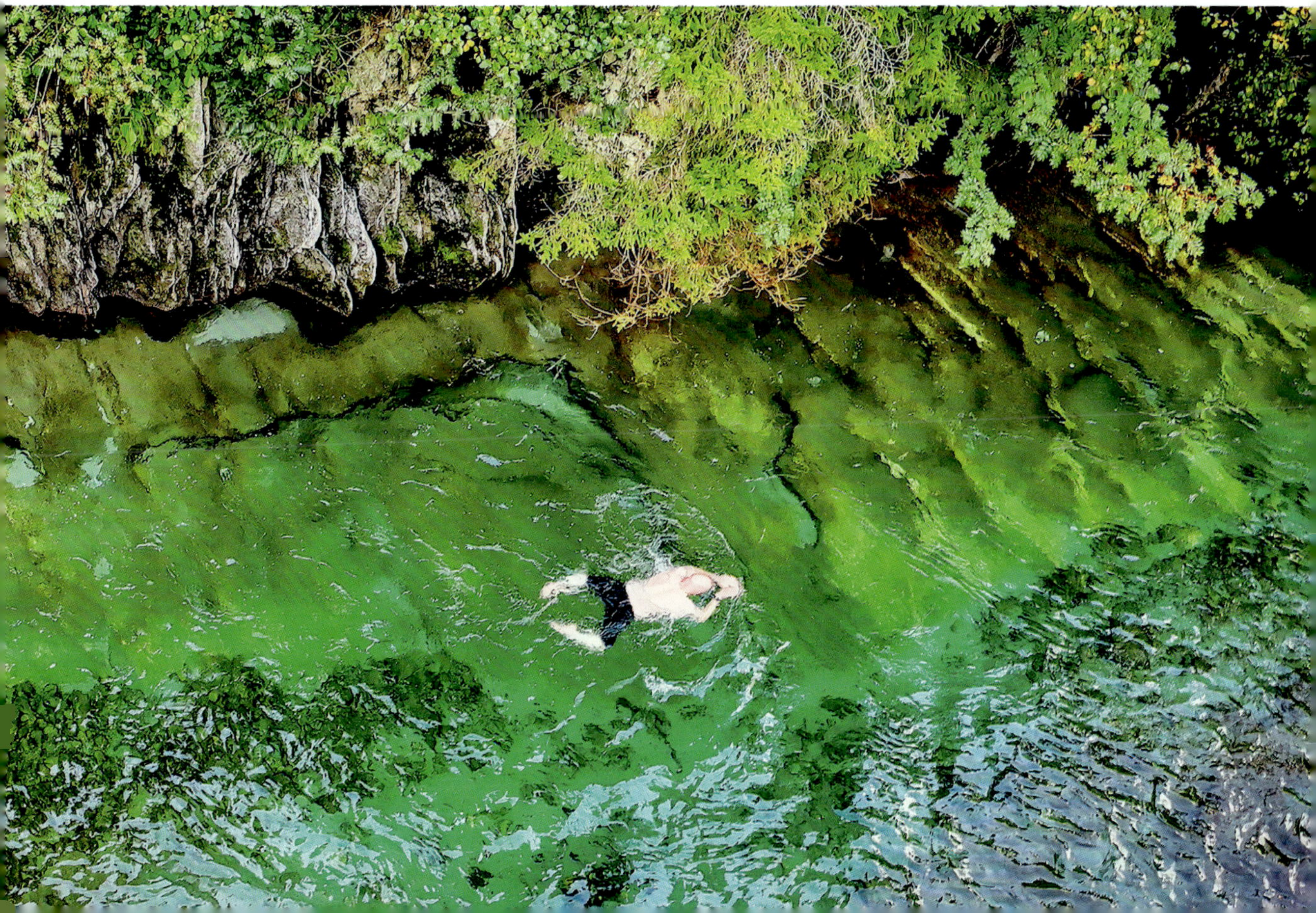

39 Wildseelodersee, 1869 m

Seilbahnunterstützt zum alpinen Schwimmvergnügen

2.30 Std. → 5,1 km ↗ 390 m ↘ 390 m

VIDEO

Von wegen auf der Alm, da gibt's ka Sünd …
Wenn man der Sage Glauben schenken darf, verdanken wir die Existenz dieses oft auch nur »Wildsee« genannten Bergsees dem liederlichen Treiben der einstigen Almbewohner. An der Stelle des heutigen Sees soll dereinst eine reiche Alm gewesen sein. Deren Senner lebten in Saus und Braus, ohne bedürftigen armen Leuten im Tal etwas von ihrem Reichtum abzugeben. Als sie es einmal besonders arg trieben und eine Kegelpartie mit Brotlaiben und Butterkugeln veranstalteten, um die Talbewohner zu verhöhnen, brach ein wildes Unwetter los. Nach und nach fiel so viel Regen, dass die Alm gänzlich im Wasser verschwand.

Foto unten: Im Bildhintergrund sieht man das direkt an der Geländekante liegende Wildseeloderhaus.
Rechts: Ein Felsbrocken im See eignet sich perfekt als Startsockel.

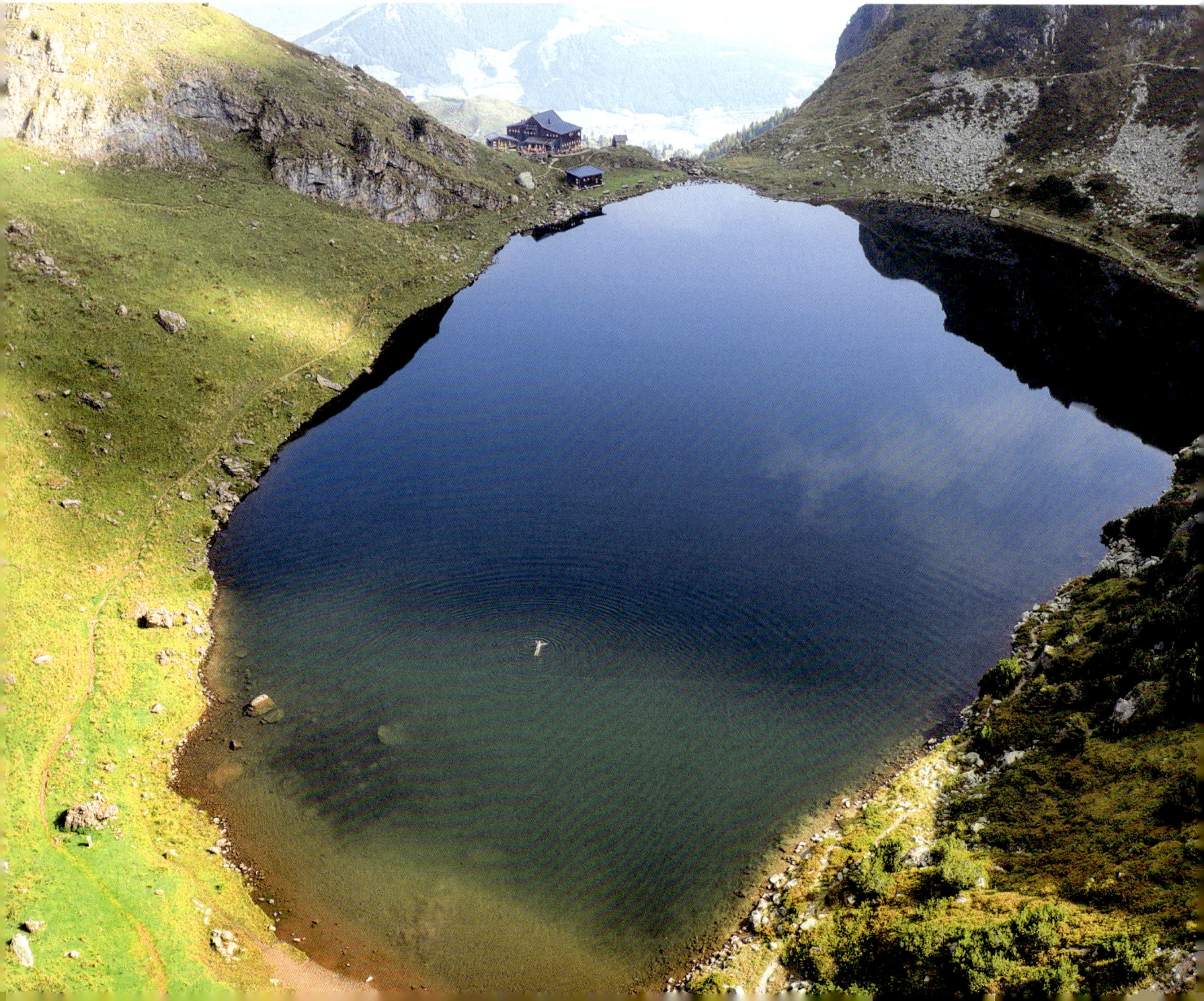

Ausgangspunkt: Bergstation Lärchfilzkogel der Wildseeloder Bergbahnen II, 1600 m. Großer Parkplatz an der Talstation. Per Zug gelangt man von Saalfelden oder Wörgl nach Fieberbrunn und mit dem Bus bis zur Talstation.
Anforderungen: Relativ einfache, auch für Familien geeignete Wanderung, bei der nur das letzte Stück etwas steiler ist.
Einkehr: Wildseeloderhaus, Tel. +43 664 3400717.
Karte: Freytag & Berndt WK 301.

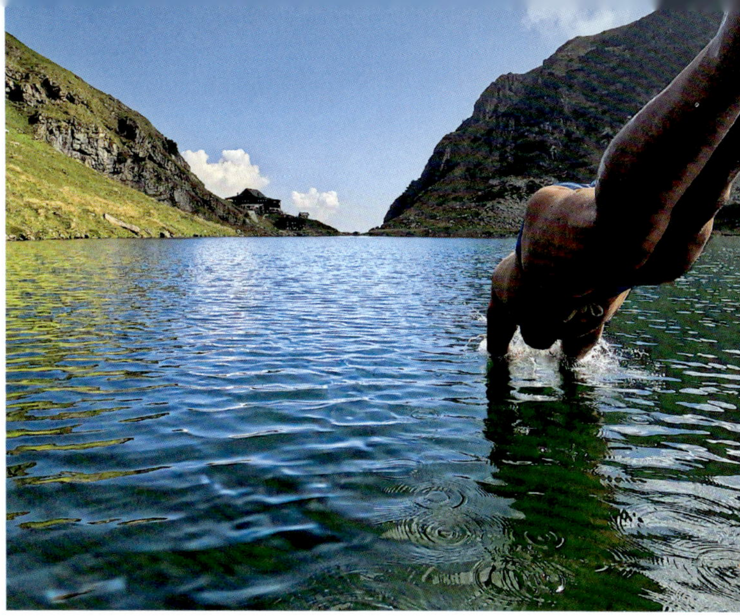

An der **Lärchfilzkogel-Bergstation** ➊ angelangt, geht es auf einem gut beschilderten Wanderweg erst einmal bergab bis zur Wildalm. Ab hier wird der Pfad allmählich steiler, aber nie gefährlich. Im oberen Bereich kommen wir nahe an den Seeabfluss heran, der allerdings schon kurz nach der Geländekante in einem »Ponor« – einer Öffnung in der Geländeoberfläche – verschwindet. 3 Kilometer unterhalb tritt das Wasser bei einer Karstquelle als Schleierwasserfall wieder aus.
Nach etwa 1 Stunde erreichen wir das Seenplateau und mit ihm auch das schön und aussichtsreich etwas oberhalb des Sees gelegene **Wildseeloderhaus** ➋. Wir aber folgen vorerst einmal einem etwas über Seeniveau gelegenen Steig, der sich am Südufer absenkt und uns nahe am Zufluss zu einem schönen **Badeplatz** ➌ bringt. Beim Schwimmen genießen wir nicht nur das erfrischende Bergwasser, sondern auch die herrliche Aussicht auf den gegenüberliegenden Wilden Kaiser.
Danach ist eine zünftige Einkehr im **Wildseeloderhaus** ➋ garantiert nicht verkehrt ...

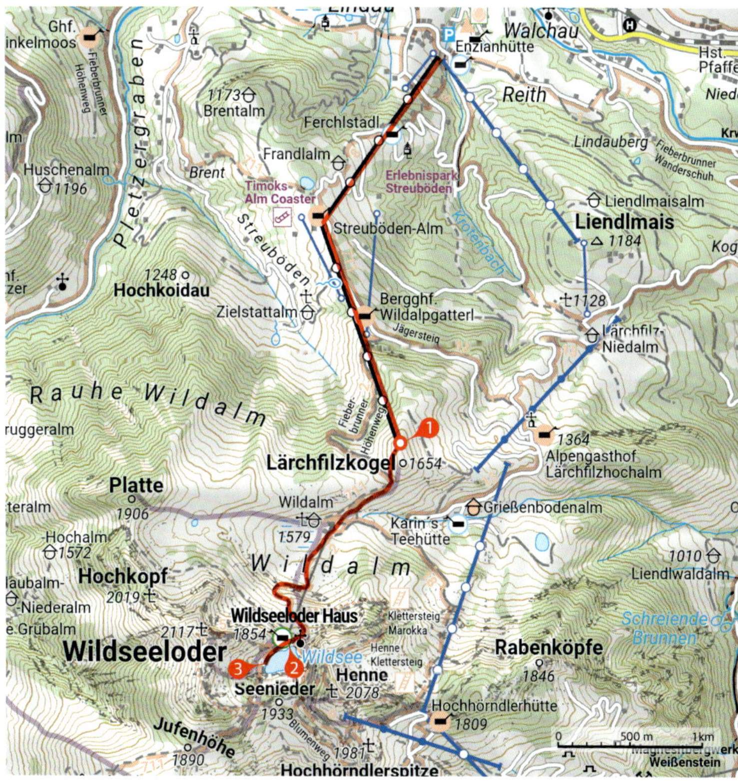

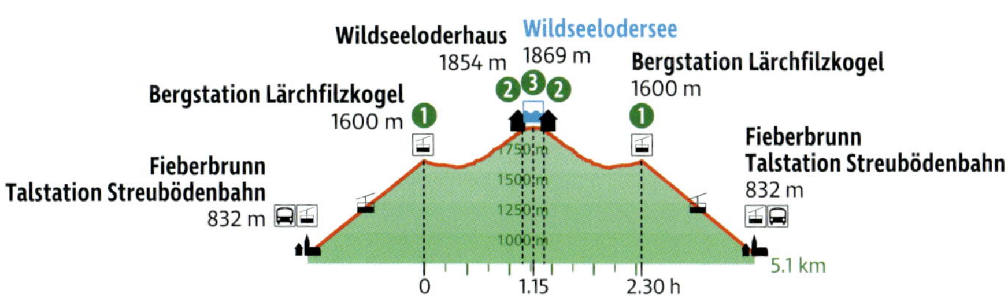

40 Blausee, 930 m

Naturbadeplatz am Eingang zum Obersulzbachtal

1.30 Std. → 5,1 km ↗ 80 m ↘ 80 m

Hier ist die Welt noch in Ordnung

Als um 1910 der wilde Obersulzbach oberhalb von Neukirchen am Großvenediger durch die Errichtung einer mächtigen Geschiebesperre etwas gezähmt wurde, bildete sich durch eine Veränderung der Grundwasserströme dieses kleine Seelein. Genau genommen handelt es sich beim Blausee um einen sekundären Quell- oder Druckwassersee, der durch aufsteigendes Grundwasser entstanden ist. Im Jahre 1987 wurde der Blausee durch schwere Unwetter vermurt und drohte vollkommen zu verlanden. 2006 entschloss man sich, das inzwischen als ökologisch wertvoll kartierte Gewässer komplett zu sanieren und als Naherholungsraum zu gestalten.

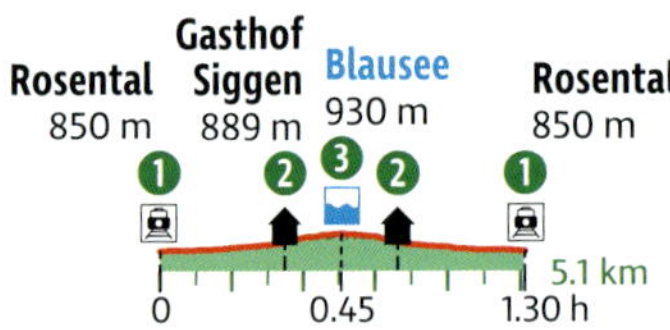

Ausgangspunkt: Parkplatz an der Haltestelle Rosental, 850 m, der Pinzgauer Lokalbahn, mit der man ab Bahnhof Zell am See hierher gelangt.
Anforderungen: Leichter Spaziergang bzw. Wanderung über gut befestigte Nebenstraßen und Wanderwege mit kinderwagentauglichem Untergrund.
Einkehr: Gasthof Siggen, Tel. +43 6565 63350.
Karte: Freytag & Berndt WK 121.

Beim Gasthof Siggen wird nicht nur den Kindern einiges geboten.

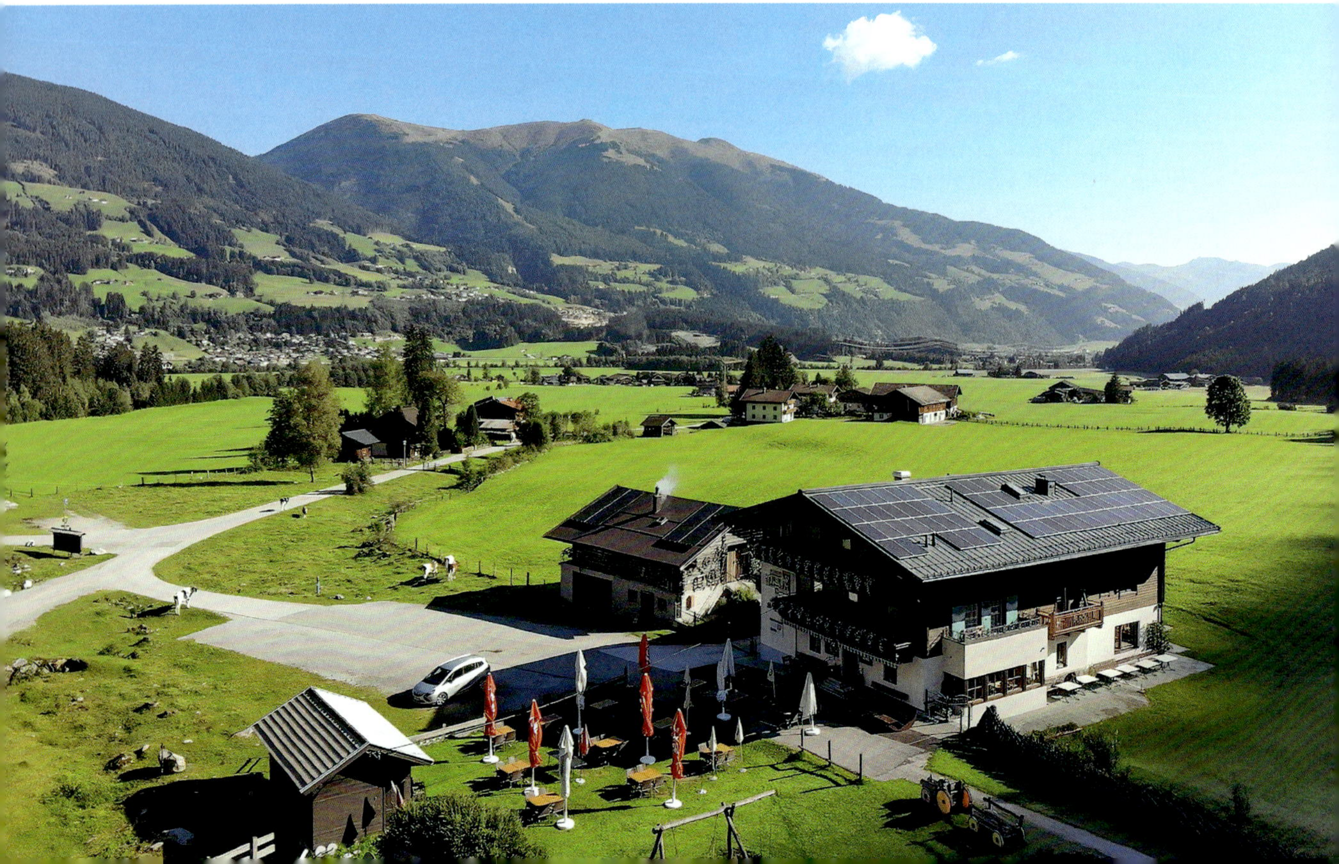

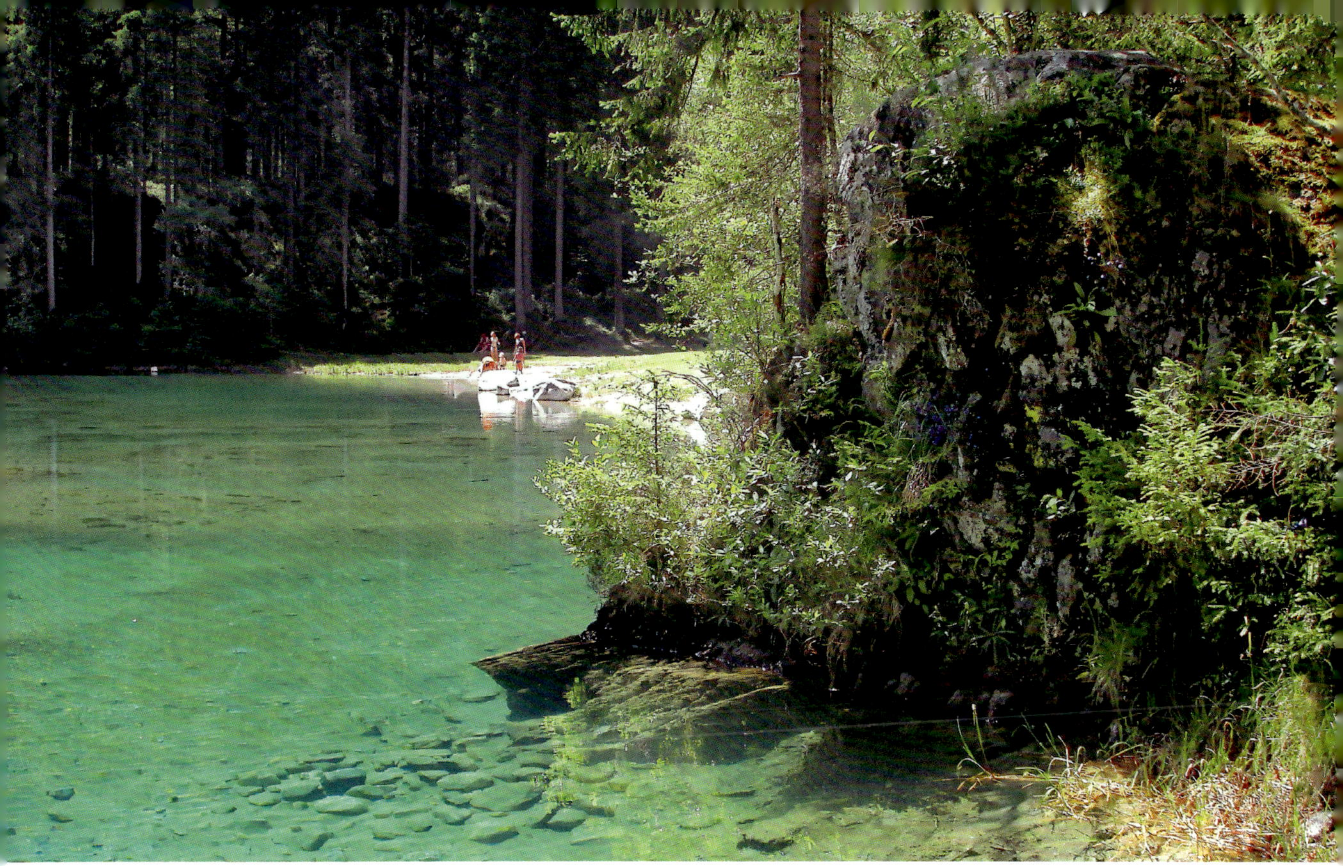

Naturnah entdecken, spielen, eintauchen …

Von unserem **Ausgangspunkt** ❶ aus queren wir zunächst die Salzach, dann geht es über wenig befahrene Nebenstraßen in Richtung Obersulzbachtal. Wir durchwandern saftige Wiesen und gelangen schon bald an den rauschenden Obersulzbach, dessen Lauf wir von nun an folgen. Wir befinden uns jetzt inmitten des Landschaftsschutzgebietes Oberpinzgauer Nationalpark-Vorfeld, das sich vom Wildgerlostal bis zum Untersulzbachtal erstreckt und im Süden an die Außen- und Kernzone des Nationalparks Hohe Tauern anschließt.

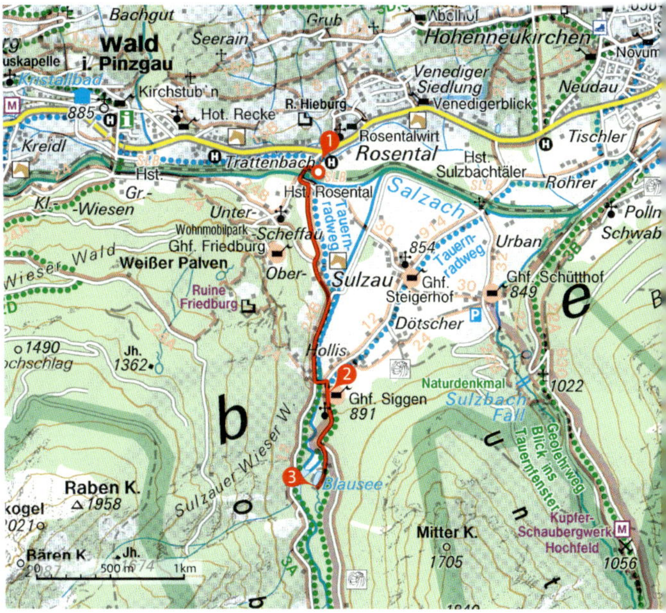

In weiterer Folge kommen wir am **Gasthof Siggen** ❷ vorbei und erreichen etwa eine Viertelstunde später den in einer Waldnische versteckten **Blausee** ❸. Umgeben von Fichten, Erlen und Lärchen finden wir hier gepflegte Erholungsflächen, Sitzgelegenheiten und Feuerstellen vor. Neben schönen Badeplätzen lädt ein Amphibienbiotop zum Entdecken ein, während es im Gletscherbach gesicherte Bereiche zum Spielen gibt. Libellen, Gras- und Laubfrösche sowie Bachforellen bezeugen nachhaltig, dass rund um dieses Kleinod die Welt tatsächlich noch in Ordnung ist.
Der Rückweg ist mit dem Hinweg identlisch.

41 Kratzenbergsee, 2173 m

Der größte Bergsee im Nationalpark Hohe Tauern

3.00 Std. → 6,4 km ↗ 540 m ↘ 540 m

VIDEO

Ja, mia san mit'm Radl da?

Diese Tour bietet sich als Bike & Hike-Kombination geradezu an. Wer also nicht nur halbwegs gut zu Fuß, sondern auch »zu Sattel« ist und einen geeigneten Drahtesel mitbringen bzw. ausleihen kann oder will, der sollte sich für diese Option entscheiden. Allen anderen bleibt nur die Wahl zwischen einer quälend (12 Kilometer) langen Talwanderung oder dem Hüttentaxi.

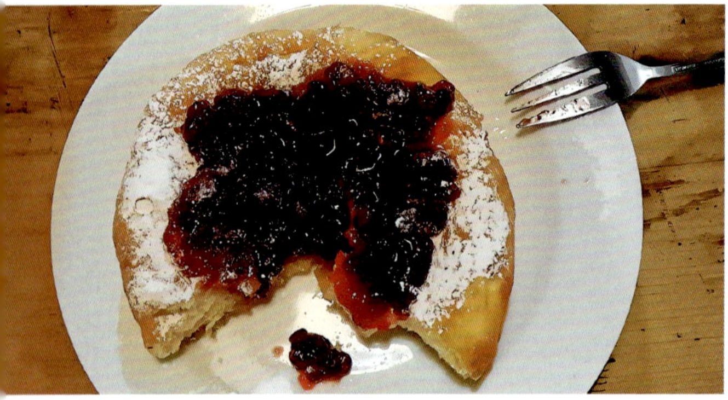

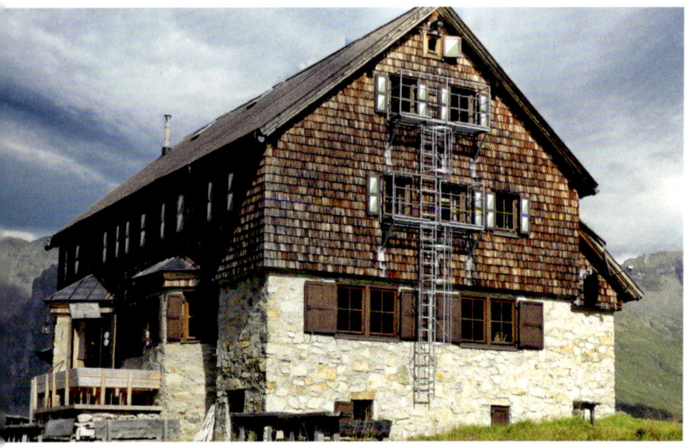

Oben: Bauernkrapfen mit Preiselbeermarmelade – köstlich! Unten: Die Neue Fürther Hütte ist für ihre besonders geschmackvolle Küche bekannt.

Ausgangspunkt: Talstation der Materialseilbahn, 1700 m, zur Neuen Fürther Hütte. Diese erreicht man ab Hollersbach am besten entweder per Mountainbike oder Wandertaxi (Tel. +43 6562 8218). Um mit öffentlichen Verkehrsmitteln in die Nationalpark-Gemeinde zu gelangen, nimmt man den Zug bis Zell am See und ab dort die Pinzgauer Lokalbahn.

Anforderungen: Mittelschwere Wanderung mit teilweise feuchten, rutschigen und steilen Passagen, etwas Trittsicherheit erforderlich.

Einkehr: Neue Fürther Hütte, Tel. +43 720 5002620.

Karte: Freytag & Berndt WK 121.

Ab der **Talstation** ❶ der **Materialseilbahn** starten wir auf einem zumeist recht feuchten Steig über eine bezeichnenderweise »Wasserlahner« genannte steile Geländestufe bergan. Nach kurzer Zeit wird das dichte Erlengebüsch auf der linken Aufstiegsseite von dem aus dem Tal heraufführenden direkten Zustiegspfad durchbrochen. Wir bleiben aber auf unserem Steig, gelangen so zum sogenannten Vordermoos und einen Rechtsbogen beschreitend zu einem runden Steintisch und einer Gedenktafel.

Jetzt geht es in westlicher Richtung kurz bergab, ehe wir nach einer Bachüberquerung – vom ständigen Rauschen des Seebachfalls begleitet – in steilen Serpentinen den Seeleitenhang in Angriff nahmen. Ab einer schar-

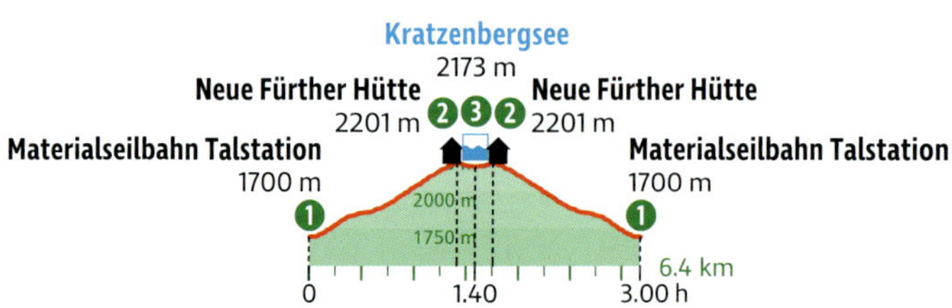

fen Linkskurve, die uns dicht an eine Stütze der Materialseilbahn heranführt, können wir schon die auf einer breiten Geländeschulter liegende **Neue Fürther Hütte** ❷ erspähen. Voerst lassen wir die Hütte aber links liegen – eine Einkehr bietet sich dann am Rückweg an – und folgen dem leicht abfallenden Pfad zum Ufer des **Kratzenbergsees** ❸.
Dieser See ist mit seinen 24 Hektar der größte natürliche Bergsee im Nationalpark Hohe Tauern und aufgrund seiner niedrigen Wassertemperatur und des hier fast ständig wehenden starken Windes schwimmerisch eine echte Herausforderung.
Zum Aufwärmen geht es anschließend in die für ihre fantastische Küche und herzliche Gastfreundschaft bekannte nahe gelegene **Neue Fürther Hütte** ❷. Danach treten wir auf schon bekannten Pfaden den Abstieg an und staunen über die tolle Fernsicht, die wir an wolkenlosen Tagen dabei genießen.

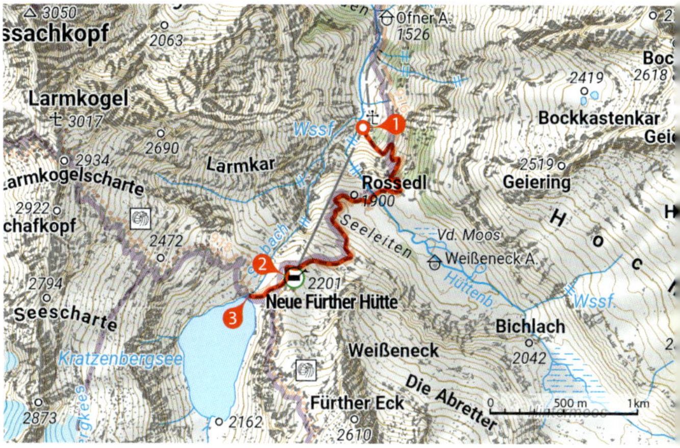

Der Alpenhauptkamm ist eine oft stürmische Wetterscheide.

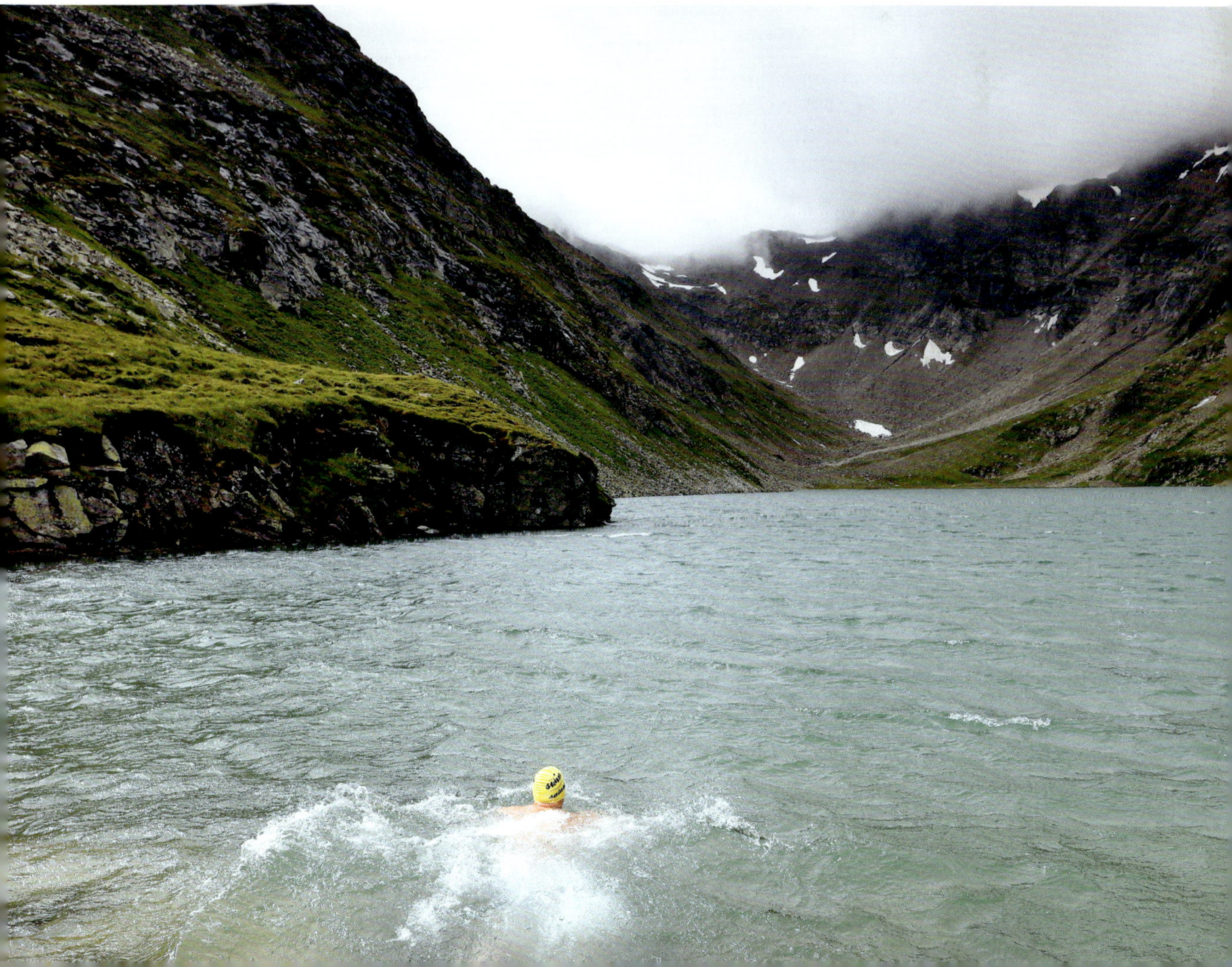

42 Plattachsee, 2201 m

Auf alten Saumpfaden in die Felbertauern

5.30 Std. → 10,2 km ↗ 900 m ↘ 900 m

Wo einst Warenströme flossen, fließt jetzt Energie

Als relativ niedriger Alpenübergang war der Felbertauern schon zu Zeiten der Kelten, Römer und Karolinger eine der wichtigsten Passagen über den Alpenhauptkamm. Besonders intensiv war der mithilfe von Pferden und Maultieren vollzogene Warenverkehr im Mittelalter. Speziell der Handel mit der Seegroßmacht Venedig war für Mitteleuropa von enormer Bedeutung. Aktuell sind es Starkstromleitungen, die diesen Alpenübergang für sich nutzen. Der sogenannte Trassensteig diente die längste Zeit über der Wartung und Instandsetzung dieser Energieautobahnen und bietet sich noch heute als steiler Anstieg zum Plattachsee an. Von dem wir – nach einem erfrischen Bad hoffentlich energiegeladen – den etwas längeren, aber ungefährlicheren Abstieg durch das Trudental wählen.

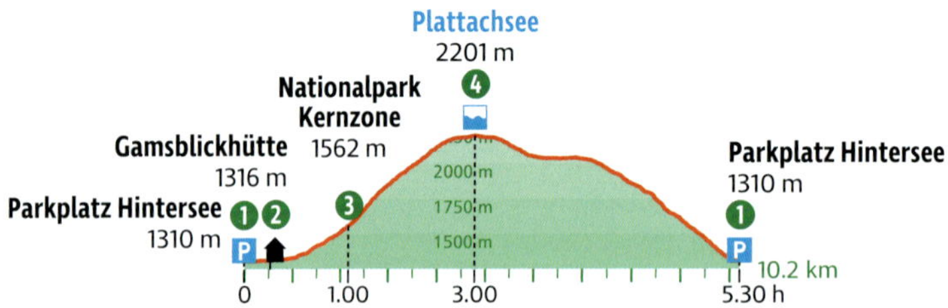

Ausgangspunkt: Wanderparkplatz am Hintersee, 1310 m; von Mittersill aus auch per Linienbus zu erreichen.

Anforderungen: Schwierige Wanderung mit (am Trassensteig) ausgesetzten und gefährlichen Passagen. Für Kinder in dieser Variante ungeeignet. Nur bei Schönwetter begehbar. Im oberen Bereich sind oft bis in den Juni hinein steile Schneefelder zu queren!

Einkehr: Gamsblickhütte, Tel. +43 664 4778756.

Karte: Freytag & Berndt WK 121.

An manchen Passagen ist man recht dankbar für die gute Seilversicherung.

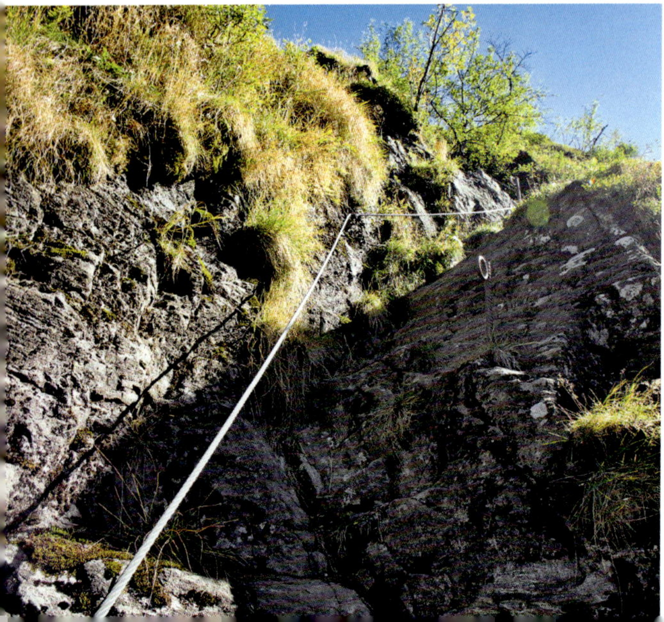

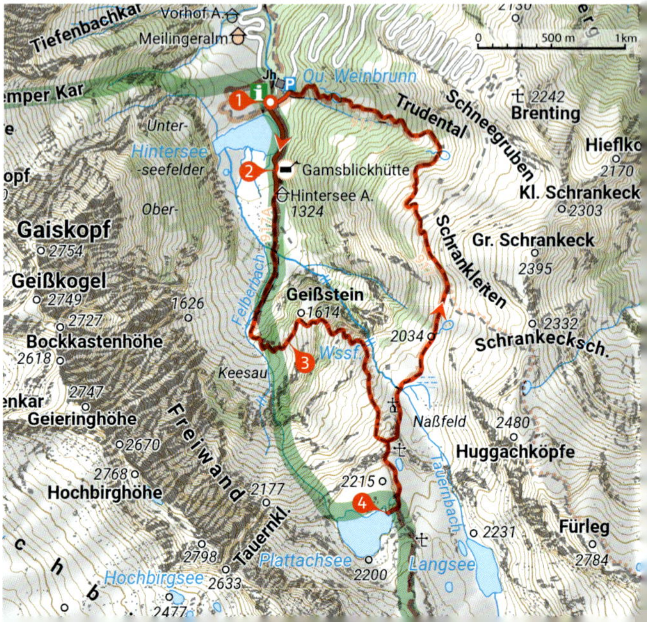

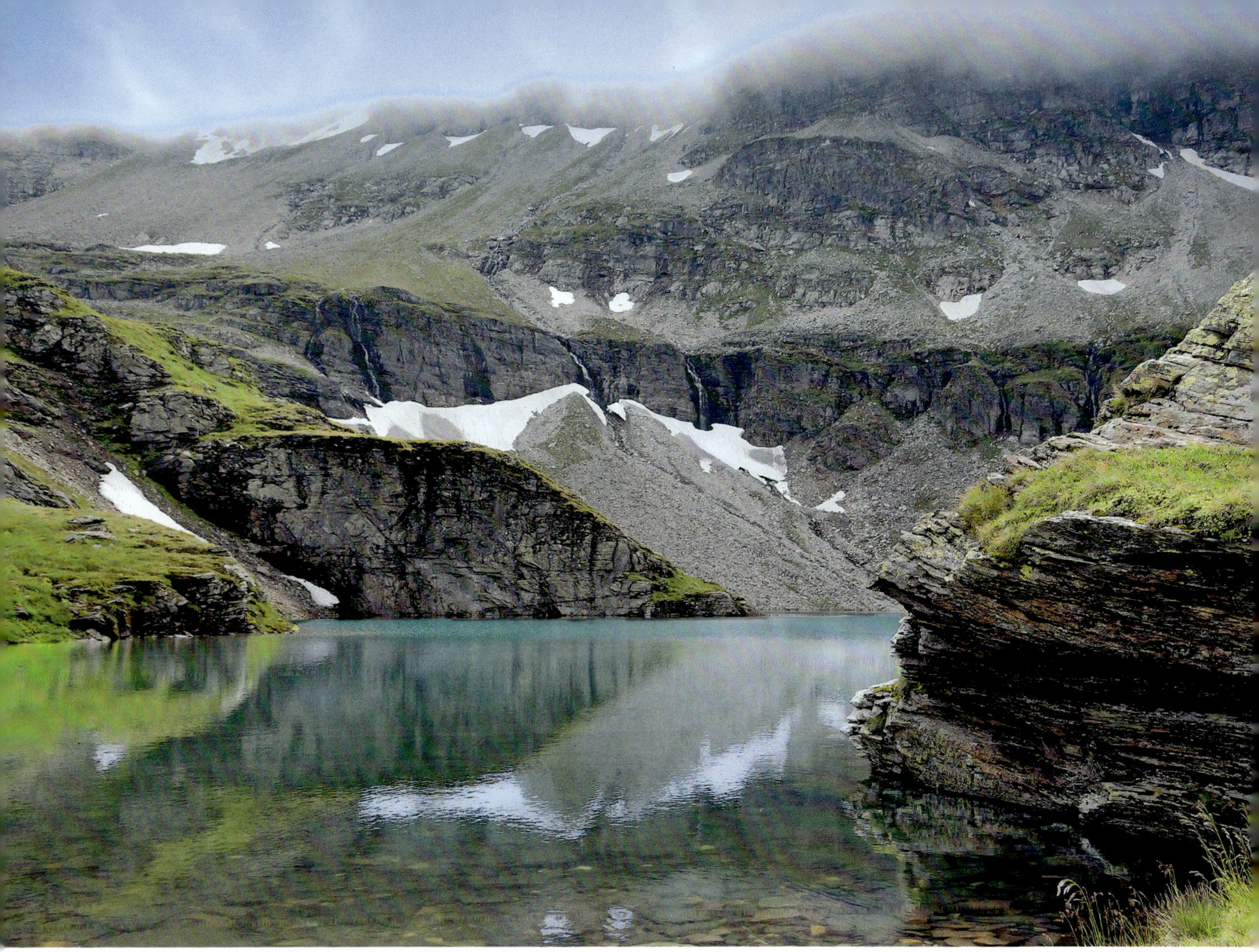

Der Plattachsee – eine unzugängliche Schönheit.

Startpunkt der Tour ist der **Parkplatz ❶** am Ende der Stichstraße ins Felbertal. Dem Hinweisschild »Trassensteig« folgend, führt uns der Weg am Ufer des Hintersees (Badeverbot) anfänglich fast eben vorbei an der **Gamsblickhütte ❷** in Richtung Talschluss. Ab dem Fuß des beeindruckenden, 80 Meter hohen Schleierfalls wird es zumehmend steiniger und steiler.

Nachdem wir auf einem kleinen Plateau bei einer Infotafel in die **Kernzone ❸** des **Nationalparks Hohe Tauern** eingetreten sind, steilt sich das Gelände noch einmal dramatisch auf. Es folgen ausgesetzte seilversicherte Passagen, die sowohl Schwindelfreiheit als auch Trittsicherheit verlangen. Nachdem wir den Geißstein erklommen haben, geht es entlang der unübersehbaren Stromleitungen weiter, bis wir nach etwa 3 Kilometern auf den von links kommenden Weg aus dem Trudental stoßen.

Wir folgen dem jetzt wieder etwas flacher verlaufenden Steig Richtung »St. Pöltner Hütte« für weitere 30 Minuten und gelangen endlich an den tiefblau funkelnden **Plattachsee ❹**. Der oft bis weit in den Frühsommer hinein noch eisbedeckte See ist eine Wohltat für unsere strapazierten Muskeln und Gelenke.

Diese haben allerdings für heute noch nicht ausgedient, denn noch liegt der zwar weniger anstrengende, aber längere Rückweg vor uns. Dazu wandern wir am Aufstiegsweg retour bis zur Abzweigung ins Trudental, dann queren wir längere Zeit einen Steilhang in nördlicher Richtung, ehe es in steilen Serpentinen talwärts zur **Gamsblickhütte ❷** geht, in der wir uns nach dieser beschwerlichen Rundtour eine Stärkung redlich verdient haben.

43 Mittlerer Gritzer See, 2507 m

Reizvolles Seentrio unter dem Gritzer Hörndle

3.30 Std. → 8,6 km ↗ 460 m ↘ 460 m

Mittendrin statt nur dabei

Erst etwas steiler durch lichten Föhrenwald, dann auf saftigen Almwiesen flacher und aussichtsreicher werdend, führt uns der gut beschilderte Wanderweg zu den in drei Mulden eingebetteten Karseen, von denen sich der mittlere am besten zum Schwimmen eignet. Der oberste, etwas abgesetzte See des Trios wird zumeist nur »mitgenommen«, wenn man für den Rückweg die etwas anspruchsvollere Variante über das Gritzer Hörndle wählt.

Ausgangspunkt: Parkplatz an der Speikbodenhütte, 2050 m; Anfahrt von Sankt Veit in Defereggen mit dem eigenen Auto oder dem Hüttentaxi (Buchung per E-Mail an info@alpenland-reisen.at).

Anforderungen: Mittelschwere Wanderung, für Familien geeignet.

Einkehr: Speikbodenhütte, Tel. +49 173 6909930.

Karte: Freytag & Berndt WK 123.

Rechts von der **Speikbodenhütte** ❶ nehmen wir den Wanderweg »Gritzer See/Speikboden 316« und starten bergan in nördlicher Richtung. Anfänglich geht's es durch lichten Föhrenbestand, ehe der Steig auf West in Richtung Proh schwenkt. An der dortigen Weggabelung folgen wir, uns links haltend, der Wegweisung »Gritzer Seen/Virgentörl 23 A«. Auf dem jetzt nur mehr mäßig steilen Pfad gelangen wir zu einem Wegkreuz und – einen Geländerücken umrundend – zur nächsten Wegteilung.

Hier halten wir uns rechts und durchqueren den Talkessel unterhalb des Gritzer Riegels bis zu einem weiteren vom Gritzer Hörndle über-

Dreifach schön – die Gritzer Seen.

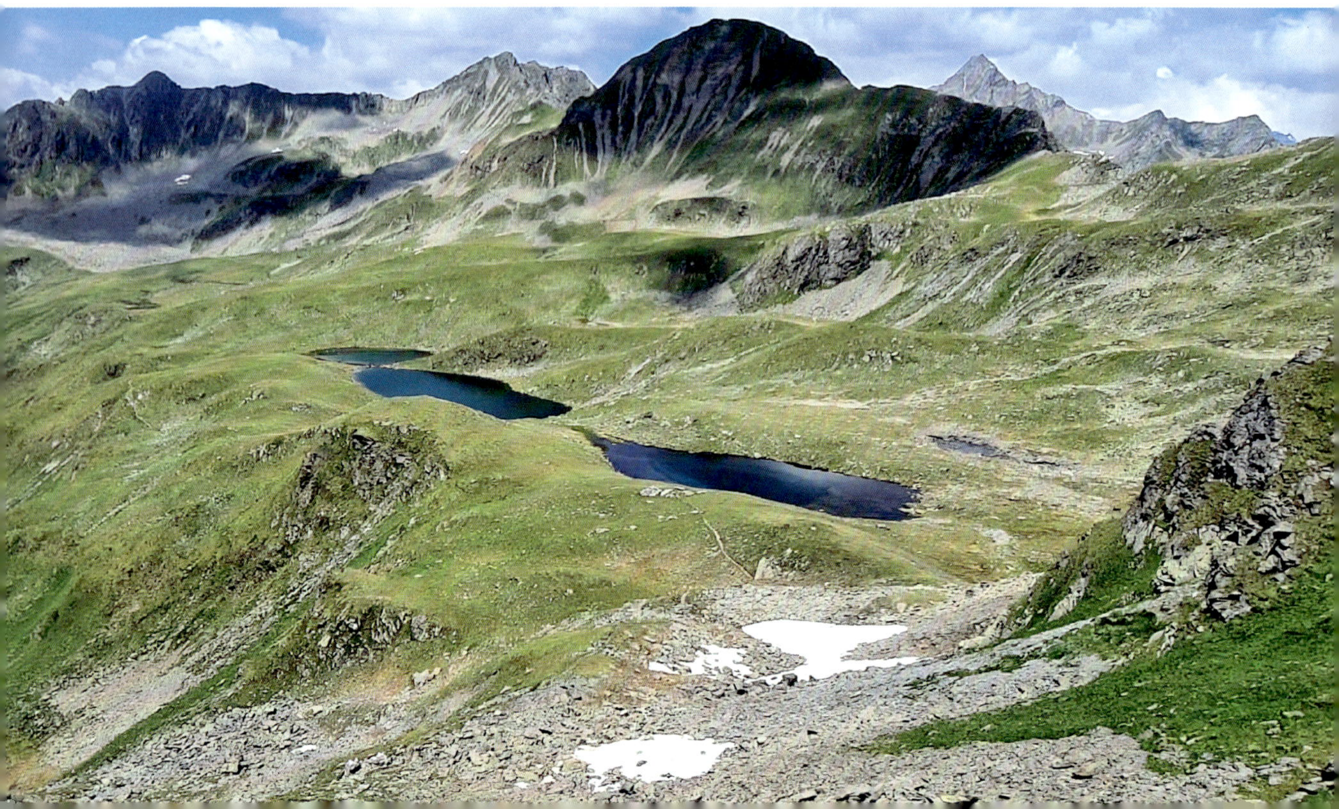

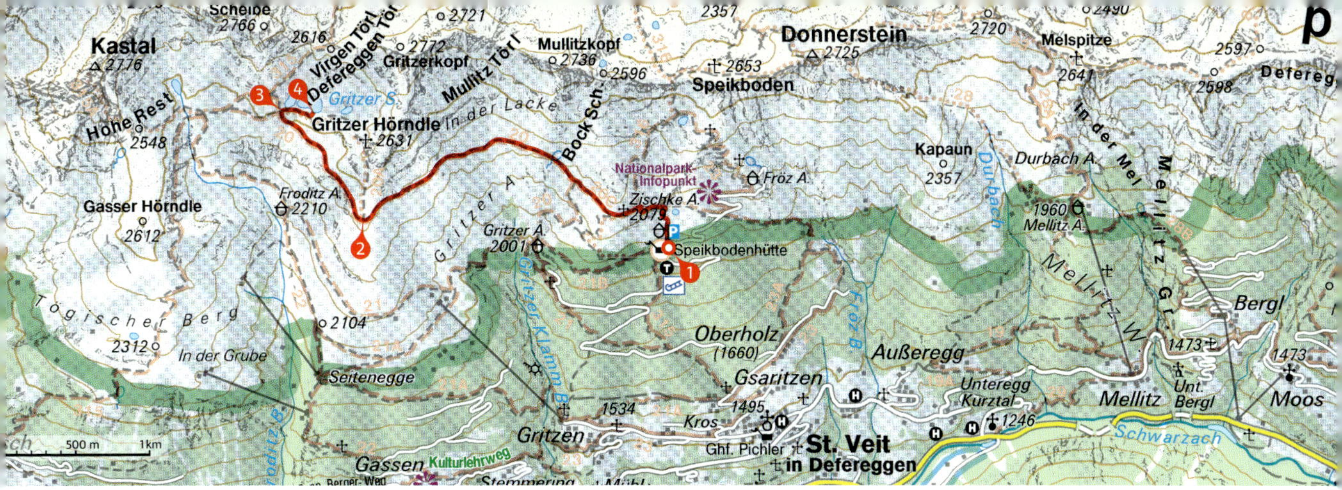

ragten Bergrücken. Rechts zweigt der **steile Weg** ❷ zum Hörndle ab, wir bleiben jedoch auf unserem vorerst noch leicht steigenden Pfad. Bald jedoch geht es leicht abwärts zu einer Bachquerung, anschließend wieder über kupiertes Gelände hinauf zum Seeablauf der unteren Gritzer Seen und in weiterer Folge zum **Kleinen Gritzer See** ❸. Zum Schwimmen eignet sich der größere, nicht allzu kalte **Mittlere Gritzer See** ❹ am besten.

Der Abstieg erfolgt entlang der beschriebenen Aufstiegsroute und endet in der – da unmittelbar am Endpunkt unserer Tour gelegenen – fast »unausweichlichen«, aber auch empfehlenswerten **Speikbodenhütte** ❶. Hier können wir nicht nur eine herzhafte Jause, sondern auch einen faszinierenden Ausblick auf die nahen Gipfel des Defereggentales genießen.

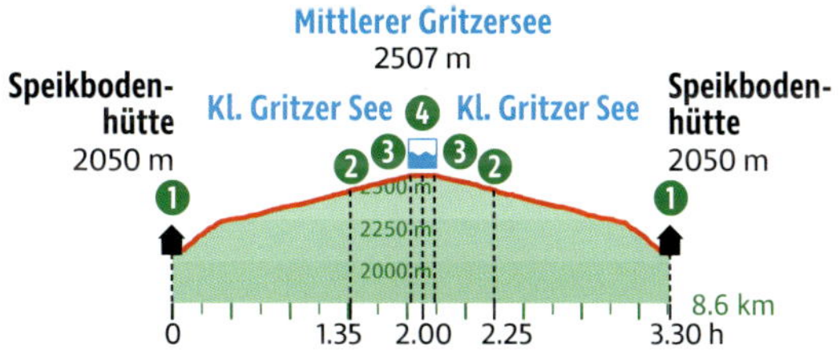

Ab dem Wegkreuz wird es etwas flacher.

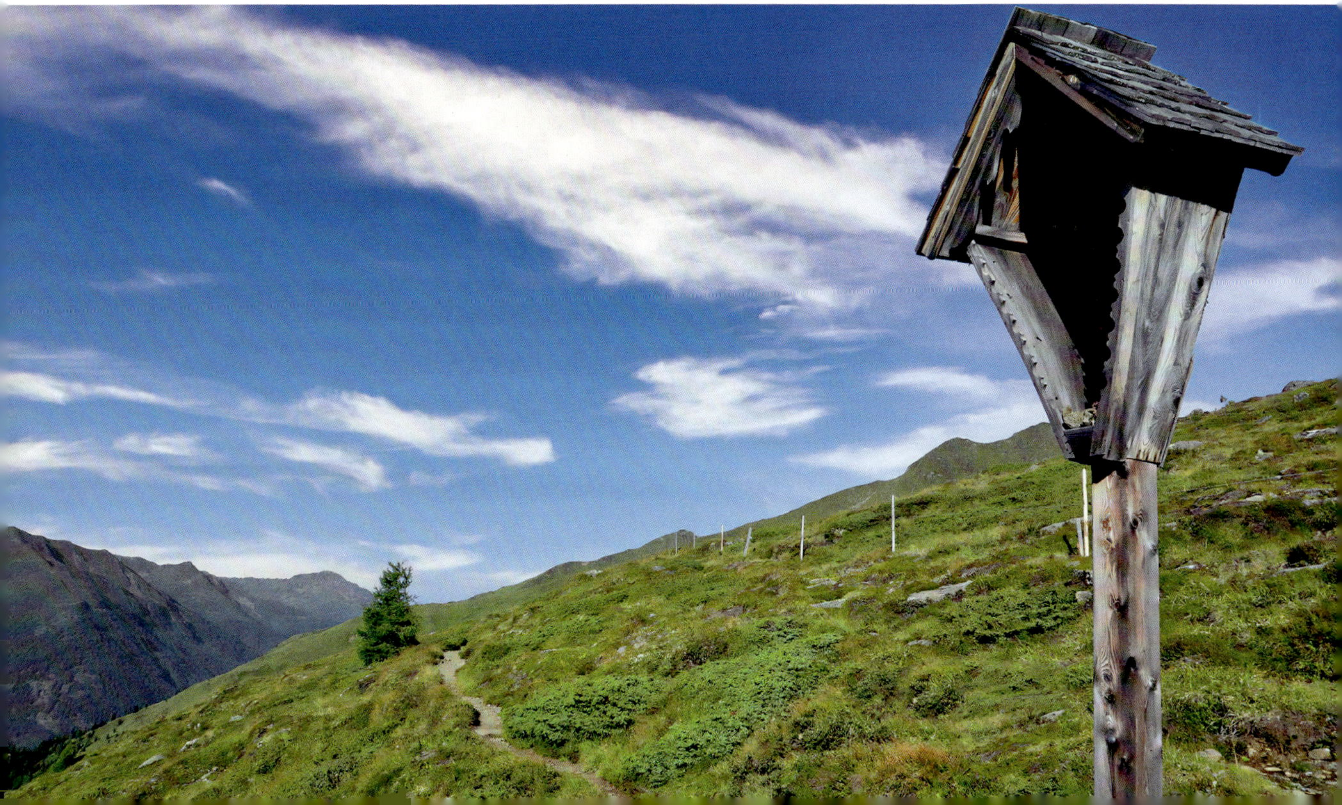

44 Unterer Eisbodensee, 2494 m

Eisschwimmen unter dem Stubacher Sonnblickkees

2.15 Std. → 6,2 km ↗ 310 m ↘ 310 m

VIDEO

Stimmt euphorisch und nachdenklich zugleich
Dieser See entstand infolge der Gluthitze des Sommers 2015. In diesem Sommer verlor der Gletscher 2,1 Millionen Kubikmeter an Masse, woraus 2,1 Milliarden Liter Schmelzwasser resultierten. Erhoben wurden diese Daten vom Salzburger Gletscherforscher Heinz Slupetzky im Auftrag des Hydrografischen Dienstes des Landes. Weiters wies Slupetzky darauf hin, dass dort, wo sich heute das von ihm »Unterer Eisbodensee« getaufte Gewässer befindet, noch vor wenigen Jahren die Gletscherzunge bis zu 60 Meter dick war. So faszinierend es ist, in diesem jungen, tatsächlich eiskalten See zu schwimmen, so nachdenklich stimmt es auch, wenn man dabei den sterbenden Gletscher im Blick hat.

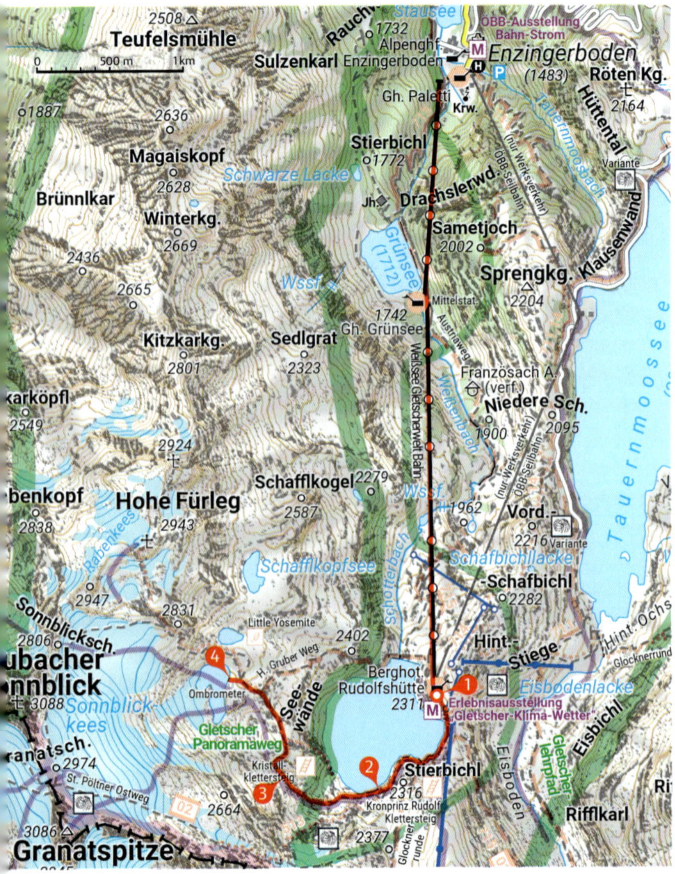

Ausgangspunkt: Bergstation zweite Sektion der Weißsee-Gletscherbahn, 2311 m, bzw. Rudolfshütte; Talparkplatz per Auto oder Linienbus von Uttendorf (ab Bahnhof Pinzgauer Lokalbahn) aus erreichbar.
Anforderungen: Mittelschwere, familientaugliche Höhenwanderung.
Einkehr: Berghotel Rudolfshütte, Tel. +43 6563 82210.
Karte: Freytag & Berndt WK 120.

Von der mit der Rudolfshütte unterirdisch verbundenen **Seilbahn-Bergstation** ❶ geht es zuerst einmal über den Schafbühel bergab zu einer kleinen Brücke. An dieser halten wir uns rechts und folgen dem flach verlaufenden Gletscherlehrpfad entlang des Weißsee-Südufers bis zur **Abzweigung** ❷ des Steigs zur **Granatspitze**. Ab jetzt wird es steiler.
Wir queren zuerst einen kleineren Wasserlauf sowie einige Schutthalden und steigen dann längere Zeit an dem rechts von uns bergab schießenden **Seeabfluss** ❸ des **Unteren Eis-**

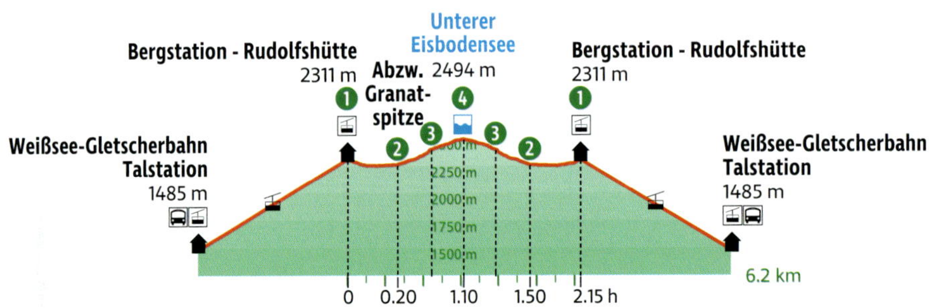

bodensees bergan. Nachdem wir diesen auf einer kleinen Holzbrücke überquert haben, gelangen wir in flacheres, leicht kupiertes Gelände, in dem man an polierten Felsplatten noch die Spuren des ehemals bis hierher reichenden Gletschers erkennen kann. Auf einem tolle Ausblicke bietenden Hochplateau erreichen wir in einem weiten erst nach Norden, dann nach Westen schwenkenden Bogen das an dieser Stelle feinsandige Ufer des **Gletschersees** **4**.

Nachdem der Untere Eisbodensee ständig und ziemlich stark vom Schmelzwasser des oberhalb befindlichen Sonnblickkees durchströmt wird, erreicht der See auch im Hochsommer nur etwa 5–7 Grad Wassertemperatur. Demnach wird das Bad wohl eher kürzer ausfallen. Trotzdem fällt es uns schwer, uns vom Anblick des durch Eintrag von Gletscherschliff bzw. Gletschermilch in faszinierendem Hellblau leuchtenden Sees loszureißen und den Rückweg entlang der Aufstiegsroute anzutreten.

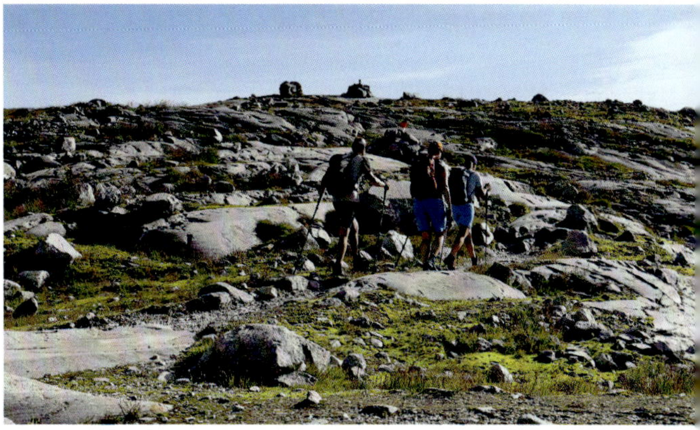

Foto unten: Atemberaubend schön. – Oben: Hier hat der Gletscher unübersehbare Spuren hinterlassen.

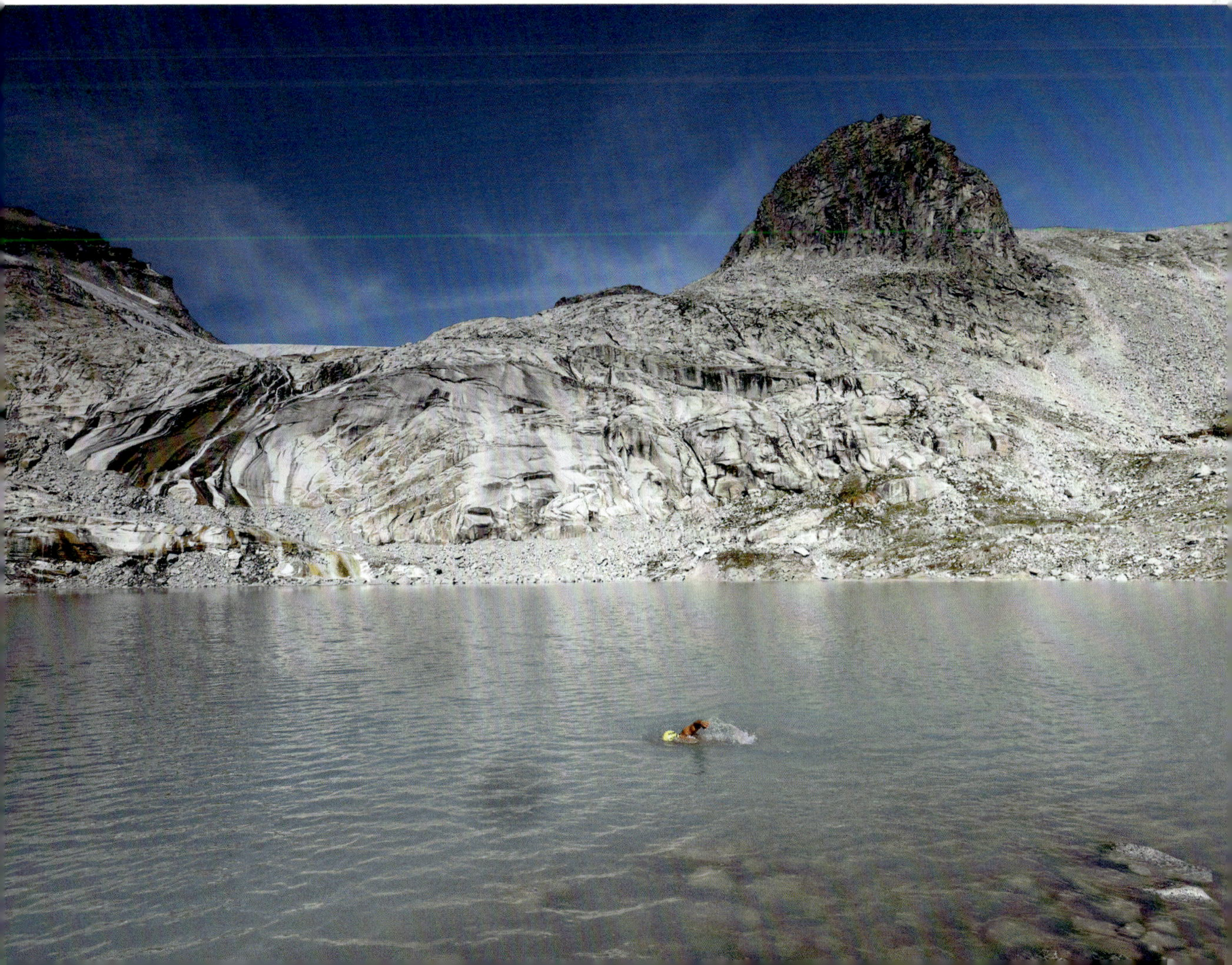

45 Oberer Grünsee, 2513 m

Anspruchsvoller Alpinsteig in der Weißsee-Gletscherwelt

2.30 Std. → 5,9 km ↗ 320 m ↘ 320 m

VIDEO

Hiermit taufe ich dich …

Als Alpin-Schwimmer, der gerne auch einmal abseits ausgetretener Pfade unterwegs ist, stößt man hin und wieder auf durchaus attraktive, aber bisher namenlose Gewässer – so auch auf diesen wunderbaren Schmelzwassersee in der Weißsee-Gletscherwelt oberhalb des Stubachtals im Salzburger Pinzgau. Um ihn kommunizierbar zu machen, wird er vom Autor kurzerhand und vielleicht etwas fantasielos »Oberer Grünsee« genannt. Wie so oft bei Seen spielt der Name auf die an diesem Gewässer auftretende Wasserreflexion an. Diese ist hier insofern ganz besonders, als der benachbarte Untere Eisbodensee eine gänzlich andere, nämlich blitzblaue Farbe aufweist. Es gibt in der Weißsee-Gletscherwelt weiter unten am Enzingerboden schon einen – allerdings mit Schwimmverbot belegten – Grünsee, weshalb der eine Etage oberhalb liegende hier als »Oberer Grünsee« bezeichnet wird.

Ausgangspunkt: Bergstation zweite Sektion der Weißsee-Gletscherbahn, 2311 m, bzw. Berghotel Rudolfshütte; Talparkplatz per Auto oder Linienbus von Uttendorf (ab Bahnhof Pinzgauer Lokalbahn) aus erreichbar.

Anforderungen: Schwere Höhenwanderung. Kinder sollten von Begleitpersonen in den Steilpassagen eventuell zusätzlich gesichert werden!

Einkehr: Berghotel Rudolfshütte, Tel. +43 6563 82210.

Karte: Freytag & Berndt WK 120.

Es grünt so grün …

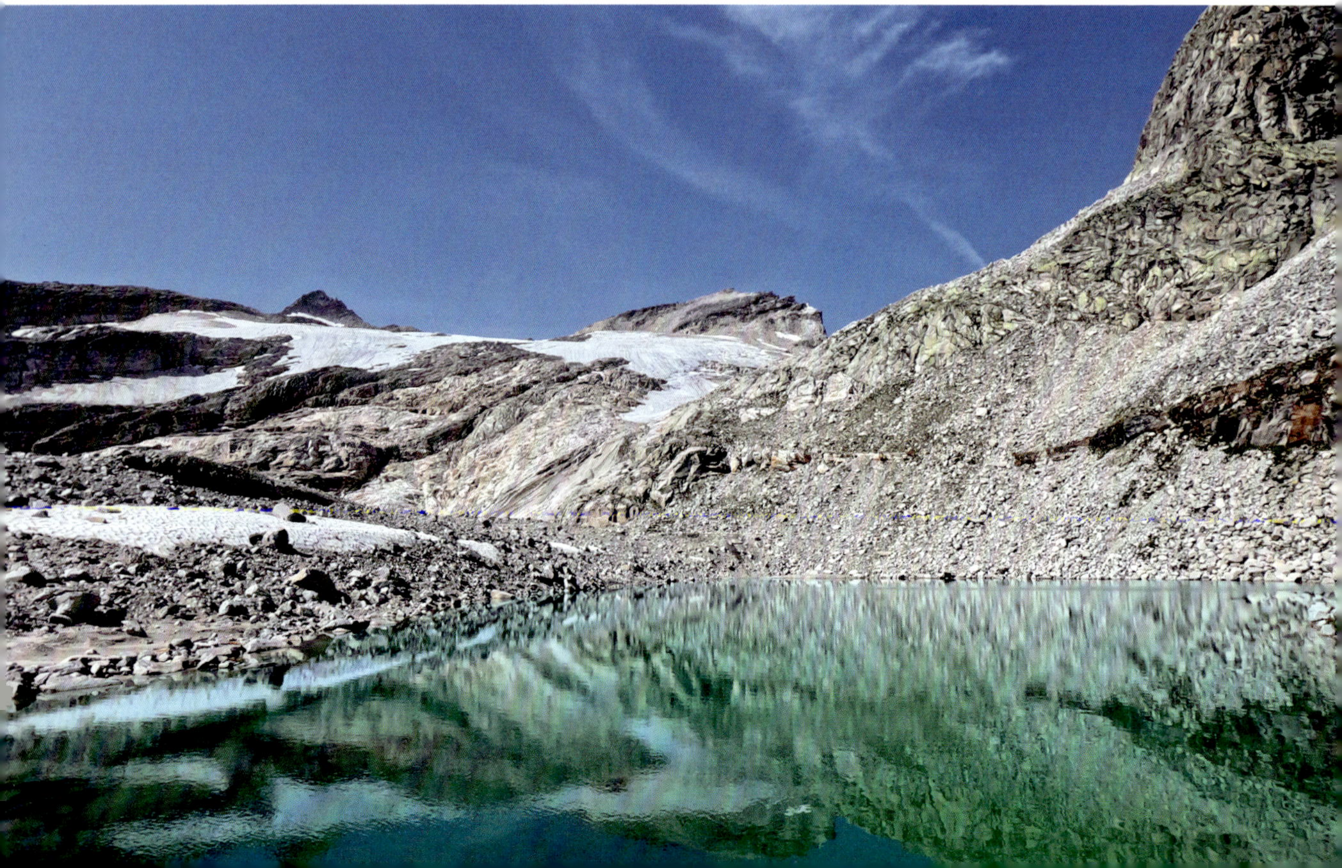

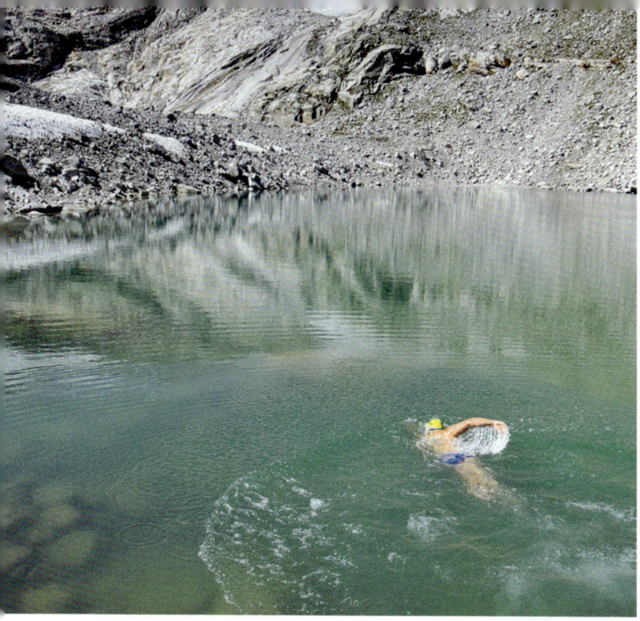

Zum Schwimmen weist der Obere Grünsee eine wesentlich angenehmere Wassertemperatur auf als der permanent vom Gletschwasser gespeiste Untere Eisbodensee.

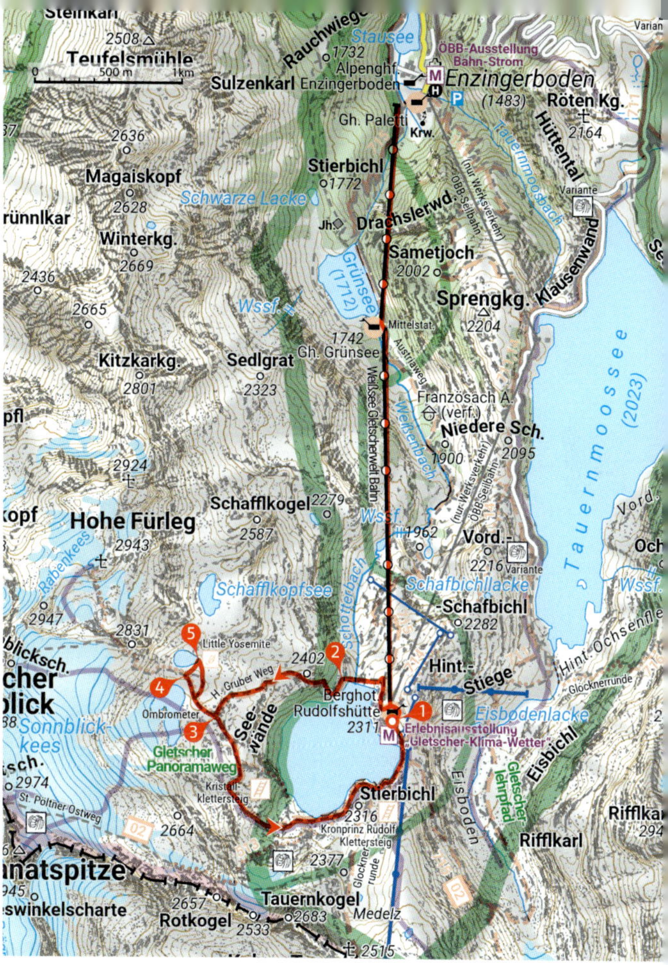

Von der **Seilbahnstation** ❶ bzw. der **Rudolfshütte** steigen wir zum Damm des Weißsees ab und gelangen über die Dammkrone an das andere Seeufer. Ab hier beginnt der mit Vorsicht, aber ohne Spezialausrüstung begehbare **Hans-Gruber-Weg** ❷. Dieser anspruchsvollste Teil des lohnenden Weißsee-Rundweges wurde an der Steilstufe oberhalb des nordwestlichen Seeufers aufwendig mit Seilen, Geländern und Stahltreppen gesichert.

Nachdem wir die steilen Passagen gemeistert haben, gelangen wir auf ein Hochplateau, welches mit Blockwerk und vom Gletscher abgeschliffenen Felsplatten übersät ist. An einer **Weggabelung** ❸ würde links der Seerundweg weiter bergab führen. Wir folgen jedoch rechts der Wegweisung zum »Hohen Fürlegg«, passieren den Unteren Eisbodensee und erblicken, nachdem wir einen weiteren **Höhenrücken** ❹ erklommen haben, rechts vom Pfad den Oberen Grünsee. Über Schneereste queren wir weglos zum Seeabfluss, wo wir nach dessen nicht ganz einfacher Überquerung einen schönen Badeplatz und **Schwimmeinstieg** ❺ finden. Im Gegensatz zum benachbarten Unteren Eisbodensee ist dieser bei Weitem nicht so stark durchströmte Bergsee sehr viel wärmer und das Schwimmen nicht ganz so herausfordernd.

Mit etwas Glück können wir – bevor wir über den **Seerundweg** ❸ unseren Rückweg antreten – im Gelände um den See noch Steinböcke erspähen.

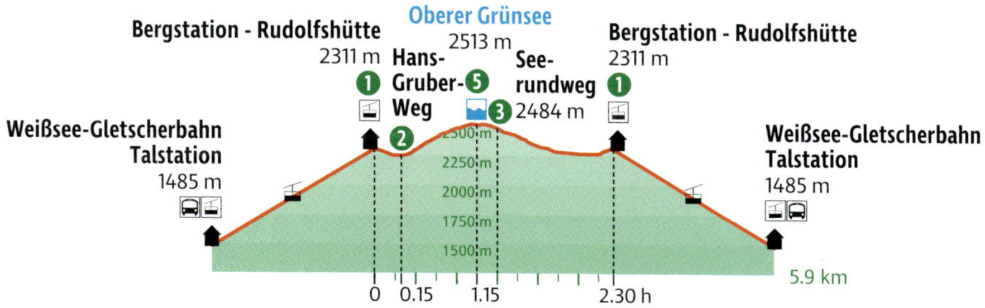

46 Medelzlacke, 2577 m

Alpine Swimming at it's best

2.30 Std. → 5,6 km ↗ 410 m ↘ 410 m

VIDEO

Ein erhabenes Gefühl

Aug' in Aug' mit Dreitausendern zu schwimmen hat schon was! Zumal wenn die Wasserqualität überragend und die Wassertemperatur bei Weitem nicht so eisig ist, wie man es angesichts dieser Höhenlage eigentlich erwarten würde. Tatsächlich erreicht dieses unterhalb des markanten Medelzkopf liegende Seelein im Sommer bis zu 15 Grad! Letzteres ist wohl dem Umstand geschuldet, dass die Medelzlacke nicht allzu tief ist und als typischer Schmelzwassersee nicht permanent mit Frischwasser durchströmt wird.

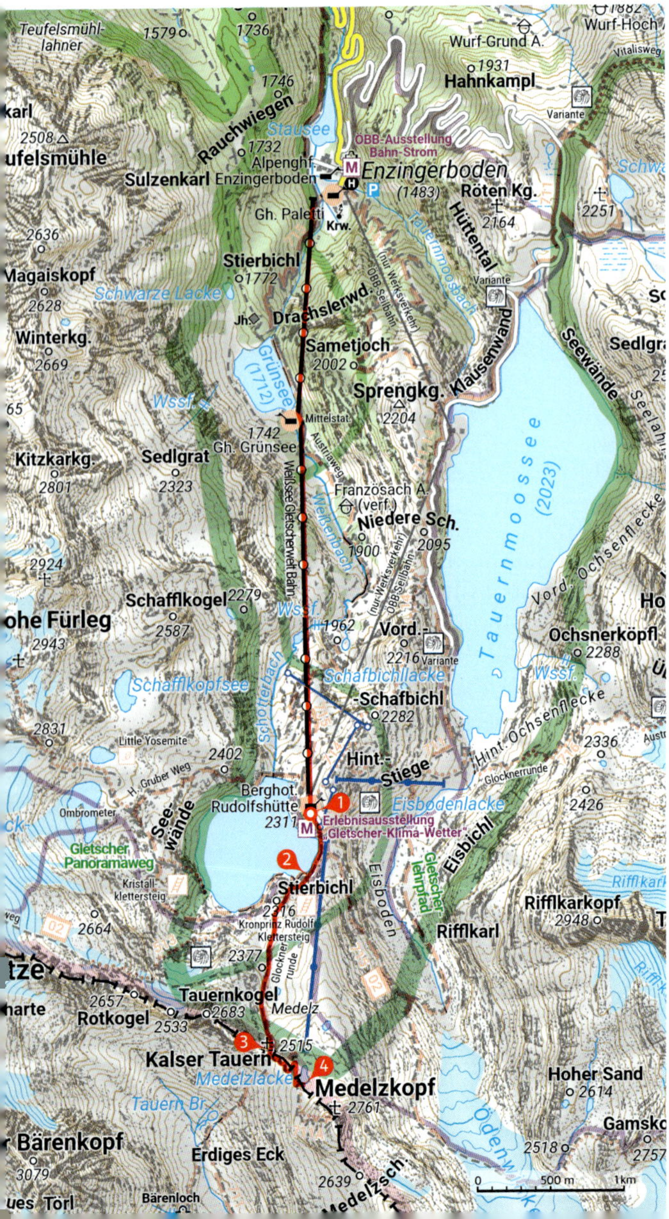

Ausgangspunkt: Bergstation zweite Sektion der Weißsee-Gletscherbahn, 2311 m, bzw. Rudolfshütte; Talparkplatz per Auto oder Linienbus von Uttendorf (ab Bahnhof Pinzgauer Lokalbahn) aus erreichbar.

Anforderungen: Einfache, familientaugliche Höhenwanderung.

Einkehr: Berghotel Rudolfshütte, Tel. +43 6563 82210.

Karte: Freytag & Berndt WK 120.

Ein Farbtupfer in der Steinwüste.

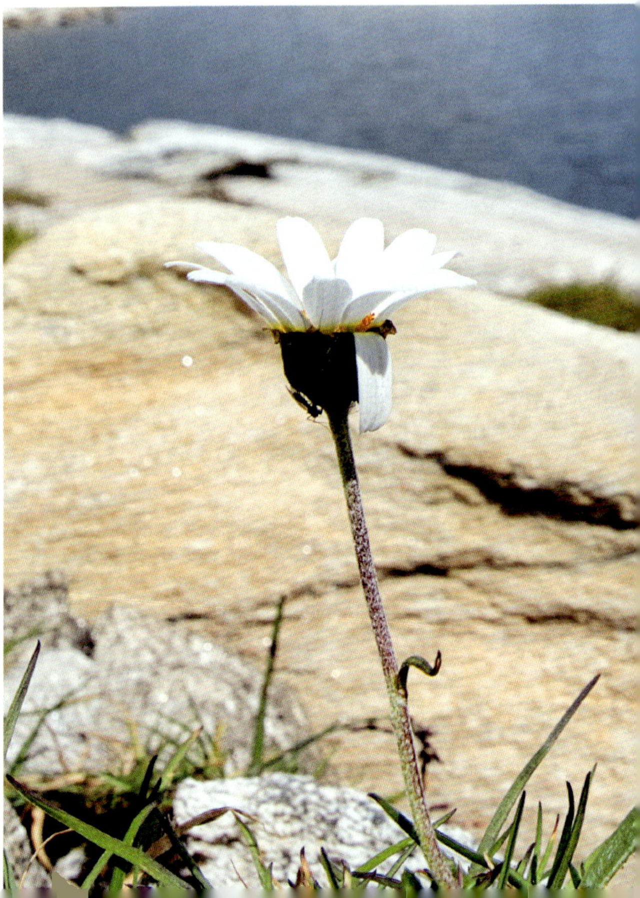

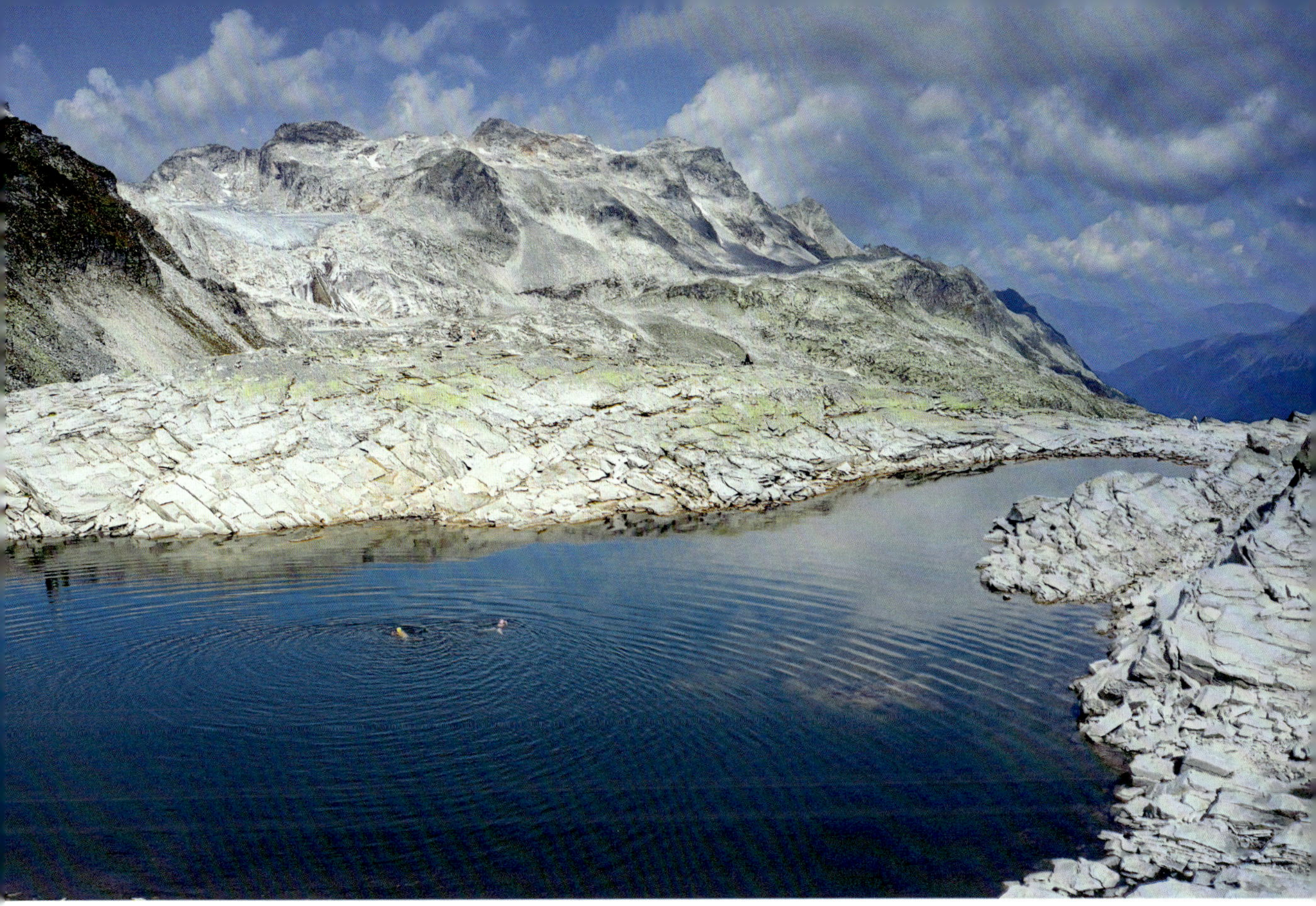

»Synchronschwimmen« im Hochgebirge.

Ab der **Seilbahn Bergstation** ❶ geht es oberhalb des Weißsee-Ostufers über den Schafbühel hinunter zur Talstation einer in die Jahre gekommenen Doppelsesselbahn. An dieser geht es rechts vorbei über eine kleine Brücke. Wenige Hundert Meter folgen wir dem Weißsee-Gletscherlehrpfad, ehe wir uns linker Hand an der **Wegweisung »Kalser Tauern, Medelzkopf«** ❷ orientieren.
Jetzt beginnt ein steiler, recht grobschottriger Steig, auf dem wir fast parallel zur Trasse der Doppelsesselbahn nach oben streben. Ab dem **Kalser Törl** ❸ wird der Pfad flacher, und wir können uns ab hier auch weglos über große, vom Gletscher abgeschliffene Steinplatten der Medelzlacke zuwenden. Als bequemster Einstieg zum Schwimmen bietet sich das **Südufer** ❹ an, wo durch Gletscherschliff fast so etwas wie ein Sandstrand entstanden ist.
Nachdem wir beim Rückmarsch die Gegensteigung am Schafbühel hinter uns gebracht haben, erwartet uns am **Berghotel Rudolfshütte** ❶ eine schöne Terrasse und ein vielfältiges gastronomisches Angebot.

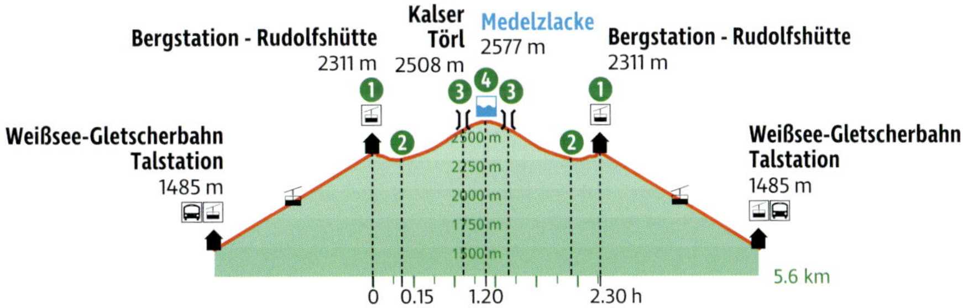

47 Knappenbäuelsee, 2239 m

Golden moments am Radhausberg bei Sportgastein

4.15 Std. → 10,1 km ↗ 670 m ↘ 670 m

Über seine korrekten Namen lässt sich streiten, über seine Anmut nicht

Der Radhausberg, an dessen Ausläufern sich der kleine Bergsee befindet, hatte früher immense Bedeutung im Salzburger Goldbergbau. Eben diesem verdankt das Gewässer auch seinen ursprünglichen Namen »Knappenbäuelsee«. »Bau« wurde bei den Bergleuten früher ein Stollen genannt. In der Verkleinerungsform bezeichnete »Bäuel« also eigentlich einen kleinen Stollen. Wahrscheinlich wurde schon in der derben Sprache der Knappen diese Bezeichnung zu »Beutel« verballhornt. Wohl eher unwissentlich haben Kartografen der Neuzeit diese Schreibweise übernommen, somit kursieren auch heute noch die unterschiedlichsten Bezeichnungen.

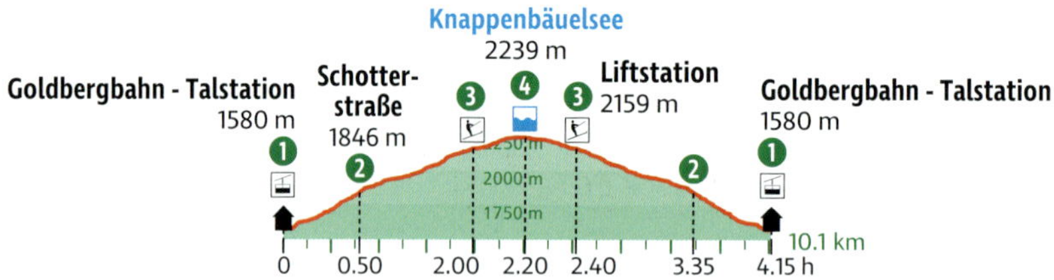

Ausgangspunkt: Parkplatz an der Talstation der Goldbergbahn, 1580 m; Wanderbus ab Bahnhof Bad Gastein.
Anforderungen: Relative lange, aber unschwierige Wanderung, die auf weiten Strecken den durch das Sportgasteiner Skigebiet führenden grob geschotterten Liftstraßen folgt.
Einkehr: Keine.
Karte: Freytag & Berndt WK 191.

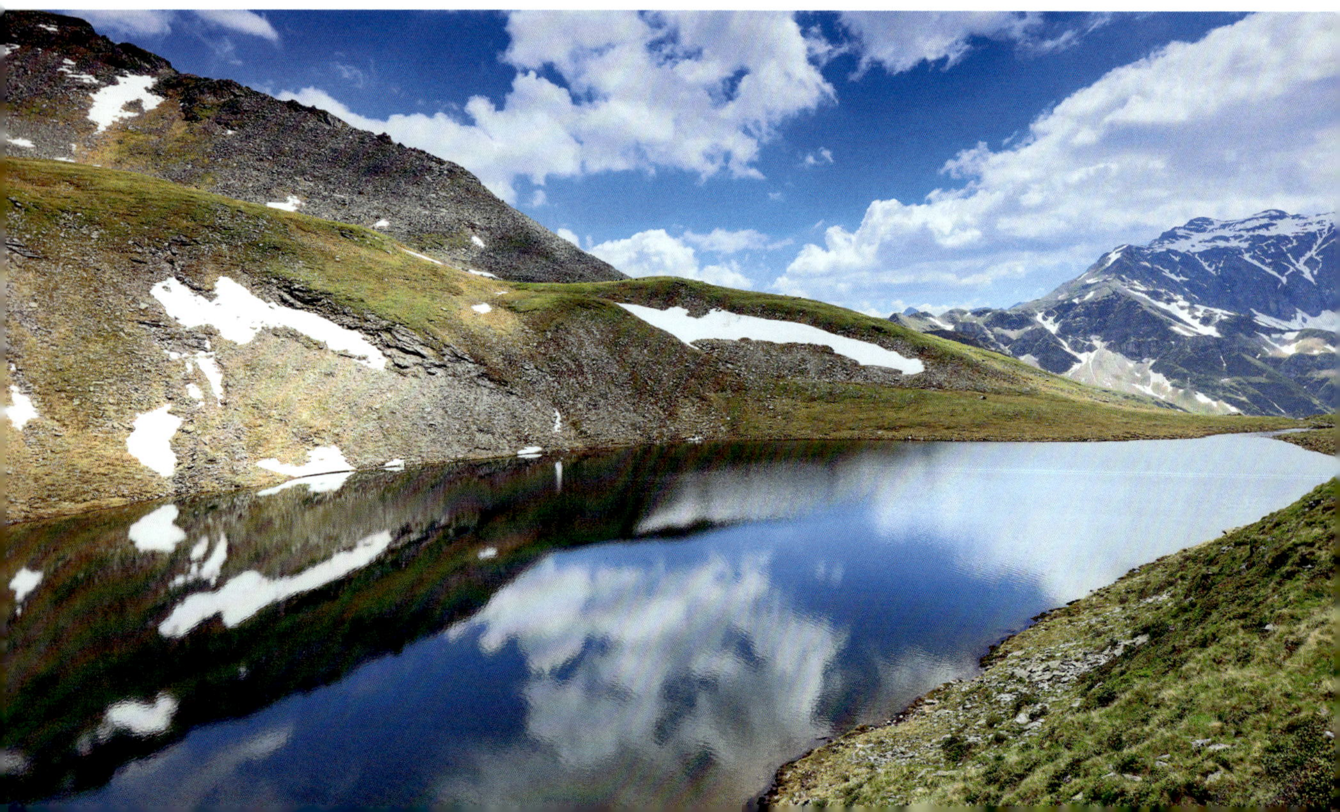

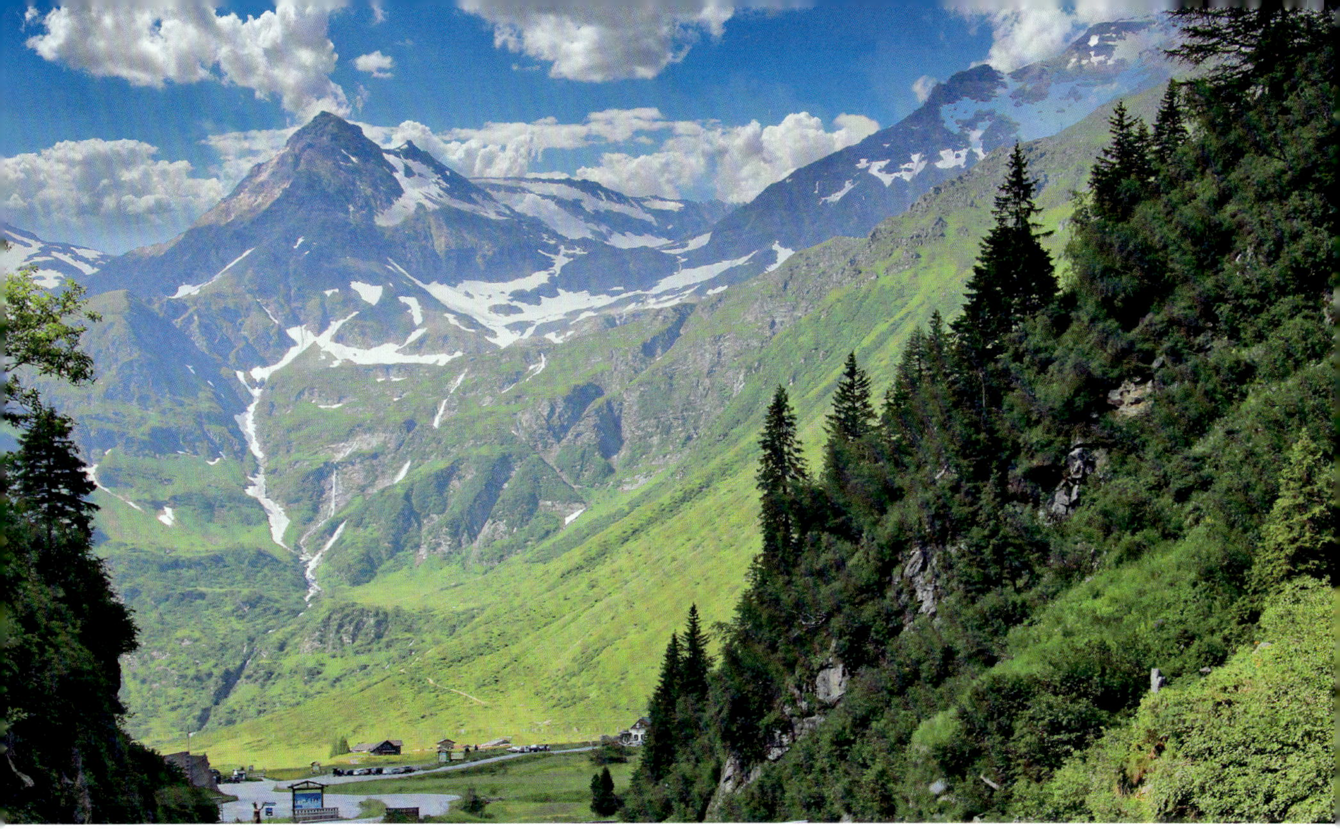

Der Parkplatz im Vorderen Naßfeld.

Gleich nachdem wir vom Parkplatz der **Goldbergbahn-Talstation ❶** aufgebrochen sind, queren wir erst den Sieglitzbach und danach die Naßfelder Ache. Kurz darauf verlassen wir den Wanderweg, der an dieser entlang in den Talgrund führt, und steigen, uns links haltend, über einen steilen Wiesenhang bergan. An dessen oberem Ende halten wir uns wieder links, gewinnen über einen kurvenreichen Steig rasch an Höhe und erreichen die **Baustraße ❷** der **Goldbergbahn**.

Nachdem wir deren Trasse gekreuzt haben, führt die Schotterstraße mäßig steil Richtung Norden, ehe sie steiler werdend in einem großen Bogen nach Südost dreht. Wir kommen an der **Talstation ❸** eines weiter bergauf führenden **Lifts** vorbei, halten uns konsequent rechts, kreuzen erneut die Goldbergbahn und folgen ab hier erst einem flach verlaufenden Karrenweg, dann einem Wandersteig.

Wir passieren eine bergseitig gelegene kleine Lacke, überwinden einen letzten Höhenrücken und erblicken in der Senke vor uns den

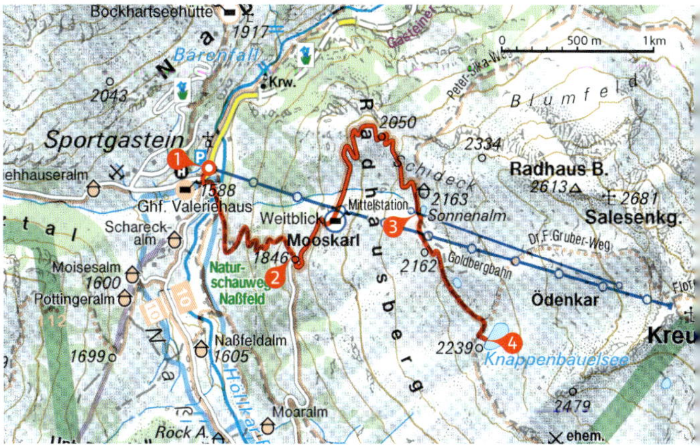

kristallklaren **Knappenbäuelsee ❹**, in dem sich schneebedeckte Gipfel spiegeln. Wenig überraschend wartet der hoch und exponiert gelegene See nicht gerade mit »tropischen« Badetemperaturen auf, was der Begeisterung aber keineswegs abträglich sein sollte.

Nach dem Schwimmen geht es auf bereits bekannten Pfaden retour zum **Parkplatz ❶**.

Unbestritten einer der aussichtsreichsten Bergseen rund um Gastein.

48 Wildsee, 2268 m

Bergeinsamkeit am Kreuzeck-Höhenweg

4.00 Std. → 9,7 km ↗ 680 m ↘ 680 m

Auch wenn's anderswo schon wild zugeht ...

... hat man diesen idyllischen Bergsee zumeist noch ganz für sich allein. Lediglich einige Wanderer, die am wenig begangenen Kreuzeck-Höhenweg unterwegs sind, nutzen den direkt am Weg liegenden See manchmal für eine willkommene Abkühlung. Es muss wohl am Fehlen spektakulärer Dreitausender liegen, dass die Kreuzeckgruppe alpintouristisch gesehen noch in einem Dornröschenschlaf liegt. Dabei herrscht hier wahrlich kein Mangel an attraktiven Wanderzielen, versteckten Bergseen und rauschenden Wasserfällen. Insgesamt ist die Region ideal für Individualisten, die abseits allzu breit ausgetretener Pfade noch auf Entdeckungen aus sind.

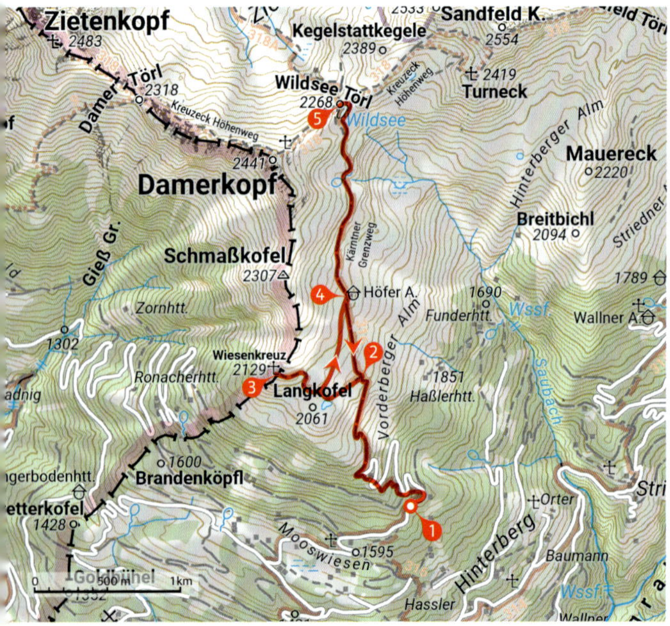

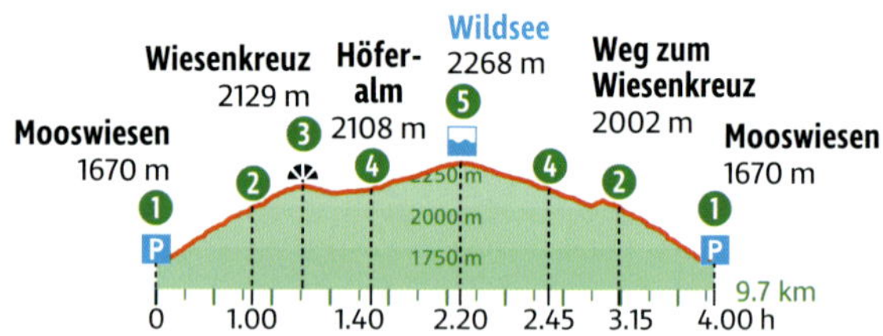

Ausgangspunkt: Oberhalb des Weilers Mooswiesen parken, 1670 m; Anfahrt via Zwickenberg (ab Oberdrauburg beschildert). Mit öffentlichen Verkehrsmitteln nicht erreichbar.

Anforderungen: Außer dem ersten steilen Abschnitt (bei Nutzung der Abkürzungen) und dem schrofigen Schlussabschnitt nur mäßig anspruchsvoll.

Einkehr: Keine.

Karte: Freytag & Berndt WK 225.

Gleich vom **Start** ❶ weg geht es auf einem schönen Wandersteig über offene Bergwiesen steil bergan. In diesem steilsten Abschnitt der Tour nutzen wir viele Abkürzungen und queren oftmals den Fahrweg. Etwas unterhalb der Höferalm zweigt nach links ein unmarkierter Steig zum Wiesenkreuz ab.

Wir folgen dem **Pfad** ❷, kreuzen noch einmal den Fahrweg und gelangen in etwas schwierigerem Gelände kurz darauf zum Aussichtspunkt am **Wiesenkreuz** ❸. Danach müssen wir ein kleines Stück zurückgehen, um wieder auf den Fahrweg zur **Höferalm** ❹ zu kommen. Ab hier verläuft der Karrenweg in exakt nördlicher Richtung unterhalb der Gipfel von Schmaßkofel und Damerkopf. Nach einem Bründl geht der Karrenweg in einen Wandersteig über, auf dem wir schließlich in schrofigem Gelände den **Wildsee** ❺ erreichen.

Am Ufer entlang wandern wir noch ein kleines Stück Richtung »Wildseetörl«. Am Nordufer – dort, wo auch der Kreuzeck-Höhenweg vorbeiführt – finden wir schöne Schwimmeinstiege und aussichtsreiche Badeplätze.

Der Abstieg erfolgt weitgehend entlang der Aufstiegsroute, allerdings ohne den Abstecher zum Wiesenkreuz.

Auf den Almböden der Höferalm.

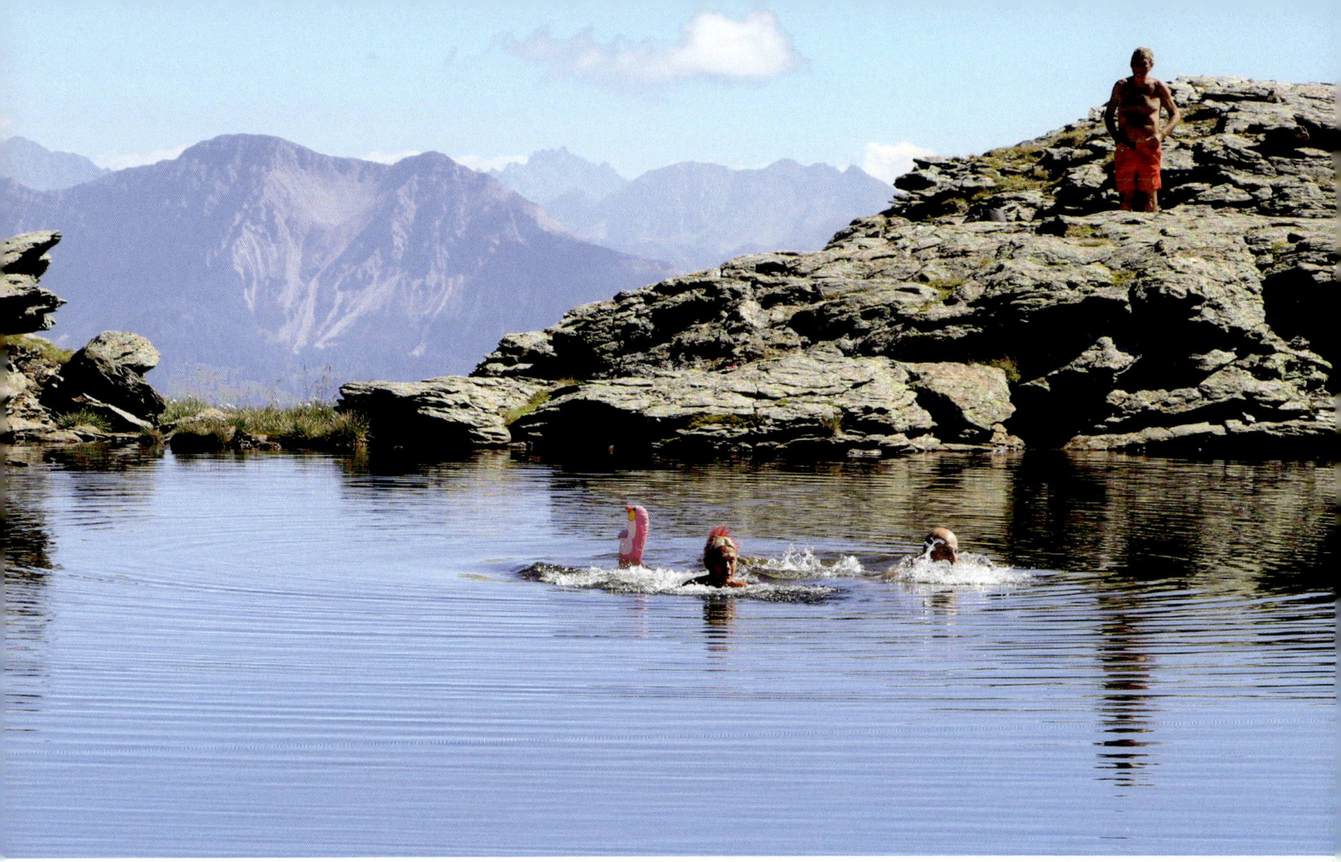

Foto oben: Wer wäre da nicht »wild« auf eine Schwimmeinlage?

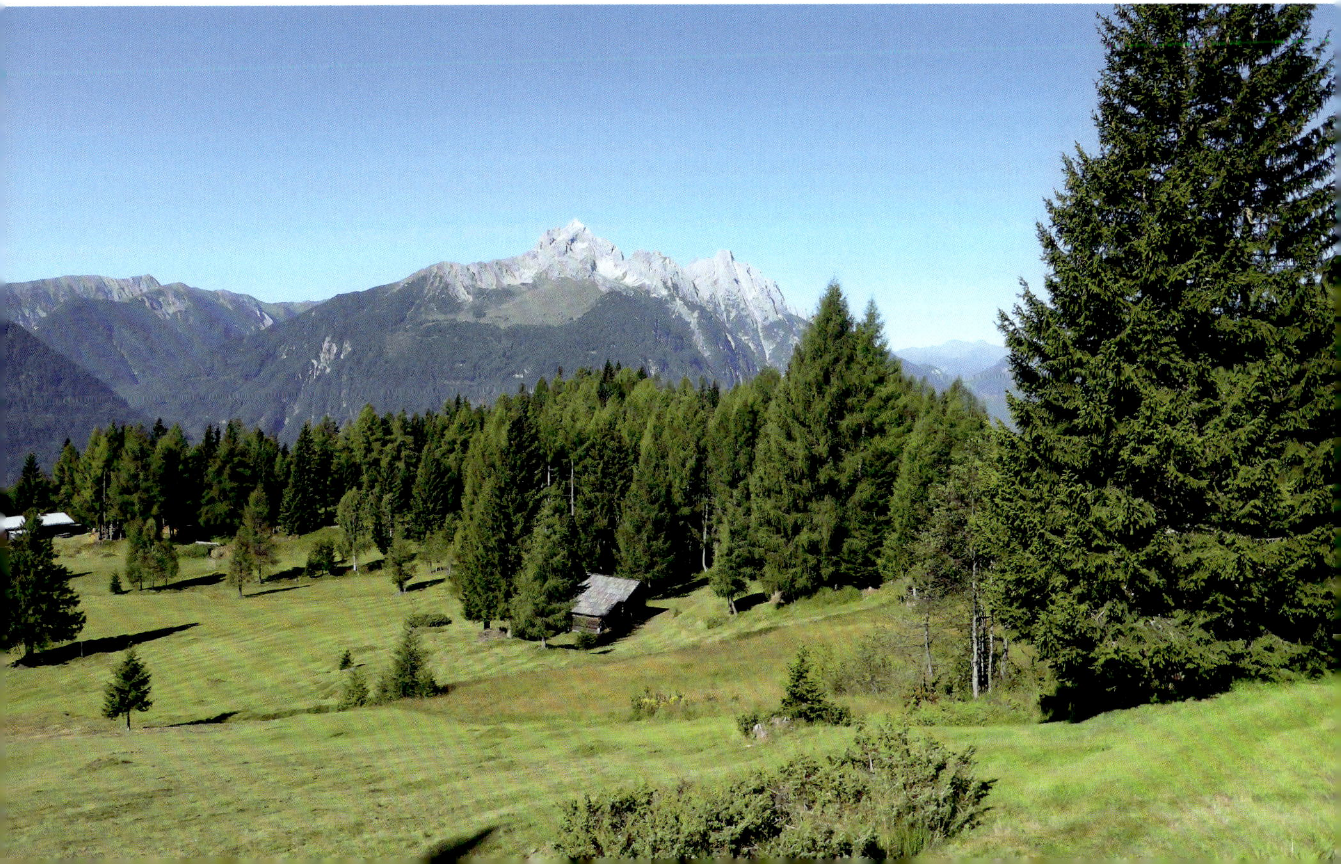

49 Unterer Zweisee, 2237 m

Über den Wolken ...

3.45 Std. → 8,5 km ↗ 620 m ↘ 620 m

Doppelt schön

Die hoch über dem Oberen Drautal gelegene Emberger Alm ist als Startpunkt bei Drachen- und Gleitschirmfliegern äußerst beliebt. Entsprechend viel Betrieb herrscht im Fluggelände und darüber, speziell an Sommer-Wochenenden, die gute Thermik versprechen. Für Wanderer hat dies den Vorteil, dass man sein Auto auch im Tal parken und das Flugtaxi als Shuttle nutzen kann. Wie auch immer – attraktive Wanderziele sind die beiden idyllisch in ein liebliches Kar zwischen Grubachkogel und Schwarzstein eingebetteten Zweiseen jedenfalls, wobei der untere der zum Schwimmen geeignetere ist.

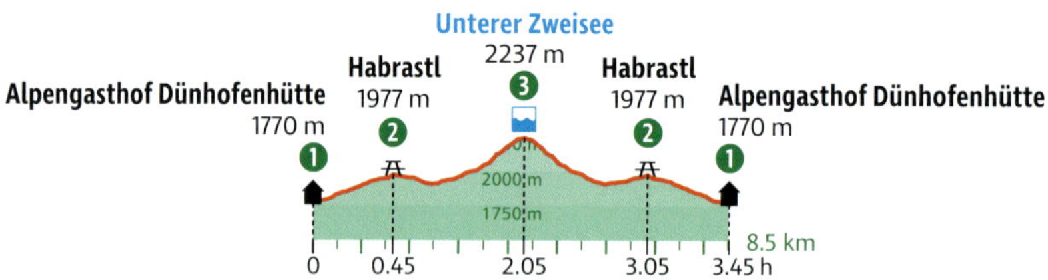

Ausgangspunkt: Parkplatz bei der Dünhofenhütte, 1770 m; über eine gut ausgebaute Bergstraße ab Berg bzw. Greifenburg mit dem eigenen Auto erreichbar. Alternativ mit dem Zug bis Berg oder Greifenburg und dem Flugtaxi (Tel. +43 650 3363631) zur Emberger Alm.

Anforderungen: Mittelschwere Wanderung, Trittsicherheit erforderlich. Für Kinder weniger geeignet.

Einkehr: Alpengasthof Dünhofenhütte, Tel. +43 676 7399951.

Karte: Freytag & Berndt WK 225.

Zweiseen – viele Wegweiser.

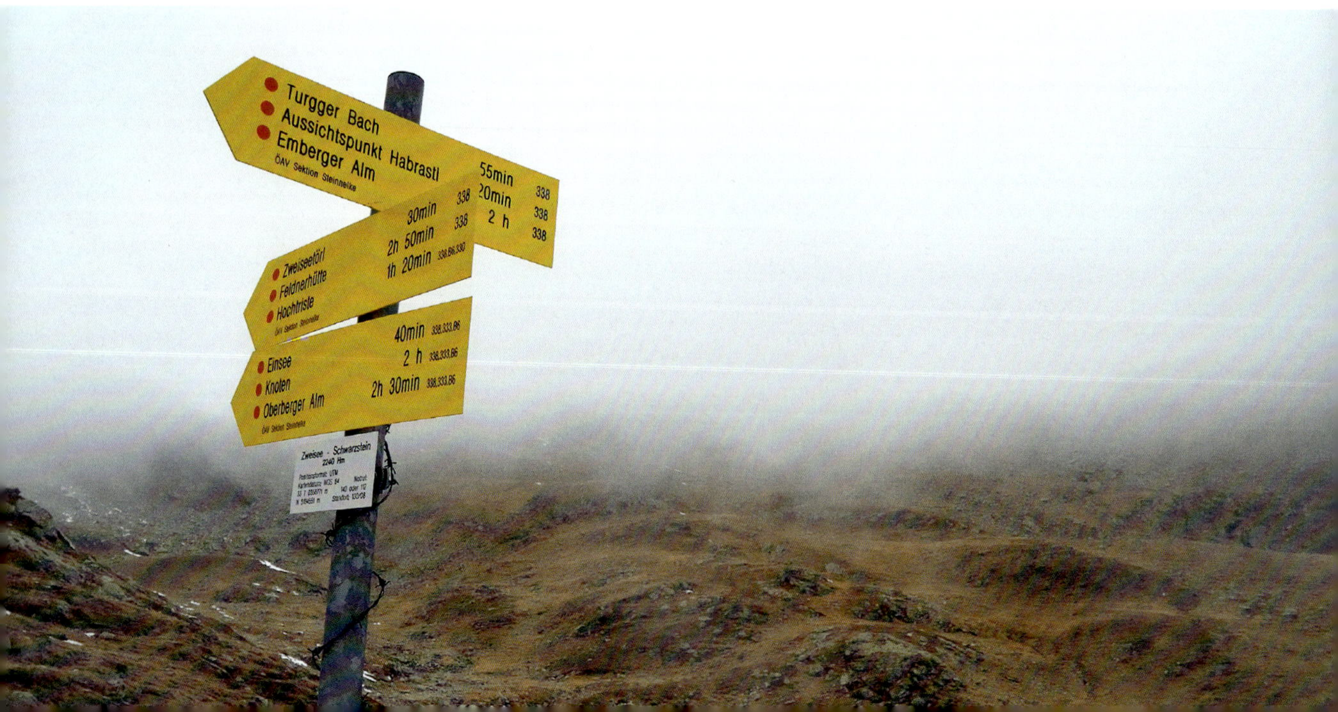

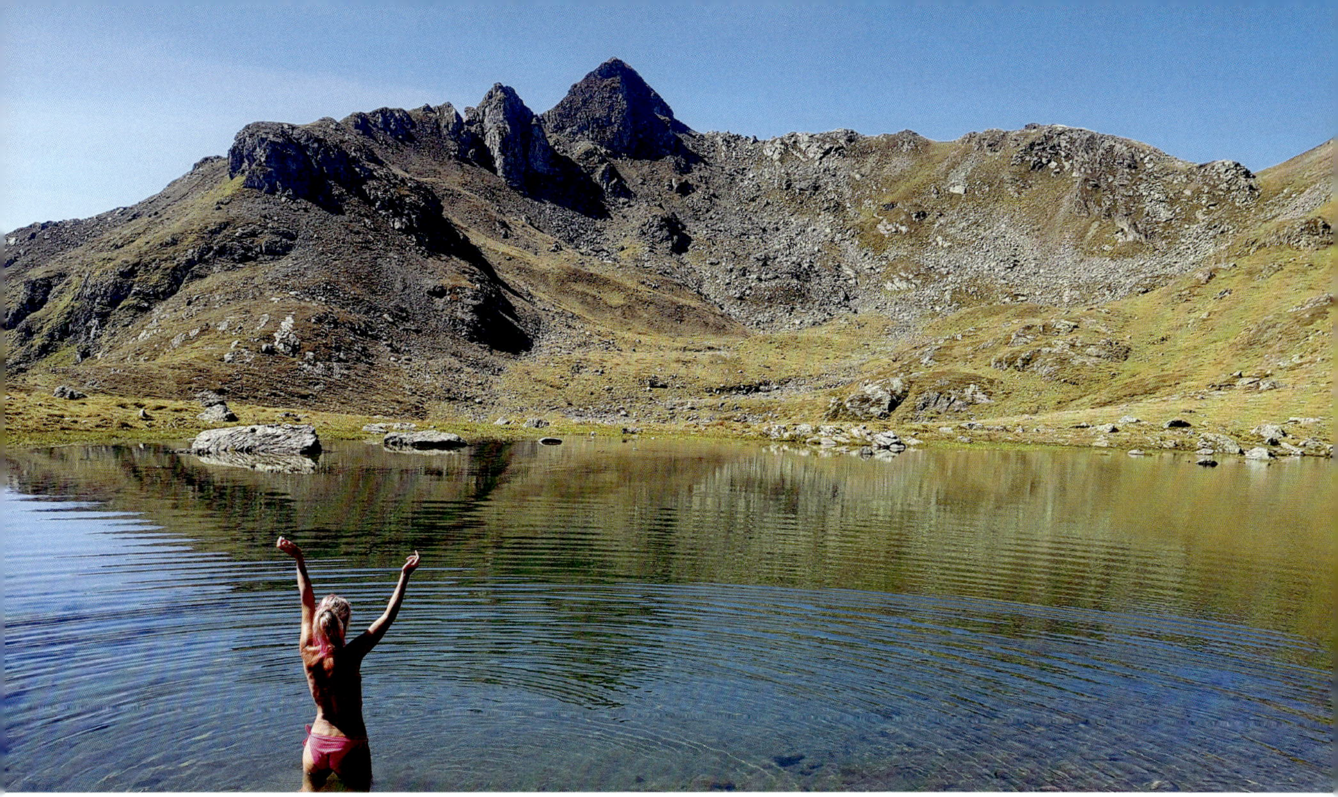

Freiheit, die ich meine …

Nach dem Aufbruch vom **Parkplatz ❶** geht es die ersten 200 Höhenmeter auf schönen, aussichtsreichen Wanderwegen durch lichten Lärchenwald mäßig steil bergan. Auf einem kleinen, bezeichnenderweise **»Habrastl« ❷** genannten Plateau befindet sich eine Holzbank, die tatsächlich auf ein »Rastl« einlädt, weil sich von hier ein besonders schöner Tiefblick bietet.

Anschließend schickt uns ein Wegweiser nach rechts und teilt uns auch mit, dass wir zum Zweisee noch etwa 1.20 Stunden zu laufen haben. Nun folgt ein Abwärtsstück bis zu einer kleinen Holzhütte, wo wir den Bach überqueren, um ab hier wieder ansteigend der Waldgrenze zuzustreben. Nachdem wir diese erreicht haben, wird es bedeutend steiler, die letzten 30 Minuten sogar richtig schweißtreibend steil!

Umso größer ist die Euphorie, wenn sich nach dieser vorletzten Herausforderung der Kessel mit dem wunderschönen **Unteren Zweisee ❸** öffnet. Jetzt können wir uns freudig erregt der für heute letzten Herausforderung – einem Bad im eiskalten, jedoch herrlich wohltuenden Wasser – stellen.

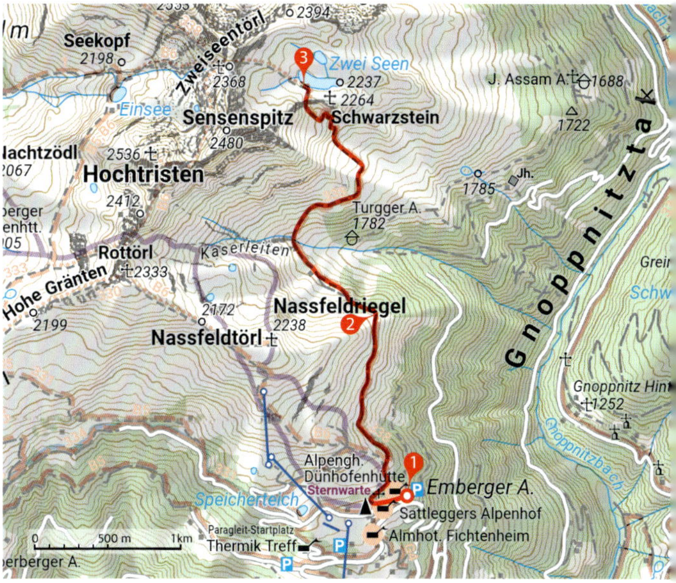

Sehr viel weniger herausfordernd wäre ein Abstecher zum nahe gelegenen, auf fast ebenem Weg erreichbaren Gipfel des Schwarzsteins. Uns treibt jedoch die Aussicht auf eine gute Jause in der **Dünhofenhütte ❶** erfrischt und topmotiviert talwärts.

50 Einsee, 2150 m

»Seensuchtsort« inmitten der Kreuzeckgruppe

3.30 Std. → 9,2 km ↗ 500 m ↘ 500 m

So geht's am besten zum Berg-See

Obwohl das Hochtristenhaus leider nicht mehr bewirtschaftet ist, empfiehlt sich dessen Parkplatz als Startpunkt für diese einmalige Bergseewanderung. Von Anfang an genießt man hier heroben grandiose Ausblicke ins Drautal und auf die (nur) scheinbar zum Greifen nahen Gipfel der Kreuzeckgruppe. Apropos Gipfel: Einen relativ einfachen Gipfelsieg kann man am Ochsentörl in Form eines Abstechers zum »Knoten« mitnehmen.

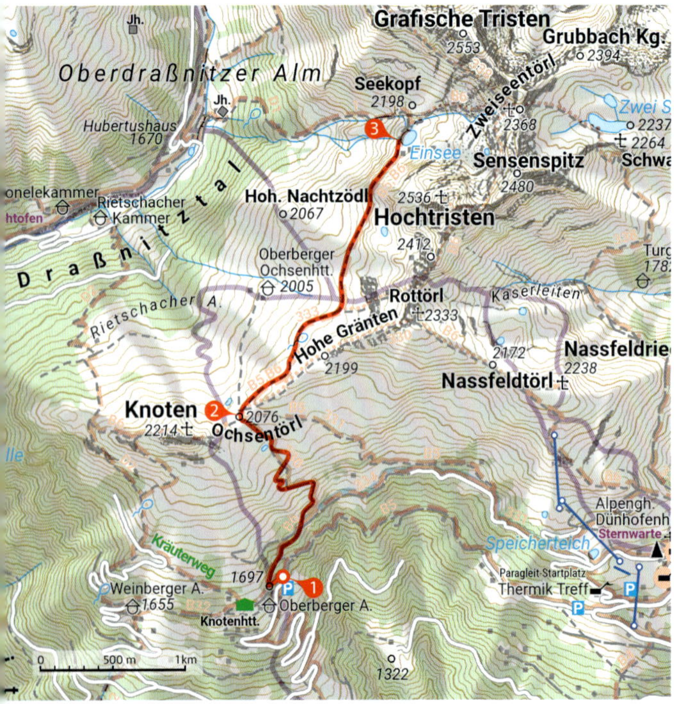

Ausgangspunkt: Parkplatz Hochtristenhaus, 1692 m; mit öffentlichen Verkehrsmitteln nicht erreichbar.

Anforderungen: Mittelschwere Wanderung, Trittsicherheit ist erforderlich, für Kinder daher weniger geeignet.

Einkehr: Keine.

Karte: Freytag & Berndt WK 225.

Ab dem **Parkplatz** ❶ geht es auf einem breiten Wanderweg ein kurzes Stück mäßig, dann allerdings stetig steil bergauf. Nach etwa 1 Stunde kommen wir zu einer Weggabelung am **Ochsentörl** ❷. Hier zweigt der Weg zum Knoten links ab, wir halten uns aber rechts und folgen dem gut beschilderten Weg zum Einsee bergan.

Nach der Überwindung eines weiteren Steilstückes flacht der Weg ab. Entlang eines Höhenrückens durchschreiten wir zuerst noch schöne Almwiesen; je näher wir unserem Wanderziel kommen, jedoch zunehmend schrofferes, leicht ausgesetztes Gelände. Dann geht es noch einmal leicht bergab in einen kleinen Kessel, zum kristallklaren **Bergsee** ❸, an dem wir nahe des Seeabflusses wunderbare alpine Badeplätze vorfinden.

Dermaßen erfrischt machen wir uns auf den Heimweg und freuen uns über ein einmaliges Bergsee-Erlebnis inmitten der Kreuzeckgruppe.

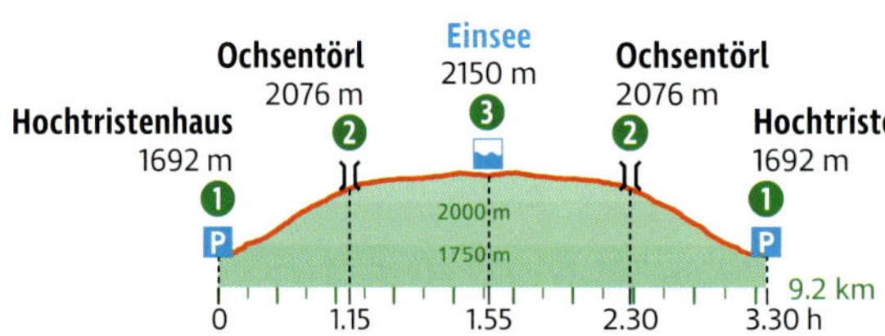

Ein-See wie kein See.

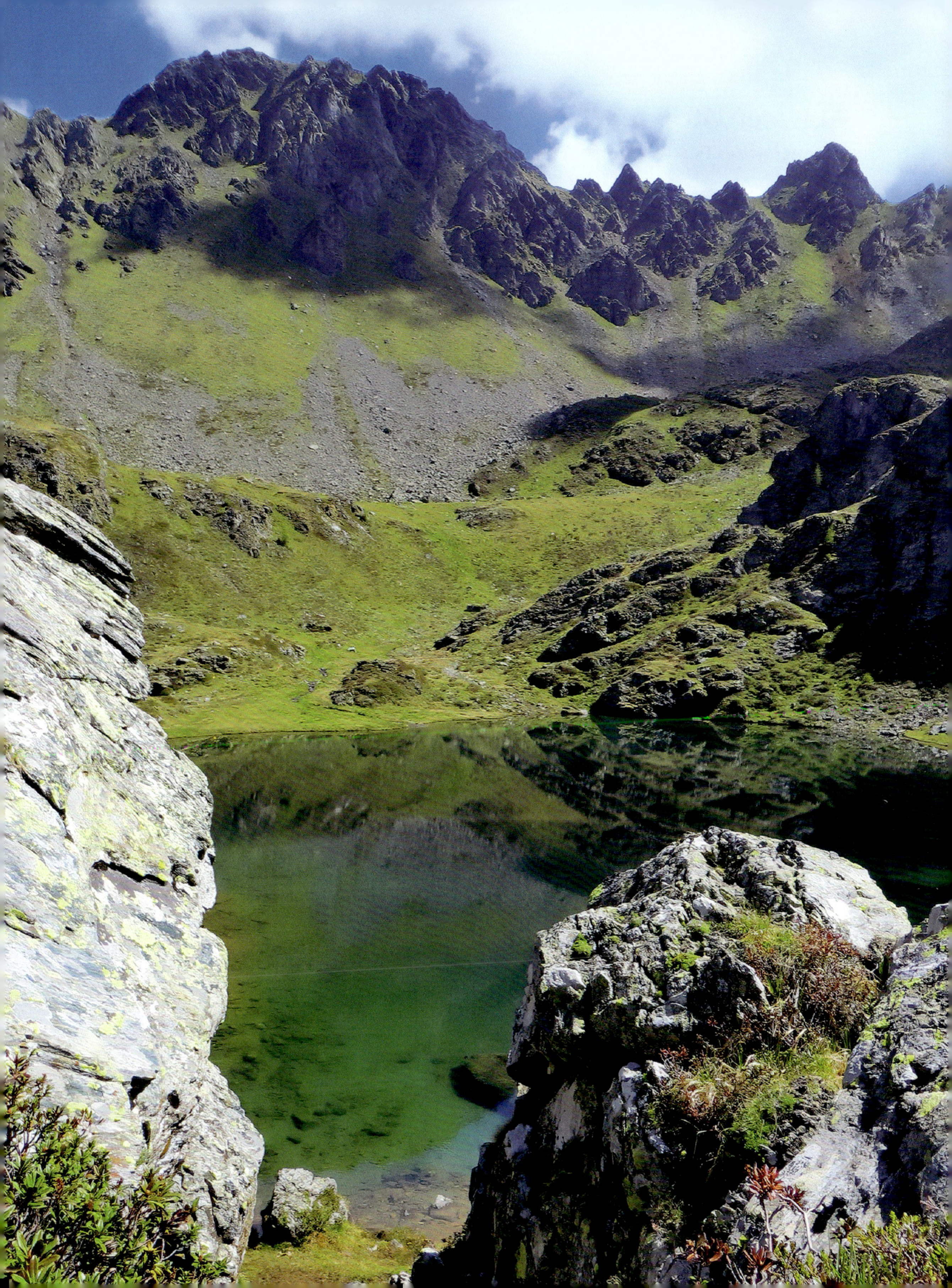

51 Paarseen, 1856 m

Ein ungleiches Paar bei Dorfgastein

6.00 Std. → 11,2 km ↗ 1030 m ↘ 1030 m

VIDEO

So weit – so gut!

Bewacht von Seideleckkopf und Haßeck liegen die beiden idyllischen Paarseen in einem blumenreichen Hochtal im Naturschutzgebiet Paarseen. Während der obere, kleinere See zunehmend von Verlandung bedroht ist, eignet sich sein unterer, größerer Bruder nicht zuletzt aufgrund zumeist angenehmer Badetemperaturen perfekt für alpines Schwimmvergnügen. Vom See aus wird man zudem mit einem faszinierenden Blick auf die steilen Südwände des Hochkönigmassivs belohnt.

Ausgangspunkt: Wanderparkplatz Hauserbauer im Dorfgasteiner Ortsteil Bergl, 1080 m. Anreise mit öffentlichen Verkehrsmitteln: Zug nach Schwarzach im Pongau und von dort Linienbus nach Dorfgastein.

Anforderungen: Relativ lange, aber ansonsten unschwierige Wanderung.

Einkehr: Steiner Hochalm, Tel. +43 6433 7318.

Karte: Freytag & Berndt WK 191.

Kleiner und Großer Paarsee, im Hintergrund das Hochkönigmassiv.

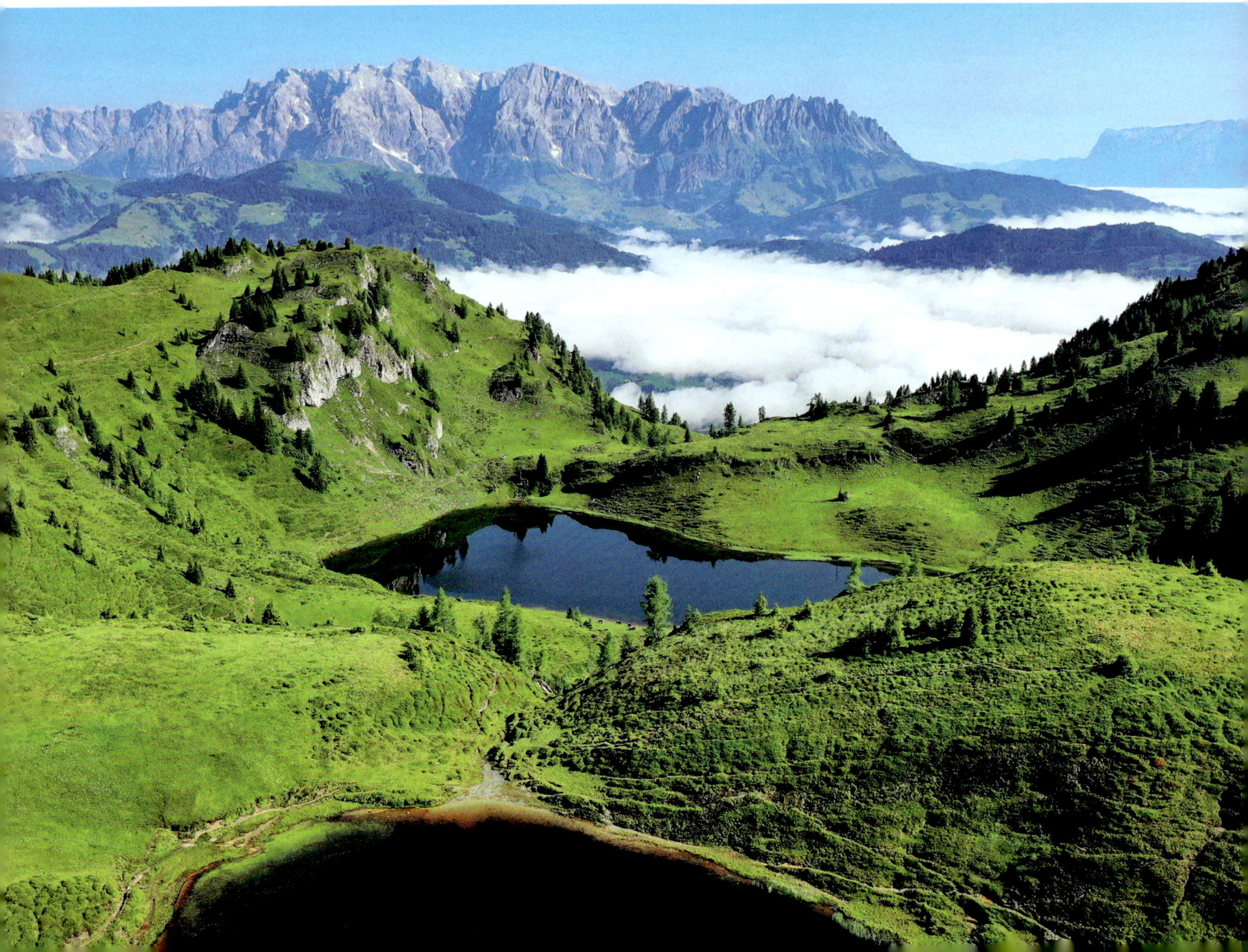

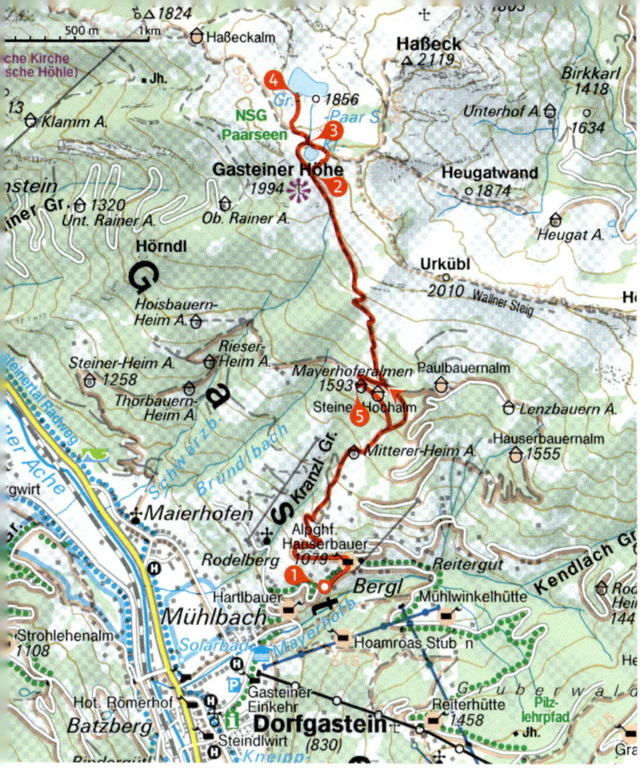

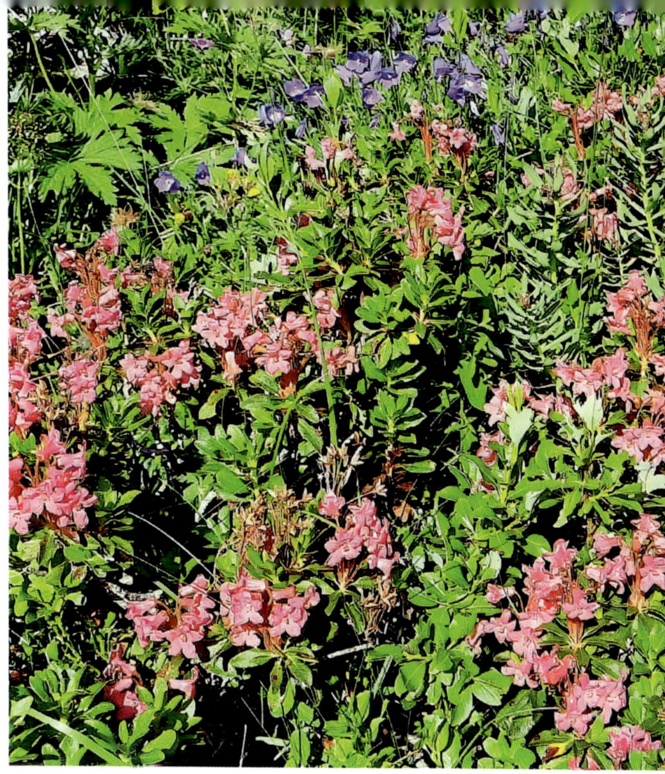

Zumeist blühen die Almrosen in dieser Region oberhalb von Dorfgastein im Juni.

Vom **Parkplatz ❶** weg links geht es vorbei an der ältesten Kapelle Gasteins zum Mittererbauer. Hier folgen wir zuerst einem steilen Traktorweg, dann einem schön angelegten Steig bergan. Wir durchqueren den lichten Hochwald und lassen die Steiner Hochalm vorerst im wahrsten Sinne des Wortes links liegen. Nachdem wir einen Höhenrücken erklommen haben, wird der Steig flacher, bietet tolle Ausblicke in das untere Gasteinertal und führt uns schließlich zu einem kleinen **Sattel ❷**, von dem aus wir schon den kleineren Oberen Paarsee und auf einer Terrasse darunter den Unteren Paarsee erblicken.
Vom Sattel steigen wir ab ins Naturschutzgebiet zum **Großen Paarsee** und wandern entlang des etwas sumpfigen Ufers zu seinem **Abfluss ❸**. Da dieser auch den **Kleinen Paarsee** speist, folgen wir zuerst seinem Lauf und dann vereinzelten Trittspuren. Über unwegsames, teils steiles Gelände erreichen wir schließlich das Südufer, wo man an einem großen Felsen einen idealen **Badeplatz ❹** vorfindet.
Für den Rückweg steigen wir zuerst wieder weglos zum **Großen Paarsee ❸** an, wandern in einem weiten Bogen am anderen Seeufer gemütlich ansteigend in den Sattel und folgen ab hier dem vom Aufstieg her bekannten Steig, von dem wir jetzt aber zur **Steiner Hochalm ❺** abzweigen. Diese wunderschön gelegene Hütte ist nicht nur für ihre herrliche Aussicht bekannt, sondern auch für ihre legendären »Blattl- und Bauernkrapfen«, die man aber zumeist nur sonn- und feiertags erhält. Wie auch immer – hier kann man sich's in jedem Fall gut gehen lassen ...

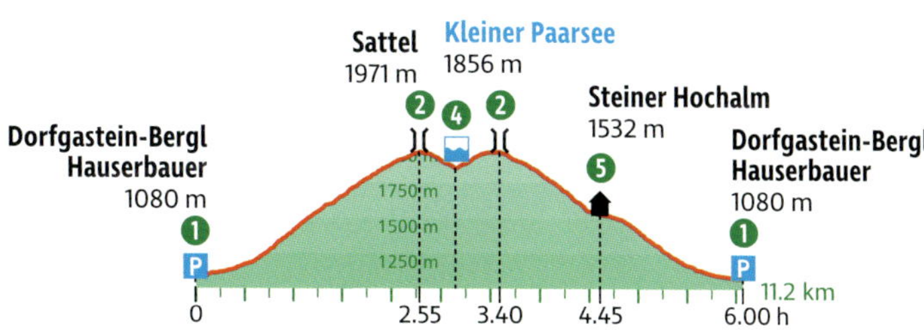

52 Schuhflickersee, 2045 m

Sagenhaft schön

2.00 Std. → 3,9 km ↗ 380 m ↘ 380 m

VIDEO

Bergsee-Erlebnis mit relativ geringer Gehzeit
Das den See überragende Schuhflicker-Massiv weist zwei Spitzen auf. Der Sage nach handelt es sich hier um zwei Schuhflicker-Gesellen, die für ihr gottloses Tun durch die Versteinerung bestraft wurden. Auf den vorderen der beiden Gipfel, die sogenannte Arlspitze, führen auch mehrere Kletterrouten, die allerdings einiges an Übung erfordern. Als nur einer von drei Kalkbergen im Großarltal weist der mächtige Schuhflicker mitsamt dem ihn umgebenden Aualmgebiet eine gänzlich andere Fauna und Flora auf als die meisten anderen Regionen im Tal. Am herrlich gelegenen Bergsee genießt man nicht nur dessen atemberaubende Frische, sondern den nicht weniger atemberaubenden Blick auf das gegenüberliegende Hochkönigmassiv.

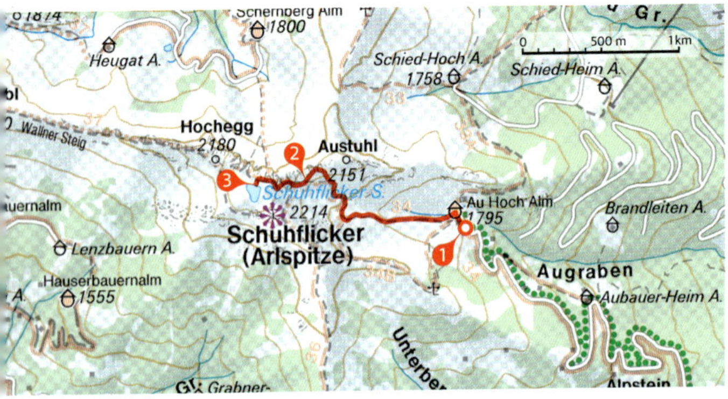

Ausgangspunkt: Wanderparkplatz bei der Aualm, 1795 m. Mit dem eigenen Pkw ab dem Großarler Ortsteil Unterberg über den Rattersbergweg bis zum Lainholzbauern und weiter bis zur Aualm; öffentlich mit dem Zug nach St. Johann im Pongau, mit dem Linienbus nach Großarl und dem Wandertaxi zur Aualm.
Anforderungen: Keine ausgesetzten Stellen, lediglich beim an manchen Stellen rutschigen Abstieg zum See ist etwas Vorsicht geboten. Wegen der relativ kurzen Gehzeit auch als Familienwanderung geeignet.
Einkehr: Aualm, Tel. +43 6414 341.
Karte: Freytag & Berndt WK 191.

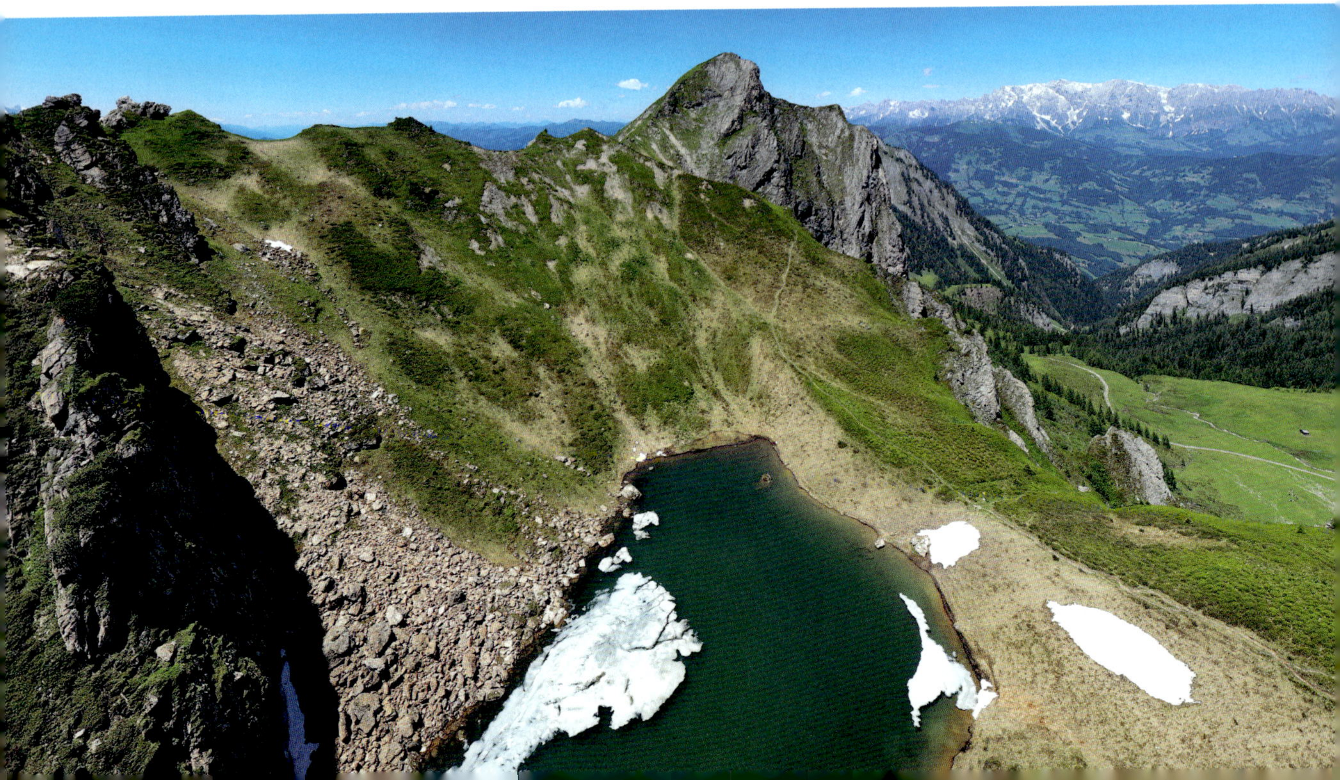

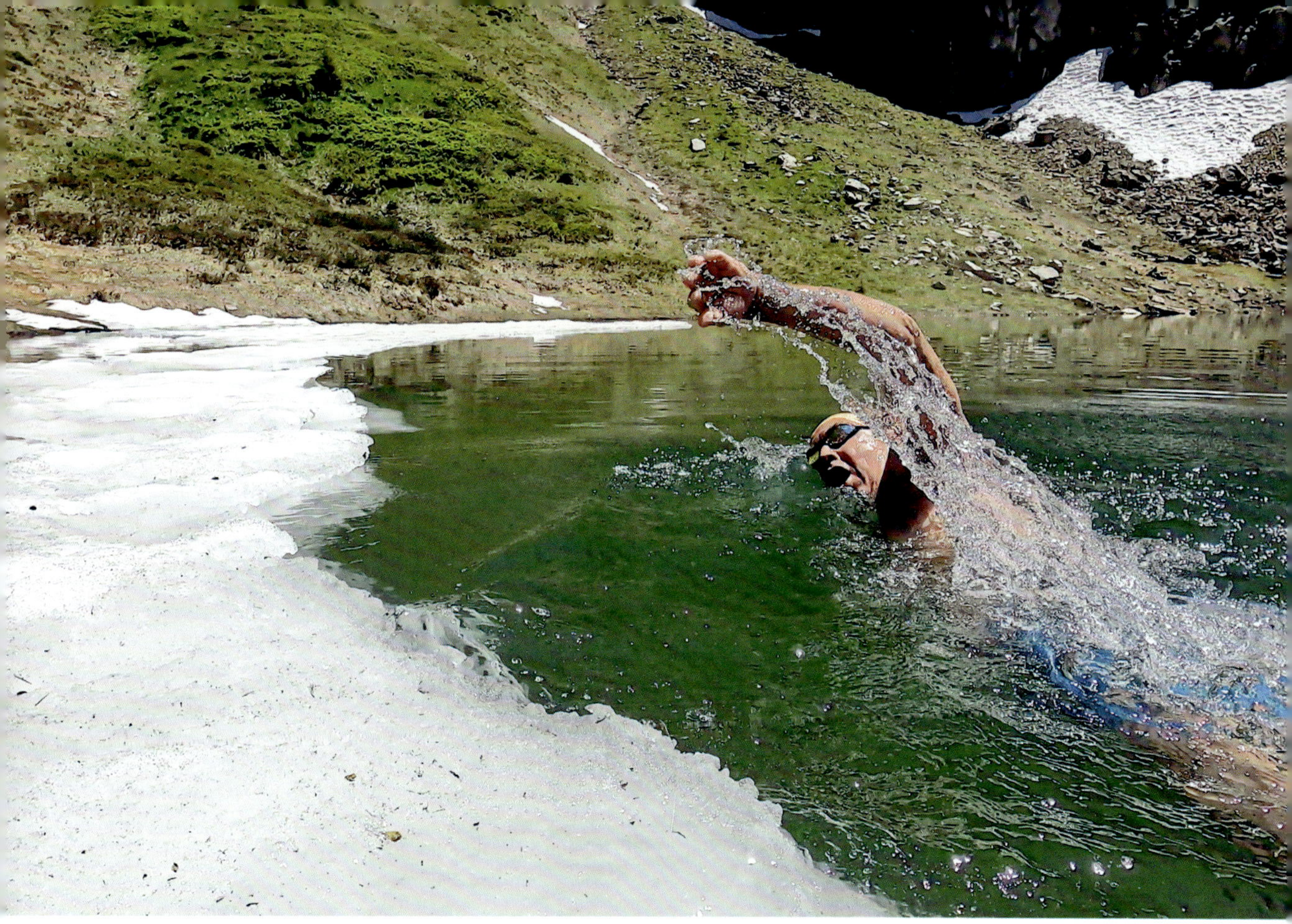

Foto oben: Schwimmen »on the rocks«. – Links: Tiefblick von der Arlspitze.

Vom **Wanderparkplatz** 1 bei der **Aualm** zweigt der schön angelegte Wanderweg mit der Nummer 34 ab und führt über offene Almwiesen zunächst mäßig steil bergan. Im Sommer tummeln sich auf den prächtigen Almweiden Kühe, Schafe, Ziegen, Pferde und sogar Schweine. Allmählich wird der Pfad steiler, ehe wir auf dem Höhenrücken des Austuhls an einem **Wetterkreuz** 2 den höchsten Punkt unserer Tour erreichen.

Über den Weg Nr. 37 erfolgt der Abstieg zum einladend glitzernden **Bergsee** 3. Außergewöhnlich am **Schuhflickersee** ist die Tatsache, dass der – oft bis weit in den Mai hinein von Schneefeldern eingefasste – See keinen erkennbaren Zu- bzw. Abfluss hat, sein Wasserspiegel jedoch fast immer konstant bleibt. Dieser Umstand war schon in der Vergangenheit bekannt und führte zu allerlei Spekulationen. Umso mehr, als dereinst – zumindest der Sage nach – ein im Kleinarler Tappenkar-

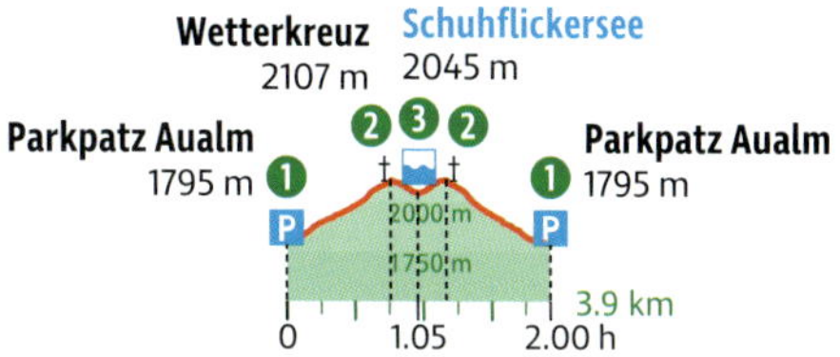

see versunkenes Wagenrad in dem mystischen Bergsee wieder auftauchte. Sagenhaft schön ist er in jedem Fall, der Schuhflickersee, und zudem eiskalt. Trotzdem tummeln sich in ihm ganze Schwärme kleiner Fische.

Hat man es diesen gleichgetan, kann man sich erfrischt auf den Rückweg machen. In mehreren steilen Kehren geht es via Weg 37 wieder zurück auf den Austuhl und ab jetzt immer bergab bis zur **Aualm** 1. Obwohl die Hütte unlängst renoviert wurde, hat sie sich ihren »almerischen« Charme erhalten und lockt hungrige Wanderer mit authentischen Schmankerln der Region.

53 Trögsee, 1944 m

Klein, aber fein

4.00 Std. → 8,9 km ↗ 640 m ↘ 640 m

VIDEO

Über aussichtsreiche Almmatten zu einem idyllischen Badeplatz

Es kommt nicht von ungefähr, dass sich das Salzburger Großarltal in der Tourismuswerbung mit dem Attribut »Tal der Almen« schmückt. So versorgen um die 40 bewirtschaftete Almen und Berghütten die Wanderer entlang der rund 400 Kilometer markierter Wanderwege mit selbstgemachten Köstlichkeiten. Auch auf dieser mittelschweren Tour zu den auf einem Höhenrücken zwischen dem Klein- und Großarltal gelegenen Trögseen kann man sich nicht nur mit einer herrlichen Aussicht und einem erfrischenden Badevergnügen, sondern auch mit einer geschmackvollen Alm-Einkehr belohnen.

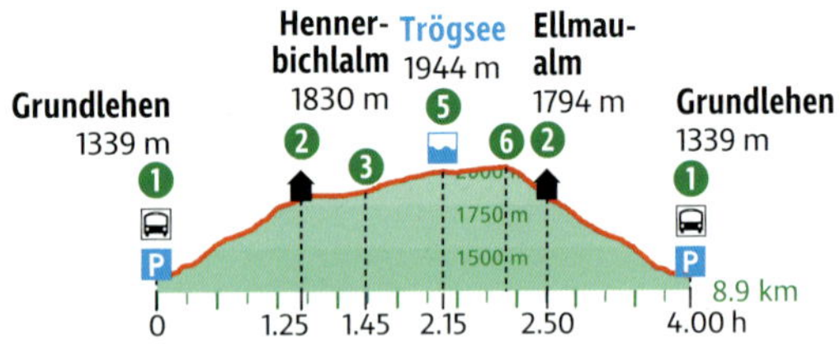

Ausgangspunkt: Wanderparkplatz Grundlehen im Talschluss des Ellmautales, 1339 m; erreichbar über eine gut ausgebaute 9 km lange Bergstraße, welche ab dem Ortszentrum von Großarl beschildert ist. Alternativ mit dem Bus ab Großarl ins Ellmautal zur Haltestelle Grundlehen.

Anforderungen: Keine ausgesetzten Stellen, im unteren Abschnitt ein paar steilere Passagen, die nach Regenfällen rutschig sein können. Als Familienwanderung geeignet.

Einkehr: Ellmaualm, Tel. +43 664 4550411.

Karte: Freytag & Berndt WK 191.

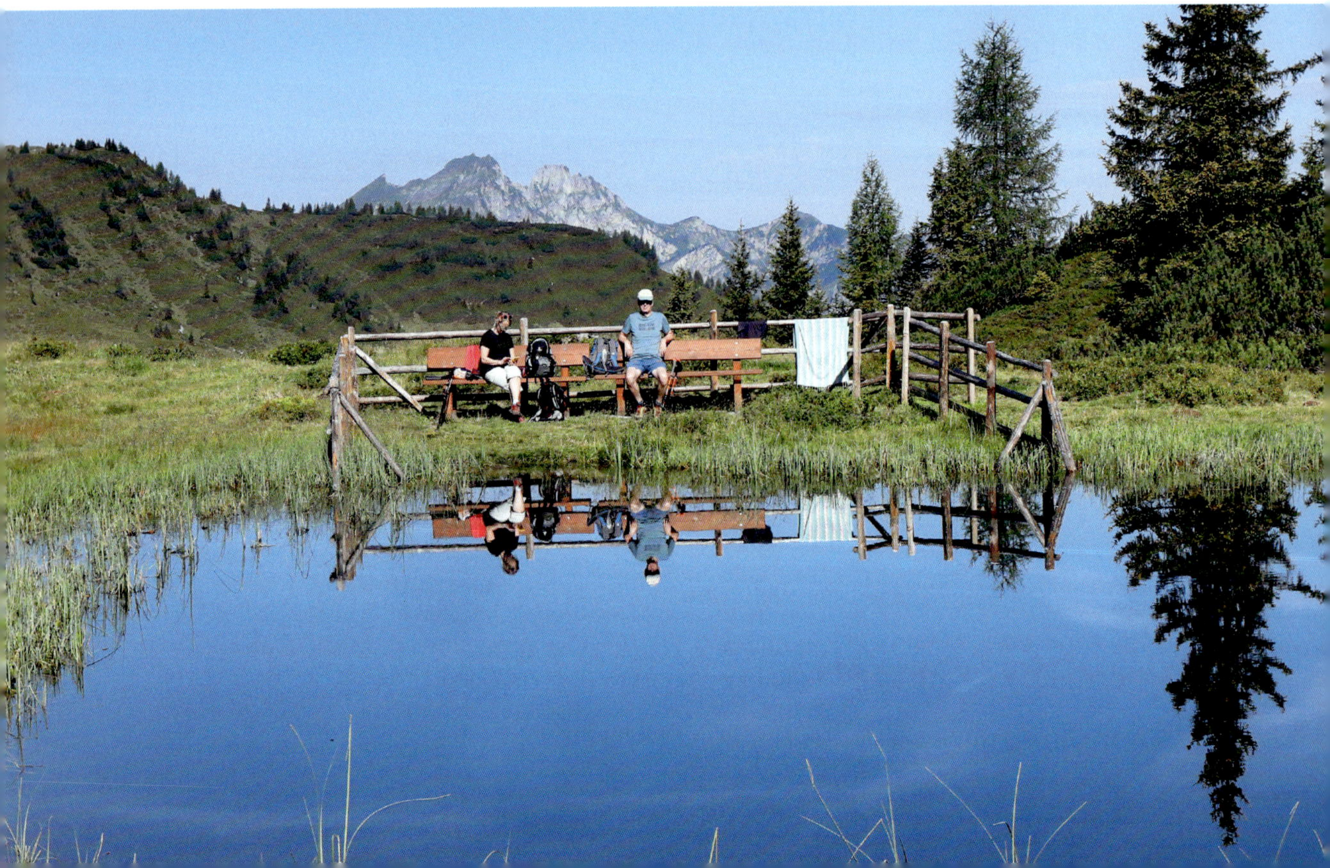

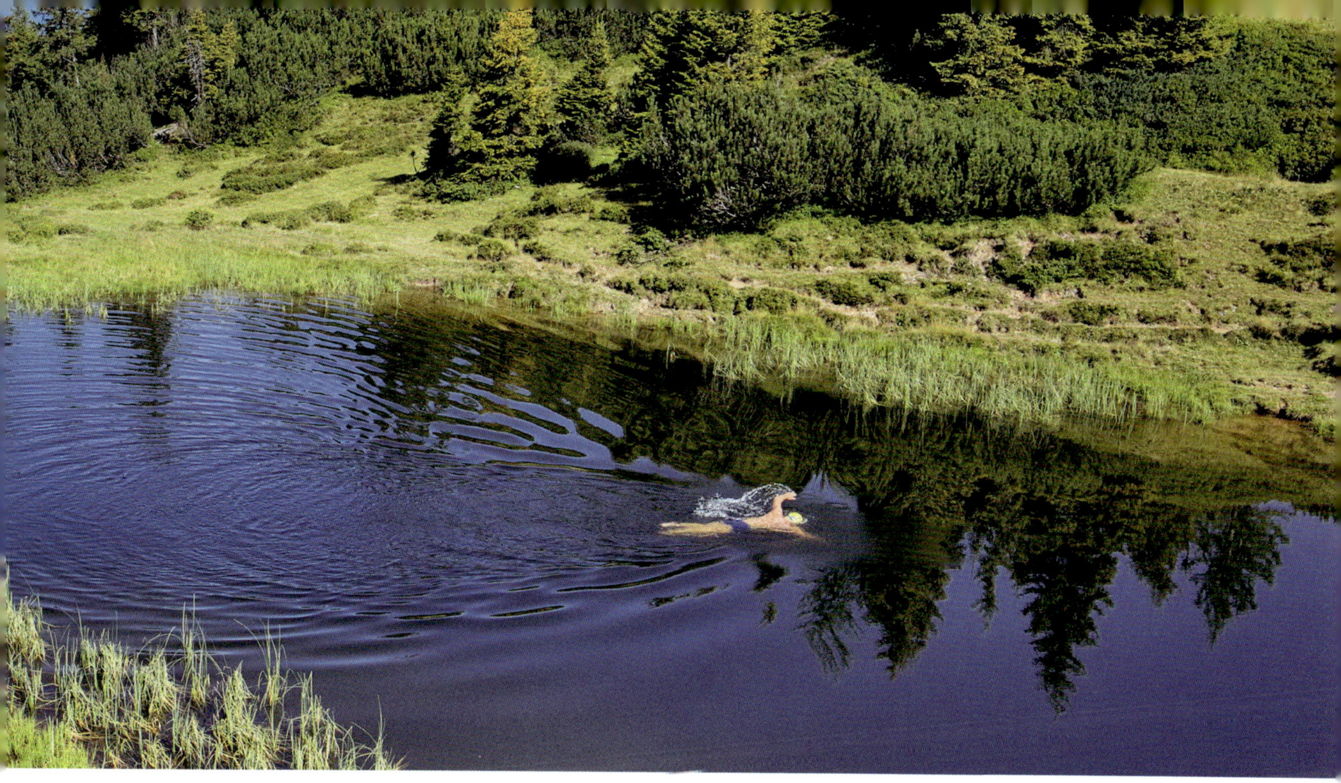

Der Trögsee: etwas moorig, trotzdem bärig.

Vom **Wanderparkplatz Grundlehen** ❶ folgen wir wenige Hundert Meter einem durch eine Schranke abgesperrten, anfänglich nur mäßig steigenden Wirtschaftsweg, ehe es links abzweigend auf einem urigen Almsteig ordentlich zur Sache geht. Nach dem steilen, kräftezehrenden Anstieg führt der Steig ab der Kreuzung mit dem Wirtschaftsweg zur Ellmaualm flacher werdend über offene Almwiesen.

Ab der **Ellmaualm** ❷ geht es fast ohne Höhengewinn an der unbewirtschafteten **Hennerbichlalm** ❸ vorbei, eher der Steig in einer sanften Kurve auf einen Höhenrücken mit einem weithin sichtbaren Wegkreuz führt. Von hier aus genießt man an klaren Tagen einen wunderbaren Panoramablick.

Wenige Gehminuten ab dem Wegkreuz zweigt linker Hand der Steig zu den Trögseen ab. Nachdem wir über eine kleine **Holzleiter** ❹ den Zaun überwunden haben, gelangen wir kurz danach zum eigentlichen **Trögsee** ❺, während die dahinter liegenden Wasserflächen wohl eher nur (mehr) als kleine verlandete Wasserflächen zu bezeichnen sind.

Kuhfreie Zone am Trögsee-Badeplatz.

Der kleine Badeplatz ist zum Schutz vor dem Weidevieh umzäunt und mit einer Holzbank ausgestattet. Ins – zumindest im Hochsommer gut und gerne bis zu 16 Grad warme – etwas moorige Wasser des idyllischen Hochgebirgssees gelangt man mühelos und steinfrei. Nach einem erfrischenden Bad geht es zurück bis zur **Zaunüberquerung** ❹. Von der Leiter absteigend, schwenken wir zur linken Seite wieder in den Wanderweg ein und folgen flach dem Höhenrücken bis zur **Abzweigung** ❻ zur steileren »Direttissima« zur **Ellmaualm** ❷, wo wir uns bei einer zünftigen Einkehr für den weiteren Abstieg stärken können.

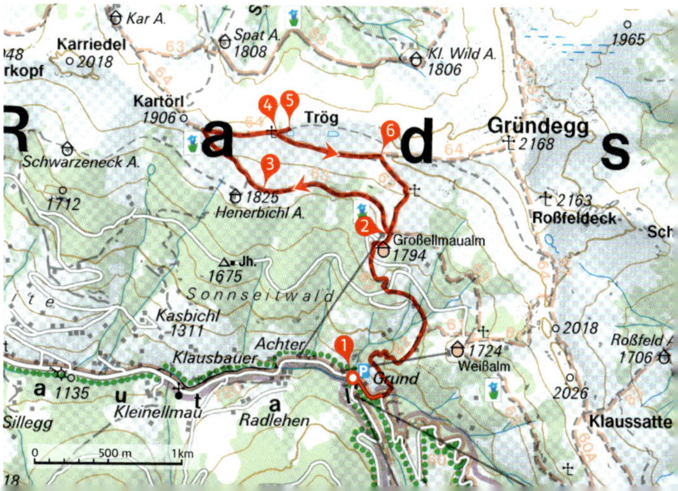

54 Unterer Hörkarsee, 1899 m

Viele Namen – nur ein empfehlenswerter Weg

5.45 Std. → 13,3 km ↗ 910 m ↘ 910 m

Mehr als »hörenswert«

In älteren Schriften wurde diese einsame Region noch als Höhkar, Hierkaar und Hiörkar betitelt. Im »Reise-Handbuch für Kranke oder Naturfreunde« (Emil, 1827) wird der Name »Hökahr-Alpe« verwendet, erst in den letzten Jahrzehnten hat sich der Begriff »Hörkar« durchgesetzt. Ebenso durchgesetzt hat sich – nach mehreren Unglücksfällen – die von Bergrettung und Alpenverein dringend ausgesprochene Empfehlung, den gefährlichen Steig hinab ins Anlauftal nicht mehr zu begehen, sondern entlang des Aufstiegspfades auch wieder abzusteigen. Wer einmal einen wirklich einsamen Bergsee beschwimmen möchte, der ist hier goldrichtig.

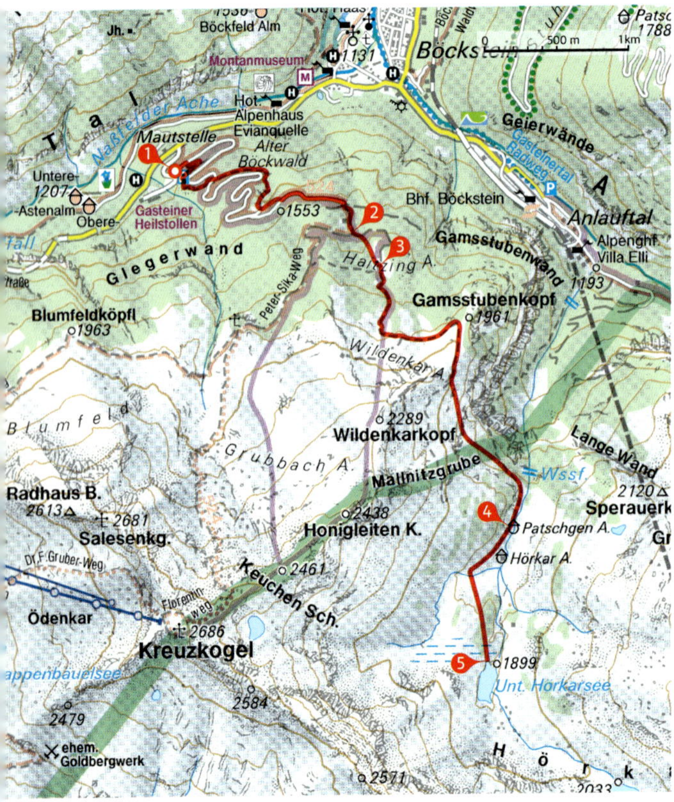

Ausgangspunkt: Kleiner Parkplatz, 1274 m, bei einer Trafostation an der letzten Kehre der von Böckstein zum Heilstollen hinaufführenden Zufahrtstraße. Bei Anreise mit öffentlichen Verkehrsmitteln kann man ab Bahnhof Bad Gastein den im Sommer verkehrenden Wanderbus nach Sportgastein nehmen und an der Abzweigung zum Heilstollen aussteigen.

Anforderungen: Lange, aber nicht allzu steile Tour, die bei trockenen Bedingungen auch mit Kindern machbar ist. Bei instabilen Wetterverhältnissen sollte man mangels gut sichtbarer Markierungen und wegen Nebel- und Rutschgefahr diese Wanderung allerdings erst gar nicht antreten.

Einkehr: Patschgenalm, zumeist jedoch unbewirtschaftet.

Karte: Freytag & Berndt WK 191.

Vom **Parkplatz** ❶ führt der Weg zu den Hörkarseen anfänglich steil bergan. Nach ca. 20 Minuten erreichen wir eine Forststraße, der wir links entlang, aber auch einige Abkürzungen nutzend, für weitere 40 Minuten bis zu einer **Weggabelung** ❷ folgen. Wiederum links geht es Richtung **Haitzingalm** ❸, deren verfallene Überreste wir nach etwa 15 Minuten erreichen. Von jetzt an sind wir ohne Markie-

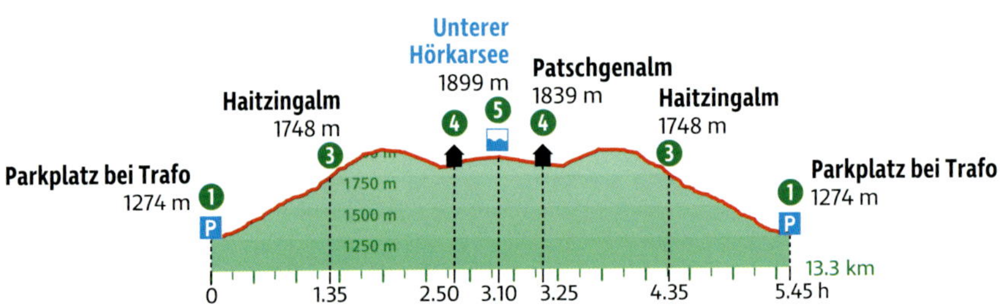

rung auf allerdings zumeist gut erkennbaren Steigen unterwegs. Nach einem weiteren Steilstück erreichen wir alte Lawinenverbauungen, ab denen es wieder flacher werdend zu einem schönen Aussichtspunkt am **Gamsstubenkopf** geht.

Am Hang entlang erst an-, bald jedoch absteigend, gelangen wir in den von Pferden und Kühen bevölkerten teils sumpfig-feuchten Almboden der Hörkar- bzw. **Patschgenalm** ❹. Am oberen Ende der Almregion liegt der von mächtigen Felsblöcken umgebene, glasklare **Untere Hörkarsee** ❺. Gespeist wird der idyllische Bergsee vom Abfluss des höher gelegenen Oberen Hörkarsees, welcher von hier in einer etwa halbstündigen Wanderung erreichbar wäre. Weil wir jedoch genügend Zeit am und im unteren See verbringen wollen und zudem noch einen langen Abstieg vor uns haben, ersparen wir uns diese »Fleißaufgabe«.

Der Rückweg folgt weitestgehend der Aufstiegsroute. Mit etwas Glück trifft man bei der **Patschgenalm** ❹ jemanden an und kann sich gegebenenfalls hier für den Rückmarsch stärken, der bis zum Gamsstubenkopf ja auch noch einige Höhenmeter bergauf bereithält.

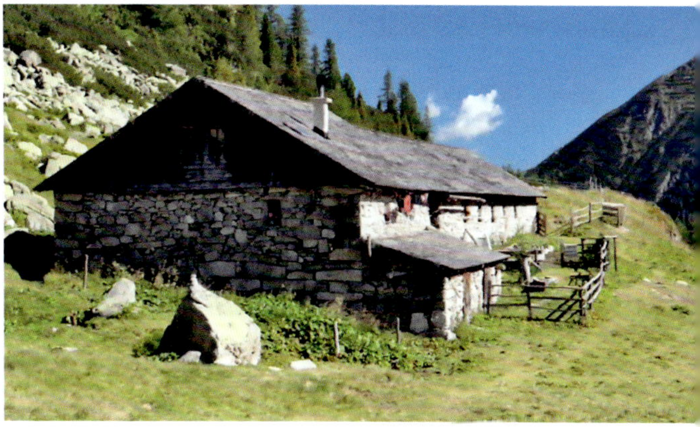

Badekleidung ist hier »nicht zwingend vorgeschrieben«.

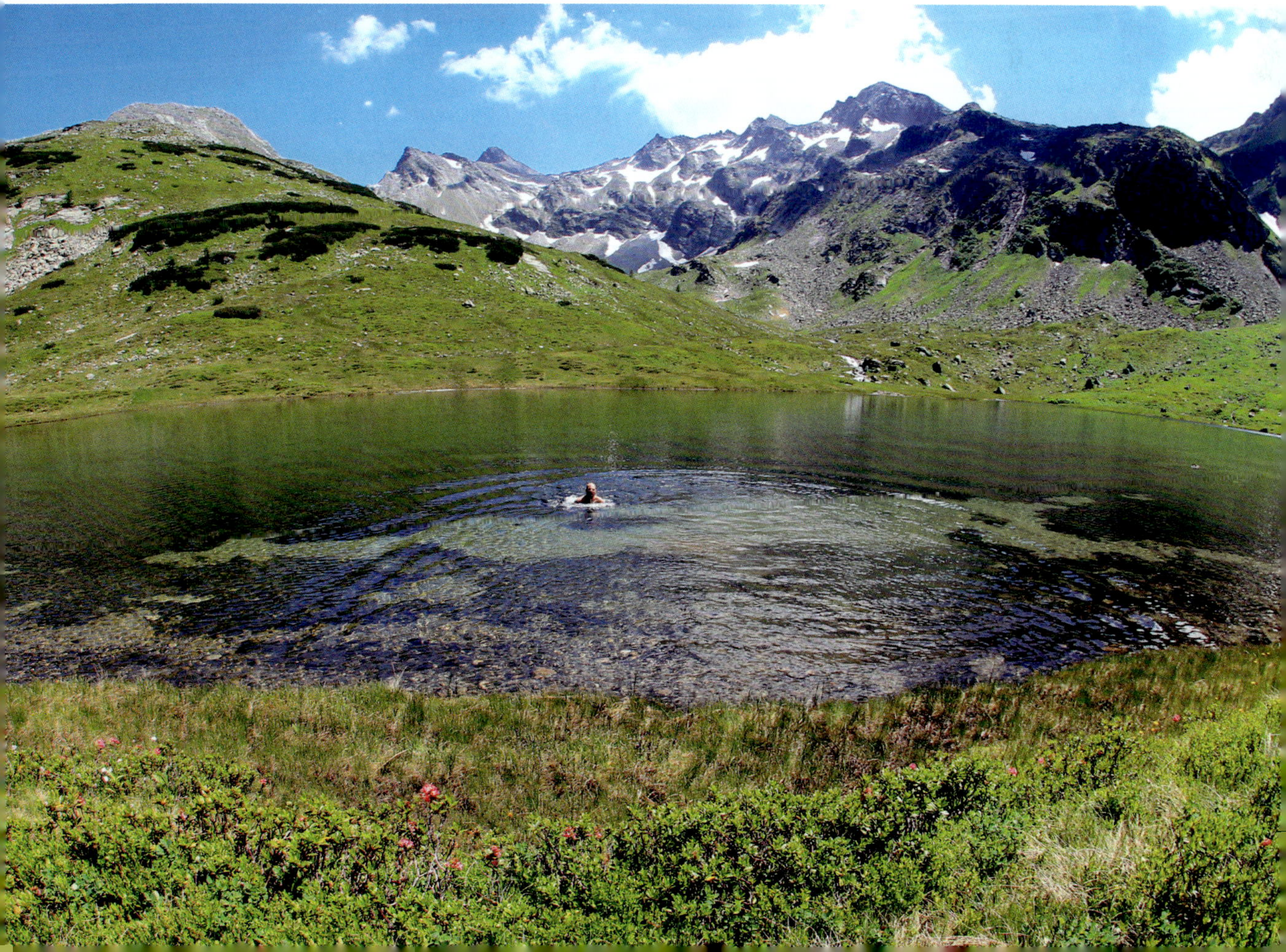

55 Oberer Rotgüldensee, 1999 m

Der »Obere« ist nur etwas für Schwindelfreie

4.00 Std. → 9,1 km ↗ 670 m ↘ 670 m

VIDEO

Je nachdem ...

... ob man den Unteren oder den Oberen Rotgüldensee als Endziel wählt, reicht das Spektrum dieser möglichen Bergseewanderungen von »familienfreundlich« bis »äußerst anspruchsvoll«. Beschwimmen kann man beide Bergseen, bewandern sollten den Oberen nur wirklich auf diesem Gebiet Bewanderte. Die letzte Steilstufe zum hier beschriebenen Tourenziel hat es nämlich tatsächlich in sich.

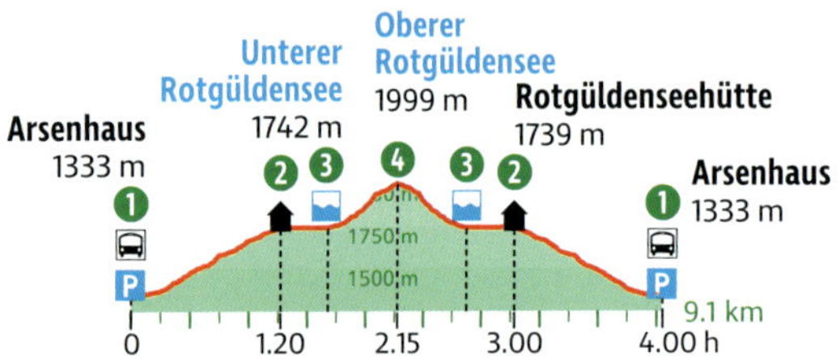

Ausgangspunkt: Parkplatz Arsenhaus, 1333 m, östlich von St. Michael im Lungau; Postbus ab Bhf. Tamsweg.

Anforderungen: Bis zum Unteren Rotgüldensee leichte, dann recht schwierige und nicht ungefährliche Wanderung über einen nur für Spezialisten geeigneten Alpinsteig. Für Kinder nur bis zum Unteren Rotgüldensee geeignet.

Einkehr: Rotgüldenseehütte, Tel. +43 6479 348.

Karte: Freytag & Berndt WK 202.

Nach dem **Wanderparkplatz** ❶ überqueren wir den Rotgüldenbach, halten uns dann links und folgen nach dem Passieren einer Schranke der von naturkundlichen Infotafeln und Rastbänken gesäumten Asphaltstraße. Je nach Lust und Laune bleiben wir auf dieser oder nehmen die sich immer wieder anbietenden steileren Abkürzungen durch den Hochwald.

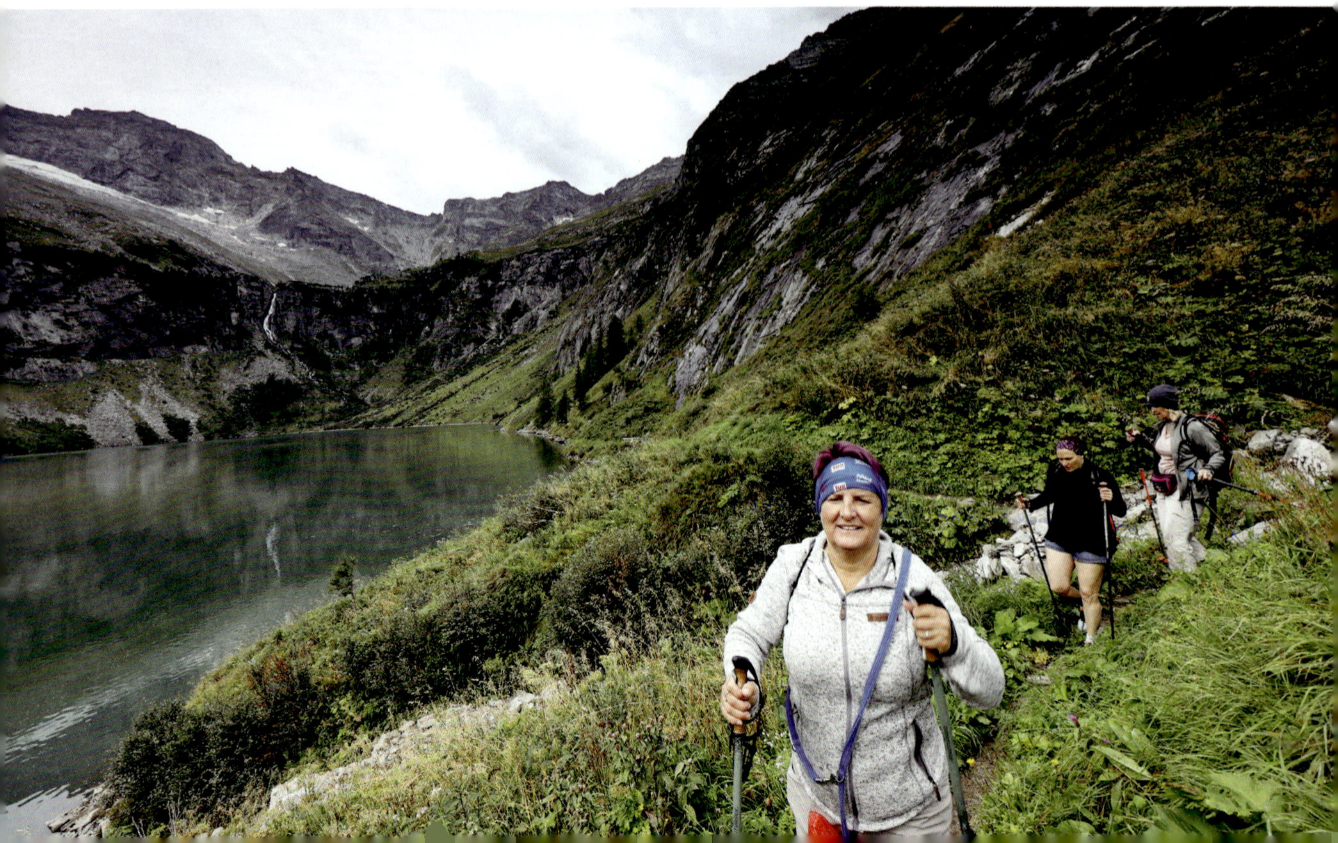

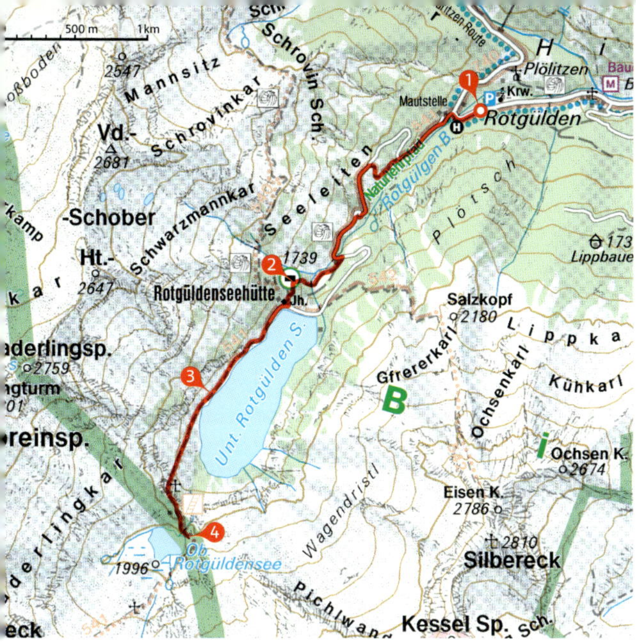

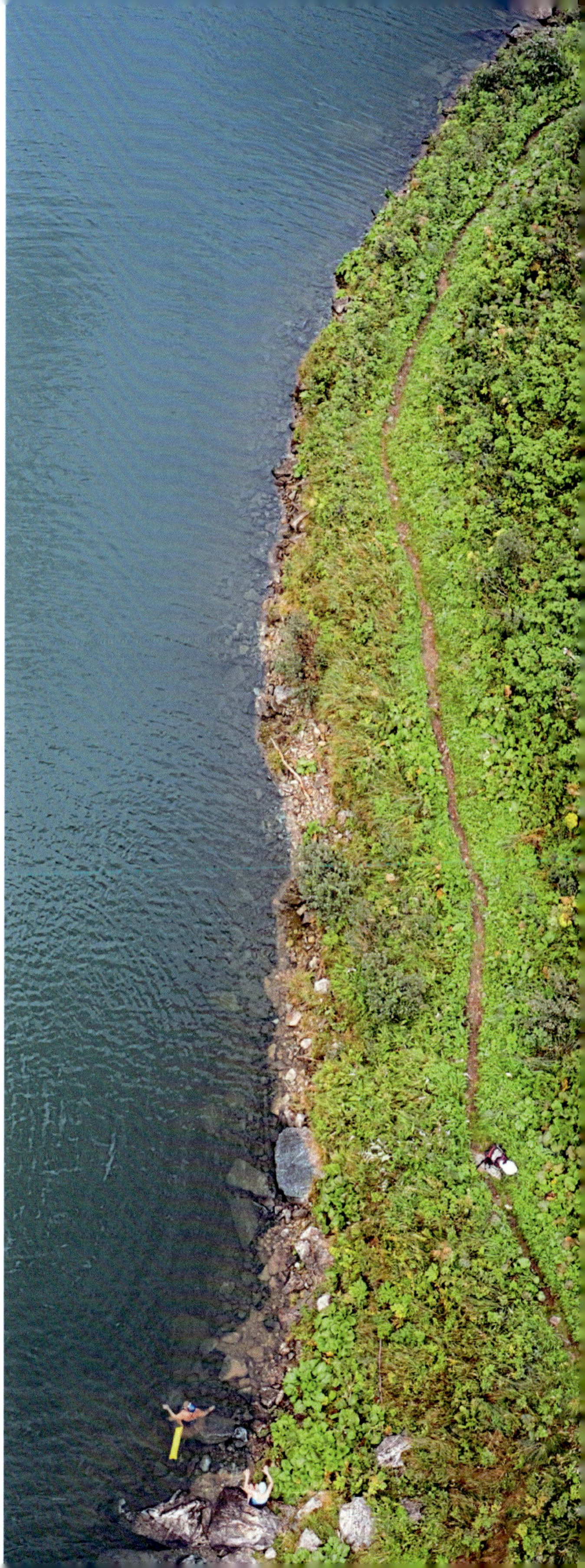

Nach etwa 1 Stunde erreichen wir den Damm am Unteren Rotgüldensee und die auf einer kleinen Anhöhe über diesem gelegene **Rotgüldenseehütte** ❷. Noch widerstehen wir der Versuchung einer verfrühten Einkehr und suchen uns auf einem von der Hütte aus gesehen geradeaus verlaufenden, dem Ufer des **Unteren Rotgüldensees** folgenden Steig einen geeigneten Badeplatz. Wir finden diesen am Einlass eines von rechts zuströmenden, an der Mündung gefassten **Wildbaches** ❸.

Wer sich nach diesem Schwimm-Intermezzo einer weiteren Herausforderung stellen will, dem sei noch ein Besuch des Oberen Rotgüldensees angeraten. Dafür überwinden wir die Steilstufe, die uns noch von ihm trennt, erst über enge Serpentinen, dann über Holzleitern und ausgesetzte, seilversicherte Passagen. Nach etwa 45 Minuten Gehzeit ab unserer Badestelle kommen wir am **Oberen Rotgüldensee** ❹ an, freuen uns über die gemeisterte Herausforderung und den fantastischen Blick über die beiden Seen.

Der Obere Rotgüldensee ist zum Schwimmen nicht so gut geeignet wie der Untere, aber auch für den nicht ungefährlichen Abstieg schadet eine gewisse »Kaltblütigkeit« nicht. Wie auch immer, nach bestandenem Abenteuer lockt jedenfalls die tiefer liegende **Rotgüldenseehütte** ❷.

Foto links: Entlang des Seeufers geht's ...
... zum Schwimmeinstieg am Unteren Rotgüldensee (rechts).

56 Großer Tauernsee, 2163 m

Durchs Anlauftal Richtung Korntauern

5.45 Std. → 12,5 km ↗ 990 m ↘ 990 m

Unterwegs auf steilen, historischen Pfaden

Vom Anlauftal – einem Seitental des Gasteinertals – führt ein nachweislich schon zur Bronzezeit begangener steiler Pfad über den Alpenhauptkamm. Der Korntauern verbindet das Salzburger Anlauftal mit dem Kärntner Seebachtal. Im Inneren des Bergmassivs verläuft heute die »Tauernschleuse« genannte Autoverladung zwischen Böckstein und Mallnitz. Südlich des Passes, wo 1990 eine bis dahin für neuzeitlich gehaltene Trasse als historische Römerstraße identifiziert werden konnte, liegt der Kleine Tauernsee. Auf der nördlichen, also der Salzburger Seite befindet sich hingegen der Große Tauernsee, zu dem die hier beschriebene durchaus anspruchsvolle Wanderung führt.

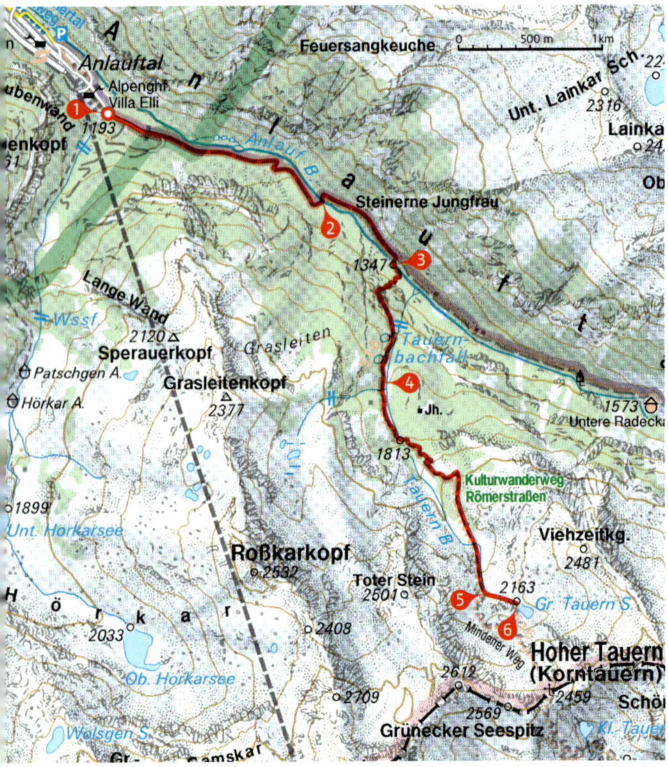

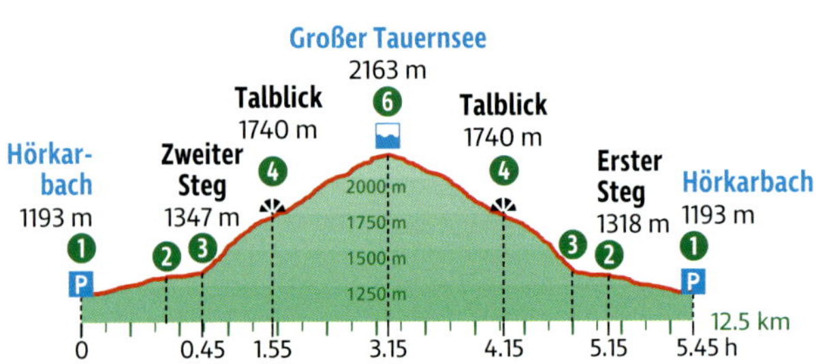

Ausgangspunkt: Kleiner Parkplatz am Hörkarbach, 1193 m, nahe Böckstein; oder per Zug nach Böckstein (plus 10 Minuten zu Fuß).

Anforderungen: Lange und anstrengende Wanderung, technisch aber unschwierig.

Einkehr: Keine.

Karte: Freytag & Berndt WK 191.

Nach Überschreiten der **Brücke** ❶ über den **Hörkarbach** folgen wir einer entlang des Anlaufbachs verlaufenden Schotterstraße taleinwärts, queren nach etwa 15 Minuten zum **ersten** ❷ und nach etwa 30 Minuten Gehzeit zum **zweiten Mal** ❸ den **Anlaufbach**. Nach diesem bisher nur mäßig steilen »Anlauf« geht es die kommenden 2 Stunden durchgängig steil hinauf Richtung Korntauern.

Oberhalb des Tauernbrünnls lichtet sich der Hochwald und geht erst in offene Almflächen, dann in **Latschenfelder** ❹ über, die sich mit Geröllfeldern abwechseln. Bei Erreichen einer Anhöhe, wo der Pfad erstmals flacher wird, verlassen wir den **Wandersteig** ❺. Wir folgen dem schon länger links verlaufenden Bach in sumpfiges Terrain und gelangen weglos, noch einen Geländerücken überschreitend, an unser Wanderziel, den **Großen Tauernsee** ❻.

Hier genießen wir den fantastischen Blick ins Anlauftal, ein erfrischendes Bad und eine stärkende Jause. Immerhin haben wir ja noch einen langen Abstieg vor uns …

Foto oben: Blick ins Anlauftal. – Unten: Etwas schmerzhafter Schwimmeinstieg über scharfkantiges Geröll.

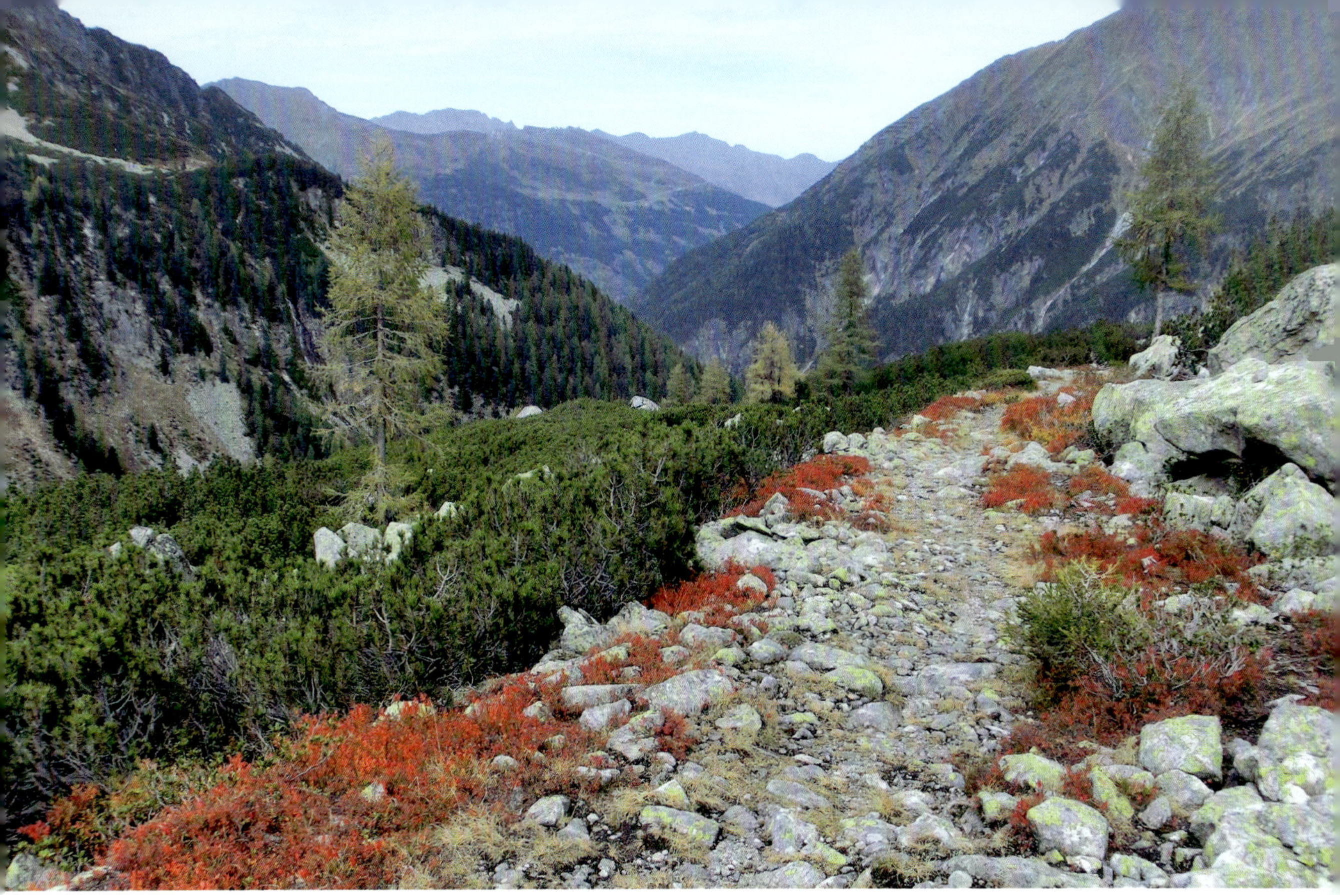

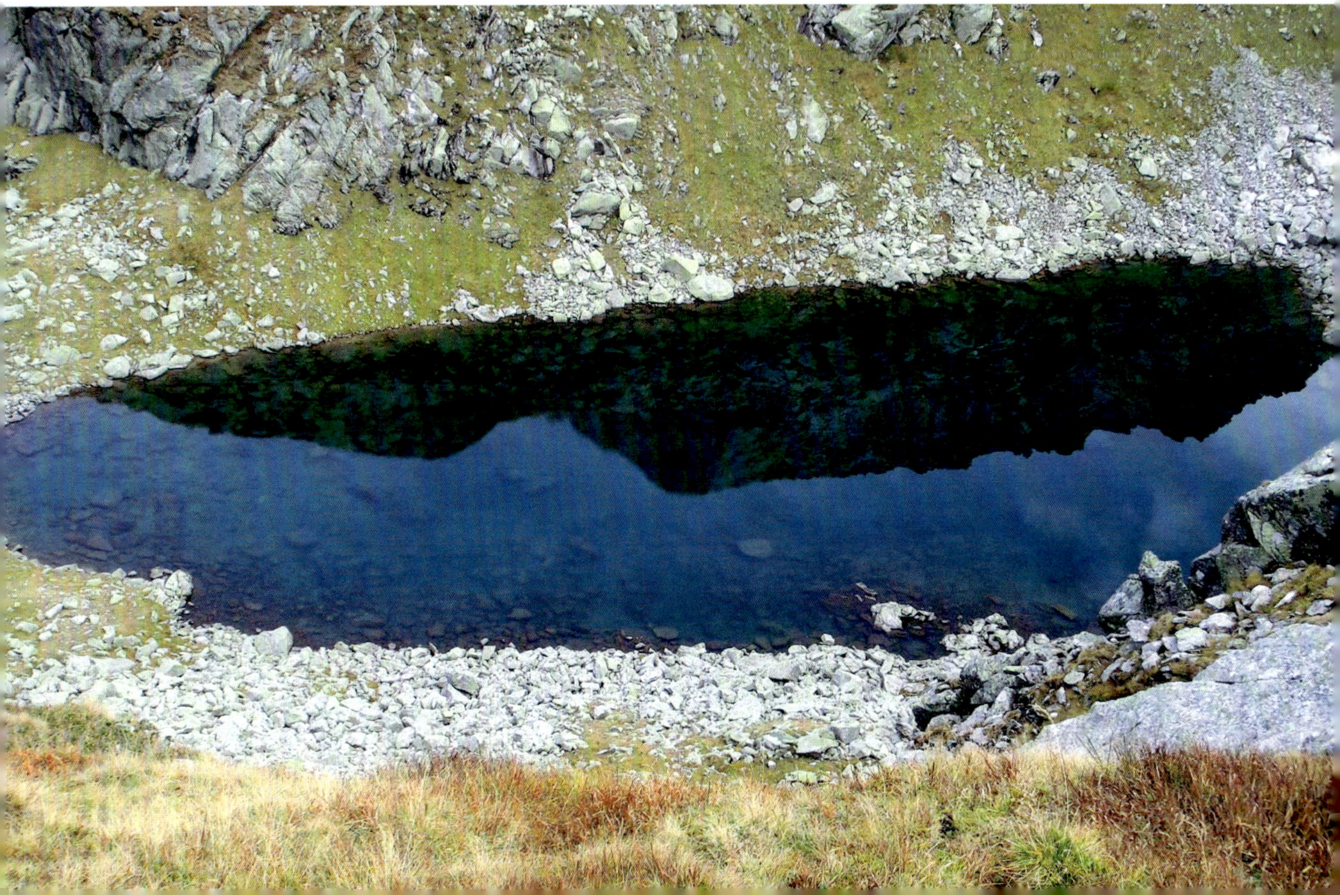

57 Oberer Schwarzhornsee, 2648 m

»Elendig« schöne Hochgebirgstour ...

7.45 Std. → 23,8 km ↗ 900 m ↘ 900 m

... zum »Spiegel der Tauernkönigin«

Rein von den Flurnamen geht es bei dieser Tour tatsächlich »elendig« zu: Kleinelendtal, Kleinelendmoor, Zwischenelendscharte, Großelendtal ... Über die Herkunft dieser Bezeichnung kann man nur mutmaßen. Wahrscheinlich hatten die Menschen früher verständlicherweise keinen Blick für so etwas wie »hochalpine Schönheit«. Ihre Kriterien waren vielmehr: Existieren hier fruchtbare Böden, Weiden oder Bodenschätze? Zugegeben, von alledem hat diese »elendslange« Tour nichts zu bieten. Dafür glänzt sie mit ganz anderen Reizen, wie etwa dem »Spiegel der Tauernkönigin«, dem Oberen Schwarzhornsee.

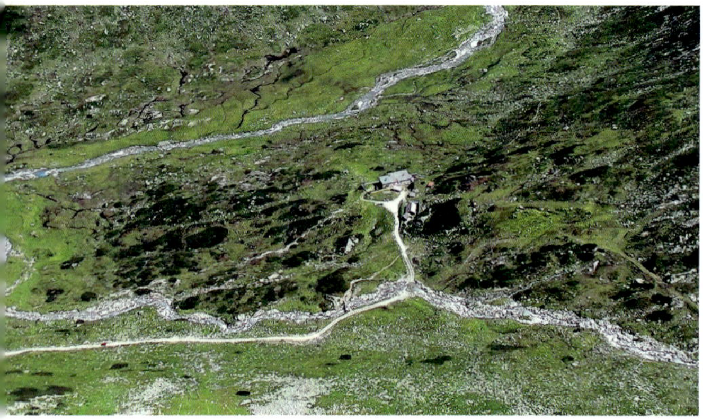

Ausgangspunkt: Gratisparkplatz, 1845 m, an der Kölnbreinsperre (Mautstraße); mit dem Zug nach Spittal an der Drau, per Bus nach Gmünd und weiter zur Kölnbreinsperre per Wander-Rufbus, Tel. +43 4732 37175.
Anforderungen: Schwere, lange, hochalpine Bergtour in anspruchsvollem Gelände; nur für konditionsstarke, erfahrene Alpinisten empfehlenswert.
Einkehr: Osnabrücker Hütte, Tel. +43 650 4461202.
Karte: Freytag & Berndt WK 191.

Vom **Parkplatz** ❶ aus wandern wir auf der breiten Uferpromenade über die höchste Staumauer Österreichs bis zum Beginn des

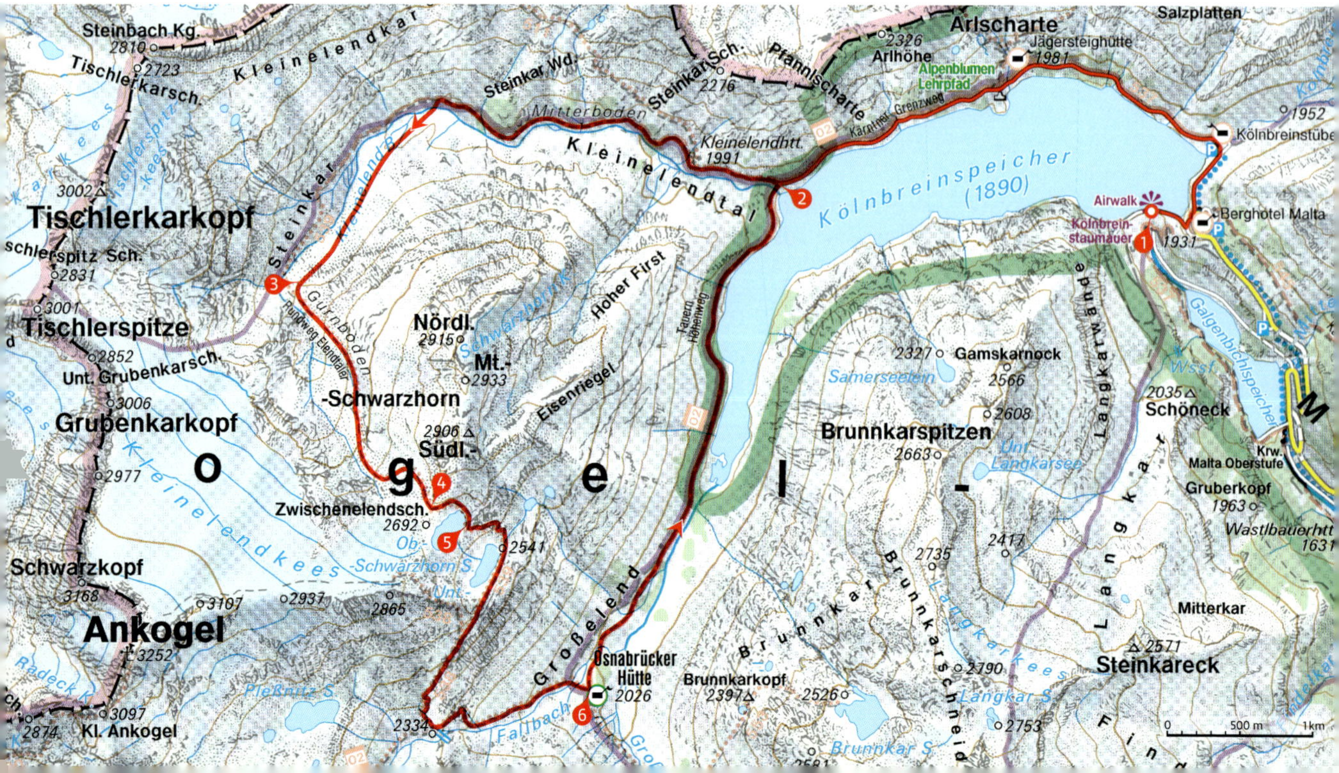

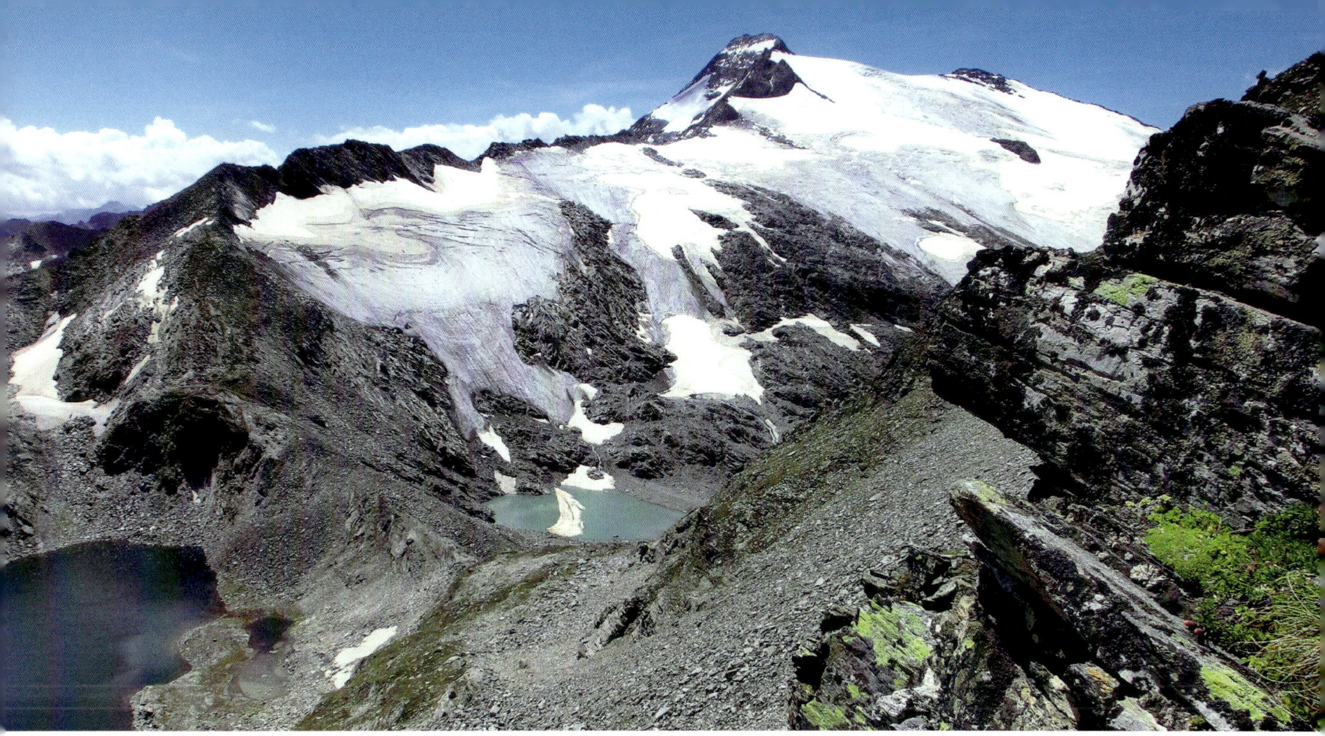

Foto oben: Oberer und Unterer Schwarzhornsee. – Links: Tiefblick auf die Osnabrücker Hütte.

Kleinelendtals. Kurz vor der Kleinelendbrücke zweigen wir rechts ab und folgen dem **Almweg** ❷ Richtung Talschluss.
Nach dem Passieren der Kleinelendhütte steht uns am Kleinelendmoor ein kurzer Anstieg zum Steinkarboden bevor, wo wir die Brücke über den Kleinelendbach überqueren. Nachdem wir eine Moräne erreicht haben, erblicken wir erstmalig das Kleinelendkees. Jetzt folgt die nächste Steilstufe, die uns auf die Gurnböden bringt, von denen wir einen wunderbaren **Blick** ❸ auf Ankogel und Schwarzkopf genießen können. Nach einer recht anstrengenden Passage über Schutthalden und Blockwerk kommen wir auf die **Zwischenelendscharte** ❹, den höchsten Punkt unserer Tour.
Beim folgenden Abstieg über steiles Geröll und Schneereste braucht es volle Konzentration und Trittsicherheit, bis wir uns am **Oberen Schwarzhornsee** ❺ eine wohlverdiente Pause und ein ebensolches Bad gönnen.
Vom »Spiegel der Tauernkönigin« (der Hochalmspitze) geht es sogleich weiter anspruchsvoll und steil hinunter zum Unteren Schwarzhornsee. Entlang des Ufers gelangen wir zum Fallboden, wo wir an der Weggabelung den nach links führenden Weg zur Osnabrücker Hütte nehmen. Bei der seilversicherten Passage entlang des Fallbach-Wasserfalls wird es noch einmal richtig steil und gefährlich.
Am Fuße des Wasserfalls eröffnet uns dann die **Osnabrücker Hütte** ❻ eine willkommene Chance, unsere Kohlehydratspeicher aufzufüllen, oder gar (falls frühzeitig reserviert!) unser müdes Haupt zur Ruhe zu legen. Wobei wir von hier auch in etwa 2 Stunden auf einem relativ ebenen Wirtschaftsweg unseren **Ausgangpunkt** ❶ erreichen können.

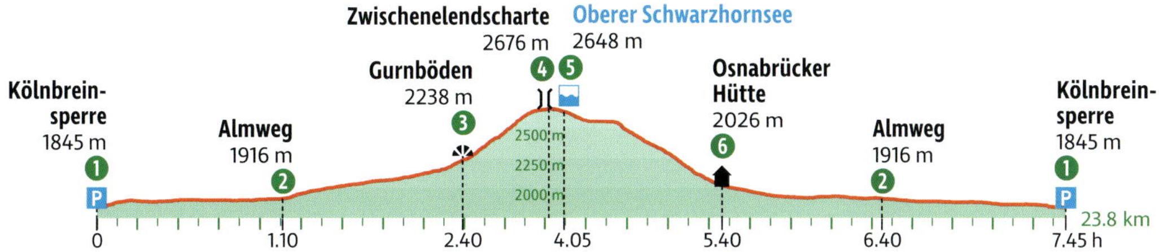

58 Blauer See, 1910 m

Ein launischer Schmelzwasser-See bei Kleinarl

5.30 Std. → 12,1 km ↗ 920 m ↘ 920 m

Lasst euch überraschen!
Es gibt keine hundertprozentige Garantie, diesen See tatsächlich vorzufinden. Kurz nach der Schneeschmelze ist die Wahrscheinlichkeit, ihn zu »seen«, allerdings recht hoch. Relativ hoch ist diese Seen-Wundertüte auch gelegen, weshalb sie oft noch bis Anfang Juni von Schneeresten gesäumt wird. Dies erhöht zwar nicht unbedingt die Badetemperatur des temporären Gewässers, sehr wohl aber die Chance, diese überhaupt antesten zu können.

Ausgangspunkt: Parkplatz im Ortszentrum von Kleinarl, 1005 m. Die Bushaltestelle für den Linienbus, der vom Bahnhof St. Johann im Pongau hierher führt, liegt in unmittelbarer Nähe.

Anforderungen: Lange, aber technisch unschwierige Wanderung ohne ausgesetzte Stellen.
Einkehr: Steinkaralm, Tel. +43 664 5218705.
Karte: Freytag & Berndt WK 202.

Glück gehabt!

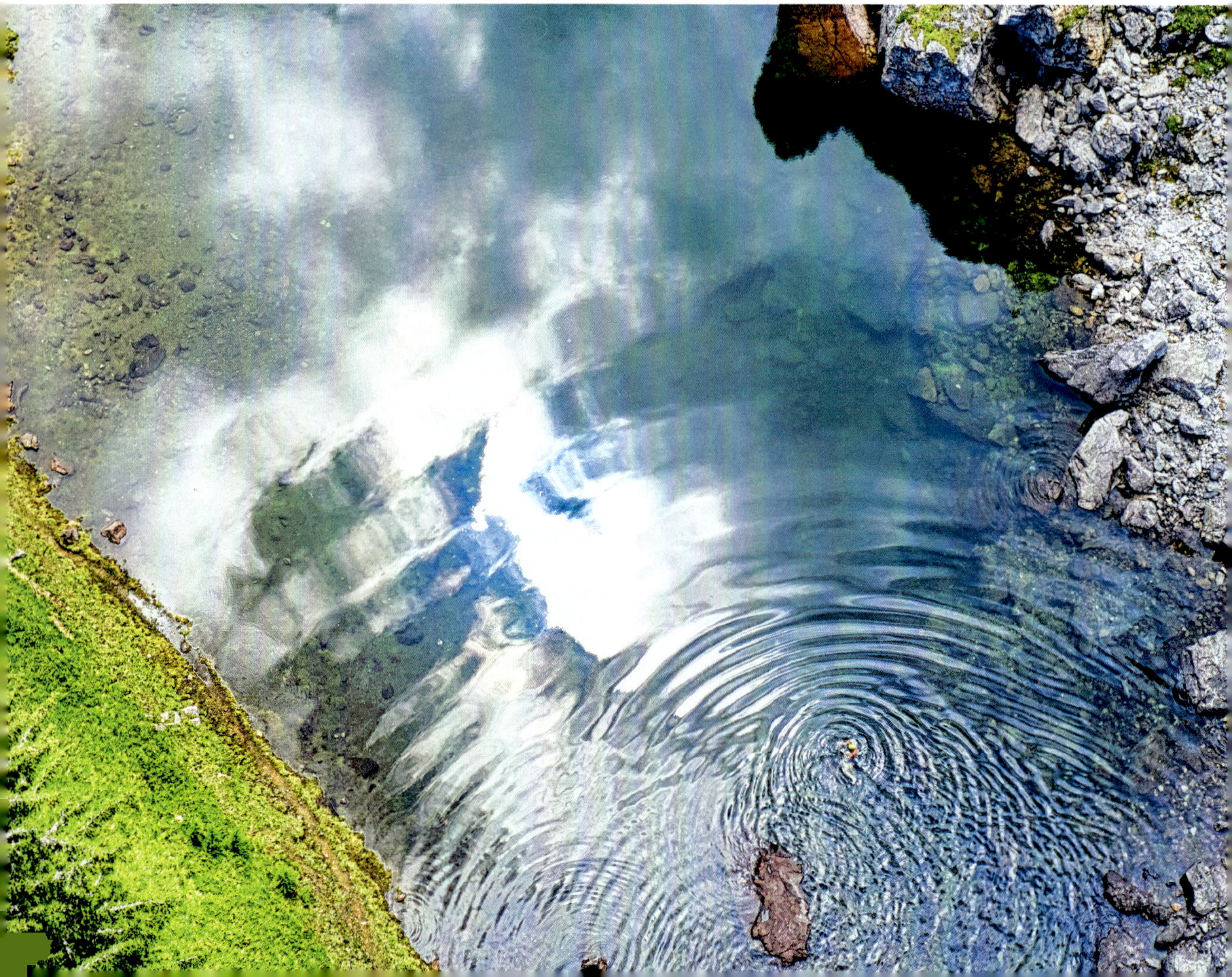

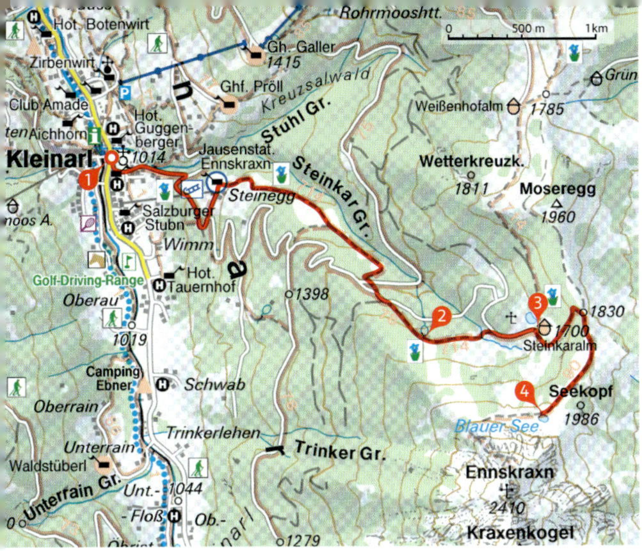

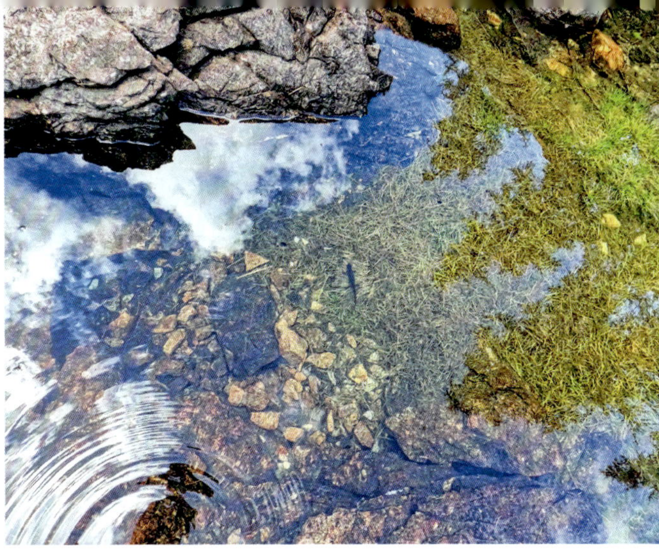

Gleich nach dem **Start** ❶ kommen wir am Wohnhaus von Skilegende Annemarie Moser-Pröll vorbei. Über den Stuhlweg und den anschließenden Steineggweg gelangen wir zur nur im Winter (Rodelgasthof) geöffneten Jausenstation Ennskraxn. Ab hier geht es ein Stück entlang des Lehrpfades »Kraft der Bäume« über offene Weideflächen mit herrlicher Blumenpracht. Den lichten Hochwald durchschreitend erreichen wir bald die Waldgrenze und wenig später das **Sennsbründl** ❷ mit seinem Natur-Doping: herrlich schmeckendes Quellwasser.

Es folgt noch einmal ein kurzer Anstieg, bevor der Weg wieder abflacht und wir schon von Weitem die urige **Steinkaralm** ❸ erblicken. Rechts an der einladenden Hütte vorbei nehmen wir einen Steig, der uns durch ein Latschenfeld auf einen Höhenrücken führt, von dem aus wir einen wunderbaren Blick ins Flachautal und bis zum Dachstein genießen können. Wir aber wenden uns in einer sanften Rechtskurve dem imposanten Gipfelaufbau der mächtigen Ennskraxn zu und finden (hoffentlich) darunter den lieblichen **Bergsee** ❹.

Nach einer mehr oder weniger langen Schwimmeinheit im oft von blühendem Almrausch umgebenen Seelein stellt die Aussicht auf einen g'schmackigen Kaiserschmarrn in der etwa 20 Minuten entfernten Steinkaralm den einzigen Grund dar, diesen magischen Kraftort wieder zu verlassen, um danach rundum satt und zufrieden den Heimweg anzutreten.

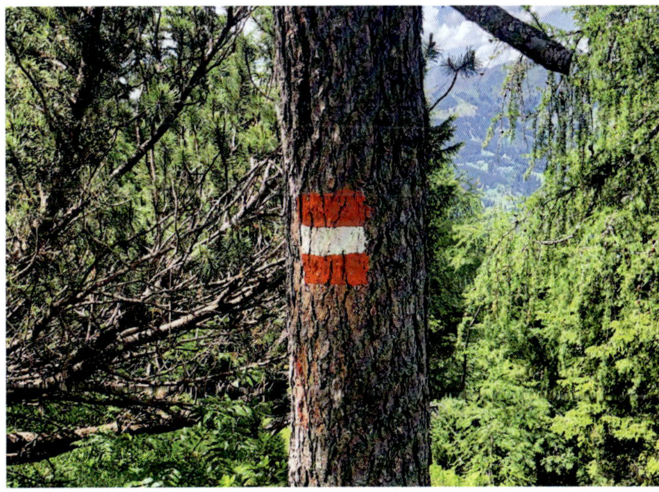

Foto ganz oben: Mit etwas Glück wird der Blaue See seinem Namen vollends gerecht.

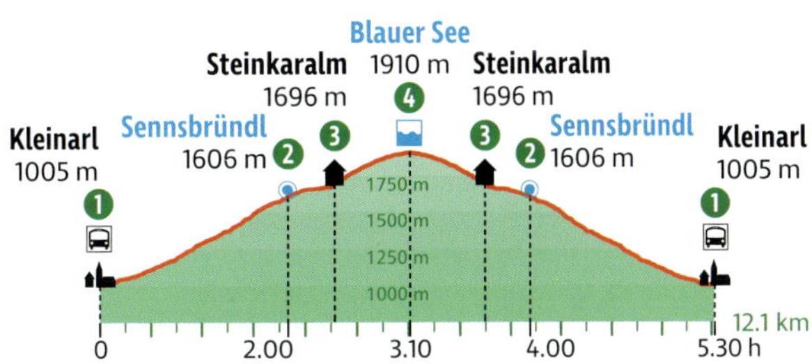

59 Mühlbachsee, 2114 m

Einsamer Bergsee, der einem allerhand abverlangt

4.45 Std. → 10,7 km ↗ 850 m ↘ 850 m

VIDEO

Es muss nicht immer das Riedingtal sein
Während das Zederhauser Riedingtal im Sommer von Wanderern geradezu überrannt wird, ist man auf der gegenüberliegenden Talseite im Nahendfeldgraben oftmals noch ganz alleine unterwegs. Die Einsamkeit, die man am idyllischen Mühlbachsee zumeist genießen kann, ist wohl kaum seinem Mangel an landschaftlichen Reizen, sondern eher seiner Exponiertheit und herausfordernden Erreichbarkeit zuzuschreiben. Wer sich dennoch auf diese zuletzt recht anstrengende Bergseetour einlässt, wird jedoch sicherlich ins Schwärmen geraten.

Die Mühe hat sich gelohnt!

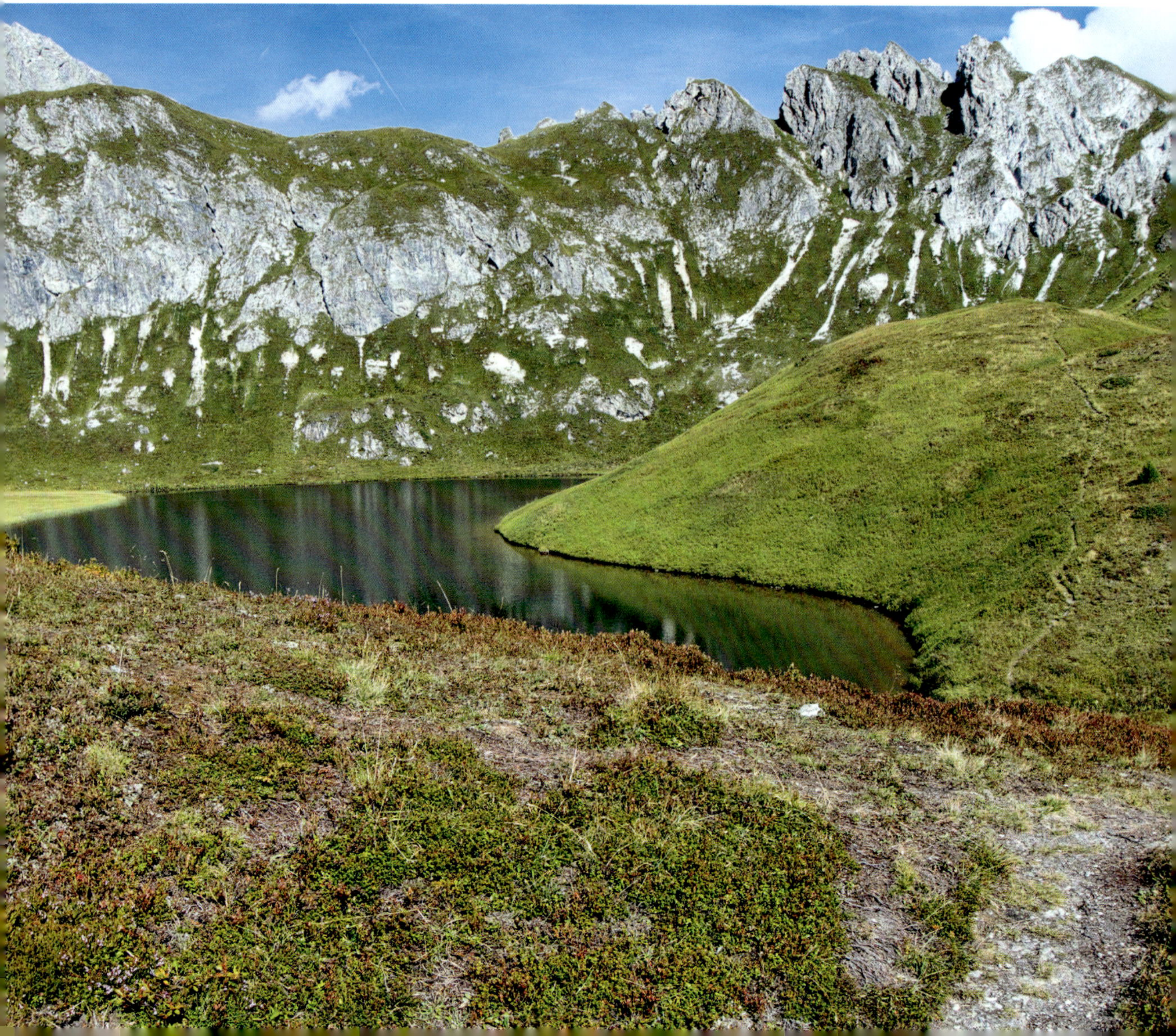

Ausgangspunkt: Parkplatz Hub, 1290 m, auf der linken Straßenseite des ins Riedingtal führenden Zubringers, ca. 3 km nach der Ortschaft Zederhaus. Hierher auch mit dem Lungauer Tälerbus ab Bahnhof Tamsweg.
Anforderungen: Im letzten Abschnitt sehr schwierige Wanderung mit ausgesetzten und gefährlichen Passagen. Für Kinder und bei nassen Verhältnissen ungeeignet.
Einkehr: Bartlalm, Tel. +43 650 8685000.
Karte: Freytag & Berndt WK 202.

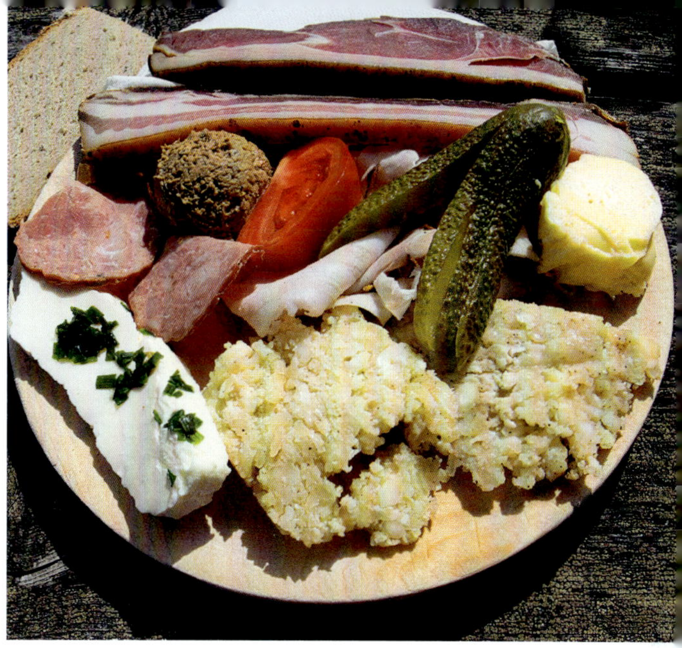

Auf da Alm gibt's ka Sünd', aber eine hervorragende Brettljause.

Vom **Parkplatz** ❶ aus folgen wir dem Wegweiser »Denkmalhof« nehmen wir den Weg in das Seitental, überqueren den Bach und folgen dem Almgüterweg bergauf in den Nahendfeldgraben. Nach gut 30 Minuten kommen wir an eine **Brücke** ❷, wo wir den ausgeschilderten Steig zur Pfeifenberger und **Bartlalm** ❸ wählen. Auf einem Almsteig queren wir hinüber zur **Lechneralm** ❹. Nachdem wir diese hinter uns gelassen haben, überklettern wir einen Zaun, überqueren einen Bach und gelangen an den Fuß der steilen Südosthänge, die sich vom Mühlbachsee in den Nahendfeldgraben erstrecken.
Auf den folgenden 200 Höhenmetern geht es ordentlich zur Sache! An dem durchgehend steilen, rutschigen und verwachsenen Steig sind streckenweise Seilsicherungen angebracht, etwas weiter oben queren wir in eine abschüssige Schrofenzone. Nach einer Gesamtgehzeit von etwa 2.45 Stunden erreichen wir schließlich unser Wanderziel, den **Mühlbachsee** ❺, und erfreuen uns an dem herrlichen Rundumblick und der herbeigesehnten Abkühlung.
Nachdem wir mit aller gebotenen Vorsicht den Abstieg zur **Bartlalm** ❸ gemeistert haben, füllen wir dort die Kohlehydratspeicher auf die erdenklich beste Art und Weise wieder auf, ehe wir auch noch das letzte Wegstück in Angriff nehmen.

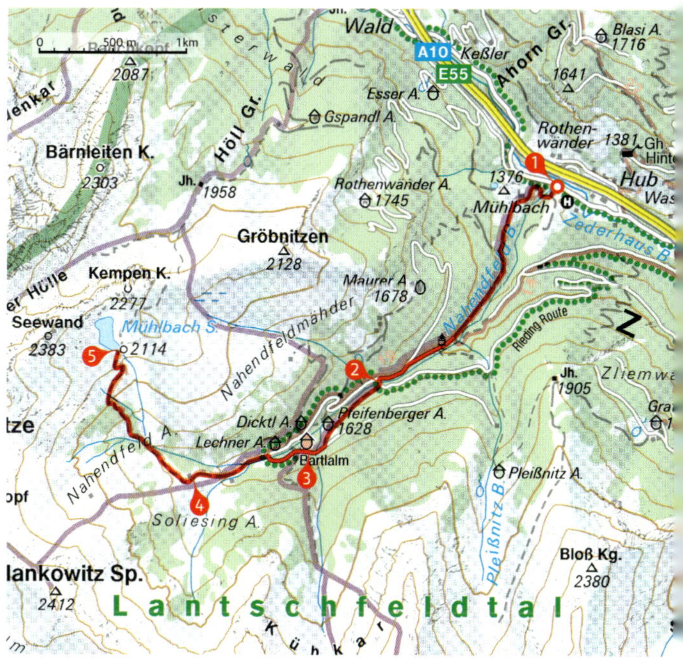

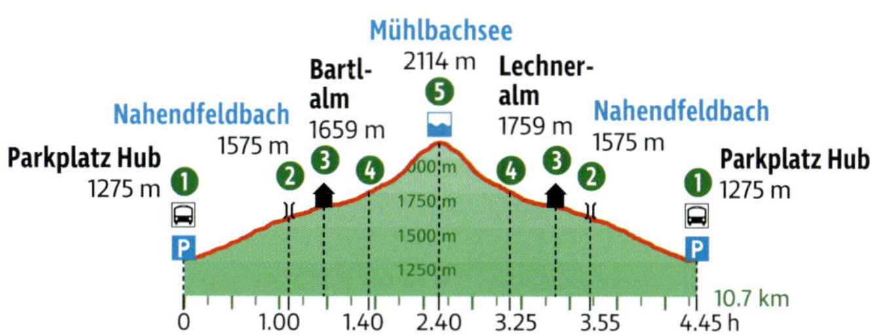

60 Blausee, 2015 m

Das blitzblaue Auge über dem Lantschfeld

3.15 Std. → 7,9 km ↗ 530 m ↘ 530 m

VIDEO

Einfach mal blau machen

An wolkenlosen Tagen macht dieser am Fuße des Großen Pleißlingkeils gelegene Schmelzwassersee seinem Namen alle Ehre. Eingebettet in eine großartige hochalpine Landschaft, umgeben von schroffen Felsen, steilen Schutthalden und moosbewachsenen Steinblöcken auf der einen, von saftigen blumenübersäten Almwiesen auf der anderen Seite, entfaltet der Blausee eine geradezu magische Atmosphäre.

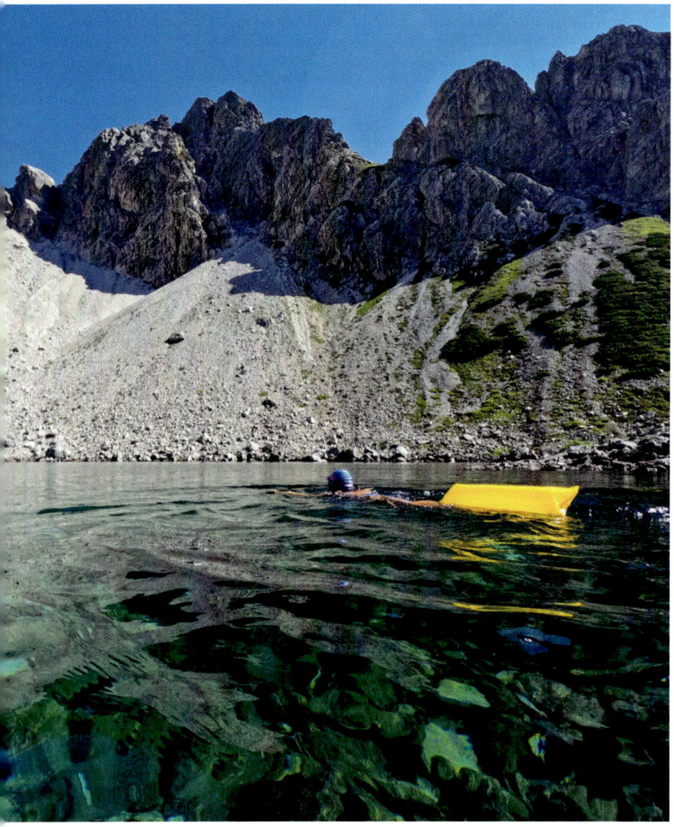

Von oben blitzblau, von unten glasklar.

Vom **Parkplatz** ❶ weg wandern wir entlang eines Karrenweges, der bald in einen Wiesenweg übergeht, Richtung Talsschluss. Wir überqueren den **Lantschfeldbach** ❷ und folgen dem mitunter grobschottrigen Pfad, der sich in steilen Serpentinen zum Windsfeld hinaufwindet.

Ausgangspunkt: Hintere Lantschfeldalmen, 1650 m. Gegen eine geringe Gebühr kann man sich beim Gemeindeamt Tweng oder – falls nicht geöffnet – beim Twenghof einen Schlüssel für die Fahrt in das für den Allgemeinverkehr gesperrte Lantschfeldtal holen. So erspart man sich den 9 km langen »Talhatscher« ins hintere Lantschfeld. Öffi-Anreise: Vom Bahnhof Radstadt mit dem Regionalbus nach Tweng.
Anforderungen: Schöne und bei Auto-Anreise mäßig lange Tour, die durchaus auch für Familien geeignet ist. Vorsicht bei einer kurzen, etwas ausgesetzten Passage am Höhenrücken oberhalb des Blausees.
Einkehr: Müllnerbauernhütte, Tel. +43 650 2503164 (etwas östlich vom Ausgangspunkt).
Karte: Freytag & Berndt WK 202.

Nachdem anfänglich das Rauschen des Gebirgsbaches und später die spitzen Warnschreie der Murmeltiere die einzige Geräuschkulisse darstellen, könnte diese schon bald vom Surren der Windräder am Windsfeld dominiert werden. Seit Jahren gibt es nämlich Pläne, hier einen Windpark zu errichten und über eine neue Versorgungsstraße durch das Lantschfeldtal zu erschließen. Dabei wird die Passage über das Windsfeld nicht nur von Adlern zur Überquerung genutzt, sie diente dereinst auch den windischen (slawischen) Sämern als Übergang. Jene, und nicht wie gemeinhin angenommen der hier allgegenwärtige Wind, haben denn auch diesem einst wichtigen Übergang seinen Namen gegeben.
Ab dem Sattel am **Windsfeld** ❸ folgen wir, uns rechts haltend, auf flacheren, nur kurzzeitig ausgesetzten Steigen der Wegweisung und den nicht immer leicht erkennbaren Markierungen zum Blausee, den wir – auf einem

Höhenrücken angekommen – alsbald unter uns erblicken.

Nach einem steilen, etwa fünfzehnminütigen Abstieg erreichen wir die Sohle des von den mächtigen Blauseetürmen spektakulär umrahmten Kars mit dem glitzernden **Hochgebirgssee** ④. Wegen des scharfkantigen Ufergesteins sind für den Schwimmeinstieg Badeschuhe ratsam. Für kältefeste Zeitgenossen ist ein Bad in dem selbst in heißen Hochsommern keine 10 Grad erreichenden Blausee jedenfalls ein unnachahmlicher Genuss.

Mit Genüssen ganz anderer, nicht minder erfreulicher Art wartet nach dem Abstieg die unweit des **Parkplatzes** ① gelegene Müllnerbauernhütte auf.

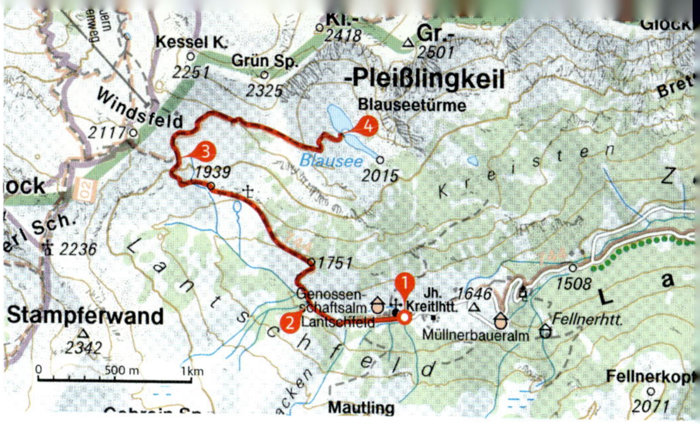

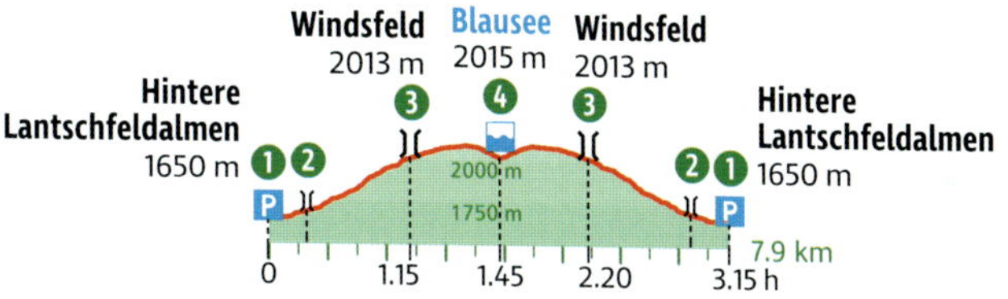

Hinterlasse nichts als die Kreise, die dein Schwimmen im Wasser zieht!

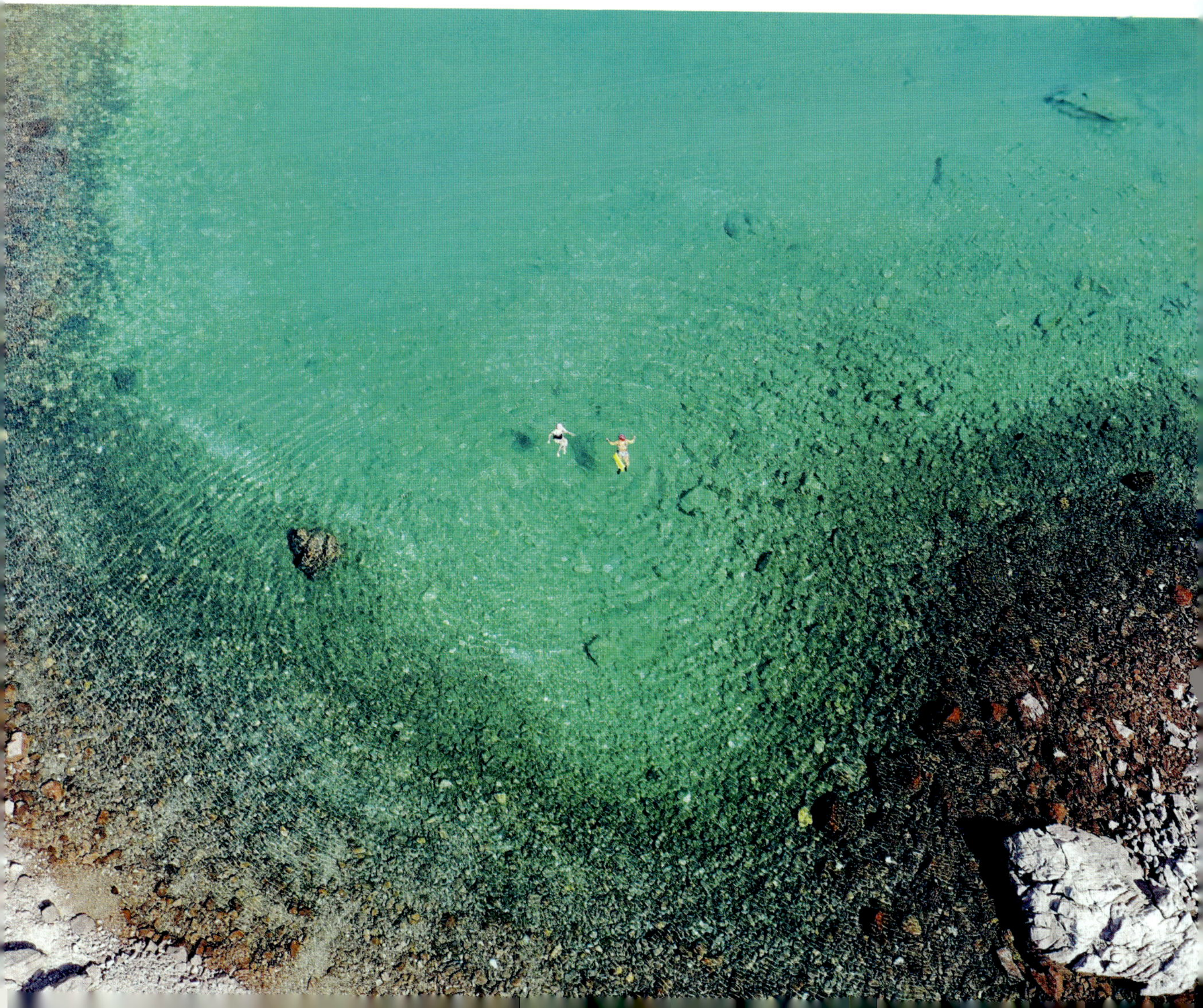

61 Tennfall, 1276 m

Spektakuläres »Fallbeispiel« der Südlichen Taurach

0.45 Std. → 2,8 km ↗ 30 m ↘ 30 m

VIDEO

Eine gefällige, familienfreundliche Runde

Der Tauernpass bildet die Wasserscheide für die beiden nahe Obertauern entspringenden Taurachs. Die Nördliche Taurach rauscht über den imposanten Johannes- und den nahe gelegenen Gnadenfall und mündet bei Radstadt in die Enns, während die Südliche bei Tweng über den Tennfall stürzt und bei Tamsweg in die Mur mündet. Oberhalb des Falls grub sich der auch »Lungauer Taurach« genannte Wildbach tief ein und schuf den ehemals strategisch wichtigen Twenger Talpass. Hier zerstörten Bauern und Knappen, als 1797 die Franzosen gegen Radstadt zogen, die einzige Brücke und verhinderten so ein weiteres Vorrücken des Feindes. Eine gewisse »Kaltblütigkeit« ist auch zum Beschwimmen des unterhalb des Tennfalls entstandenen Wasserfall-Pools nötig, selbst an heißen Hochsommertagen.

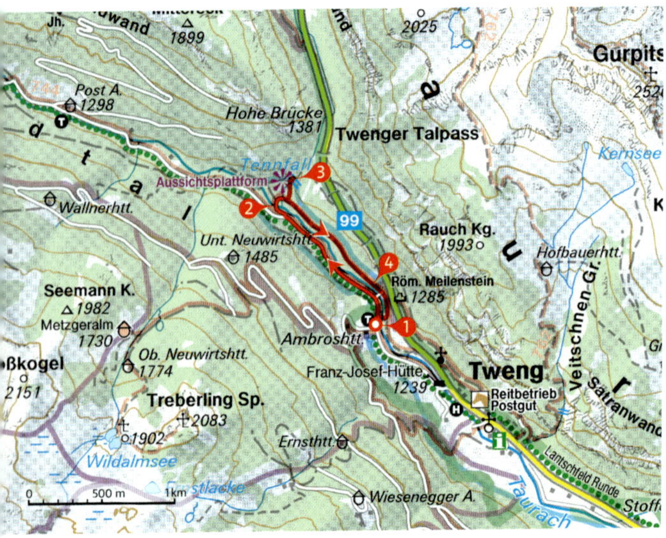

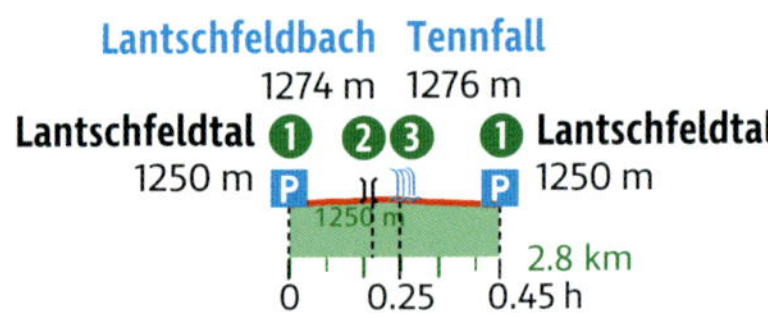

Ausgangspunkt: Wanderparkplatz Lantschfeldtal, 1250 m. Für die Anreise mit öffentlichen Verkehrsmitteln wählt man den Zug nach Radstadt und den Regionalbus nach Tweng.
Anforderungen: Einfache, kurze Wanderung.
Einkehr: Gaststätten in Tweng, am Weg keine.
Karte: Freytag & Berndt WK 202.

Ab dem **Parkplatz** ❶ folgen wir dem flach verlaufenden Forstweg ins Lantschfeldtal. Kurz nach der Schranke zweigt bei der Brücke über den **Lantschfeldbach** ❷ rechts ein Karrenweg ab, der in einen leicht begehbaren Steig übergeht und uns nach etwa 1,5 Kilometern zum Wasserfall führt.
Hier können wir noch ein kleines Stück zur oberen Holzbrücke aufsteigen. Diese bietet bachaufwärts Einblicke in die darüberliegende Schlucht, bachabwärts einen schönen Blick auf das Tosbecken des Wasserfalls. Über die untere **Holzbrücke** ❸ gelangen wir zu einer Bank und einem Arsenal mehr oder weniger kunstvoll geschlichteter »Steinmandln«. Bei entsprechendem Wasserstand und ebensolcher Kaltblütigkeit kann man von hier auch zur **Wasserfallgumpe** absteigen, um sich mit gebotener Vorsicht ein belebendes Bad zu gönnen.
Ob erfrischt angesichts der eisigen Wassertemperatur oder aber »nur« erstaunt angesichts des sehenswerten Naturschauspiels, treten wir dann auf der orografisch linken Bachseite den Rückweg an. Dabei passieren wir einen Unterstand, an dem sich auch ein netter **Rastplatz** ❹ befindet, überqueren hierauf einen Holzsteg und erreichen kurz darauf unseren Startpunkt am **Parkplatz Lantschfeld** ❶.

Sprudelbad im Tosbecken des Tennfalls.

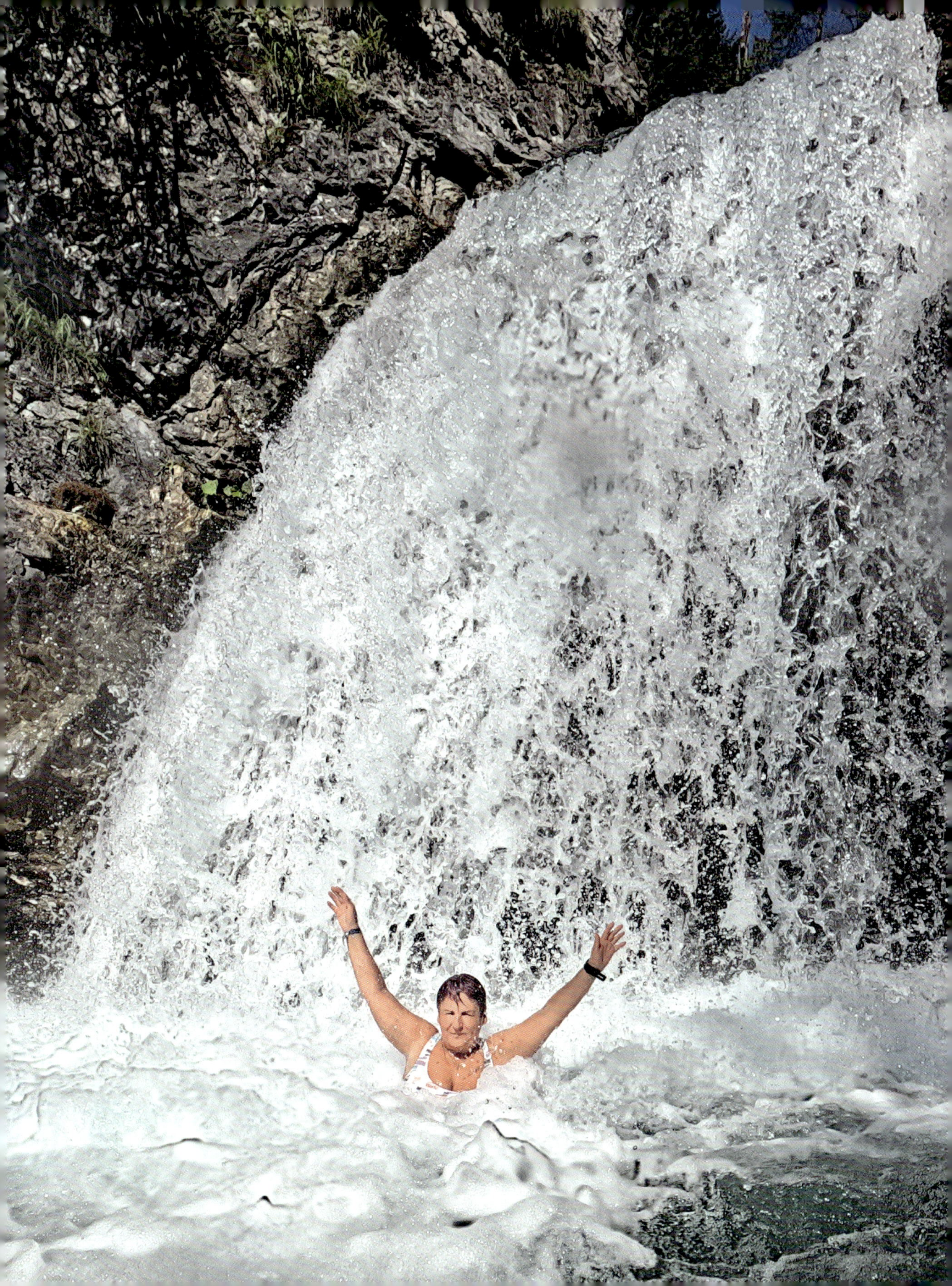

62 Wildalmsee, 1902 m

Almidylle unter dem Treberling

4.15 Std. → 10,4 km ↗ 680 m ↘ 680 m

Manchmal klein, immer großartig

Je nachdem, wie schneereich der Winter war, wie schnell die Schneeschmelze eingesetzt hat und zu welcher Jahreszeit man den Wildalmsee besucht, variiert dessen flächenmäßige Ausdehnung recht stark. Im Hochsommer schrumpft er manchmal gehörig und ist dann von sehr sumpfigen, dicht bewachsenen Wollgraswiesen eingefasst. Trifft man ihn in diesem geschrumpften Zustand an, so an erfolgt der einfachste und auch für die Vegetation schonendste Schwimmeinstieg, indem man im Zufluss watend in den See gelangt. Ist der Wasserstand in besonders heißen, niederschlagsarmen Sommern dramatisch niedrig, sollte man allerdings aus ökologischen Gründen vom Schwimmen absehen.

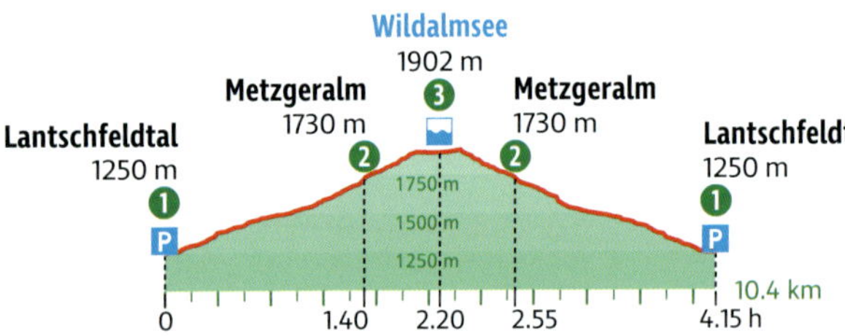

Ausgangspunkt: Wanderparkplatz Lantschfeldtal, 1250 m; nach Tweng gelangt man auch mit dem Bus ab Bahnhof Radstadt (Schnellzugstation). Von der Haltestelle im Ort erreicht man den Ausgangspunkt in etwa 10 Gehminuten.

Anforderungen: Der erste Abschnitt führt über eine nur mäßig steile Forststraße. Im oberen Bereich entwickelt sich eine schöne und aussichtsreiche Almwanderung mit oft feuchten, rutschigen und etwas steileren Pfaden.

Einkehr: Gaststätten in Tweng, am Weg keine.

Karte: Freytag & Berndt WK 202.

Foto links: Erst schätzen, dann messen – so kann man sein Temperaturgefühl schulen. – Rechts: Mit »SWACK« ist man sicher unterwegs.

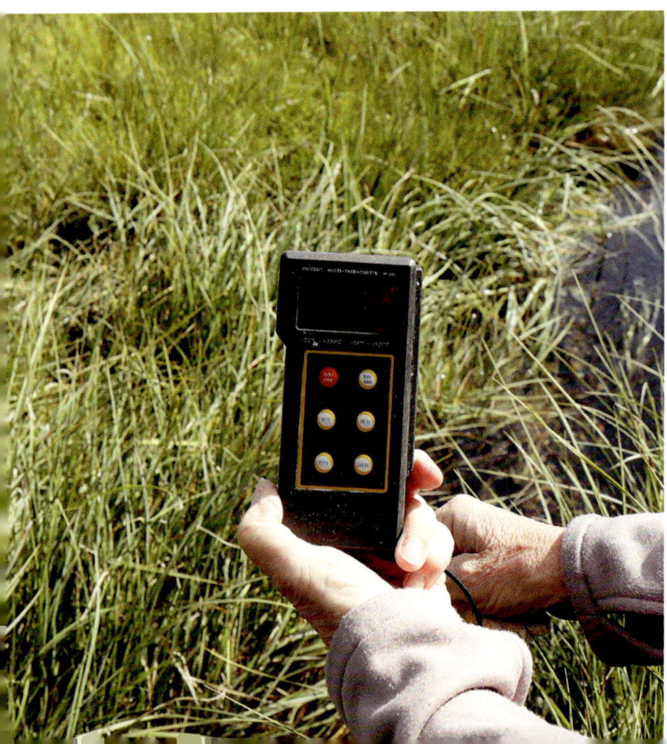

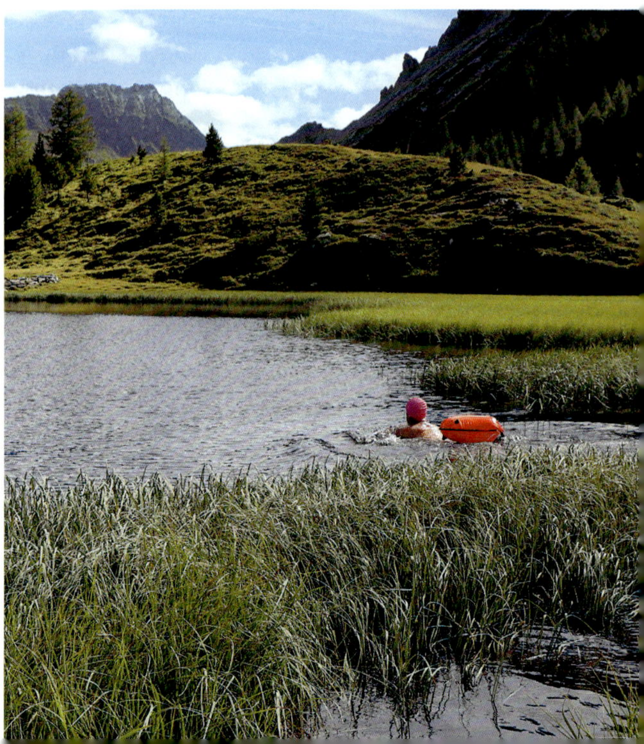

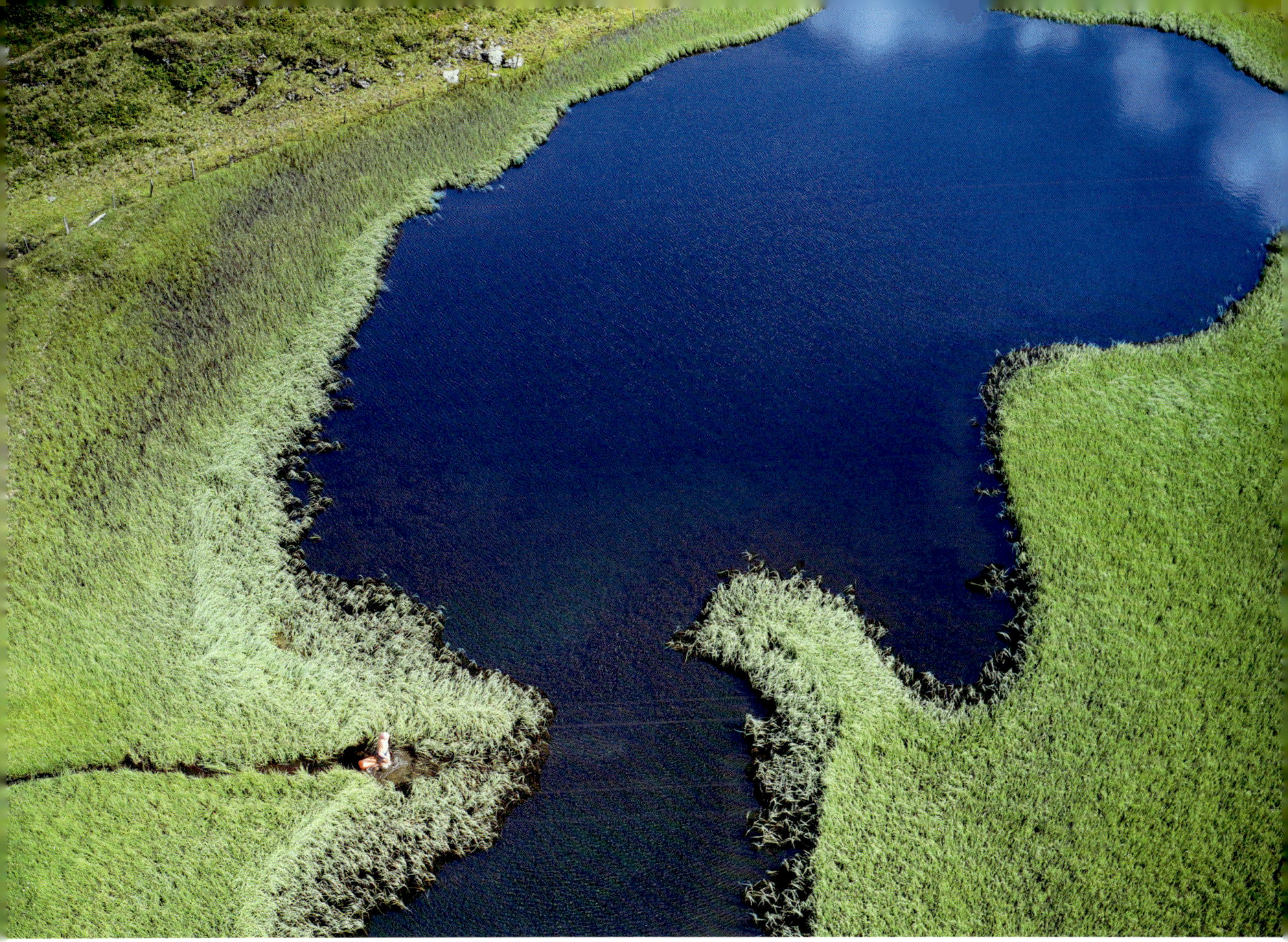

Der einfachste und schonendste Schwimmeinstieg erfolgt über den Seezulauf.

Von dem an der südlichen Taurach gelegenen **Parkplatz ➊** spazieren wir zuerst kurz flussabwärts. Hier zweigt rechts eine durch eine Schranke abgesperrte Forststraße ab. Diese verläuft bis knapp vor die Metzgeralm mäßig steil durch schöne Lärchenwälder und saftig grüne Weideflächen.

Nach einem kurzen Steilstück erreichen wir die malerische, inzwischen aber leider unbewirtschaftete **Metzgeralm ➋**. Jetzt gelangen wir auf einem Wandersteig auf freie Almflächen, von denen aus wir herrliche Blicke auf das Gurpitscheck und andere Tauerngipfel genießen können. An einer Passage, die uns nahe an den Seeabfluss heranführt, wird es kurzzeitig noch einmal steiler und rutschig.

Danach kommen wir auf einen Höhenrücken, dem wir in welligem Almgelände bis zum Südufer des **Wildalmsees** (je nach Wasserstand auch der Wildalmseen) folgen. Entlang

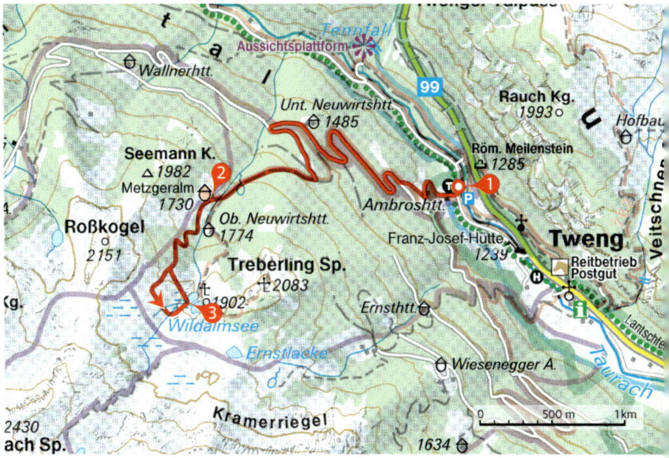

des Seezuflusses gelangen wir zu unserem **Schwimmeinstieg ➌**.

Zurück zum **Parkplatz ➊** geht es dann wieder auf dem Hinweg.

63 Hakarsee, 1792 m

Das dunkle Geheimnis unter dem Hakopf

4.15 Std. → 12,1 km ↗ 550 m ↘ 550 m

Stille Wasser sind tief

Der Hakopf ist ein Gipfel zwischen Untertauern und Zauchensee. An seiner Ostflanke befindet sich ein kleiner, auffallend dunkler und selbst bei den Einheimischen kaum bekannter Bergsee, der Hakarsee. Seine dunkle Farbe rührt von der moorigen Umgebung her, in der er sich befindet; die Wasserqualität ist aber einwandfrei, und die Haut fühlt sich nach dem Bad sogar besonders angenehm weich und geschmeidig an. Weil der See nicht allzu tief ist, erwärmt er sich rasch und kann auch im Frühsommer schon gut beschwommen werden.

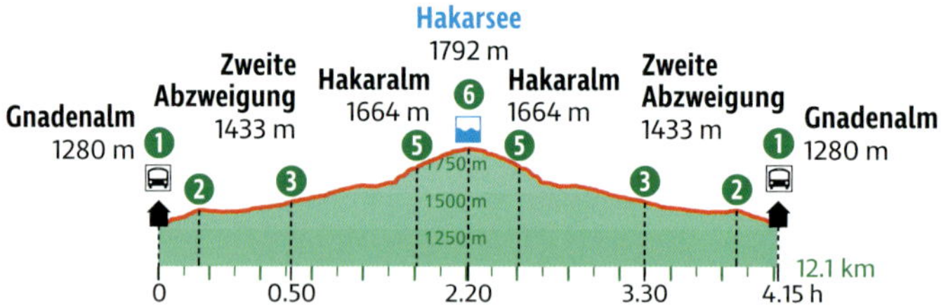

Ausgangspunkt: Parkplatz Gnadenalm, 1280 m, nahe Obertauern; Postautobus ab Bahnhof Radstadt.

Anforderungen: Längere, aber einfache Wanderung ohne technische Schwierigkeiten.

Einkehr: Gnadenalm, Tel. +43 6456 7351.

Karte: Freytag & Berndt WK 202.

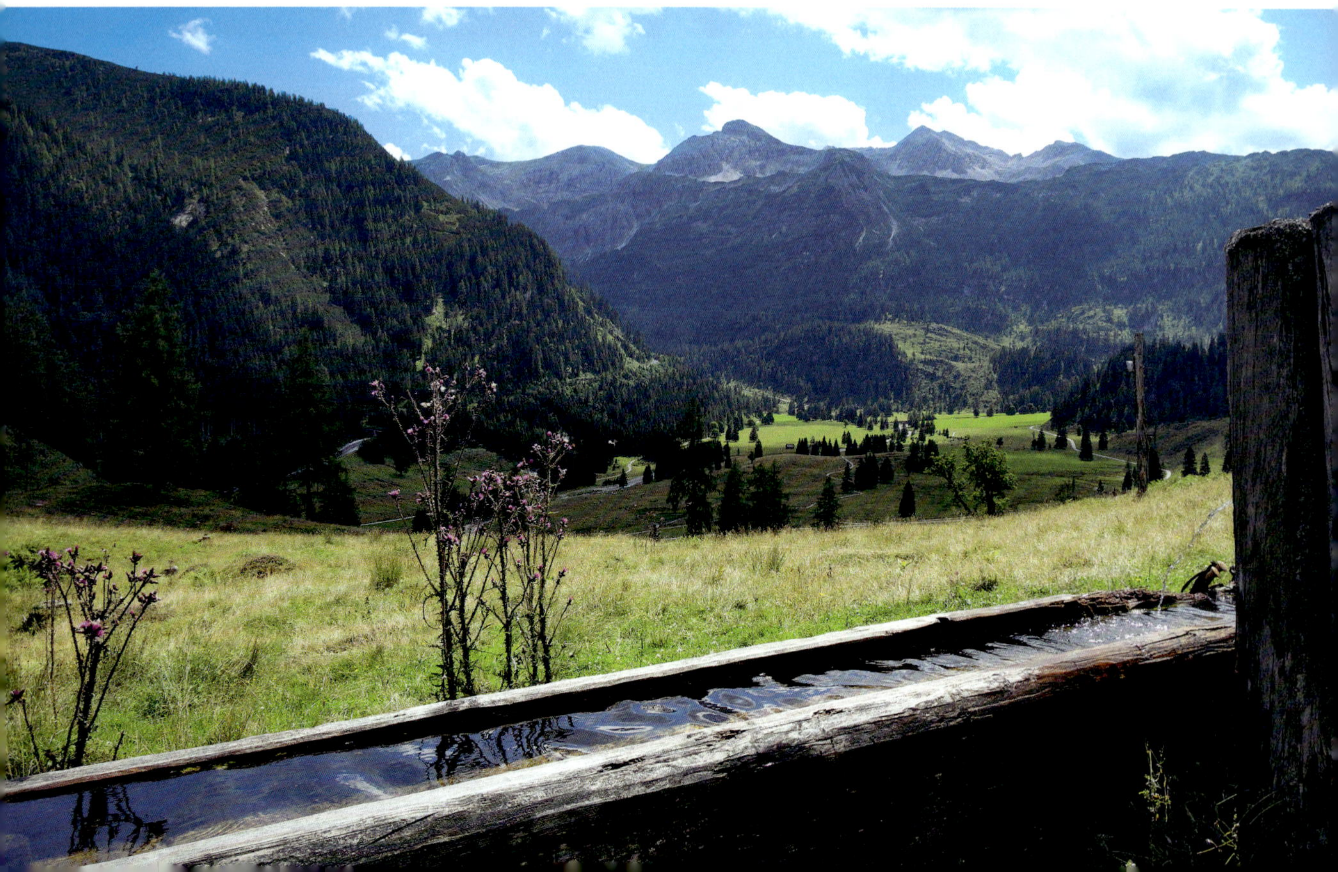

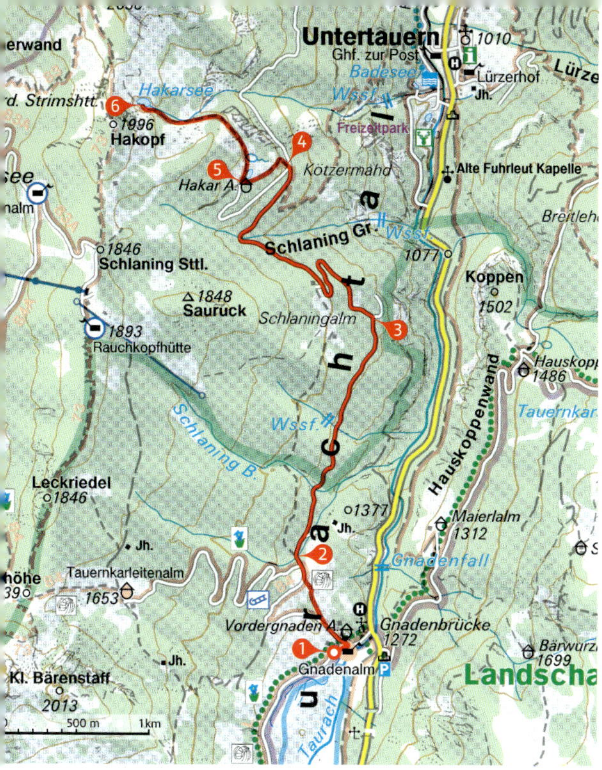

Vom **Parkplatz Gnadenalm** ❶ wandern wir an der Vordergnadenalm vorbei bergwärts und zweigen bei der ersten Weggabelung nach einem **Brunnen** ❷ rechts ab. Längere Zeit geht es jetzt auf einer Forststraße in leichtem Auf und Ab durch den Hochwald. Bei der nächsten **Weggabelung** ❸ halten wir uns links, bei der folgenden ebenso und erreichen, zuletzt auf einer steileren **Abkürzung** ❹, die **Hakaralm** ❺. Hier zweigt ein gut beschilderter, manchmal etwas feuchter Steig von der Forststraße zum Hakarsee ab.

Auf diesem vom Vieh im untersten Drittel etwas ramponierten Almpfad queren wir zuerst den Hang, durchfurten einen kleinen Bach und steigen dann etwas steiler am Seeabfluss entlang in das kleine Kar auf, in welchem sich der kleine, dunkle **Hakarsee** ❻ befindet. Einstieg und Schwimmen gestalten sich problemlos und genussvoll.

Ähnlich genussvoll können wir bei einer Einkehr in der **Gnadenalm** ❶ schlussendlich unsere Wanderung ausklingen lassen.

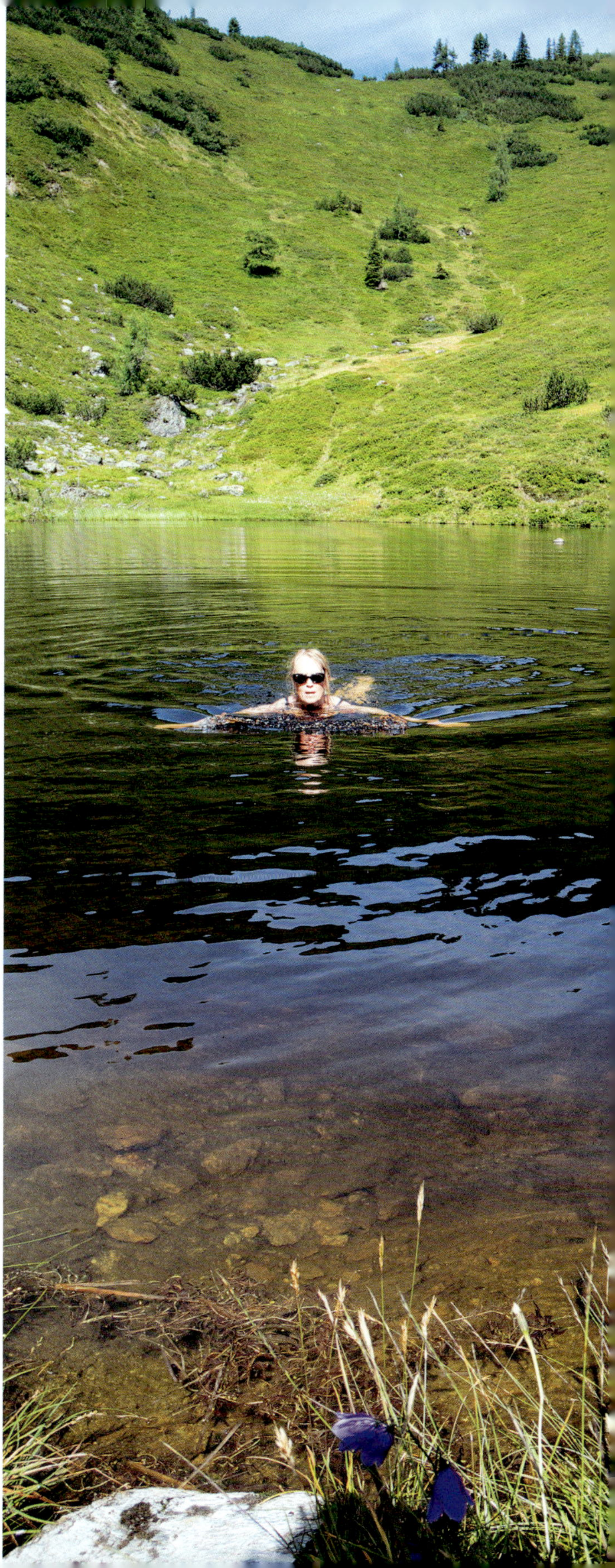

Foto links: Blick über die weiten Almböden der Gnadenalm. – Rechts: Das Wasser des Hakarsees ist angenehm weich und sanft auf der Haut.

64 Wildsee, 1925 m

Wildswimming in Reinkultur bei Obertauern

3.00 Std. → 6,3 km ↗ 490 m ↘ 490 m

VIDEO

Kurz und knackig

Für einen Bergsee dieser Güte ist die Wegzeit tatsächlich als kurz zu bezeichnen. Knackig ist sowohl der steile Anstieg, den es ab der Felseralm zu bewältigen, als auch die Wassertemperatur, die es beim Schwimmen zu tolerieren gilt. Für Alpin-Schwimmer sollten sich beide Umstände aber wohl eher motivationsfördernd denn abschreckend auswirken. Ein echter Kraftplatz ist der bildschöne See aber unbestritten.

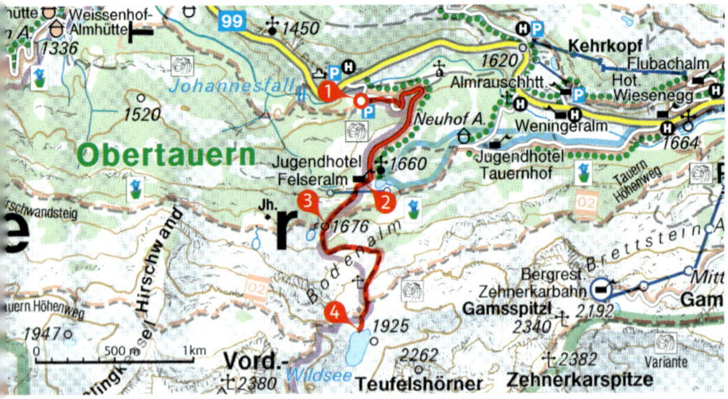

Ausgangspunkt: Parkplatz, 1514 m, oberhalb des Johanneswasserfalls bei Obertauern; Bushaltestelle Felseralm des vom Bahnhof Radstadt (Schnellzugstation) kommenden Regionalbusses an der Passstraße.
Anforderungen: Relativ kurze, jedoch teilweise recht steile Wanderung; mitunter Trittsicherheit erforderlich.
Einkehr: Felseralm, Tel. +43 6456 7203.
Karte: Freytag & Berndt WK 202.

Vom kleinen **Parkplatz** ❶ geht es, die Kehren der Asphaltstraße abkürzend, hinauf zur **Felseralm** ❷. Ab hier folgen wir der Wegmarkierung Nr. 702 zuerst wenige Hundert Meter in Richtung Hirschwandsteig. An der

Herz, was willst du mehr?!

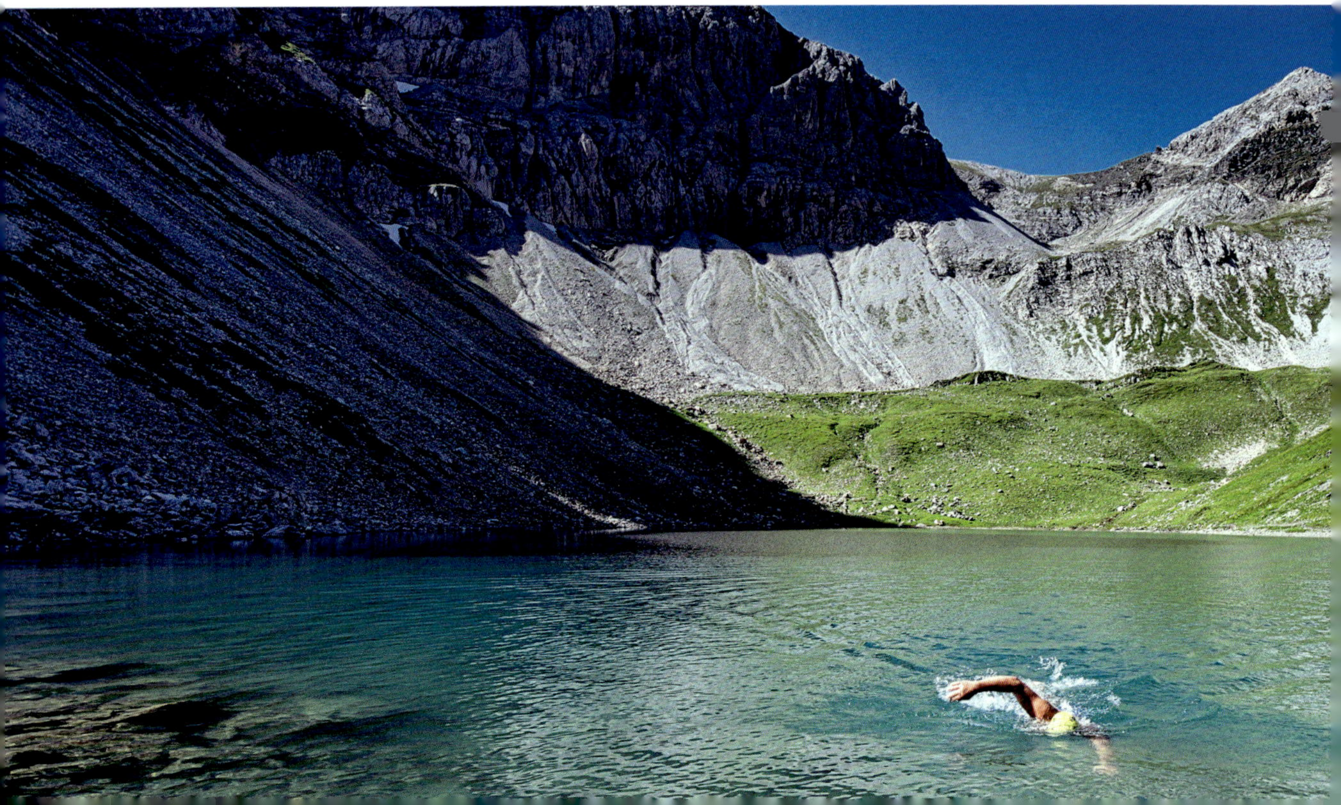

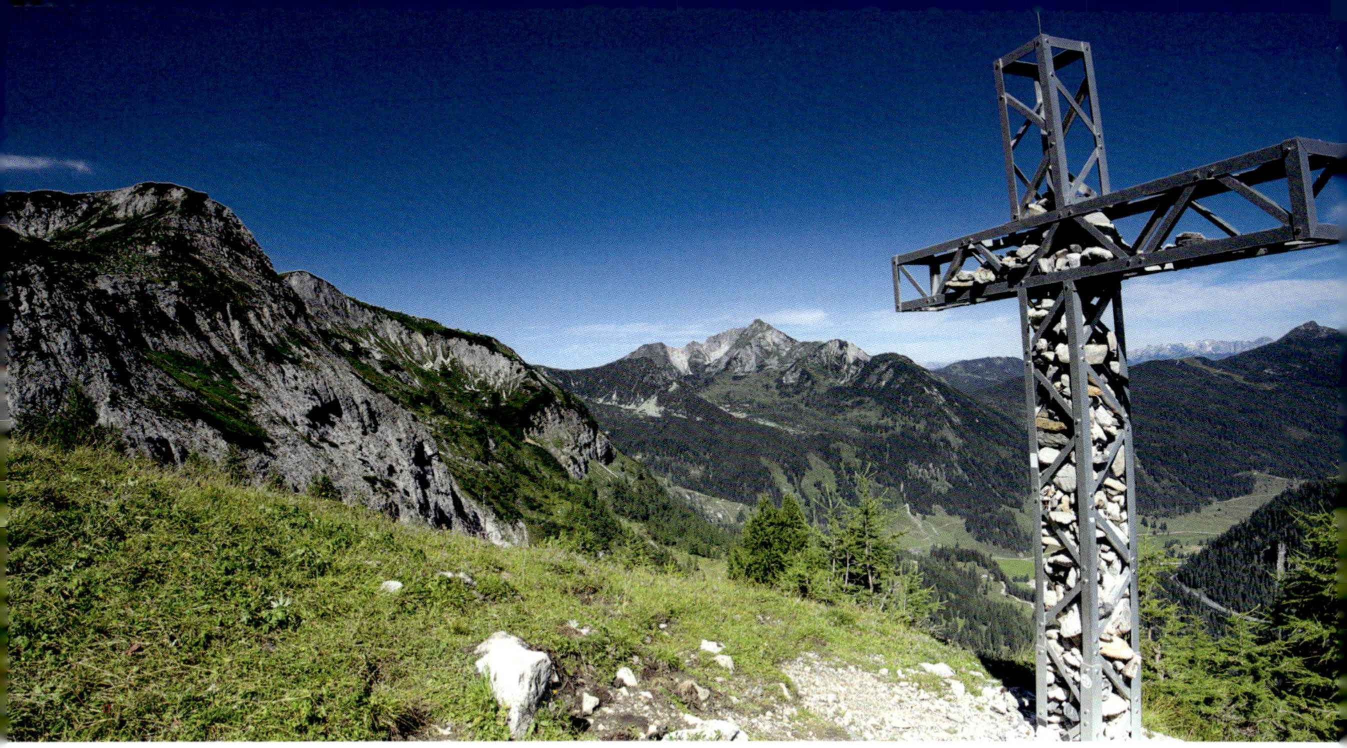

Vom Wegkreuz hat man einen schönen Blick ins Taurachtal.

Weggabelung 3 orientieren wir uns an den gelben Hinweisschildern zum Wildsee. Scharf links abzweigend geht es ab hier recht steil durch den lichten Lärchenwald bis zu einer ausgeprägten Geländekante. Von einem mit einem silbernen Kreuz überragten Aussichtspunkt genießt man einen schönen Rundumblick auf Glöcknerin und Dachsteinmassiv. Einen wunderbaren Kontrast bietet der saftig grüne Almboden, auf dem sich Pferde und Kühe tummeln, gegenüber dem steinernen Grau der schroffen Felszacken.

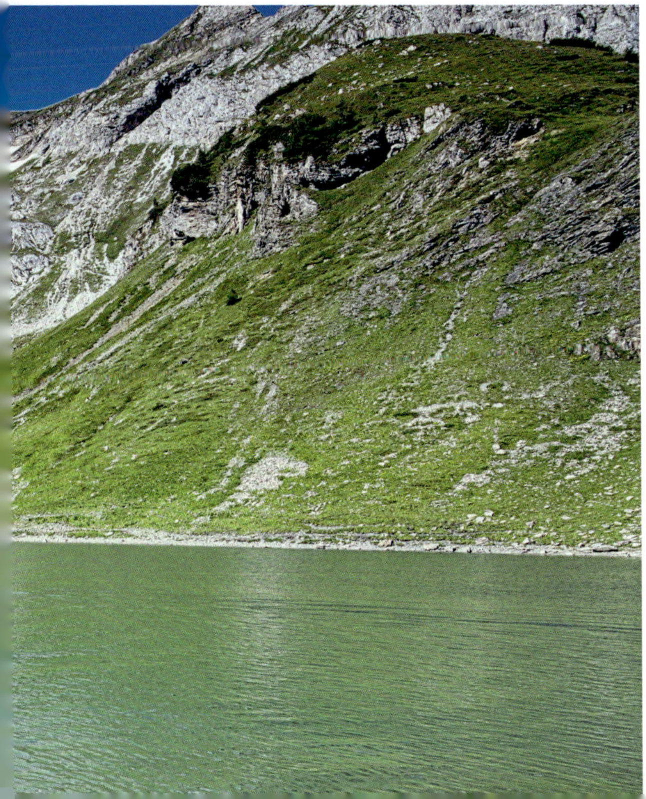

Am hinteren Rand des Kars befindet sich in einer kleinen Senke schließlich der je nach Lichteinfall blau bis grün schimmernde **Wildsee**. Die beste **Badestelle** 4 befindet sich gleich am vorderen flachen Seeufer, wo man sich, vorsichtig über scharfkantigen Untergrund vortastend, entschlossen in die glasklaren Fluten stürzen kann.

Nach diesem fordernden Unterfangen und dem nicht minder fordernden, weil steilen Abstieg sollte man es nicht versäumen, sich von der ausgezeichneten Küche der **Felseralm** 2 verwöhnen zu lassen ...

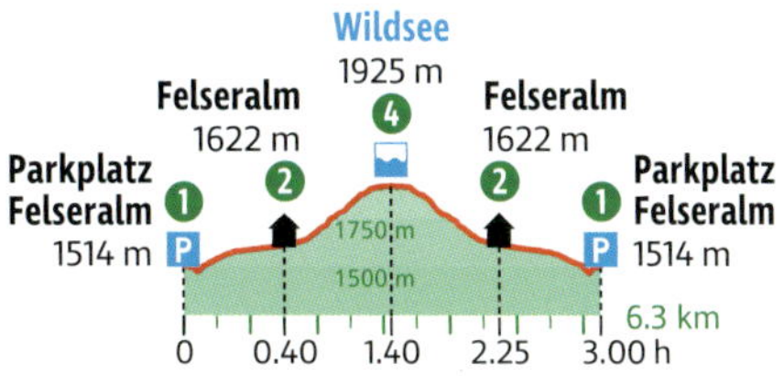

65 Zehnerkarsee, 2192 m

Karibik-Feeling im Hochgebirge

2.45 Std. → 6,1 km ↗ 460 m ↘ 460 m

So schön kann ein Speichersee sein

Die Piste vom Zehnerkar ist die längste Abfahrt im Skigebiet Obertauern. Obwohl diese Region als eine der schneesichersten in Österreich gilt, wurde nahe der Bergstation der Zehnerkarseilbahn ein Speicherteich für künstliche Schneeerzeugung angelegt. Durch die Auskleidung mit einer weißen Schotterrollierung und das Fehlen umstehender Vegetation weist der wunderschön auf fast 2200 Meter Höhe gelegene Beschneiungsteich bei Sonnenschein eine geradezu unwirklich »karibische« blaue Farbe auf. Weil er im Gegensatz zu so vielen anderen Speicherteichen auch nicht umzäunt und mit Schwimmverbot belegt ist, stellt er für uns ein äußerst attraktives, bei hohem Füllstand sogar riesiges hochalpines Outdoorschwimmbecken dar.

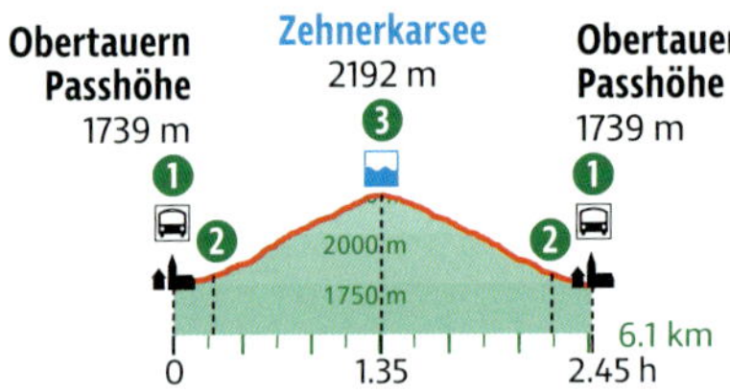

Ausgangspunkt: Parkplatz auf der Passhöhe, 1739 m, hierher auch mit dem Regionalbus ab Bahnhof Radstadt (Schnellzugstation).
Anforderungen: Einfache, familienfreundliche Wanderung, großteils auf einer steilen Asphaltstraße.
Einkehr: Cafés und Restaurants auf der Tauernpasshöhe.
Karte: Freytag & Berndt WK 202.

Selbst bei Niedrigwasser ein Erlebnis.

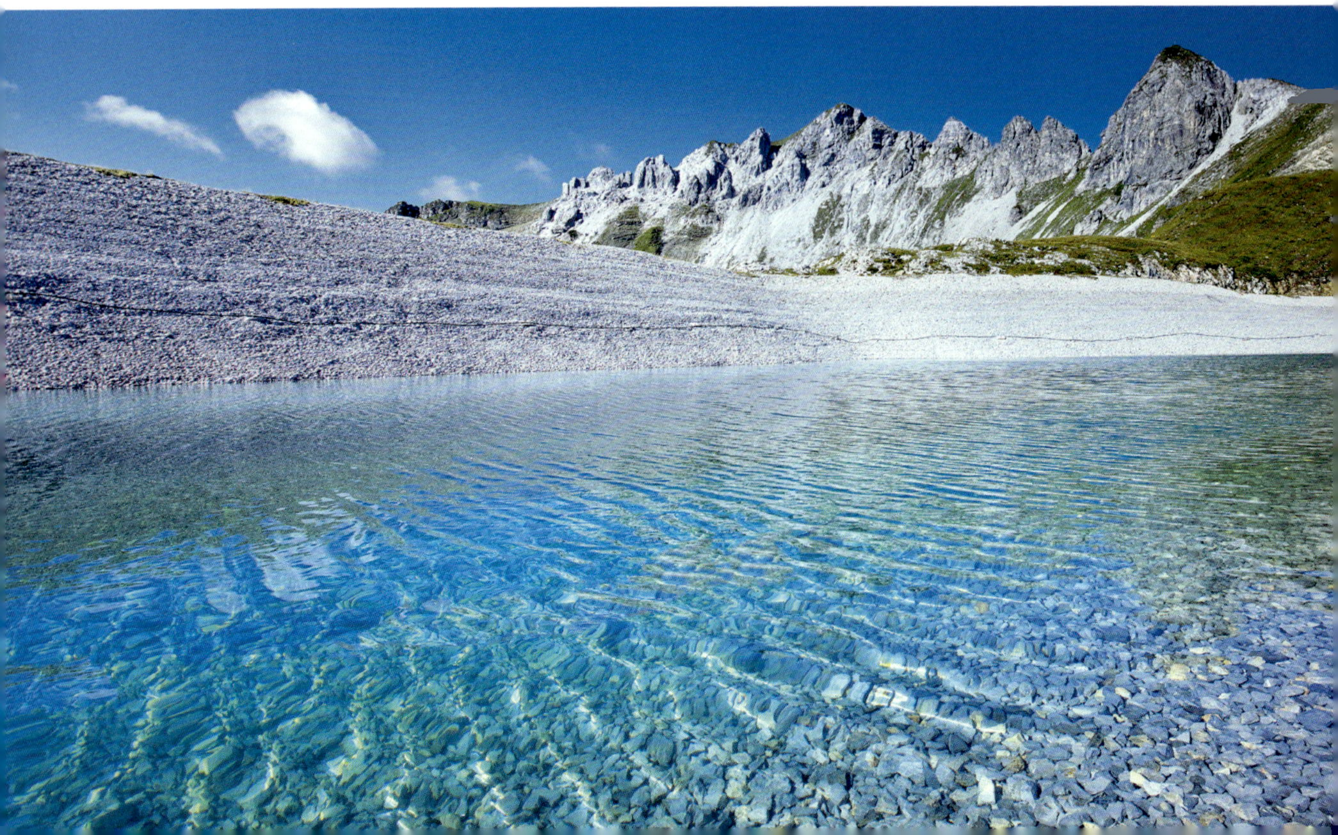

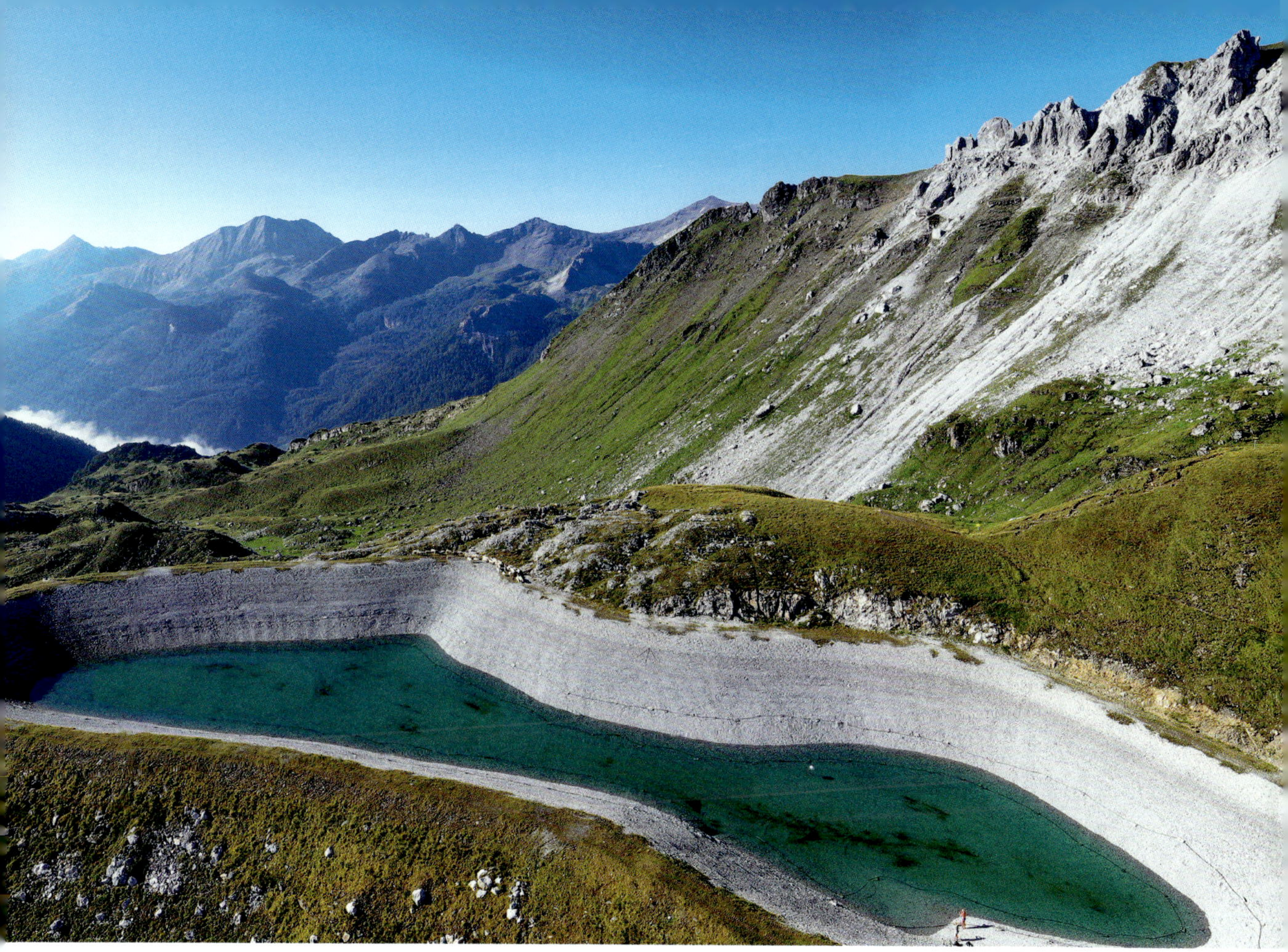

Unten im Zederhaustal liegt noch der Frühnebel.

Wir wandern von der **Passhöhe** ❶ wenige Hundert Meter Richtung Süden bis zu einer Infotafel, die uns zwischen zwei Hotels durchschickt und den Weg zum Zehnerkar weist. Gleich hinter den letzten Häusern gelangen wir auf einen schmalen Wiesensteig, über den wir nach wenigen Gehminuten die asphaltierte **Liftstraße** ❷ erreichen.

Gelegentlich steile Serpentinen lassen uns rasch Höhe gewinnen und einige Male die Skiabfahrt kreuzen. Im Hochsommer kann sich der durchgängig schattenlose Anstieg durchaus schweißtreibend gestalten. Nach etwa 1 Stunde erreichen wir die Seilbahnbergstation und den links von ihr auf einem Höhenrücken – von dem wir eine herrliche Aussicht genießen – liegenden **Speicherteich** ❸. Auf einer schrägen Rampe kommen wir zu einem Schwimmeinstieg und tauchen begeistert ein ins »karibische« Blau.

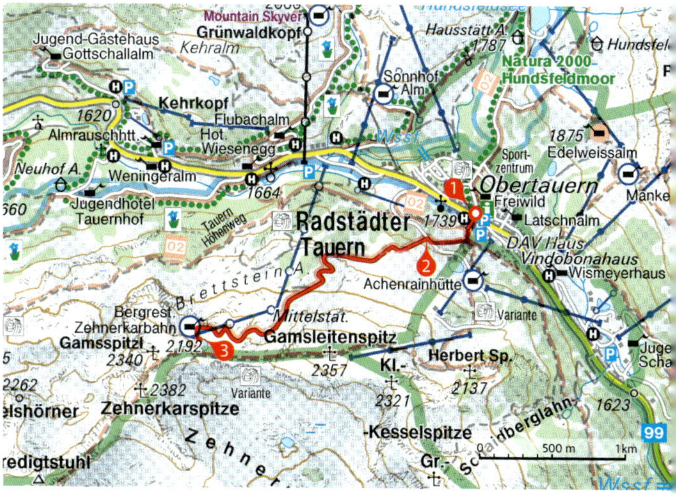

Nach dem auf gleicher Route erfolgenden Abstieg erwartet uns auf der **Passhöhe** ❶ ein vielfältiges gastronomisches Angebot.

66 Twenger Almsee, 2122 m

»Almerisch« baden mit Zusatznutzen

3.15 Std. → 8,5 km ↗ 490 m ↘ 490 m

VIDEO

Ein weiteres Highlight im Alpine-Swimming-Dorado Obertauern

Obertauern, den meisten wohl nur als schneesicheres Skigebiet bekannt, stellt im Sommer mit seinen »eigenen« Bergseen und jenen in den nahen Schladminger Tauern und in den wasserreichen Lungauer Seitentälern ein hervorragendes Basislager für Alpin-Schwimmer dar. Ein besonders schönes Beispiel aus dem Bouquet der Möglichkeiten stellt der Twenger Almsee dar. Auch wenn der Auftakt und das Finale den Wadeln einiges abverlangen, ist dies eine Genusswanderung par excellence. Das liegt nicht nur an dem wunderschönen Bergsee, sondern auch an der Twenger Alm, die Wanderer mit ganz speziellen Schmankerln der regionalen Küche verwöhnt.

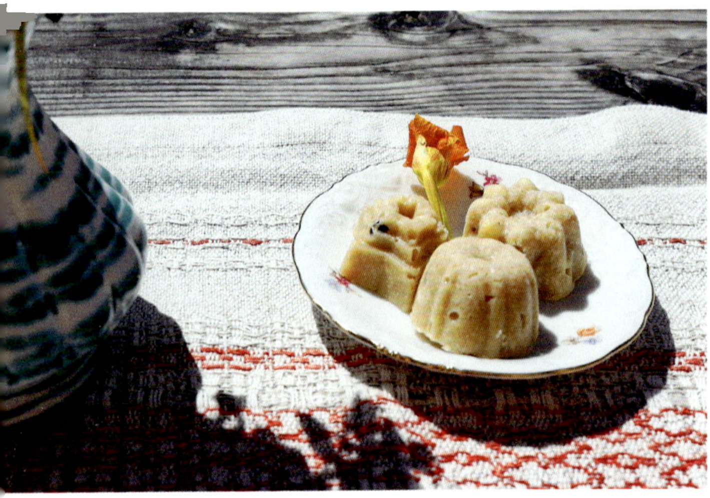

Die Spezialität der Twenger Alm: Lungauer Rahmkoch.

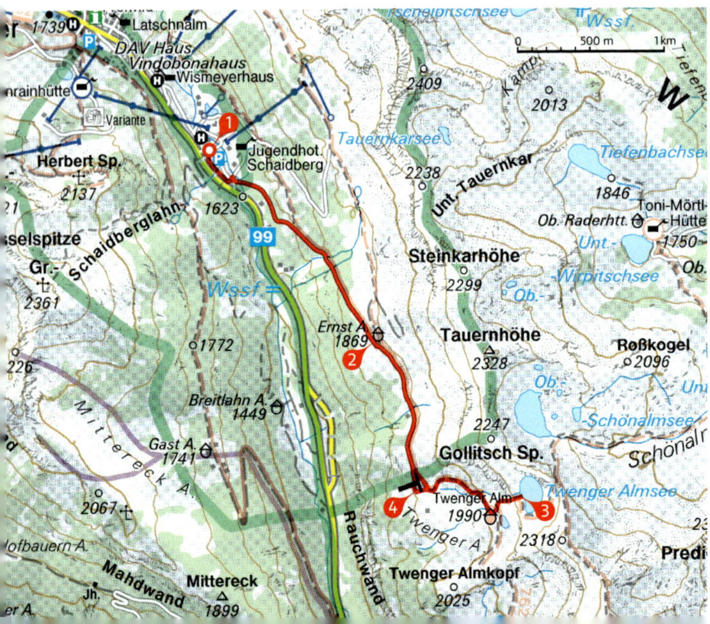

Ausgangspunkt: Wanderparkplatz Schaidberg, 1640 m, in Obertauern; auch per Wanderbus vom Bahnhof Radstadt erreichbar. Bitte nicht mehr unmittelbar am Jugendheim Schaidberg, sondern nur noch am »neuen« gut ausgeschilderten, nahe gelegenen Wanderparkplatz parken!

Anforderungen: Mittelschwere, abschnittsweise steile Wanderung. Keine ausgesetzten oder gefährlichen Stellen, jedoch im Schlussanstieg teils hohe Stufen, die speziell für kurze Kinderbeine recht anstrengend werden können.

Einkehr: Twenger Alm, Tel. +43 664 3696696.

Karte: Freytag & Berndt WK 202.

Vom **Wanderparkplatz Schaidberg** ❶ geht es erst einmal flach weg und wir überqueren hinter dem Jugendheim auf einer kleinen Brücke die Taurach. Kurz danach geht es über einen recht steilen Fahrweg durch schönen Zirbenwald zur unbewirtschafteten **Ernstalm** ❷, die wir nach ca. 45 Minuten erreichen.

Nach diesem anstrengenden Teilstück führt uns ab der Ernstalm die flach verlaufende Route durch idyllisches Almgebiet bis zur Abzweigung zur Twenger Alm. Vorerst passieren wir diese aber auf ihrer lin-

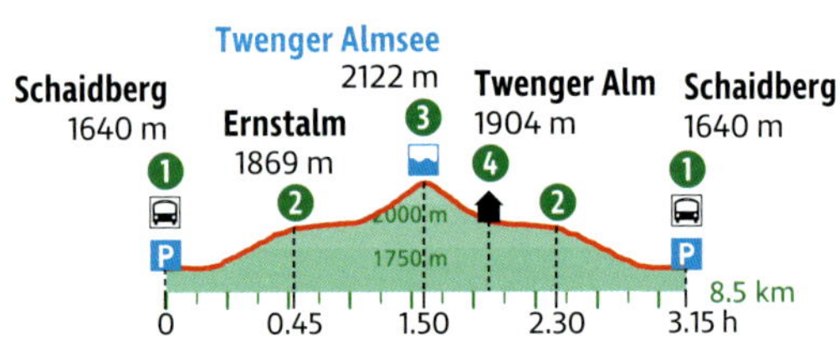

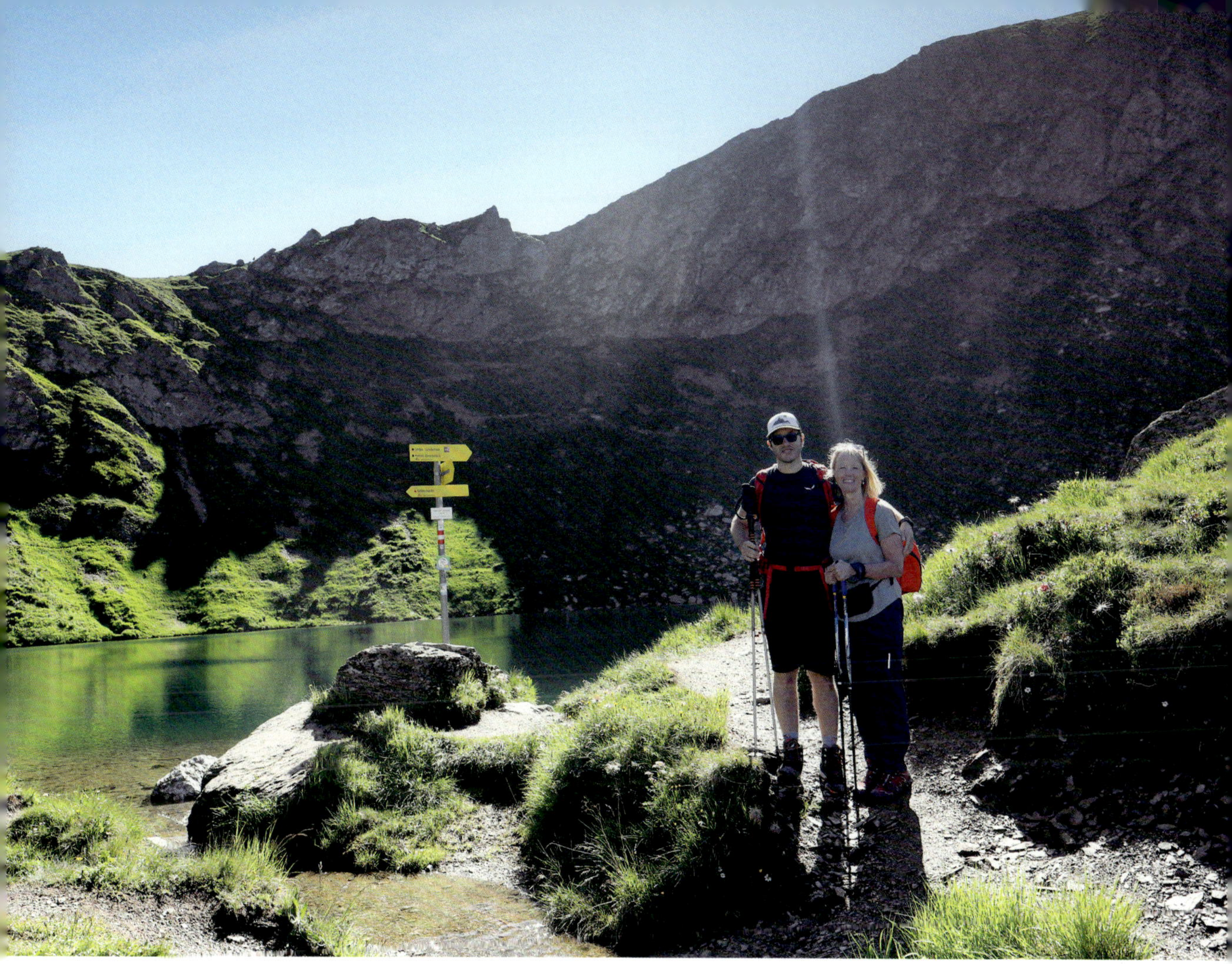

Foto oben: »Sie haben Ihr Ziel erreicht.«

ken Seite und steigen auf einem zunehmend steiler werdenden schmalen Pfad in Richtung Twenger Almsee auf. Arnika und Almrosen säumen den mitunter feuchten und nicht immer einfachen Pfad, der sich in engen Serpentinen den Hang hinaufschlängelt.

Nach einer letzten Steilstufe erreichen wir schließlich den für die Größe des Sees erstaunlich schmalen Naturdamm und werden augenblicklich für die Mühen des Aufstiegs entschädigt. Dies umso mehr, wenn wir uns kurz danach in die kristallklaren Fluten des **Twenger Almsees** ❸ stürzen und vom Wasserspiegel aus das sensationelle Bergpanorama genießen.

Genießen ist auch angesagt, wenn wir nach dem Seebesuch in der **Twenger Alm** ❹ einkehren, wo man unbedingt nach der Spezia-

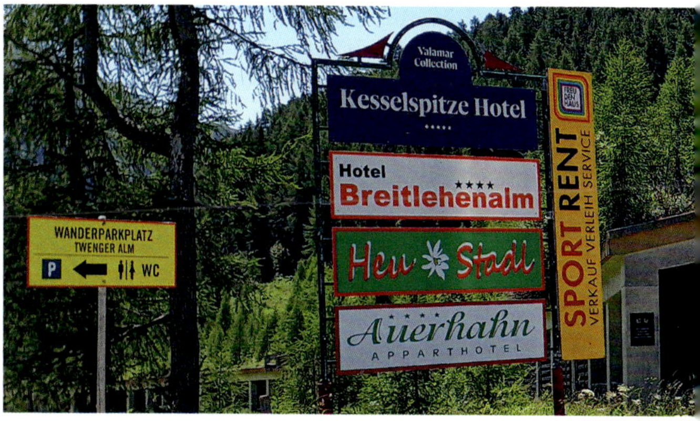

lität des Hauses, dem »Lungauer Rahmkoch«, fragen sollte!

Frisch gestärkt geht dann auf dem Hinweg zurück zum **Ausgangspunkt** ❶.

67 Klammlsee, 1826 m

In aussichtsreichem Auf und Ab zur Bergseeidylle

2.30 Std. → 4,9 km ↗ 440 m ↘ 440 m

VIDEO

Schwimmen im Blütenmeer ...

... können wir, wenn wir diese Wanderung im Frühsommer antreten. Dann haben wir nämlich die besten Chancen, dass in dem wunderbaren kleinen Kessel, in dem sich der Klammlsee befindet, die Almrosen blühen. Somit gesellt sich zur landschaftlichen Idylle, die mit einem fantastischen Blick auf Bischofsmütze und Dachsteinmassiv an sich schon überwältigend ausfällt, auch noch eine botanische dazu. Beim Baden im nördlichen, abflussnahen Drittel – nur dort ist es in dem allmählich verlandenden Bergsee sinnvoll – hat man dann tatsächlich das Gefühl, in einem Blütenmeer zu schwimmen ...

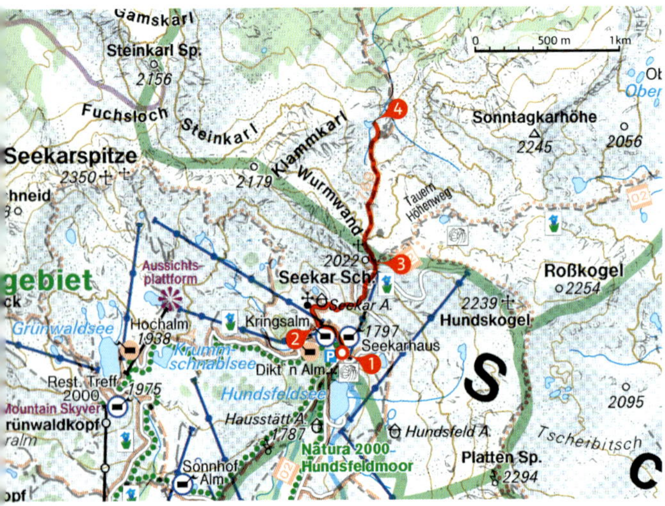

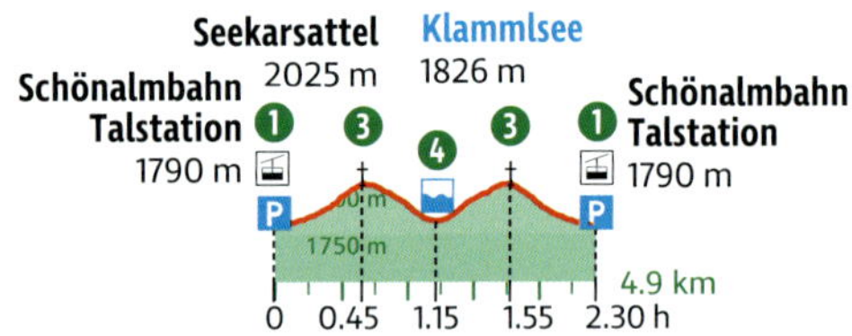

Ausgangspunkt: Parkplatz beim Hundsfeldsee nahe der Talstation der Schönalmbahn, 1790 m. Mit dem Regionalbus vom Bahnhof Radstadt (Schnellzugstation) gelangt man bis zur Passhöhe in Obertauern, von dort in etwa 15 Minuten zu Fuß zum Parkplatz.
Anforderungen: Unschwierige, familientaugliche Wanderung in teilweise feuchtem, rutschigem Terrain.
Einkehr: Dikt'n Alm, Tel. +43 6456 7580.
Karte: Freytag & Berndt WK 201.

Vom **Parkplatz** ❶ aus starten wir mit ein paar Schritten in Richtung Norden, passieren das Hotel Seekarhaus und die Kringsalm und verlassen gleich dahinter den **Fahr- und Aufstiegsweg** ❷, der vorbei an der nahe gelegenen Dikt'n Alm zum Krummschnabelsee führt. Wir aber halten uns jetzt rechts und gewinnen über einen gut beschilderten, stellenweise rutschigen Wanderweg rasch an Höhe. Nach etwa 30 Minuten erreichen wir das schon von Weitem sichtbare **Wegkreuz** ❸ am **Seekarsattel**.
Ab hier folgen wir der Wegweisung »Vögei-Alm« und gelangen erst über sanft abfallende Almwiesen, später in schrofigem, steilerem Gelände in ein Kar, an dessen unterem Ende wir unser attraktives Wanderziel ausmachen können. Schon beim Abstieg staunen wir über das herrliche Bergpanorama inklusive Bischofsmützen- und Dachsteinblick oberhalb des Sees als auch über die nicht minder herrliche Blütenpracht rings um den **See** ❹. An einer kleinen Jagdhütte vorbei, suchen wir uns im felsigen Bereich nahe dem Seeabfluss eine geeignete Einstiegsstelle und genießen unser »alpines Schwimmen im Blütenmeer«.
Anschließend geht es noch einmal bergauf in den **Seekarsattel** ❸ und dann wieder hinunter nach Obertauern. Kurz bevor wir den **Parkplatz** ❶ erreichen, lockt die beinahe am Weg liegende Dikt'n Alm mit guter Küche und sonniger Terrasse.

Herrlicher Blick auf Klammlsee, Bischofsmütze und Dachstein.

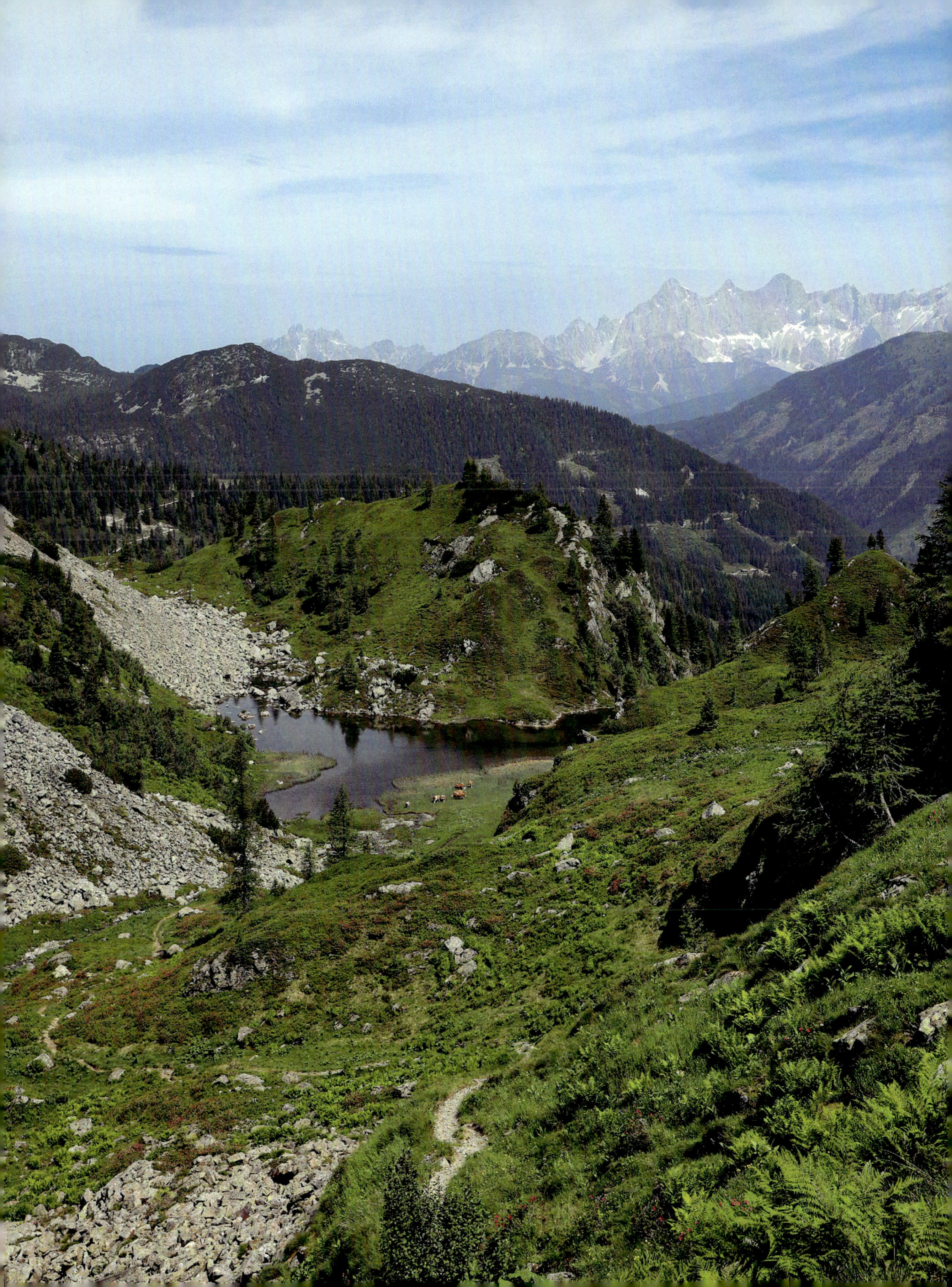

68 »Regenbogensee«, 2042 m, bei Obertauern

Namenlos, aber bei jedem Wetter faszinierend

2.45 Std. → 6,4 km ↗ 360 m ↘ 360 m

VIDEO

Selbst Regen bringt Segen

Alpin-Schwimmen hat nicht nur bei Postkartenwetter seine Reize. Manchmal sind es dramatische Wettersituationen oder Wolkenformationen, die eine Situation erst wirklich »magisch« machen. So auch passiert an diesem tatsächlich namenlosen Bergsee zwischen Schladminger und Radstädter Tauern. Zugegeben, der vom Autor an dieses bildschöne Naturgewässer vergebene Name ist situationsbezogen und wird sich so in keiner Wanderkarte finden, was insofern nichts zur Sache tut, als man den See auch unter keinem anderen Namen finden würde ...

Ausgangspunkt: Parkplatz beim Hundsfeldsee nahe der Talstation Schönalmbahn, 1790 m. Mit dem Regionalbus vom Bahnhof Radstadt (Schnellzugstation) gelangt man bis zur Passhöhe in Obertauern, von dort in etwa 15 Minuten zu Fuß zum Parkplatz.

Anforderungen: Unschwierige, familientaugliche Wanderung in teilweise feuchtem und rutschigem Terrain.

Einkehr: Dikt'n Alm, Tel. +43 6456 7580.

Karte: Freytag & Berndt WK 201.

Magic moments am namenlosen See.

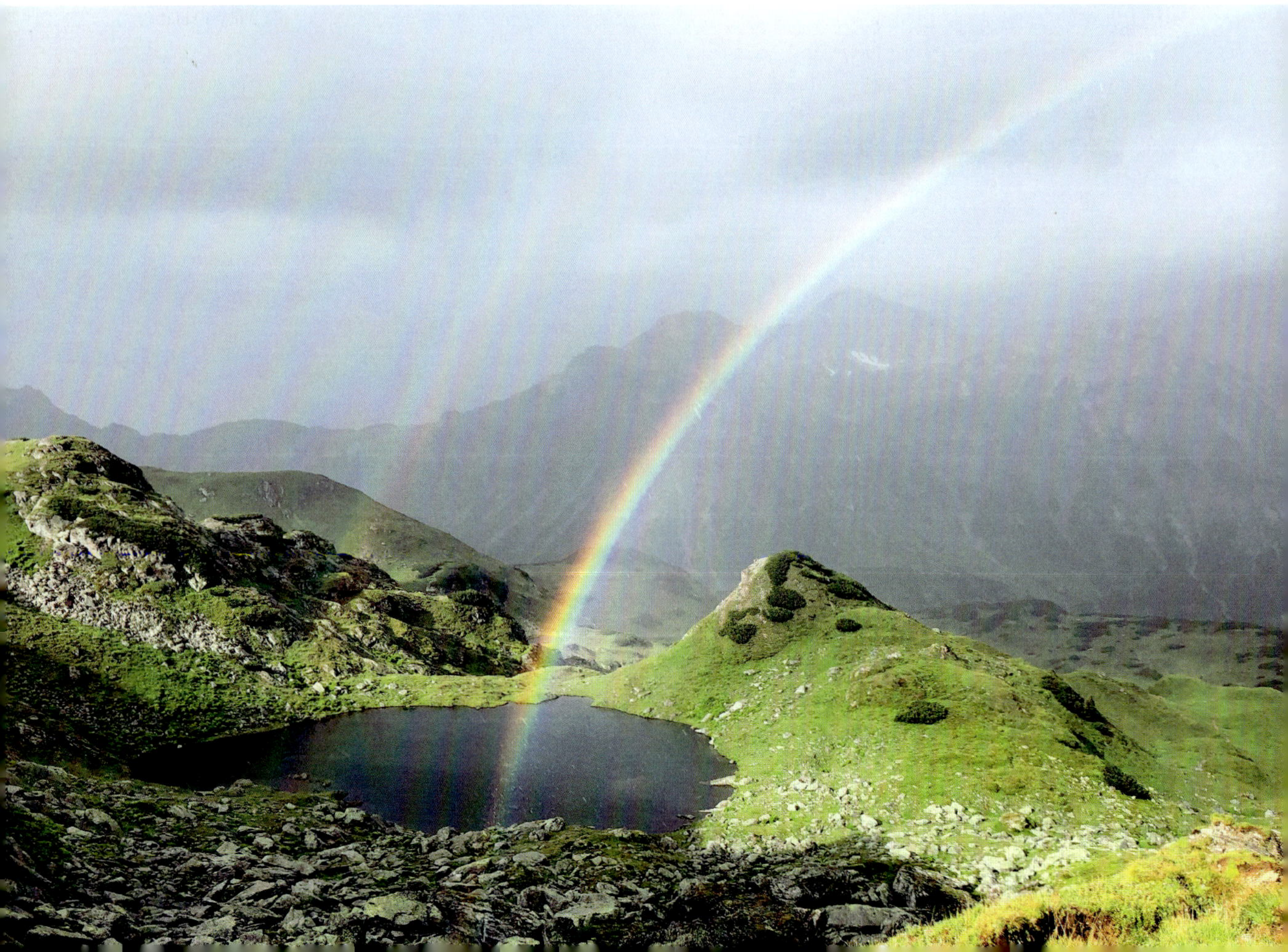

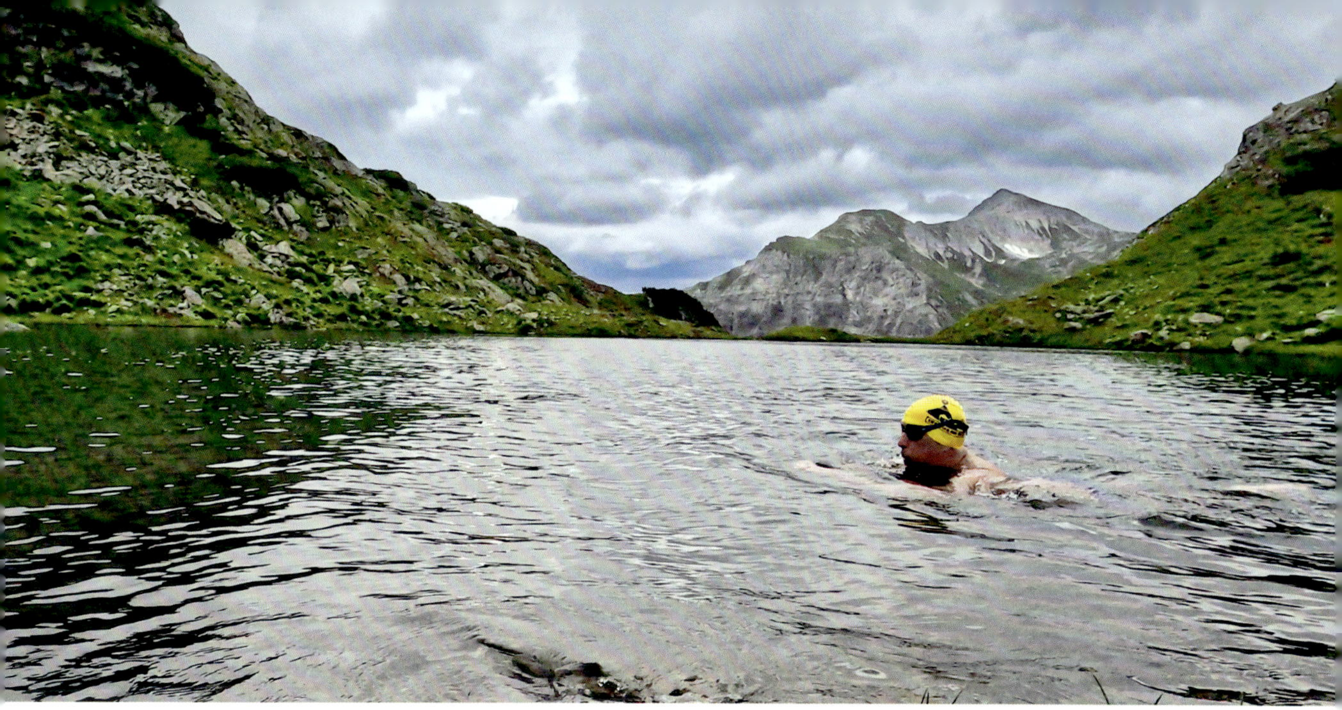

Noch hält das Wetter ...

Der erste Abschnitt dieser Tour ist identisch mit dem Beginn von Tour 67: Vom **Parkplatz** ❶ aus starten wir Richtung Norden bzw. Nordwesten, passieren das Hotel Seekarhaus und die Kringsalm und verlassen gleich dahinter den **Fahr- und Aufstiegsweg** ❷, der über die Dikt'n Alm zum Krummschnabelsee führt. Wir aber halten uns rechts und gewinnen über einen gut beschilderten, stellenweise rutschigen Wanderweg rasch an Höhe. Nach etwa 30 Minuten erreichen wir das schon von Weitem sichtbare **Wegkreuz** ❸ am **Seekarsattel**. Diesmal folgen wir der Wegweisung »Oberhüttensee«. Über einen sanft geschwungenen, immer wieder von kleinen Lacken durchsetzten Höhenrücken, auf dem Kühe und Pferde weiden, gelangen wir zu einer frei stehenden **Skulptur** ❹. Diese markiert für Mountainbiker, die auf dem Stoneman Taurista Trail unterwegs sind, das Ende der mühsamen Tragesstrecke vom Oberhüttensee herauf.
Für uns heißt es jetzt den kurzen, aber ziemlich steilen und bei Nässe recht rutschigen Abstieg zum von hier aus schon sichtbaren, namenlosen Bergsee anzutreten. Unten angekommen begeben wir uns weglos und ein paar Felsblöcke überkletternd zur Einstiegsstelle am **Westufer** ❺. Das Schwimmen gestaltet sich hier unkompliziert, nicht allzu frisch und

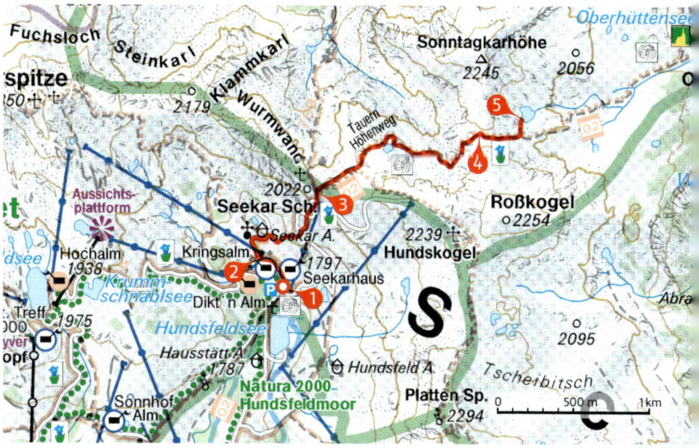

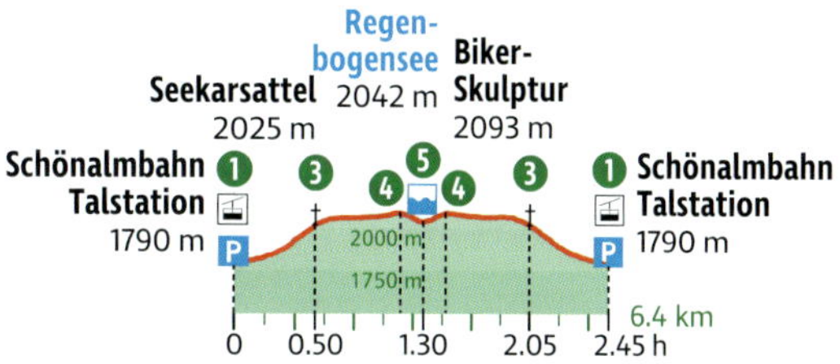

sehr aussichtsreich mit schönem Blick auf die Lungauer und die Steirische Kalkspitze.
Danach geht es wieder hinauf zur **Bike-Skulptur** ❹, fast eben bis zum **Wegkreuz** ❸ und dann nur noch bergab bis zum **Parkplatz** ❶ mit der Einkehr-Option in der Dikt'n Alm.

69 Unterer Wirpitschsee, 1700 m

Eine weitere Perle unter den Lungauer Bergseen

2.00 Std. → 3,9 km ↗ 370 m ↘ 370 m

VIDEO

Ideal als Bike & Hike-Tour

Eine Bike-Tour durch das liebliche Longatal ist für sich allein schon eine tolle Sache. Warum also nicht das Angenehme mit dem Nützlichen verbinden?! Diese Anreise bietet zudem noch den Vorteil, dass man bei der Fahrt zurück an der Longa eventuell noch einen zusätzlichen Badestopp einlegen kann. Ab der Ulnhütte herrscht auch für Fahrräder ein Fahrverbot, also Räder am Wegesrand abstellen und Fahrradschloss nicht vergessen!

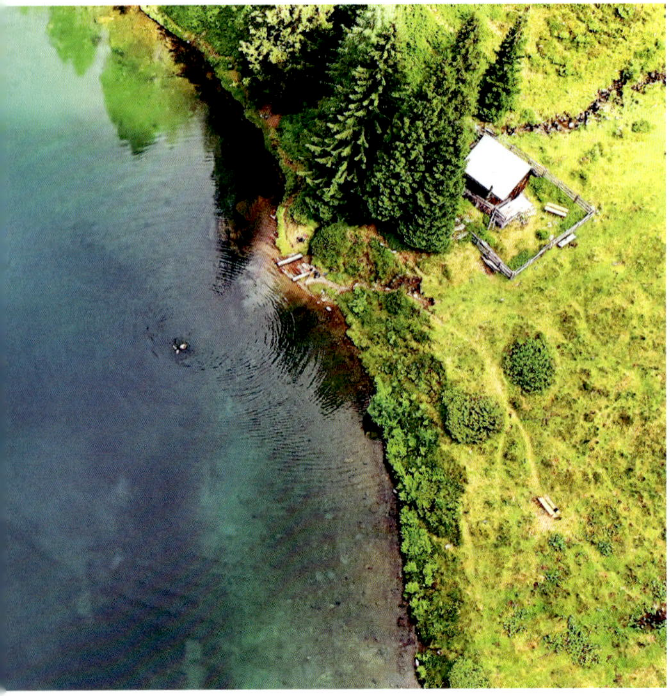

Foto oben: Der beste Badeplatz am See.
Unten: Kaspressknödelsuppe.

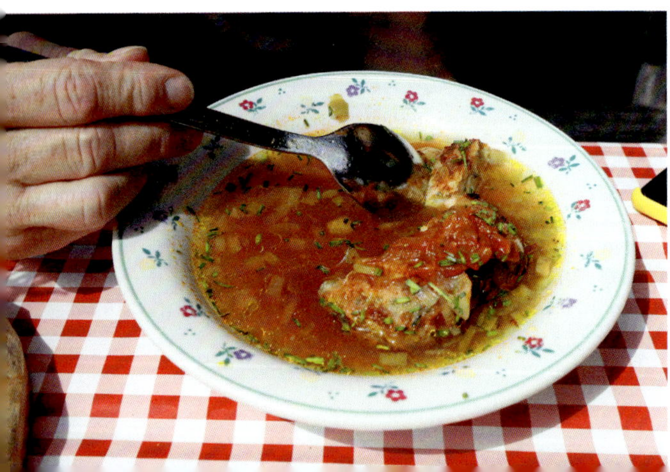

Ausgangspunkt: Die unbewirtschaftete Ulnhütte, 1340 m. Eine empfehlenswerte Möglichkeit besteht darin, diese per Mountainbike z.B. ab Weißpriach oder vom Parkplatz vor der Mautschranke anzufahren. Auch eine Anreise per Lungauer Tälerbus (salzburg-verkehr.at) ab Bahnhof Tamsweg ist möglich. Mit dem eigenen Auto gelangt man über die Mautstraße nur bis zur Granglerhütte (von dort 20 Minuten Gehzeit zusätzlich).
Anforderungen: Wenn man auf der Forststraße bleibt, eine gemütlichere, wenn man – wie hier beschrieben – die Abkürzungen wählt, eine sportlichere, aber recht gut auch für Familien geeignete Wanderung.
Einkehr: Toni-Mörtl-Hütte, Tel. +43 664 5072407.
Karte: Freytag & Berndt WK 201.

Wie auch immer wir hierher gelangen, Ausgangspunkt der hier beschriebenen Wanderung ist jedenfalls die **Ulnhütte** ❶ im hinteren Weißpriachtal. Gleich danach überqueren wir eine kleine Brücke, von der aus wir einen schönen Blick auf den Ulnhütten-Wasserfall werfen können. Nach einer Schranke startet der geschotterte Wirtschaftsweg zu den Almen und Hütten am Unteren Wirpitschsee.

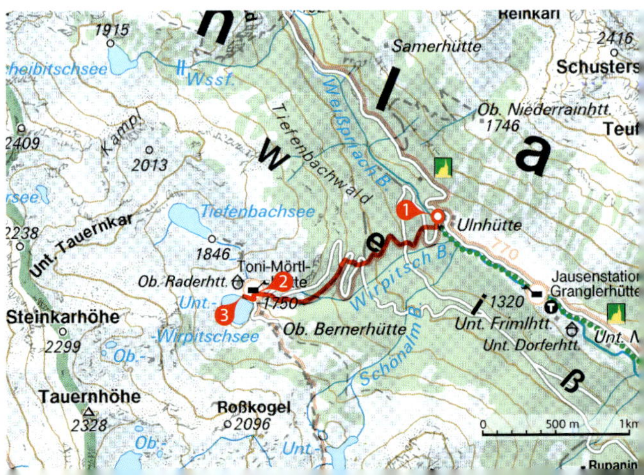

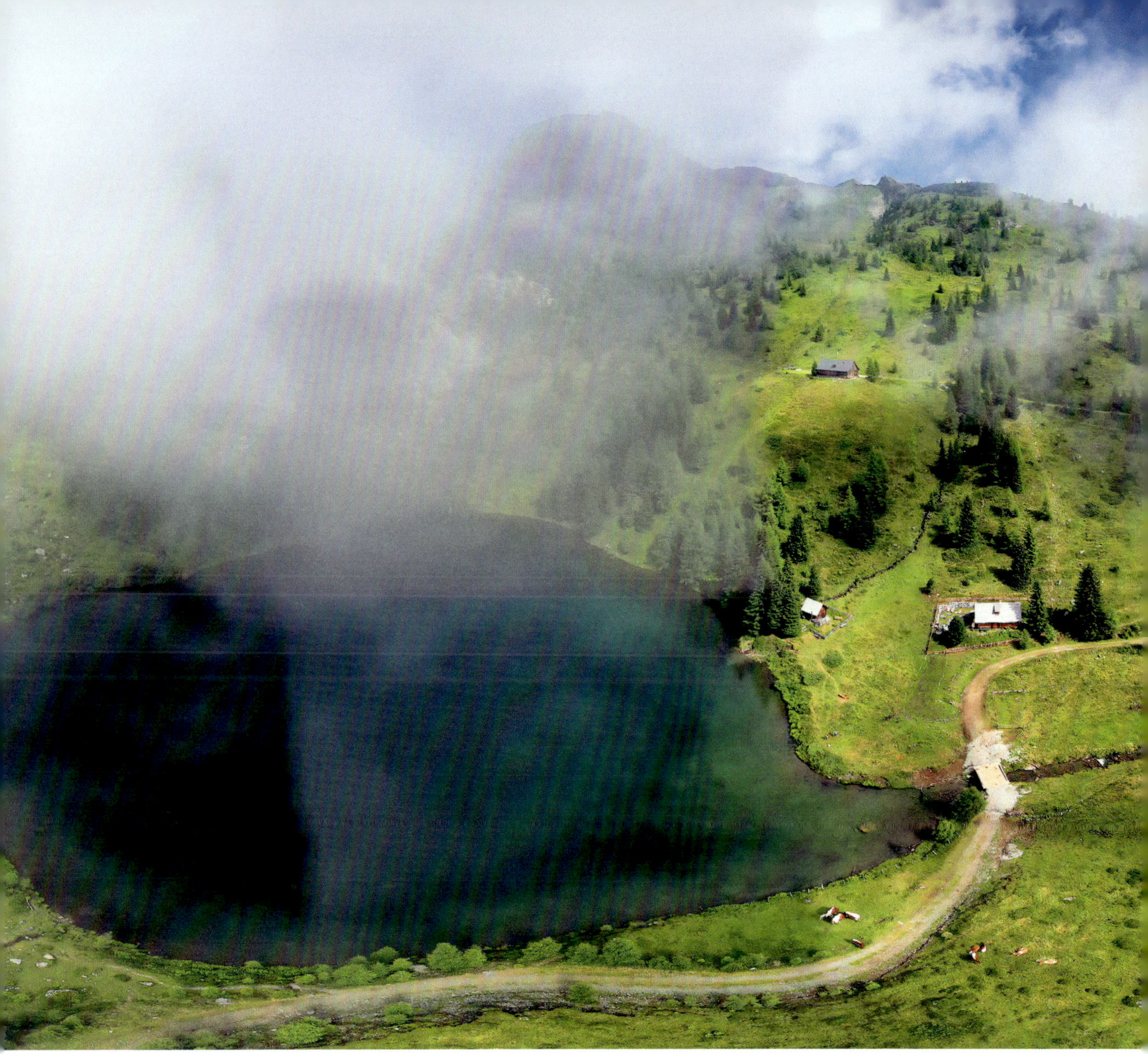

Der Nebel verzieht sich, die Stimmung steigt.

In weiterer Folge haben wir die Wahl, konsequent der Schotterstraße zu folgen oder aber immer wieder (wie hier beschrieben) mögliche, steilere Abkürzungen zu nehmen. Nach etwa 1 Stunde erreichen wir die urige **Toni-Mörtl-Hütte** ❷ und wenig später auch den herrlich gelegenen, glasklaren **Unteren Wirpitschsee** ❸.

Je nach Sonnenstand schimmert der See türkis- oder grünblau in jedem Fall aber äußerst einladend. Gute Badeplätze finden wir in der Nähe seines vom Tiefenbachsee herunterkommenden Zuflusses, ein ausgezeichnetes Speiseangebot hingegen in der **Toni-Mörtl-Hütte** ❷ mit der wohl besten Kaspressknödelsuppe der Alpen …

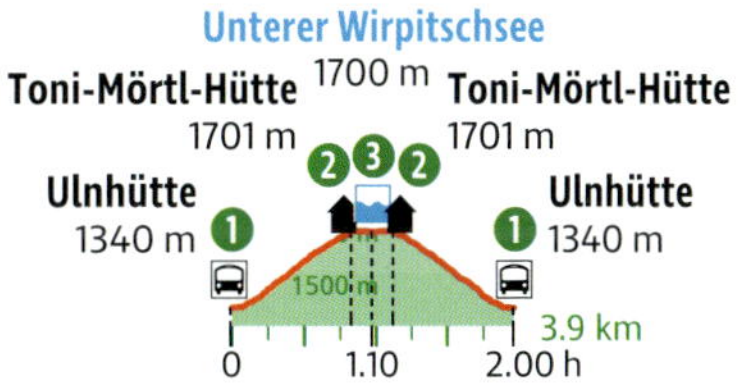

70 »Jagasee«, 1906 m, bei Hintergöriach

Weitgehend unbekannt und unbenannt

3.00 Std. → 6,0 km ↗ 520 m ↘ 520 m

VIDEO

Anpirschen via Wasserfall

»Kennst du seinen Namen, seinen Namen kennst du nicht …« Die Textzeile eines ehemaligen Gassenhauers trifft perfekt auf dieses Bergsee-Kleinod zu. Dabei gilt diese vermeintliche Unkenntnis sowohl für Einheimische als auch für Wanderkarten. Weil zu dem einsamen Unbekannten/Unbenannten auch kein ausgewiesener Wanderweg, sondern nur ein schwer zu findender »Jagasteig« führt, hat ihn der Autor dieser Zeilen der Einfachheit halber »Jagasee« getauft.

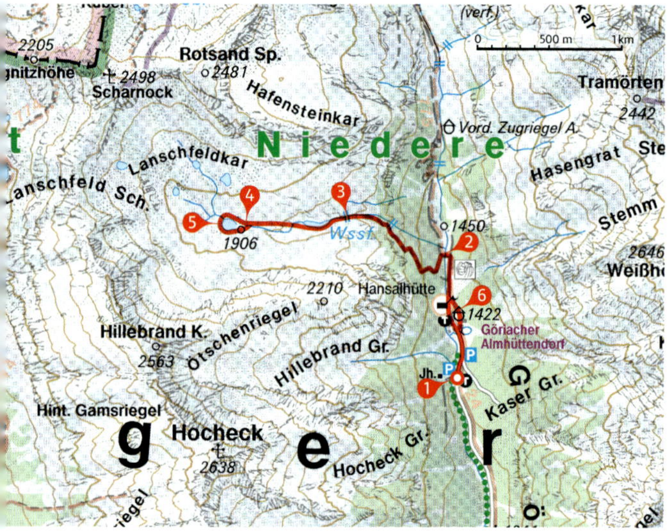

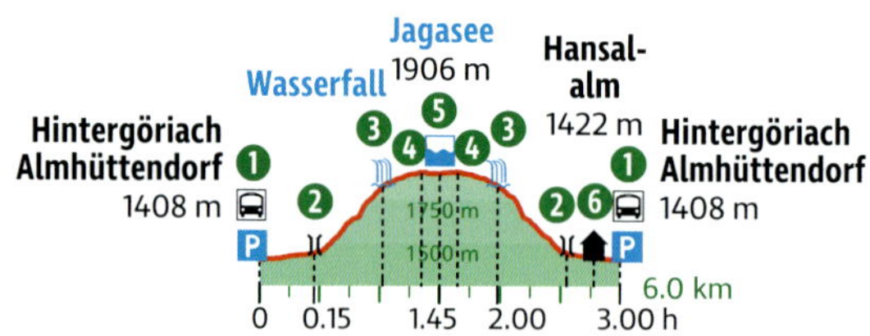

Ausgangspunkt: Wanderparkplatz kurz vor dem Almhüttendorf Hintergöriach, 1408 m. Die Anreise mit öffentlichen Verkehrsmitteln erfolgt per Zug nach Tamsweg und dem Tälerbus 720.

Anforderungen: Im unteren Abschnitt stellenweise recht feucht und rutschig. Für Kinder eher nicht geeignet.

Einkehr: Hansalhütte, Tel. +43 6483 208.

Karte: Freytag & Berndt WK 201.

Etwas mühsam zum Rauf-, ideal zum Runterkommen.

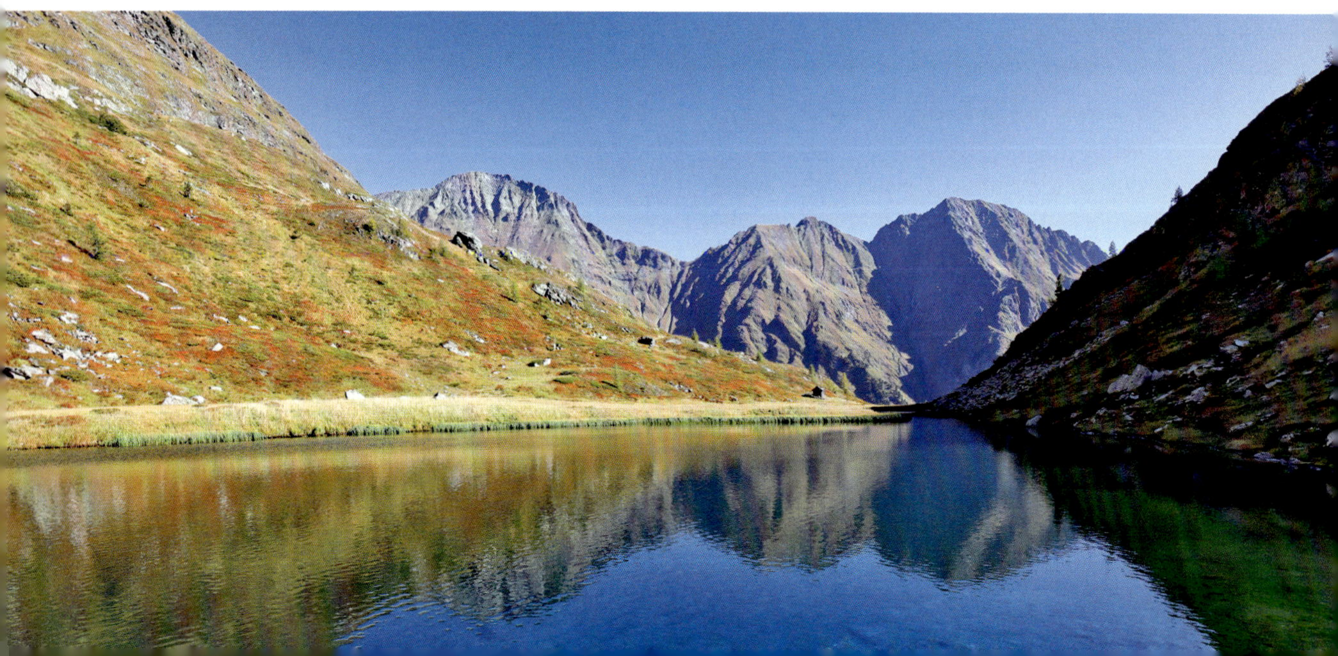

Vom **Wanderparkplatz** ❶ folgen wir dem Wirtschaftsweg entlang des Göriachbaches, passieren kurz darauf das Almhüttendorf und erreichen nach knapp 15 Minuten eine **Brücke** ❷. Unmittelbar nach deren Überschreitung steigen wir zunächst weglos in Richtung des von unten sichtbaren Wasserfalls auf. Schon nach wenigen Höhenmetern sollten wir auf einen unmarkierten Jägersteig stoßen.
Ab jetzt geht es in steilem Zickzack bergan durch den lichten Hochwald, bis wir eine markante Felswand erreichen. An deren unterem Ende schwenkt der Steig, kurzzeitig etwas flacher werdend, nach rechts und bringt uns jetzt nahe an den **Wasserfall** ❸ heran. Es folgt ein recht feuchtes, rutschiges Steilstück bis zur oberen Wasserfallkante.
Ab jetzt flacht der Weg ab, wir verlassen – immer dem Wasserlauf folgend – den Wald und durchwandern herrliche **Almböden** in Richtung Talschluss. In einer kleinen Senke erblicken wir rechter Hand eine winzige **Jagdhütte** ❹ und kurz darauf den kleinen Bergsee.
Wie zumeist an einem Schmelzwassersee ist der Wasserstand stark schwankend. Demzufolge sind auch viele Uferabschnitte recht feucht und sumpfig. Dort, wo der Steig endet, befindet sich auch der geeignetste **Badeplatz** ❺ samt relativ trockener Liegewiese. Das Wasser des Sees ist auch im Hochsommer erstaunlich tief und entsprechend frisch.
Nach dem Badevergnügen können wir weglos entlang des anderen Ufers wieder in Richtung **Jagdhütte** ❹ wandern, an seiner flachsten Stelle den Seeablauf queren und uns während des Abstiegs auf eine zünftige Jause in der **Hansalhütte** ❻ im Almhüttendorf freuen ...

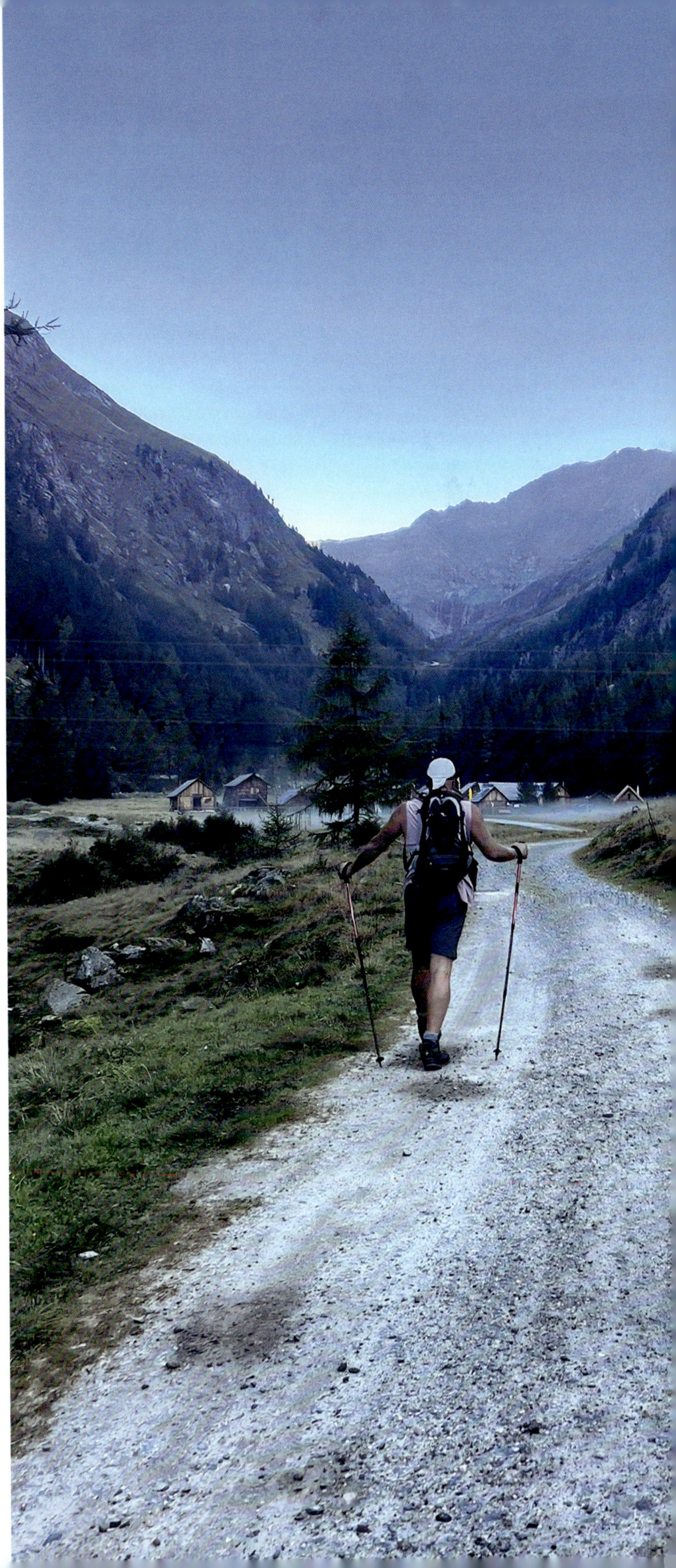

Auf geht's Richtung Almhüttendorf!

71 Oberer Landawirsee, 2047 m

Bergsee(n) in imposanter Felsarena

4.15 Std. → 12,4 km ↗ 650 m ↘ 650 m

Ober sticht Unter

Es ließe sich trefflich darüber streiten, welches der in die Schladminger Tauern hineinführenden Lungauer Seitentäler wohl das schönste sei. Sicherlich wäre das idyllische Göriachtal bei dieser Wahl einer der Top-Favoriten. Allseits von markanten Gipfeln überragt, von etlichen Bachläufen durchzogen, gespickt mit Wasserfällen und Bergseen hat es seinen urtümlichen Charme erhalten und sich als Wander-Eldorado einen Namen gemacht. Vor allem diese beiden Bergseen – der Untere und der noch schönere Obere Landawirsee – gelten völlig zu Recht als besonders attraktive Wanderziele.

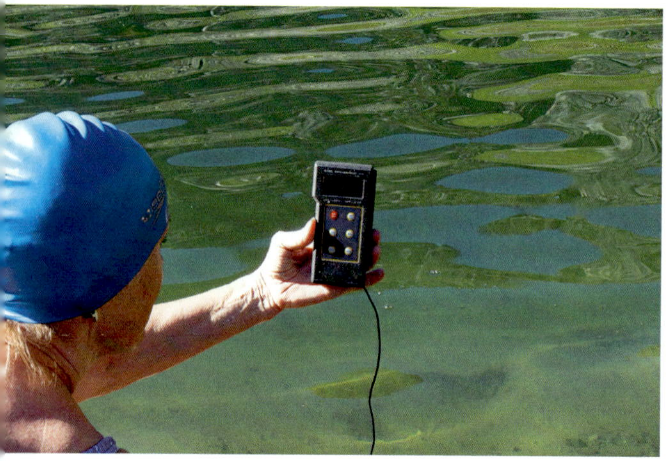

Ausgangspunkt: Wanderparkplatz kurz vor dem Almhüttendorf Hintergöriach, 1408 m. Die Anreise mit öffentlichen Verkehrsmitteln erfolgt per Zug nach Tamsweg und dem Tälerbus 720.

Anforderungen: Bis zur Landawirseehütte abschnittsweise etwas steilerer, grobschottriger Karrenweg. An der Landawirseehütte zweigt ein bis zum Unteren Landawirsee flacher, dann etwas steiler verlaufender Almsteig ab.

Einkehr: Landawirseehütte, Tel. +43 676 7785375.

Karte: Freytag & Berndt WK 201.

Foto links: Temperaturkontrolle am Oberen Landawirsee. Unten: Im Vordergrund der Obere, im Hintergrund der Untere Landawirsee, dazwischen eine seichte, namenlose Lacke.

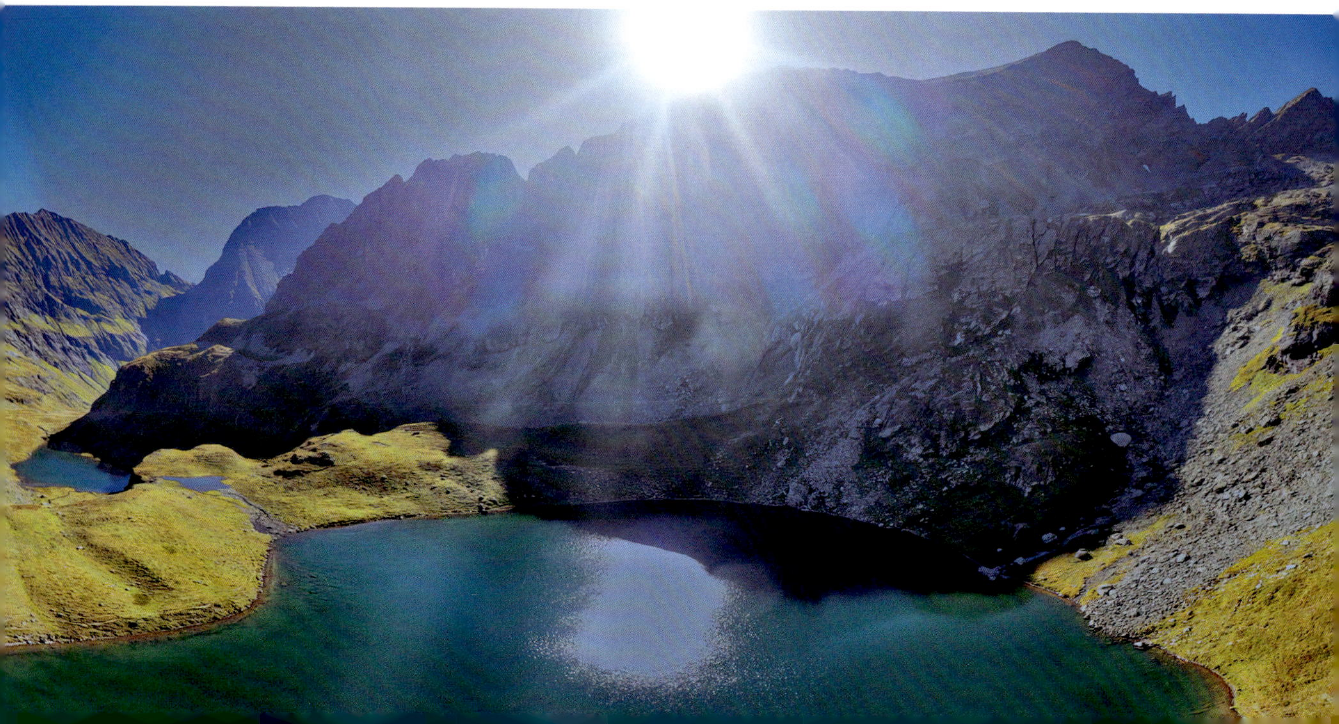

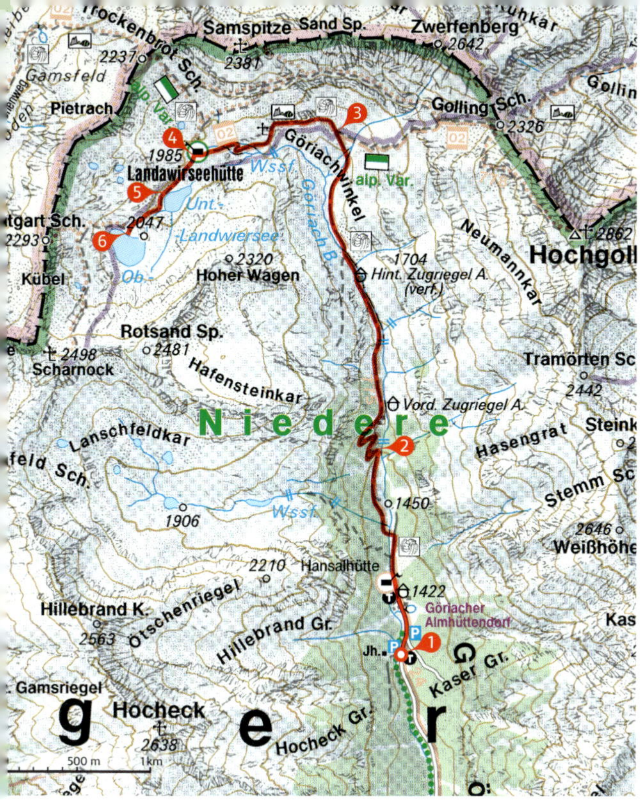

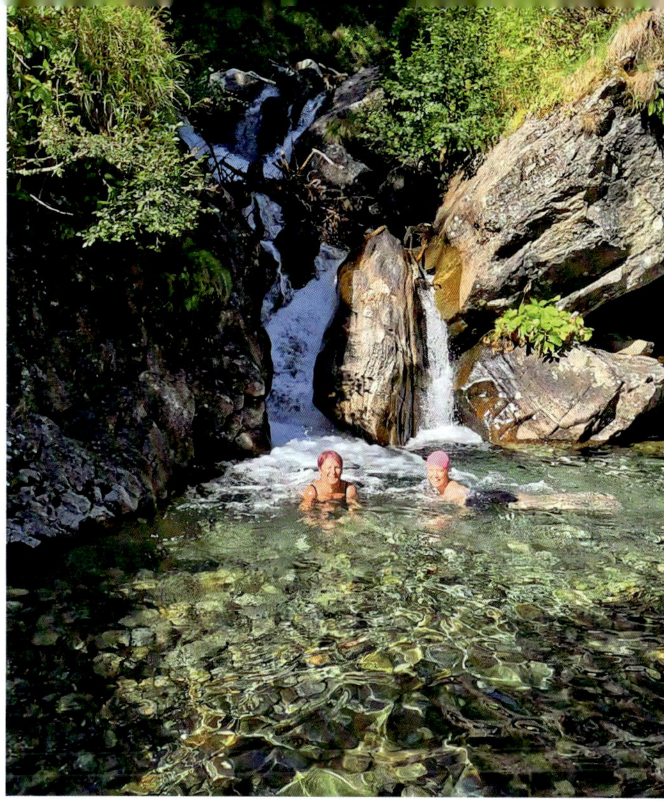

Wer es nach dem »Seebade-« gerne noch etwas frischer möchte, dem sei ein Wasserfallbade-Intermezzo beim Abstieg empfohlen.

Nachdem wir vom **Wanderparkplatz** ❶ taleinwärts aufgebrochen sind, erreichen wir nach etwa 5 Minuten das Hüttendorf der Vorderen Göriachalmen und weitere 15 Minuten später den Fuß eines beeindruckenden **Wasserfalls** ❷. An dessen linker Seite aufsteigend, gelangen wir auf dem ab hier steiler werdenden Karrenweg zu den oberhalb des Wasserfalls gelegenen Zugriegelalmen.

Auf dem ziemlich steinigen, aber immer recht breiten Karrenweg lassen wir die Waldgrenze hinter uns und stoßen in einer steilen Linkskurve zur **Abzweigung** ❸ des Steigs zur Gollingscharte. Trittsichere und schwindelfreie Geher könnten hier ca. 300 Höhenmeter aufsteigen und dann über den Tauernhöhenweg ebenfalls zur Landawirseehütte gelangen.

Wir bleiben allerdings auf dem sich ab hier noch einmal aufsteilenden Normalweg und gelangen über diesen zur einladenden **Landawirseehütte** ❹. Fürs Erste widerstehen wir jedoch der Einkehrversuchung und machen uns auf einem schmalen Steig auf, um nach wenigen Minuten dem **Unteren** ❺ und steile 70 Höhenmeter später auch dem **Oberen Landawirsee** ❻ unsere Aufwartung zu machen. Zum Bade locken beide, wobei der Obere mit seiner schönen Einbettung in die Felsarena zusätzlich punktet.

Apropos locken: Dies tun in absteigender Reihenfolge auch die malerisch gelegene **Landawirseehütte** ❹ und der **Wasserfall** ❷ mit einer schönen Badegumpe fast unmittelbar am Karrenweg.

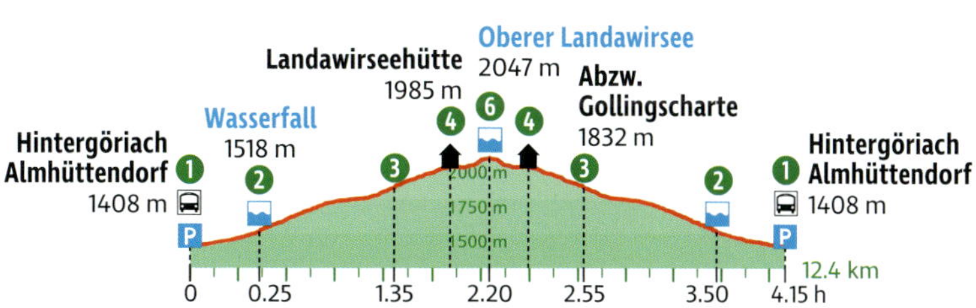

72 Oberer Landschitzsee, 2069 m

Bergsee-Trilogie im hinteren Lessachtal

5.15 Std. → 12,8 km ↗ 850 m ↘ 850 m

Den Hochgolling von einer neuen Seite kennenlernen

Mit 2863 Metern ist der Hochgolling der höchste Gipfel der Niederen Tauern. Als Bergsteiger kennt man diesen Berg zumeist nur von der Perspektive des Normalanstiegs aus dem Schladminger Untertal heraus. Dass der Hochgolling aber auch von Süden betrachtet ein gutes Bild macht und die Ostwand der viel bekannteren Nordwand kaum nachsteht, wird einem im Verlaufe dieser Wanderung eindrucksvoll vor Augen geführt. Zu gefallen wissen allerdings auch die Aussichten auf Kasereck, Zischken, Hochlahneck und Bockleiteck. Im Verein bilden diese wuchtigen Bergstöcke mit ihren imposanten Steilflanken einen überaus würdigen Rahmen für die drei übereinander gestapelten Landschitzseen.

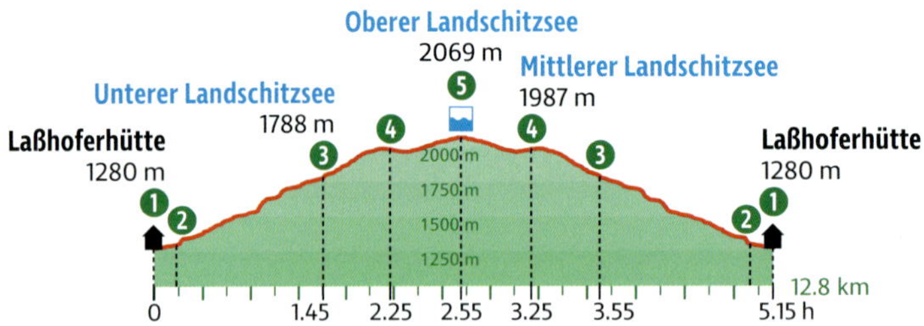

Ausgangspunkt: Am Ende der Mautstraße von Lessach am Parkplatz bei der Laßhoferhütte, 1280 m.
Anforderungen: Relativ lange, aber bei ausreichender Kondition auch für Kinder geeignete Tour.
Einkehr: Laßhoferhütte, Tel. +43 664 1419820.
Karte: Freytag & Berndt WK 201.

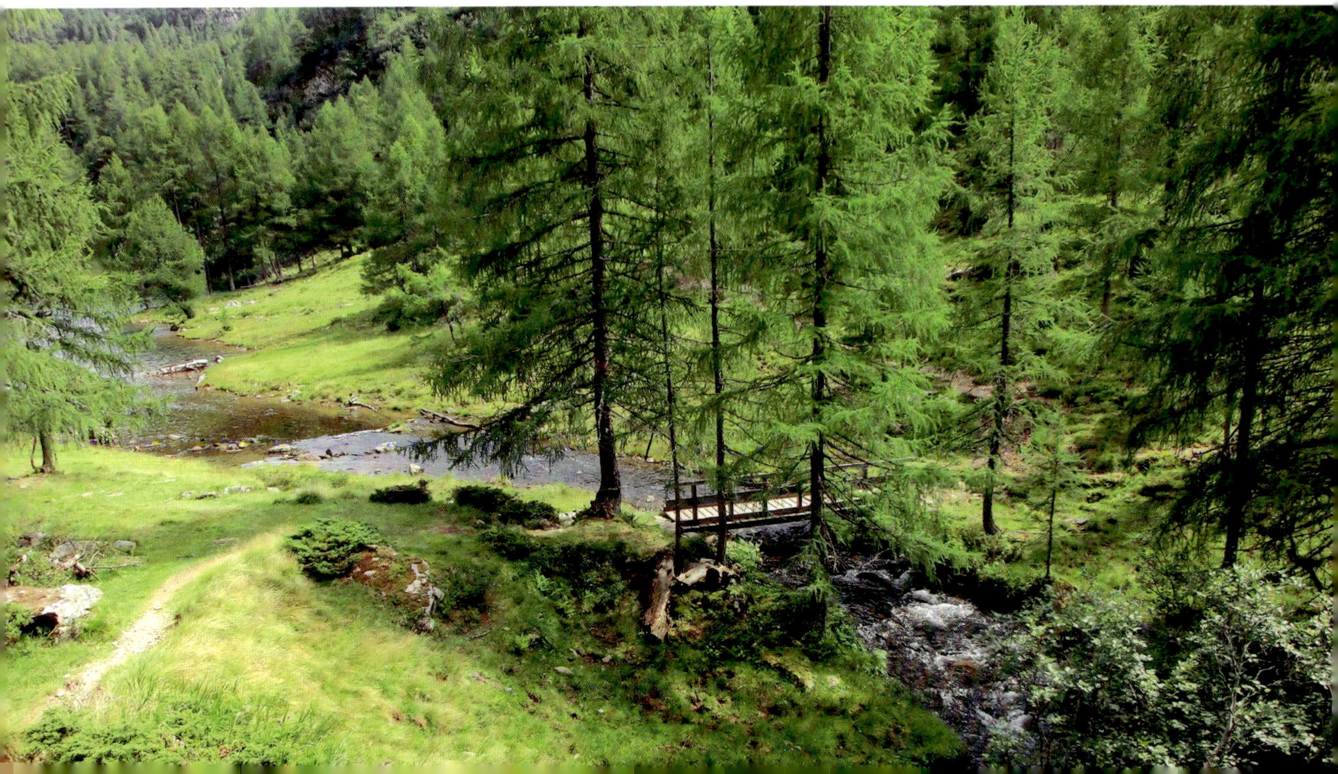

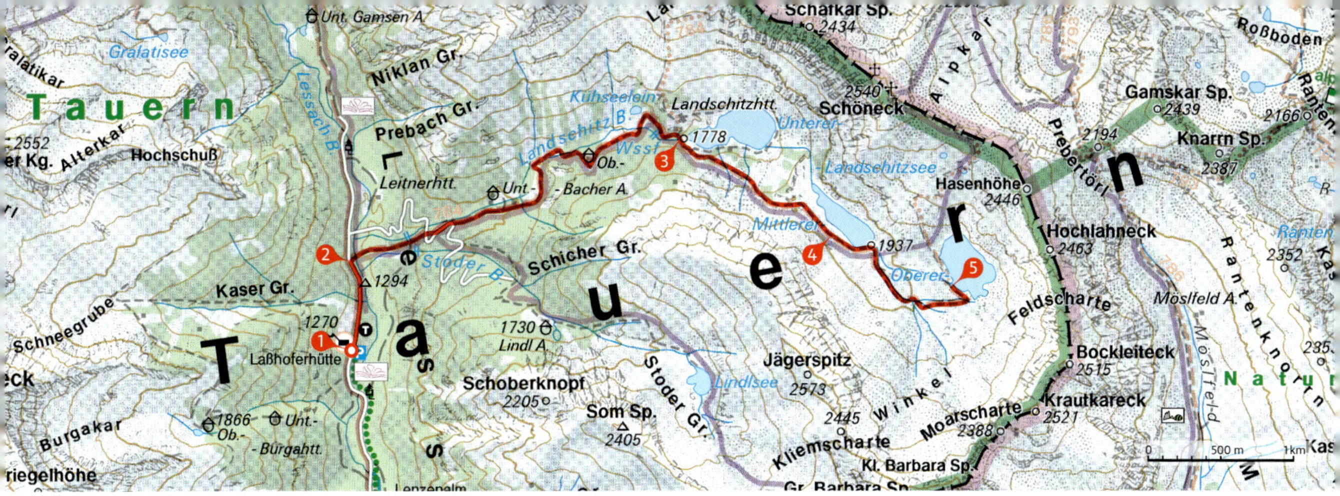

Nach dem Aufbruch von der **Laßhoferhütte** ❶ spazieren wir auf der Schotterstraße taleinwärts, bis wir nach etwa 500 Meter **rechts** zu den Landschitzseen **abbiegen** ❷. Neben dem imposanten Wasserfall geht es durch den Wald steil bergauf zur oberen Bacher Alm. Nachdem wir eine Almweide gequert und eine weitere kurze Steilstufe überwunden haben, erreichen wir den **Unteren Landschitzsee** ❸. Am Abfluss des Sees überqueren wir eine Brücke und wandern rechts vom See zuerst flach, dann steil hinauf auf eine Anhöhe zu einem schönen Aussichtspunkt mit einer Bank. Ab hier weitet sich das Tal und gibt den Blick auf den unter uns liegenden **Mittleren Landschitzsee** ❹ frei. In weiterer Folge führt der Steig erst sanft bergab und am Ende des Sees wieder leicht steigend in einem weiten Linksbogen zum **Oberen Landschitzsee** hinauf. Am Südufer finden wir schöne und aussichtsreiche **Badeplätze** ❺. Wenn wir Glück, wenig Wind und gute Sicht haben, spiegelt sich sogar der Hochgolling im See.
Der Abstieg folgt der Aufstiegsvariante und endet an oder in der einladenden **Laßhoferhütte** ❶ ...

Foto unten: Oberhalb der Baumgrenze belohnen herrliche Ausblicke für die Mühen des Aufstiegs.
Links: Brücke am Seeabfluss des Unteren Landschitzsees.

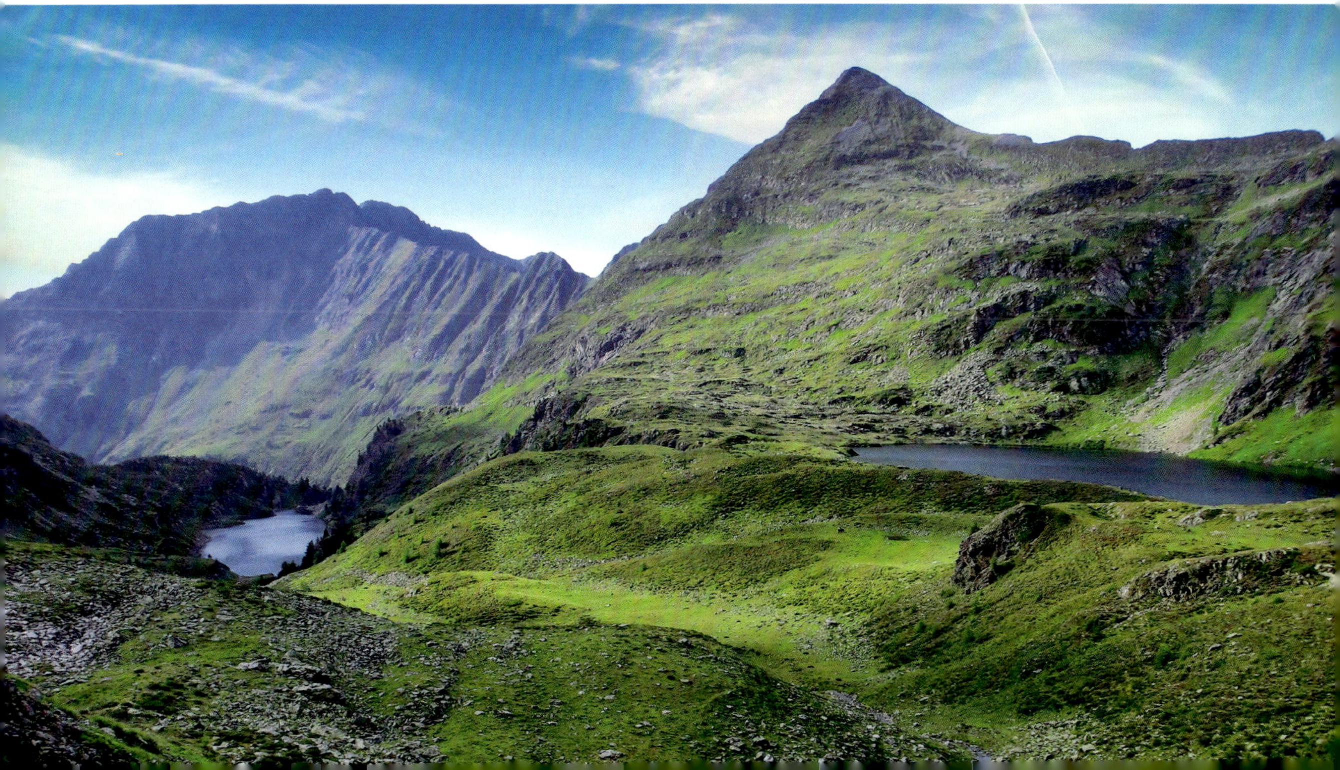

73 Riesachsee, 1338 m

Durch die »Höll« ins Bergseeparadies

1.30 Std. → 5,2 km ↗ 320 m ↘ 320 m

VIDEO

Ein See zum »Strecke machen«

Diese Tour punktet gleich mit mehreren Attraktionen. Da wäre einmal der Riesachfall, der mit einer Gesamthöhe von 140 Metern als höchster Wasserfall der Steiermark gilt. Ihm folgt – im wahrsten Sinne des Wortes – der spektakuläre »Alpinsteig durch die Höll«, ein mit steilen Leitern, Stiegen und einer atemberaubenden Hängebrücke gespicktes Wunder der Ingenieurskunst. Getoppt wird das alles durch den von Bergwäldern und steilen Gipfeln umrahmten Riesachsee, der auch aufgrund seine Größe und Wasserqualität das Attribut »paradiesisch« verdient.

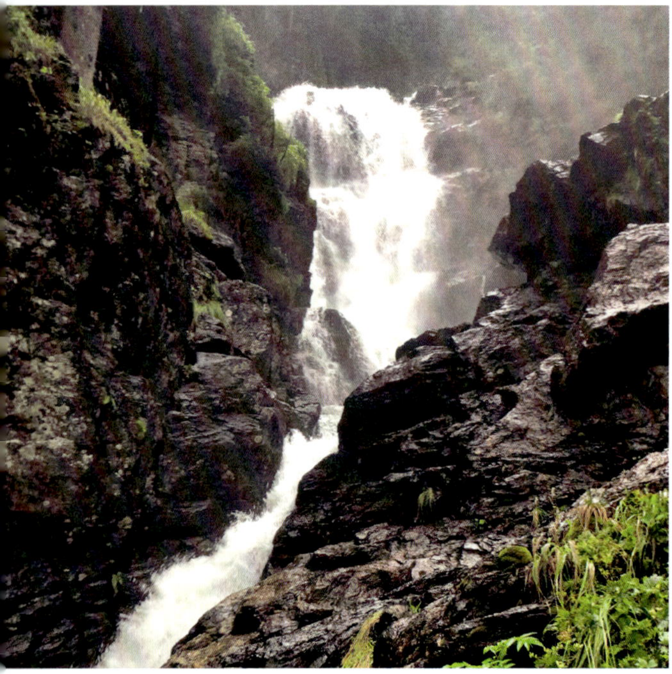

»Höllisch« tosende Wassergewalt.

Ausgangspunkt: Seeleiten-Parkplatz, 1080 m. Dieser ist auch mit den Bussen der Planai-Hochwurzen-Bahnen (planaibus.at) ab Bahnhof Schladming erreichbar.

Anforderungen: Der Alpinsteig ist für Leute mit Höhenangst, kleine Kinder und Hunde nicht geeignet. Alternativ kann man über die einfache Forststraße aufsteigen.

Einkehr: Almgasthaus Riesachfall, Tel. +43 3687 61678; Gfölleralm, Tel. +43 676 5908068.

Karte: Freytag & Berndt WK 201.

Hinweis: Für den Abstieg muss man auf jeden Fall die Forststraße nehmen, da der Alpinsteig nur in Aufstiegsrichtung begangen werden darf.

Vom **Wanderparkplatz ❶** aus überqueren wir den Riesachbach und wandern an seinem Ufer flussaufwärts. Bald wird der Weg, der an vielen Aussichtspunkten auf die spektakulären Riesach-Wasserfälle vorbeiführt, steiler. An der folgenden Weggabelung geht es rechts, der roten Markierung folgend, zum **Alpinsteig durch die Höll ❷**. Immer nahe am Wasser windet sich der Steig bis zu der beim Überschreiten leicht schaukelnden **Hängebrücke ❸**, die

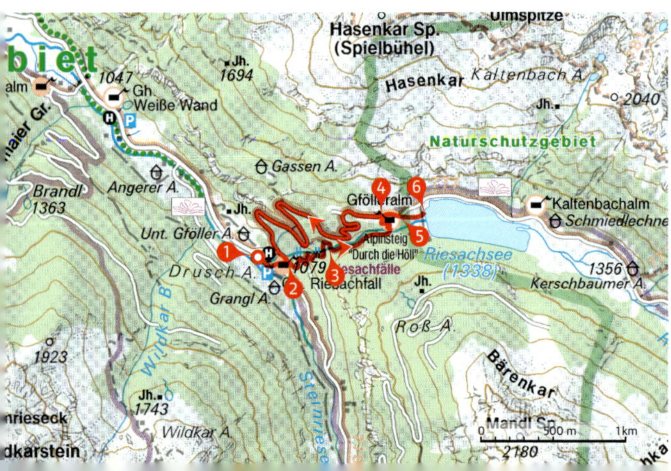

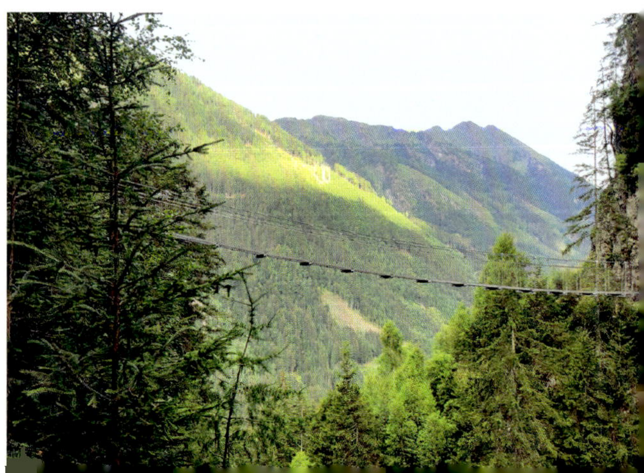

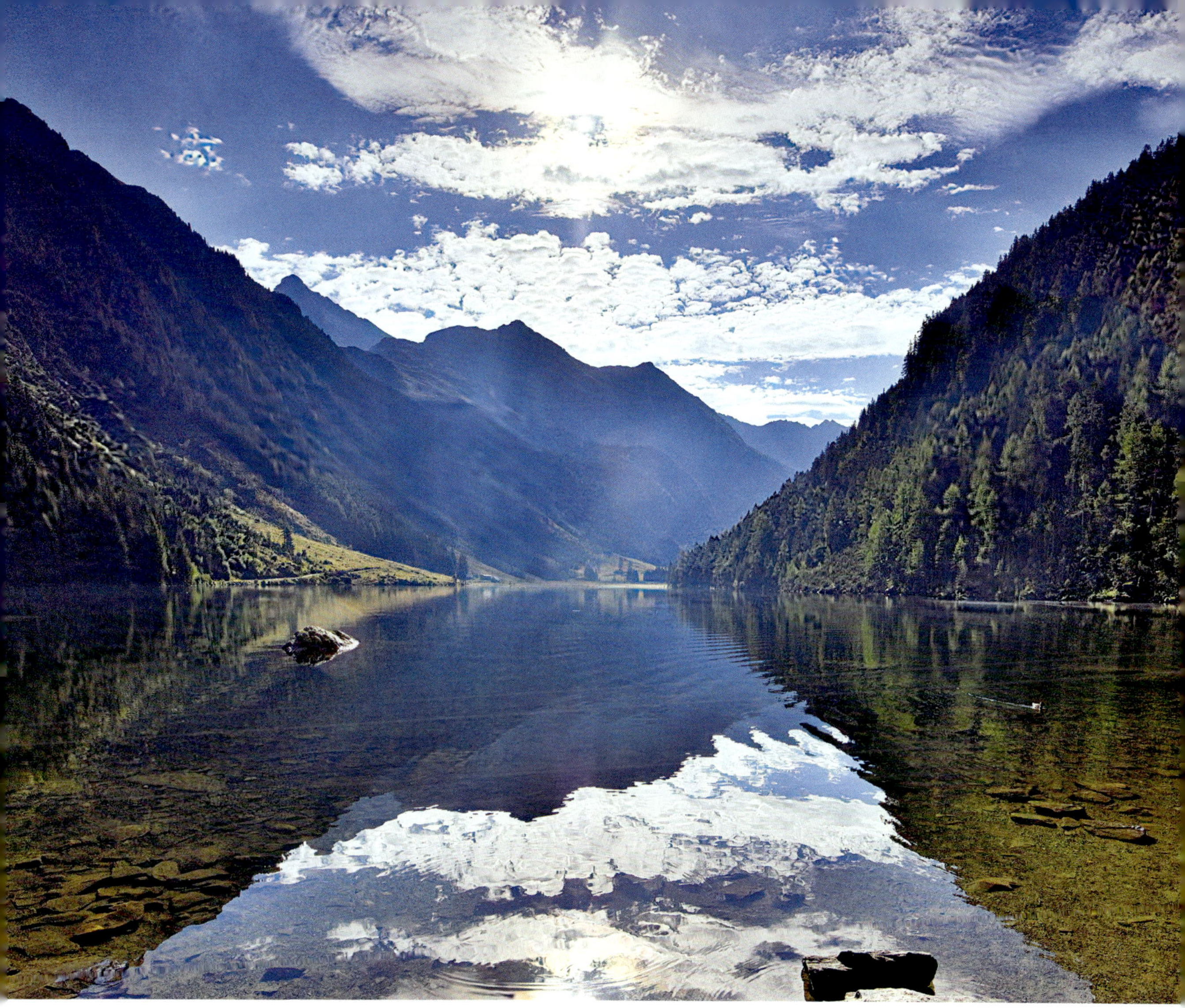

Der Riesachsee – groß und großartig.

uns einen schwindelerregenden Tiefblick auf den Wasserfall ermöglicht.
Dann geht es über einige Steilstufen, die wir über Metallstiegen überwinden, zu einer weiteren Brücke. Schließlich gelangen wir über eine steile Leiter zum letzten Wegabschnitt und wenig später bei der Oberen Gfölleralm auf die **Forststraße** ❹. Dieser folgen wir auf eine kleine **Kuppe** ❺, von wo wir einen ersten Blick auf den bezaubernden **Riesachsee** werfen können. Unterhalb der Kuppe finden wir unweit des Seeabflusses eine fantastische **Badestelle** ❻ mit einer vorgelagerten natürlichen Badeinsel, von der man sogar einen Kopfsprung ins frische Wasser riskieren kann.

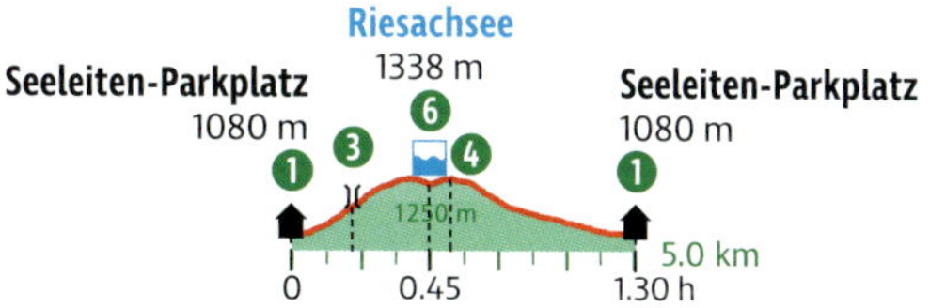

Der Abstieg erfolgt, wie vorgeschrieben, über die **Forststraße** ❹, die uns in weiten Kehren wieder an den Fuß des Wasserfalls und zum **Ausgangspunkt** ❶ unserer Wanderung zurückbringt.

Die spektakuläre, beim Begehen leicht schwankende Hängebrücke oberhalb der Wasserfälle.

74 Salzawasserfall

Leicht erreichbar – leicht beschwimmbar

1.00 Std. → 4,1 km ↗ 30 m ↘ 30 m

Ein Fall für Genießer

Auch wenn die Urgewalt dieses Wasserfalls durch die oberhalb gelegene Staumauer bzw. die Wasserausleitung für das Salza-Kraftwerk etwas beeinträchtigt ist, so reicht die vorgeschriebene Mindestdotation (also die Restwassermenge) zumeist doch für ein spektakuläres Erscheinungsbild. Naturgemäß schießt im Frühling am meisten Wasser in das riesige Tosbecken. So richtig warme Badetemperaturen kann man dann jedoch am allerwenigsten erwarten ...

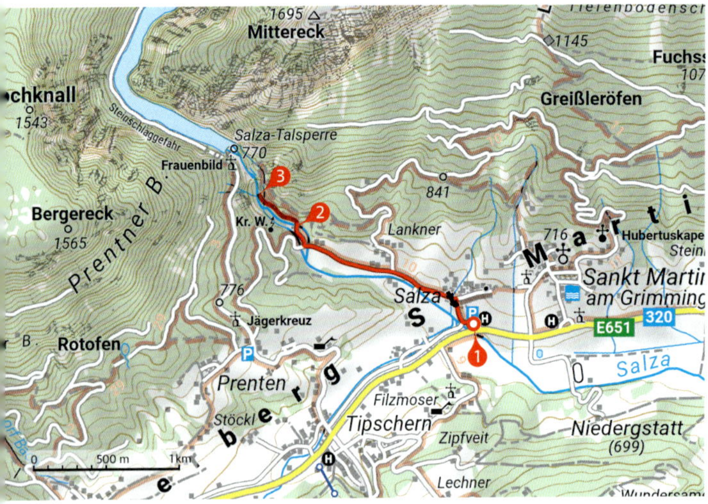

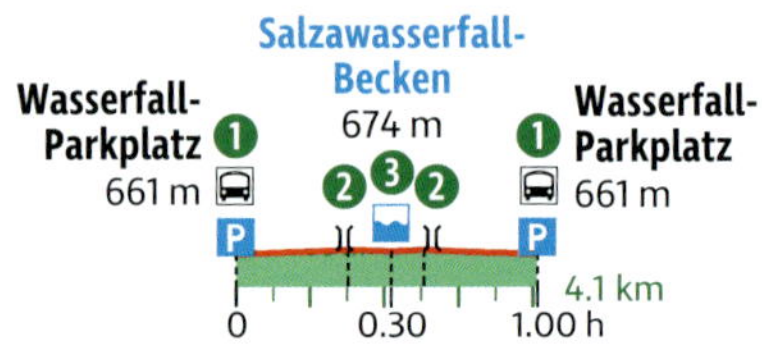

Ausgangspunkt: Neuer Parkplatz, 661 m, unmittelbar an der Ennstal-Bundesstraße. Hierher gelangt man auch, wenn man den Zug nach Schladming und von dort die Sommerbuslinie bis zur Haltestelle Salza nimmt.
Anforderungen: Sehr einfache und kurze Wanderung, für Familien bestens geeignet.
Einkehr: Keine.
Karte: Freytag & Berndt WK 0082.

Ab dem neuen **Wasserfall-Parkplatz** ❶ spazieren wir entlang der nur für Anwohner freigegebenen Straße in das Dörfchen Salza. Im »Ortszentrum« biegen wir links ab und folgen der Wegweisung entlang der **Salza**. Nachdem wir diese zum zweiten Mal überquert haben ❷, führt der Steig durch einen lichten Wald unmittelbar an den **Wasserfall-Pool** ❸ heran.
Bis auf den scharfkantigen Untergrund gestaltet sich der Wassereinstieg recht einfach, und im Allgemeinen kann man gefahrlos bis zum herabstürzenden Wasserschwall schwimmen, um sich dort ein vitalisierendes natürliches Sprudelbad zu gönnen.

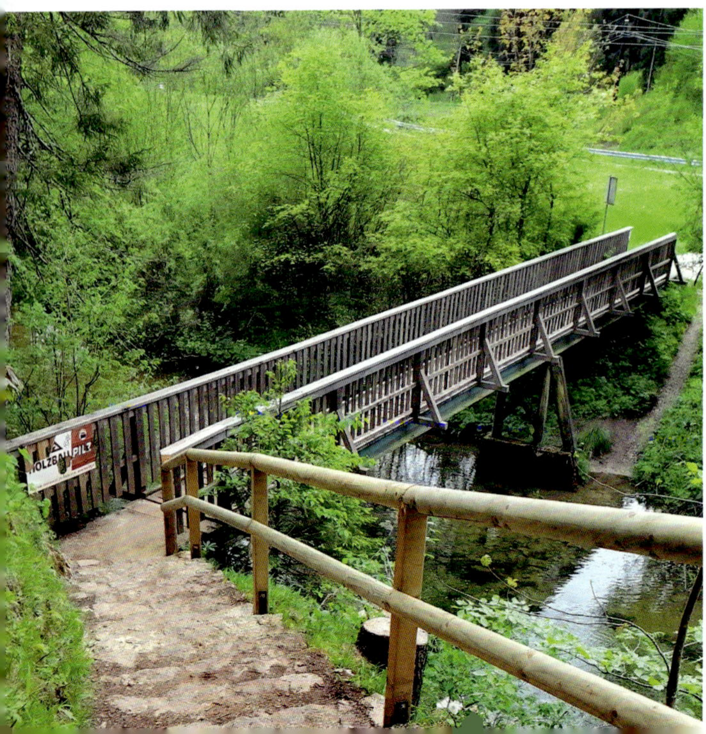

Links: Der Fußgängersteg an der Kraftwerkswiese.
Rechts: Leicht zu erreichen, leicht zu beschwimmen: der Wasserfall-Pool der Salza.

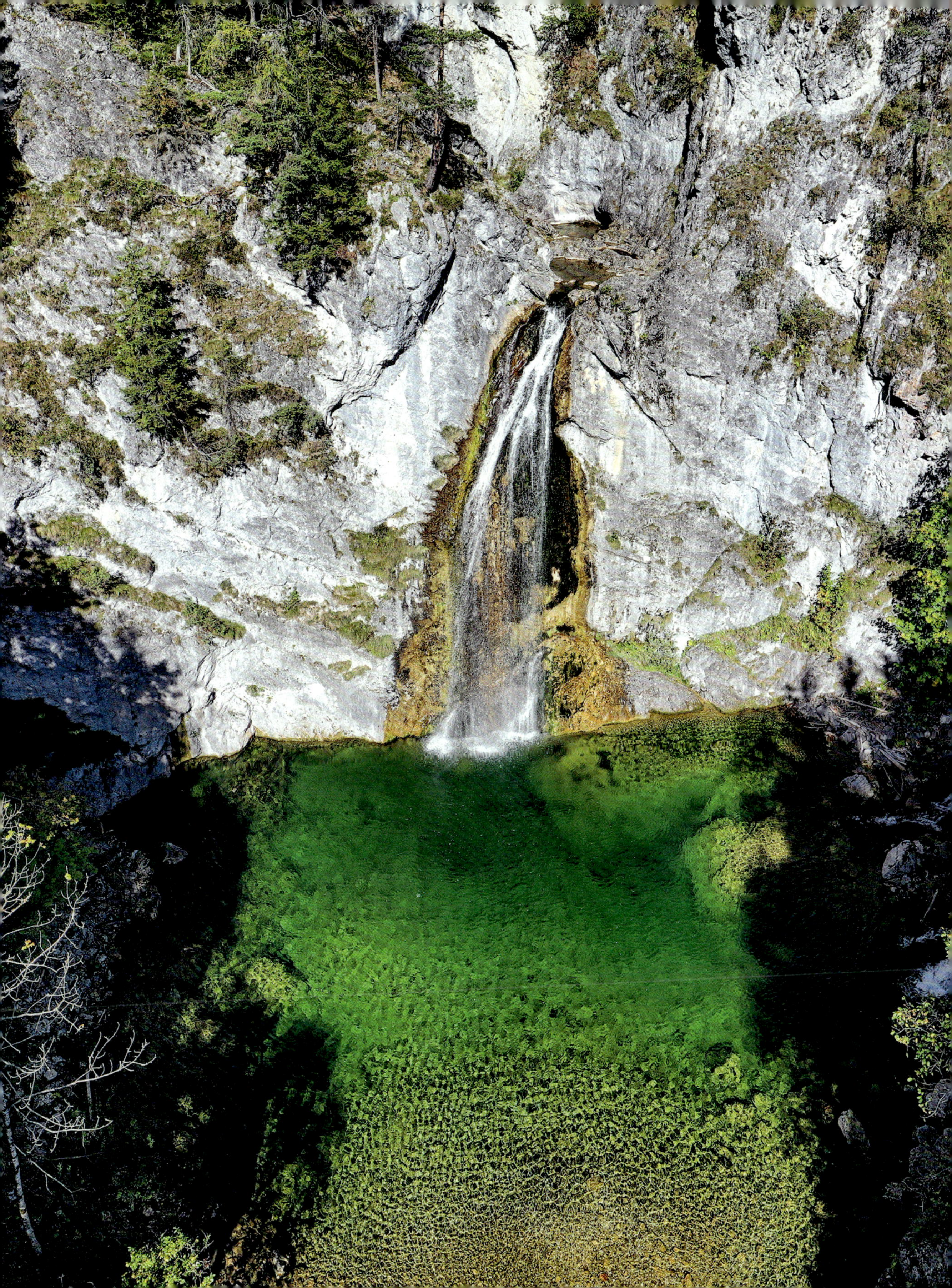

75 Kleiner und Großer Scheibelsee, 1744 m

Seerundweg unterhalb des Großen Bösensteins

1.00 Std. → 3,7 km ↗ 100 m ↘ 100 m

Urwald-Schwimmen leicht gemacht

Im Landschaftsschutzgebiet der Scheibelalm findet man im Hochwald noch uralte Zirben und Lärchen mit einem Stammumfang von bis zu vier Metern. Während der etwas oberhalb liegende Große Scheibelsee ein viel besuchtes Wanderziel ist, ist man an den Ufern seines kleinen, im Wald versteckten Bruders oft allein. Das hat wohl damit zu tun, dass der Kleine mangels Markierungen viel schwieriger zu finden ist und dass man sich am Seerundweg, der das Herz jedes Naturfreundes höher schlagen lässt, oft kalte, zumindest aber nasse Füße holt. Wenn man das in Kauf nimmt, ist diese kurze Wanderung ein tolles Erlebnis, das Schwimmen in dem kleinen (Ur-)Waldsee sowieso.

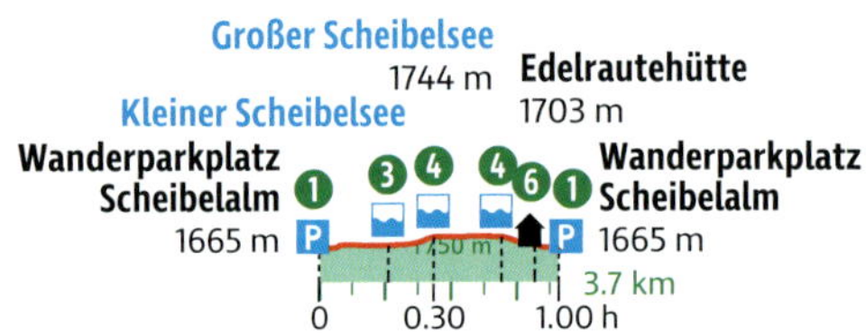

Ausgangspunkt: Parkplatz unterhalb der Scheibelalm, 1665 m. Ohne eigenes Auto fährt man per Zug nach Selzthal, per Bus erst nach Trieben hier umsteigen auf Bus nach Hohentauern. Ab Trieben oder Hohentauern bei Bedarf auch per Wandertaxi (Tel. +43 664 3122333).

Anforderungen: Kurze und leichte Wanderung. Gut für Familien, aber nicht für Kinderwagen geeignet. Der Seerundweg ist an manchen Stellen verwachsen und recht feucht.

Einkehr: Edelrautehütte, Tel. +43 664 2816567.

Karte: Freytag & Berndt WK 203.

Vom **Parkplatz** ❶ aus nehmen wir den anfänglich über Stufen bergauf führenden Wanderweg vorbei an der unter Denkmalschutz stehenden Scheibelalm. Knapp unterhalb der Edelrautehütte zweigt rechts ein leicht zu übersehender, nicht markierter **Pfad** ❷ ab.

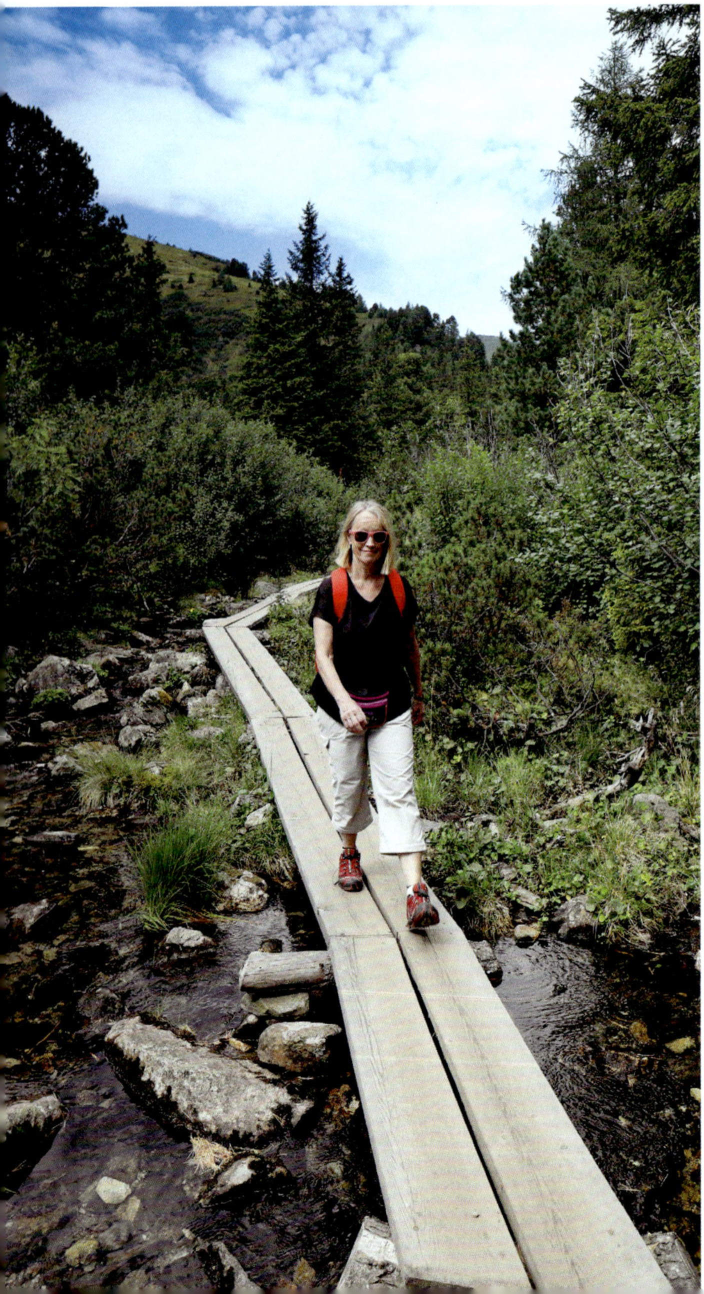

Eine der trockeneren Passagen am Rundweg des Kleinen Scheibelsees.

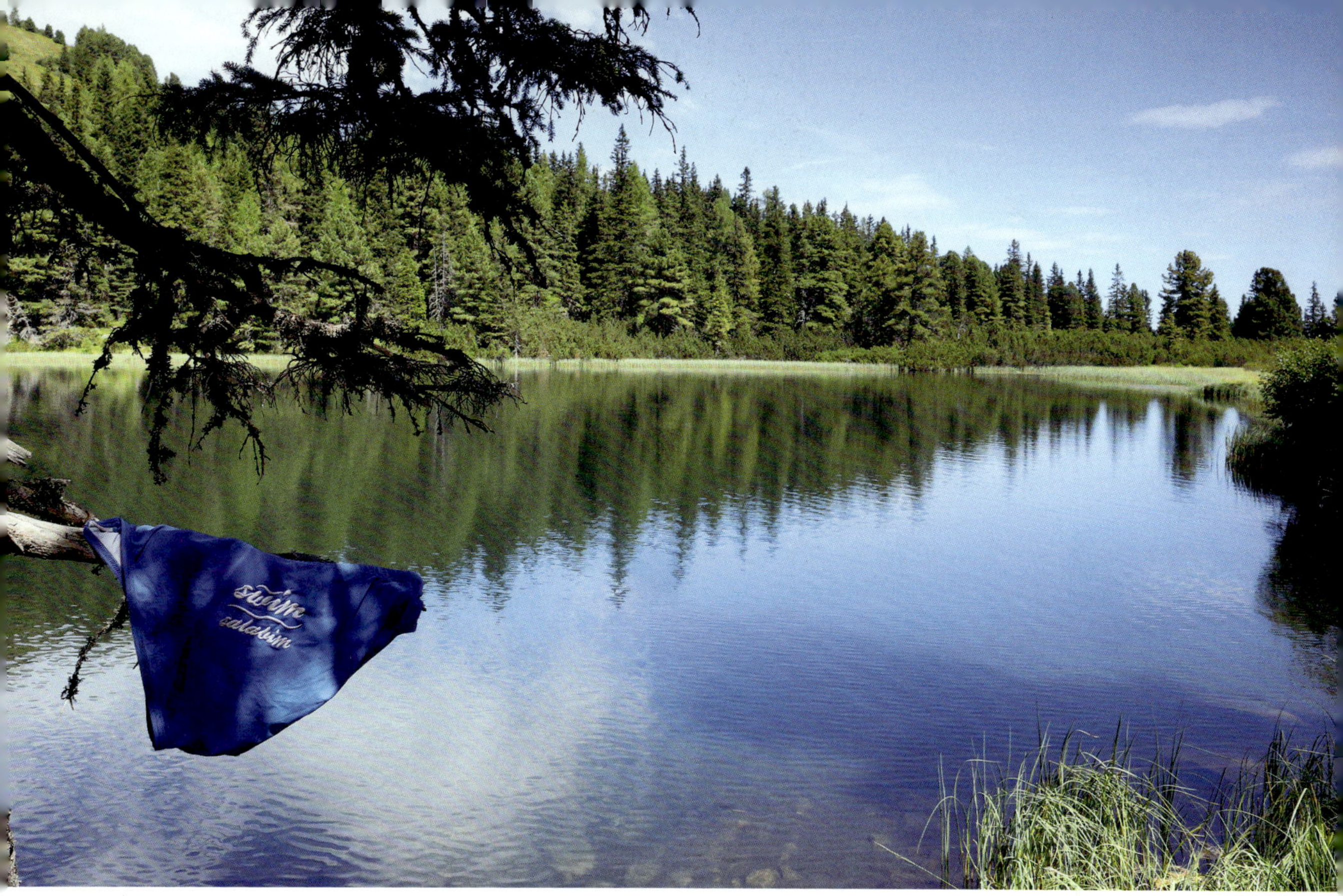

Blick auf das Moor am Ostufer des Kleinen Scheibelsees.

Wir folgen diesem leicht bergab zu einer kleinen, über den Seeabfluss führenden Holzbrücke. Danach führt der Weg – teilweise als Knüppelsteig – durch ein feuchtes, direkt am Seeufer schilfbestandenes Moor. An einer Weggabelung halten wir uns links und dringen jetzt in den Zirbenwald ein. Kurz darauf kommen wir über Schwingrasen erstmals unmittelbar ans hier rechte feuchte und schlammige Ufer des **Kleinen Scheibelsees**.
In weiterer Folge führt der Pfad noch ein kleines Stück bergwärts, gibt aber immer wieder wunderschöne Blicke auf den See frei. Schließlich gelangen wir an seinem Südufer wieder unmittelbar an das Wasser heran und finden dort wunderbare, unproblematische **Schwimmeinstiege** ❸.
Wenn wir danach dem Pfad weiter folgen, kommen wir in wenigen Minuten zur Abzweigung zur Edelrautehütte. Wer hier noch nicht genug vom Wandern hat, kann vor einer Einkehr in der Hütte auf dem Pfad nach rechts weiter zum **Großen Scheibelsee** ❹ gehen

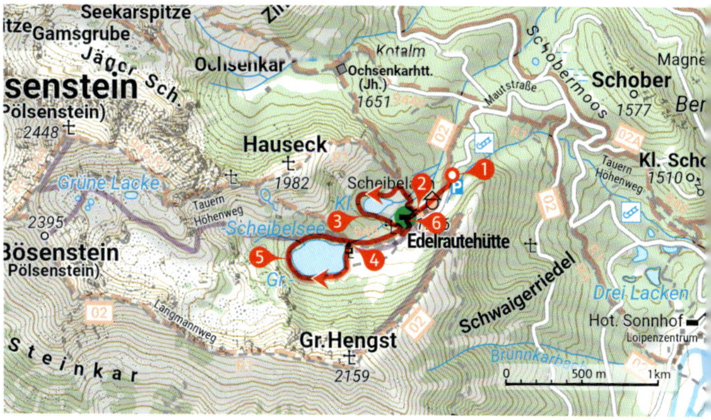

und auch diesen umrunden und dabei eine weitere **Badestelle** ❺ erreichen. Der Große Scheibelsee ist sehr viel bekannter und stärker besucht als sein kleiner Bruder, hat aber durchaus auch seine Reize.
Am Rückweg bietet sich noch eine Einkehr in der **Edelrautehütte** ❻ mit ihrer bekannt guten Schmankerlküche an, bevor es wieder zum Ausgangspunkt am **Parkplatz** ❶ geht.

76 Rosaninsee, 2061 m

Bergseewandern im Dreiländereck

2.45 Std. → 8,2 km ↗ 330 m ↘ 330 m

VIDEO

Geht doch dahin, wo der Speik wächst!

Ab einer gewissen Seehöhe hat man in der Wanderregion rund um Innerkrems, insbesondere im lieblichen Rosanin-Hochtal, während der Sommermonate einen ständigen Begleiter: den aromatischen Duft der Speikpflanze. Dieses unter strengem Naturschutz stehende Baldriangewächs gedeiht in Höhen von 1900 bis 2300 Metern und besitzt als wiederentdecktes Heilkraut eine entspannende Wirkung auf den Organismus. Umso besser, wenn man dies mit einer entspannten und entspannenden einfachen Bergseewanderung kombiniert …

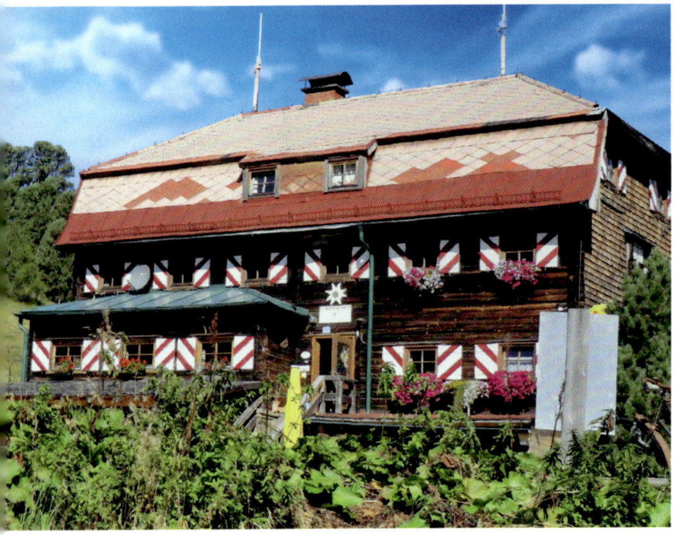

Ausgangspunkt: Parkplatz bei der Dr.-Josef-Mehrl-Hütte, 1730 m; erreichbar über die von Innerkrems ins Thomatal führende Bergstraße oder auch per Linienbus ab St. Michael im Lungau.
Anforderungen: Einfache, zumeist flach verlaufende familienfreundliche Wanderung.
Einkehr: Dr.-Josef-Mehrl-Hütte, Tel. +43 680 2327601; Eßlalm, Tel. +43 676 5363062.
Karte: Freytag & Berndt WK 222.

Von der altehrwürdigen, in einer weitläufigen Niedermoor-Landschaft gelegenen **Dr.-Josef-Mehrl-Hütte** ❶ startet diese Wanderung nach

Foto oben: Dr.-Josef-Mehrl-Hütte. – Unten: Herbststimmung am Rosaninsee.

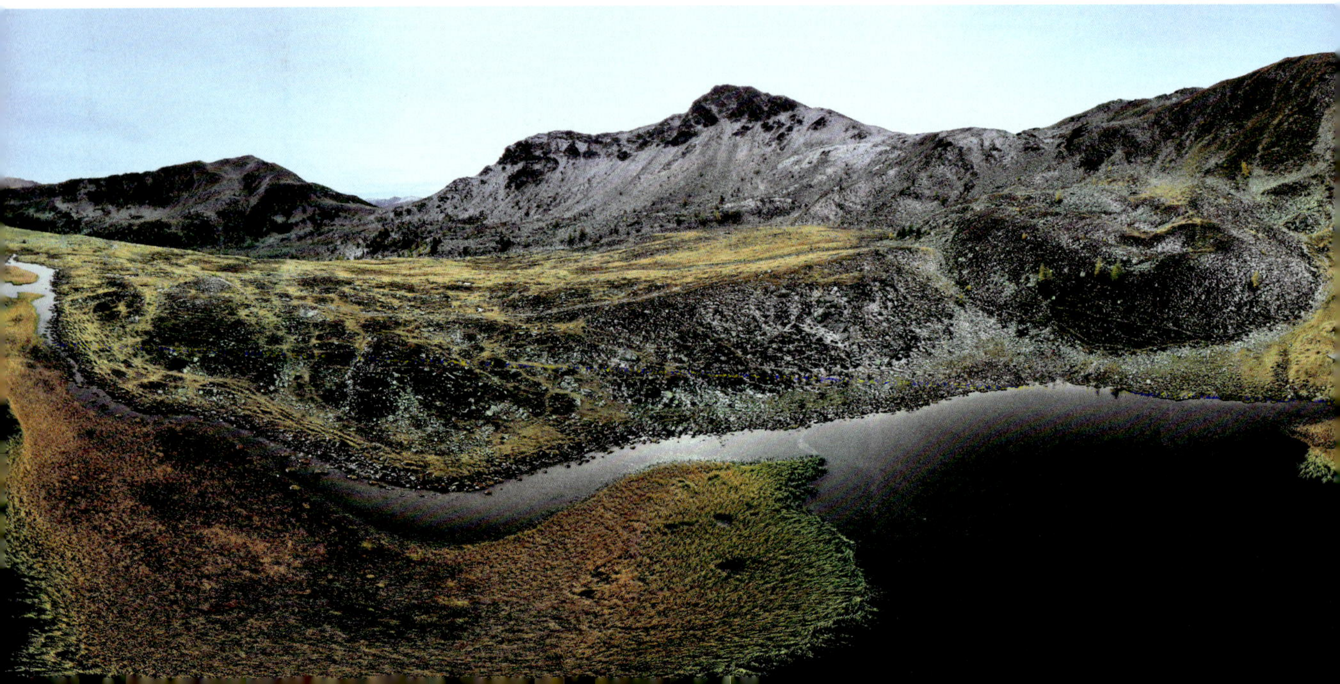

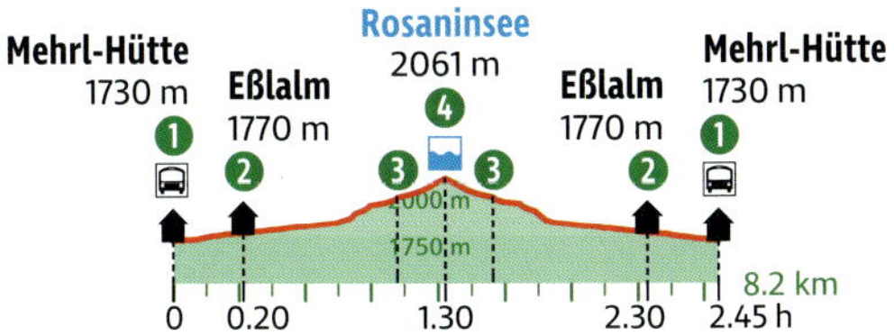

Querung der Landstraße auf einem für den allgemeinen Verkehr gesperrten Wirtschaftsweg bachaufwärts.

Nachdem wir diesem von Kilometer zu Kilometer holpriger werdenden, aber relativ eben verlaufenden Zubringer etwa 1 Stunde gefolgt sind – zwischendurch haben wir die **Eßlalm** 2 passiert –, zweigt zur Rechten ein leicht zu übersehender, nur auf einem großen Findling rot-weiß markierter **Steig** 3 ab. Dieser führt uns in einer lang gezogenen Rechtskurve über duftende Almmatten, auf denen sich stattliche Rösser tummeln, zum versteckt liegenden **Rosaninsee** 4.

Weil dessen nordwestliche Ufer dicht bewachsen sind, wählen wir für den Schwimmeinstieg die gegenüberliegende Uferzone direkt unterhalb des Großen Königstuhls. In seinen Felsklüften sollen der Sage nach reiche Schätze verborgen sein. Wir fühlen uns aber schon durch die Anmut des Naturjuwels Rosaninsee großzügig genug belohnt und können unsere Zufriedenheit durch eine Einkehr in die direkt am Rückweg liegende **Eßlalm** 2 noch zusätzlich steigern.

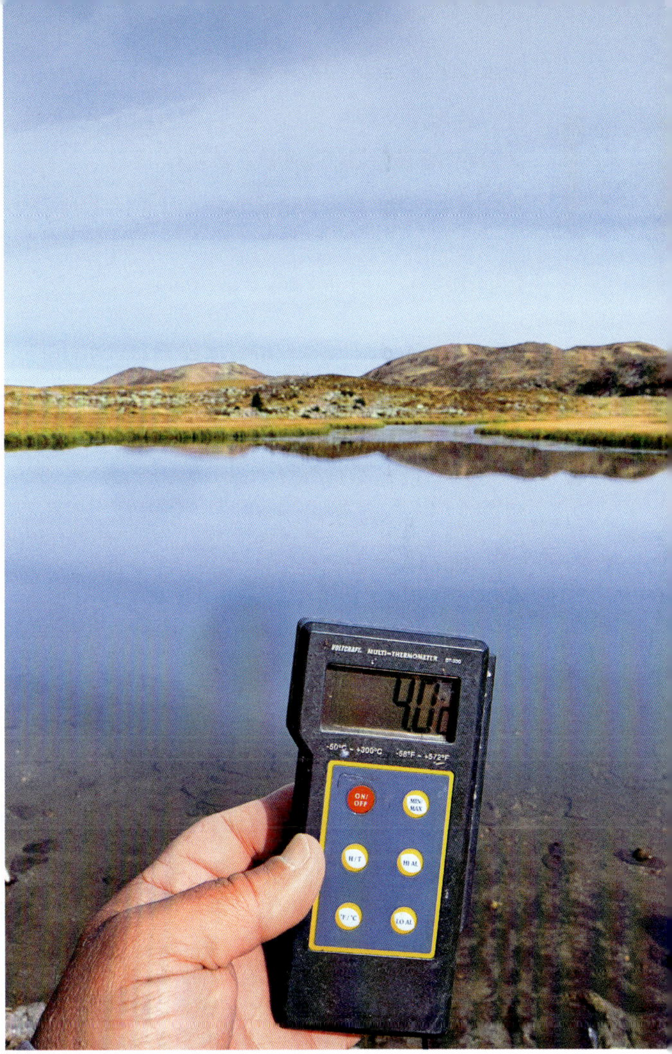

Herbstliche Badetemperaturen.

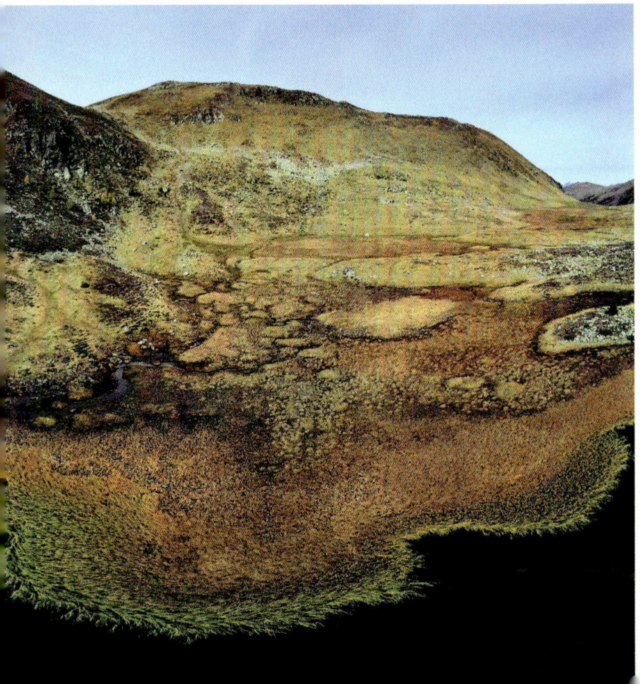

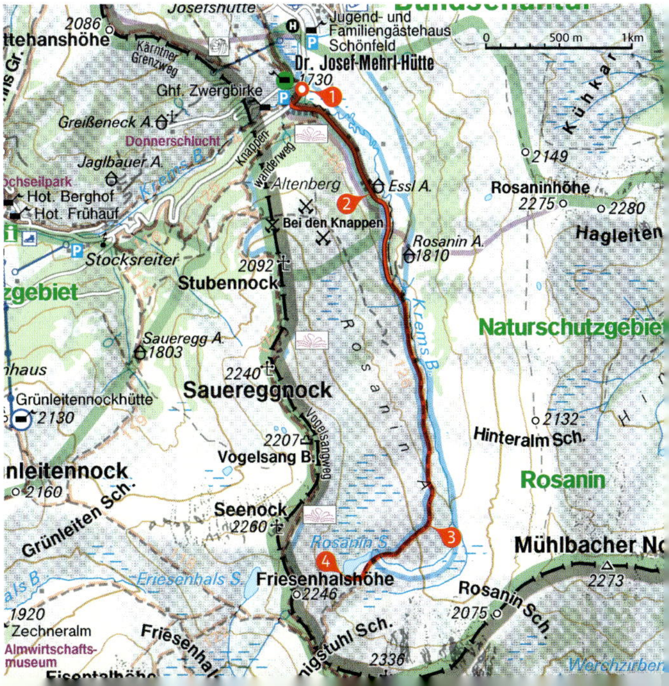

77 Friesenhalssee, 2157 m

Nicht in der Nordsee, sondern in den Nockbergen

1.30 Std. → 4,2 km ↗ 260 m ↘ 260 m

VIDEO

Alles andere als ein schlechter Friesenwitz

Der wunderschön gelegene Kärntner Friesenhalssee hat rein gar nichts mit Otto Waalkes und seinen oft verspotteten Landsleuten zu tun, denen ihre Verunglimpfungen womöglich schon zum Halse heraushängen. Vielmehr leitet sich sein Name vom mundartlichen »friasn« (hochdeutsch für »frieren«) her, während »Hals« für Bergsattel oder Pass steht. Tatsächlich weht durch dieses Kar vom Salzburger Lungau herüber recht oft ein wirklich eiskalter Wind. Für Bergwanderer, die gerne ohne große technische Schwierigkeiten die Natur genießen und unkomplizierte Gipfelsiege feiern möchten, sind die Nockberge eine gute Empfehlung. Nicht nur alpintechnisch, sondern auch erdgeschichtlich stellen deren runde »Nocken« eine echte Rarität dar. Dies gilt uneingeschränkt auch für das im Dreiländereck Kärnten-Salzburg-Steiermark liegende Wandergebiet rund um die Zechneralm.

Die Zechneralm – Start-, End- und möglicher Einkehrpunkt.

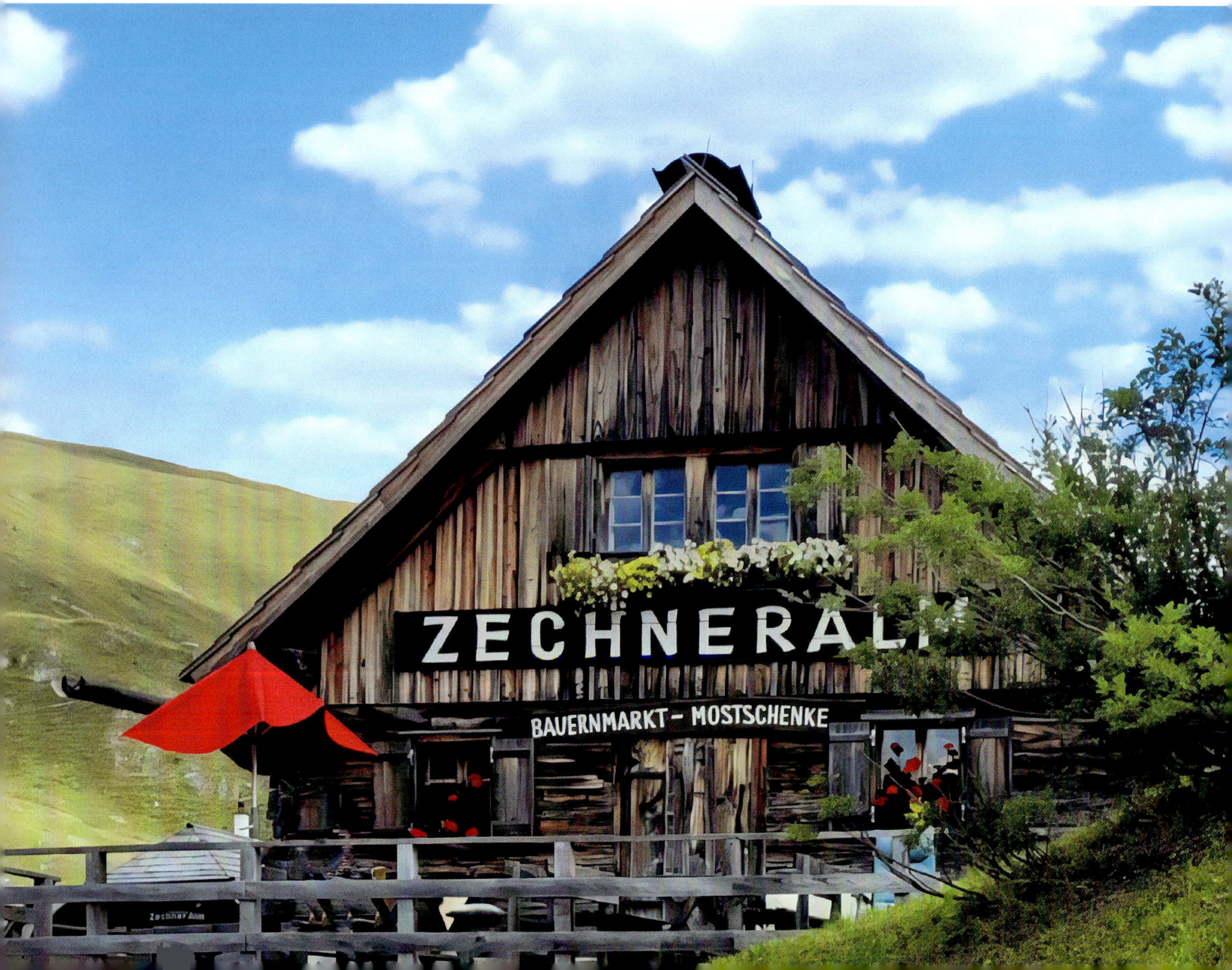

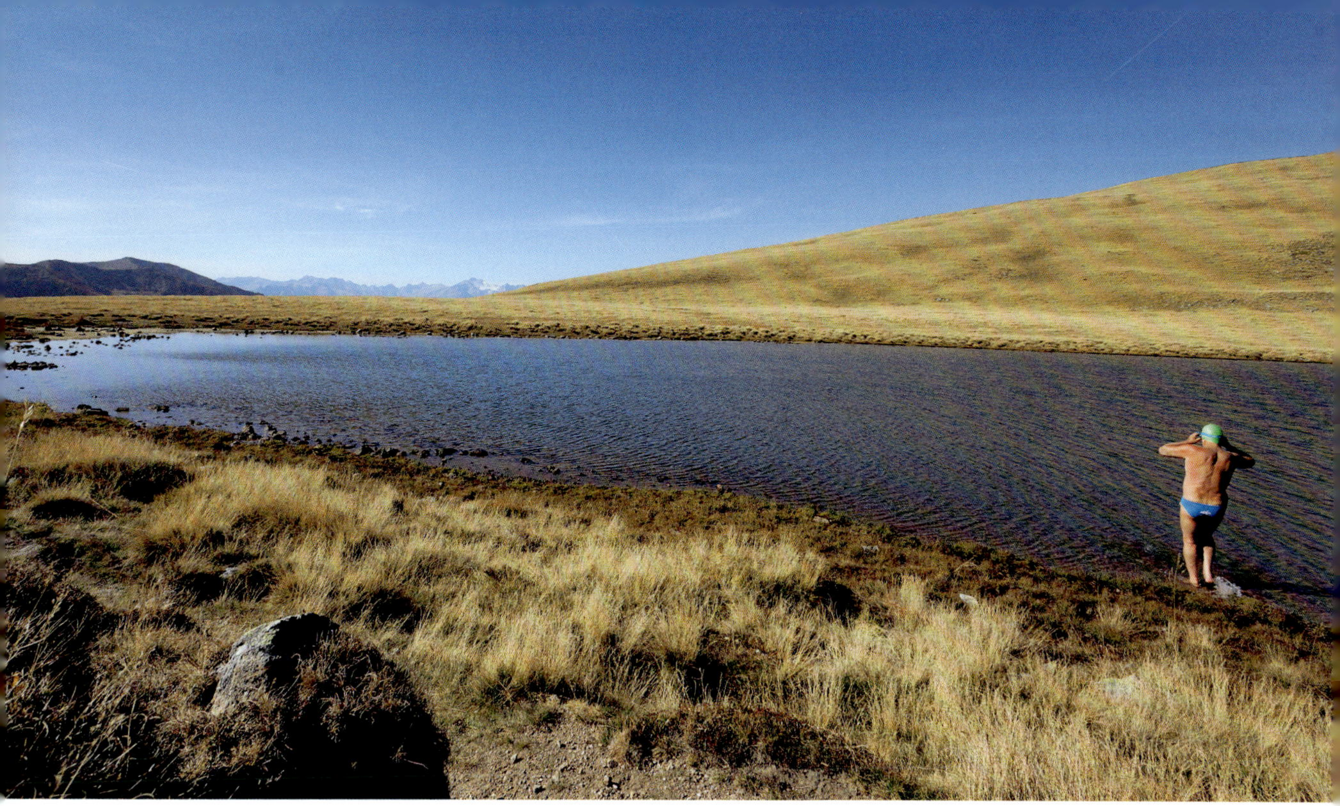

Der Friesenhalssee ist nicht tief, jedoch zumeist recht frisch.

Ausgangspunkt: Parkplatz Zechneralm, 1902 m; erreichbar über die mautpflichtige Nockalmstraße mit dem eigenen Auto oder dem »Sommerbus Nockberge« (nockmobil.at).
Anforderungen: Leichte, bestens für Familien geeignete Wanderung.
Einkehr: Zechneralm, Tel. +43 4736 304.
Karte: Freytag & Berndt WK 222.

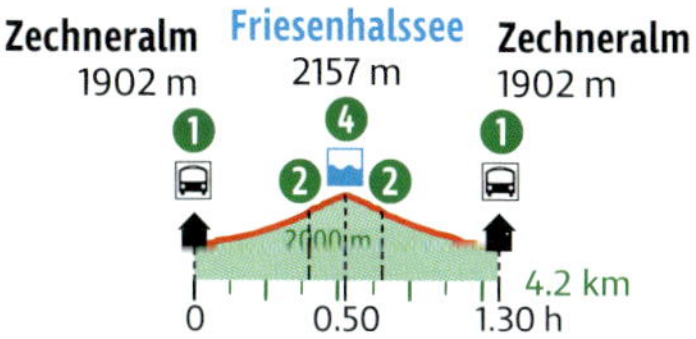

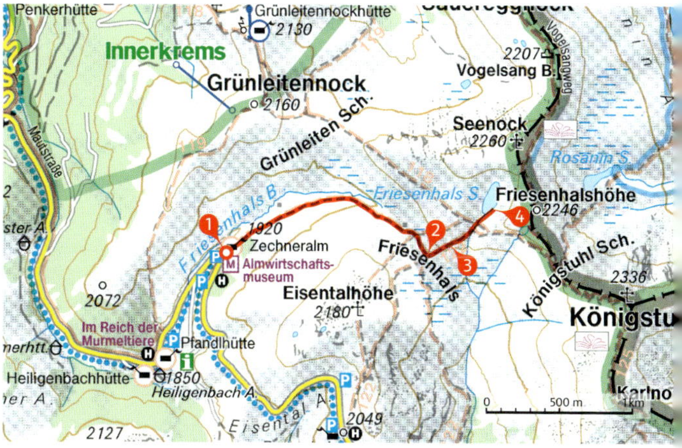

Ab dem **Parkplatz ❶** rechts von der **Zechneralm** ein gut beschilderter, gemächlich ansteigender Steig am Rand einer kleinen Mulde mit einem Bachlauf hinauf zu dem Höhenrücken zwischen Eisental- und Friesenhalshöhe.
Dort angelangt gilt es, einen **Weidezaun ❷** zu übersteigen und sich links haltend über einen jetzt etwas steileren und steinigen, aber recht aussichtsreichen **Pfad ❸** in Richtung des markanten Seenock weiterzumarschieren.
Nach dem Passieren einer Geländekante öffnet sich das flache Kar mit dem stillen **Friesenhalssee ❹**. Obwohl dieser Schmelzwassersee nicht besonders tief ist, weist er niedrige Wassertemperaturen auf, was wohl auch mit den schon angesprochenen Windverhältnissen zu tun haben dürfte.

Weil kaltes Wasser ja fast immer auch hungrig macht, werden viele dem Abstieg auf der bereits bekannten Route noch eine zünftige Einkehr in der **Zechneralm ❶** folgen lassen.

78 Mixnitzbach und Bärenschützklamm

Wildswimming-Quickie mit Klamm-Option

4.30 Std. → 9,7 km ↗ 720 m ↘ 720 m

Einfach bärig

Der kleine obersteirische Ort Mixnitz ist für zwei Sehenswürdigkeiten bekannt: die Drachenhöhle als Fundort unzähliger Höhlenbärenknochen und die Bärenschützklamm mit ihren über 300 Meter hohen Felsdurchbrüchen, unzähligen Brücken und Wasserfällen (Info: almenland.at). Während in der Klamm ein Verlassen der Steiganlagen streng untersagt ist, gibt es auf dem Weg zur Klamm unweit des Parkplatzes einen sehr schönen Spot, der im Winter nicht zuletzt wegen seiner leichten Erreichbarkeit auch regelmäßig von einer Eisschwimm-Gruppe genützt wird.

Ausgangspunkt: Besucherparkplatz der Bärenschützklamm, 500 m. Öffentlich mit der S-Bahn S1 oder dem RegioBus 100 zum Bahnhof Mixnitz-Bärenschützklamm, von dort einer kurzen Fußmarsch.
Anforderungen: Nur bis zum Schwimmeinstieg einfacher und kurzer Spaziergang. Die komplette Runde ist aufgrund der Schluchtpassagen deutlich fordernder; Schwindelfreiheit, Trittsicherheit und eine gewisse Grundkondition sollte man mitbringen.
Einkehr: Jausenstation Grassauer, Tel. +43 3867 8668; Almgasthaus Zum Guten Hirten, Tel. +43 664 1636046.
Karte: Freytag & Berndt WK 131.

Fast direkt am **Parkplatz** ❶ befindet sich die sehenswerte **Bräuner Mühle**, die einst direkt am Klammausgang stand, dort aber zu verwahrlosen drohte und daher im Jahre 2001 mit großem Aufwand hier her übersiedelt und renoviert wurde. Heute läuft sie allerdings nur mehr für den Schaubetrieb. An der Mühle befinden sich auch einige Infotafeln zu Historie, Geologie und Geografie der Bärenschützklamm.

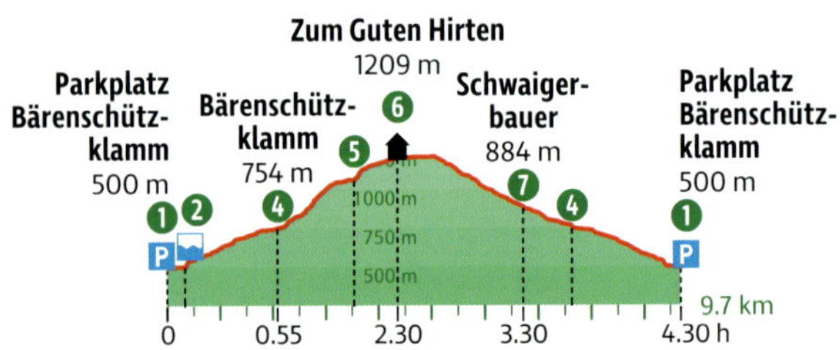

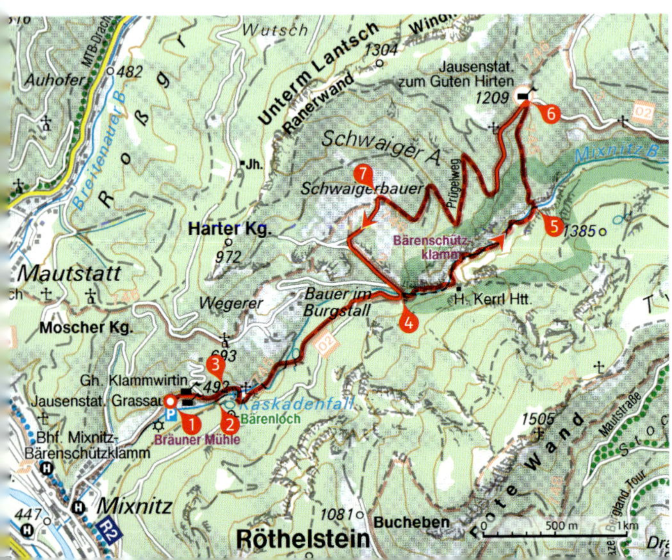

Hinter der Mühle führt ein geschotterter Weg leicht bergauf in Richtung des Eingangs der Bärenschützklamm. Wir kommen am Gasthaus zur Bärenschützklamm vorbei und erreichen nach ca. 300 Metern eine Stelle, wo wir am gegenüberliegenden Ufer einen von der Bärenloch-Höhle herabstürzenden Bach einmünden sehen.

Der kurze Abstieg zum Ufer des **Mixnitzbaches** kann sich etwas rutschig gestalten, der **Einstieg** ❷ ist aber hier gut möglich. In den Kehrwässern der hier aufliegenden Blöcke lässt sich gut und gefahrlos schwimmen. Nachdem wir wieder am Weg gelandet sind, können wir noch eine Kurve weiter einen kleinen **Wasserfall** ❸ begutachten, der sich je nach Wasserstand auch noch für einen Dip eignet.

Etwa 45 Minuten später erreichen wir den **Eingang** ❹ zur sehenswerten **Bärenschützklamm**. Der rund 1,5 Kilometer lange Marsch durch die Felsklamm mit unzähligen Stufen und Leitern ist ziemlich fordernd, aber auch wirklich spektakulär. Vom **Klamm-Ausstieg** ❺ gelangen wir in weiteren 15 Minuten über ei-

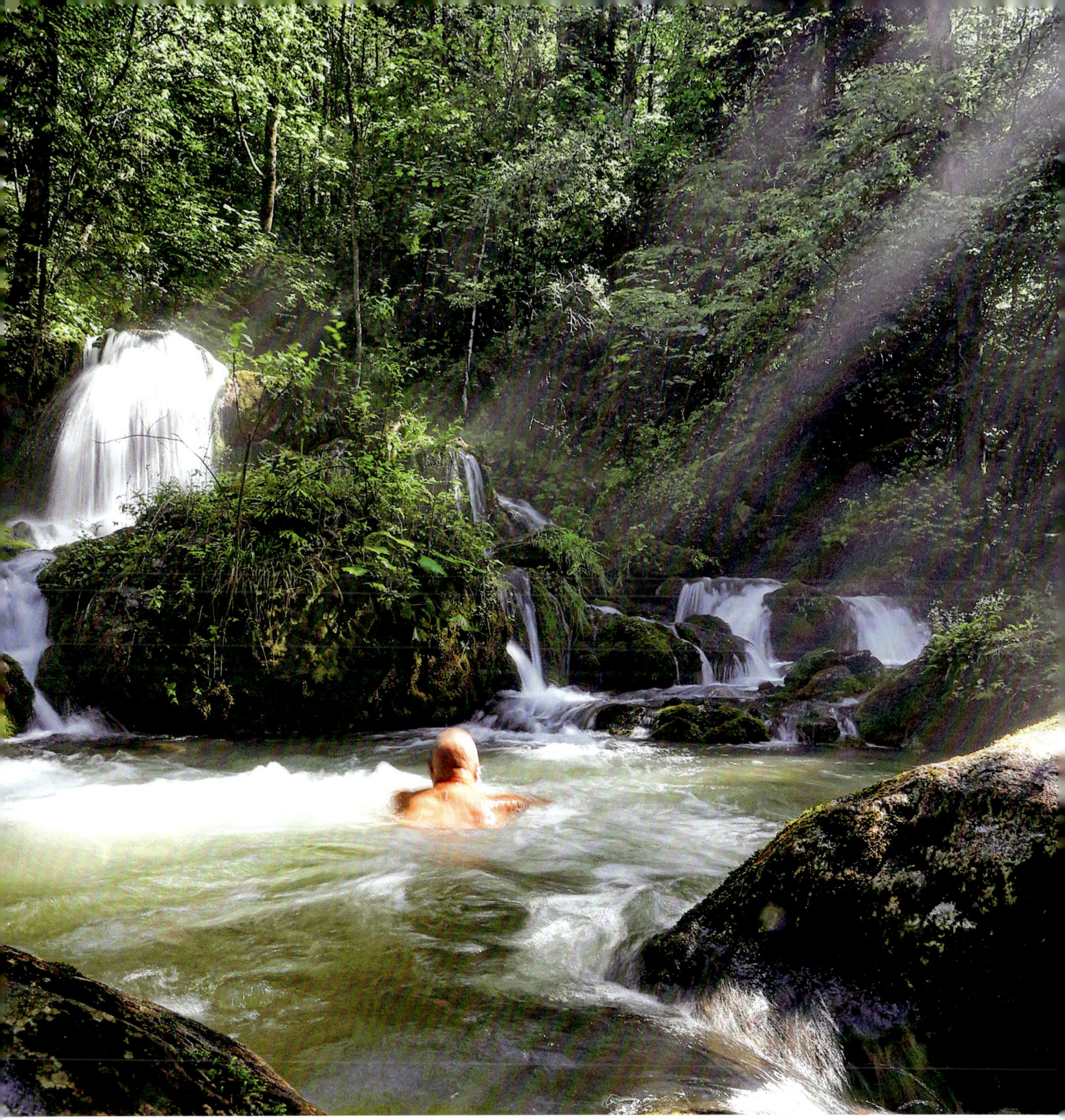

Fantastische Lichtstimmung am Mixnitzbach.

nen breiten Hohlweg zum **Almgasthaus Zum Guten Hirten** 6 – eine willkommene Einkehrmöglichkeit nach der anstrengenden Klammwanderung.
Wesentlich gemütlicher gestaltet sich dann der Abstieg. Auf nur mäßig steilen Wander- und Forstwegen passieren wir zunächst das Gehöft **Schwaigerbauer** 7 und kommen schließlich wieder zum **Klammeinstieg** 4. Von hier geht es auf dem bereits bekannten Weg entlang des Mixnitzbaches zurück zum **Parkplatz** 1.

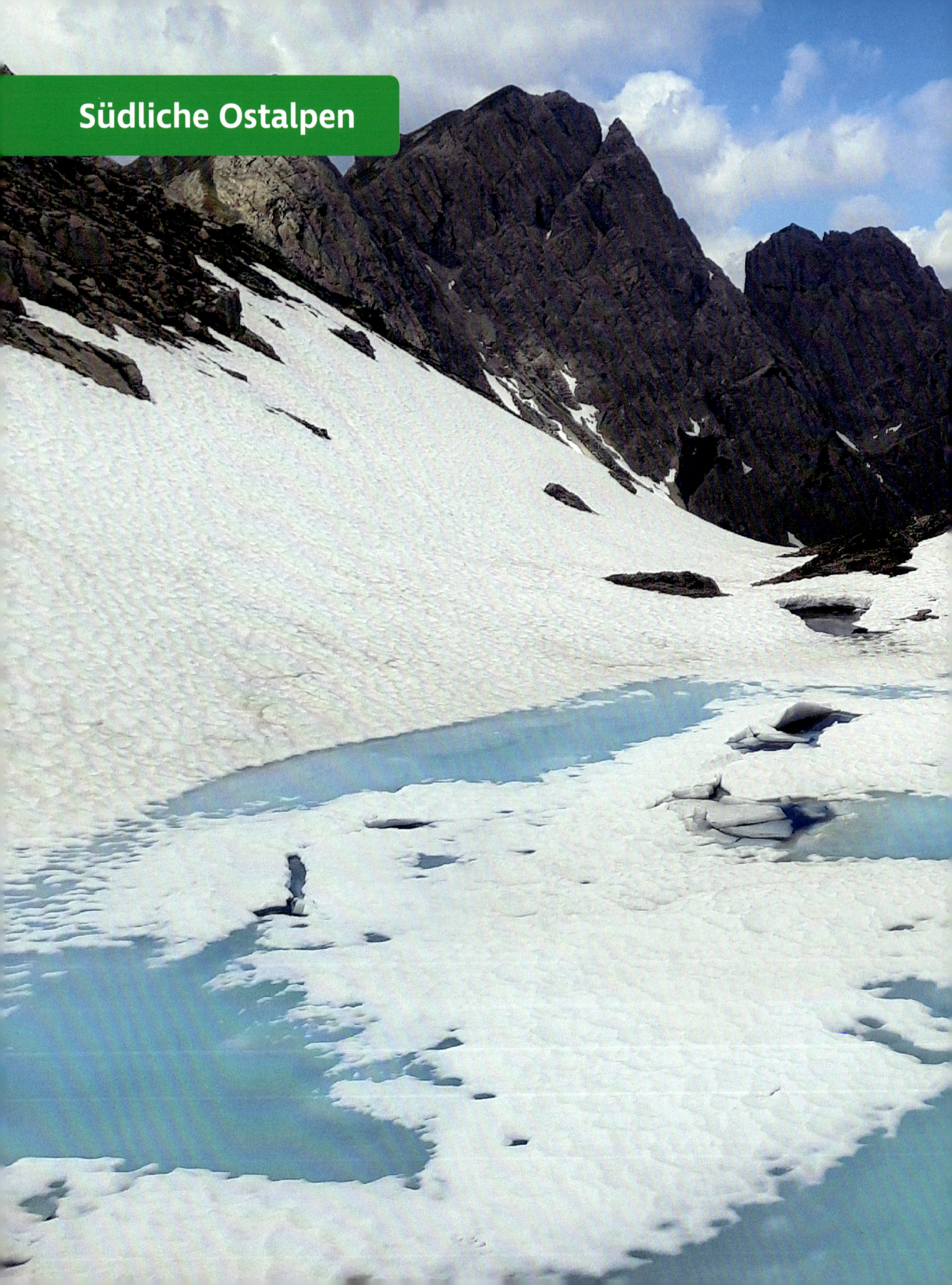

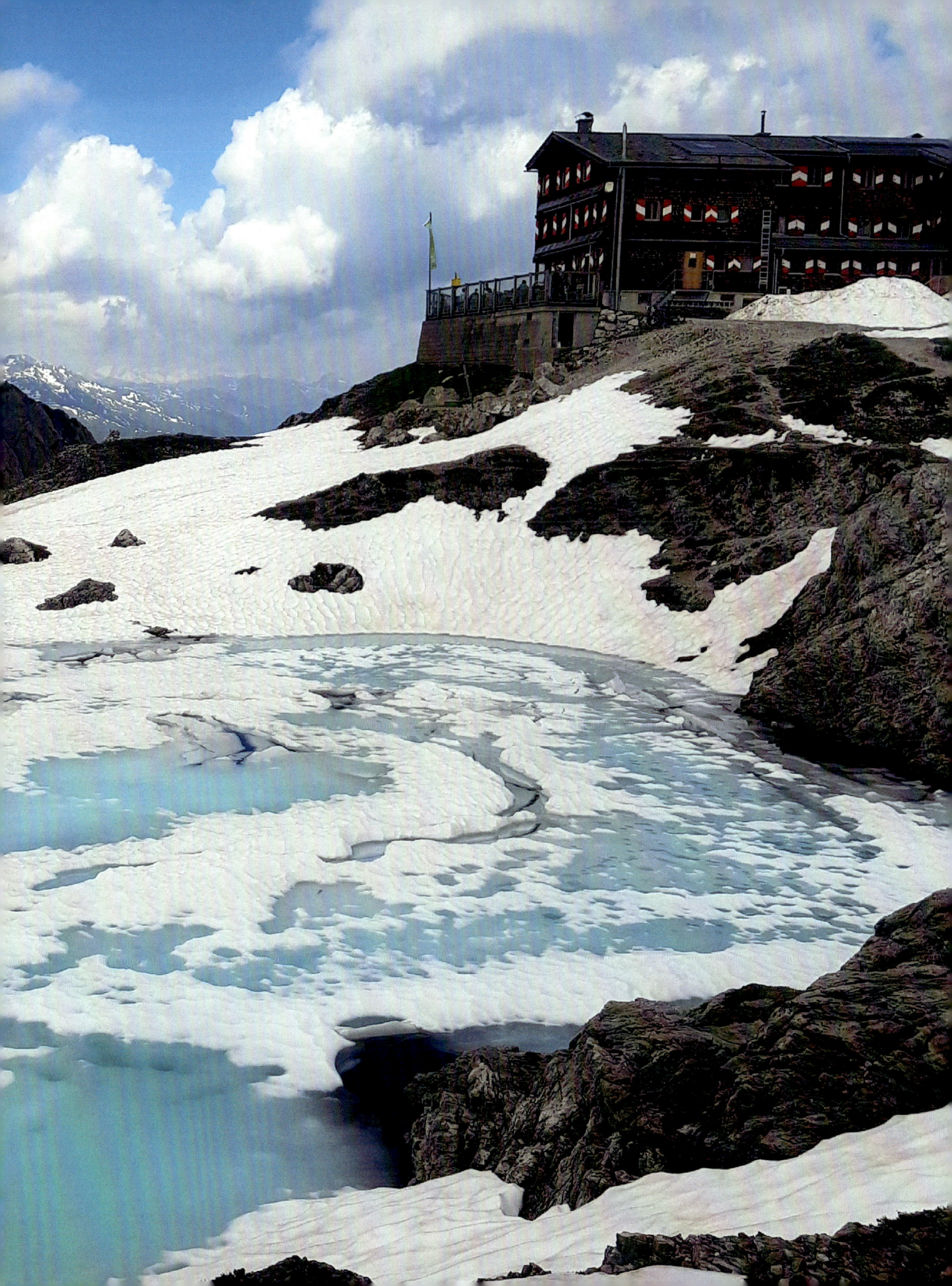

79 Kleiner Laserzsee, 2253 m

Zum (Bade-)Glück gibt's den Kleinen

4.30 Std. → 9,9 km ↗ 680 m ↘ 680 m

Eine Sage als Schutzbehauptung?

Obwohl der im Großen Laserzsee wohnende Seegeist laut einer Sage von einer mutigen Sennerin erlöst wurde, von dieser Seite also kein Unheil mehr droht, ist das Baden im Großen Laserzsee verboten. Böse Zungen behaupten, dass die Betreiber der herrlich gelegenen Karlsbader Hütte diese Sage erfunden hätten, um die Menschen vom verlockenden Bade in ihrem Trinkwasserspeicher abzuhalten. Nachweislich ist die Sage jedoch wesentlich älter, außerdem gibt es zum Glück ja noch den Kleinen Laserzsee, in dem gebadet werden darf ...

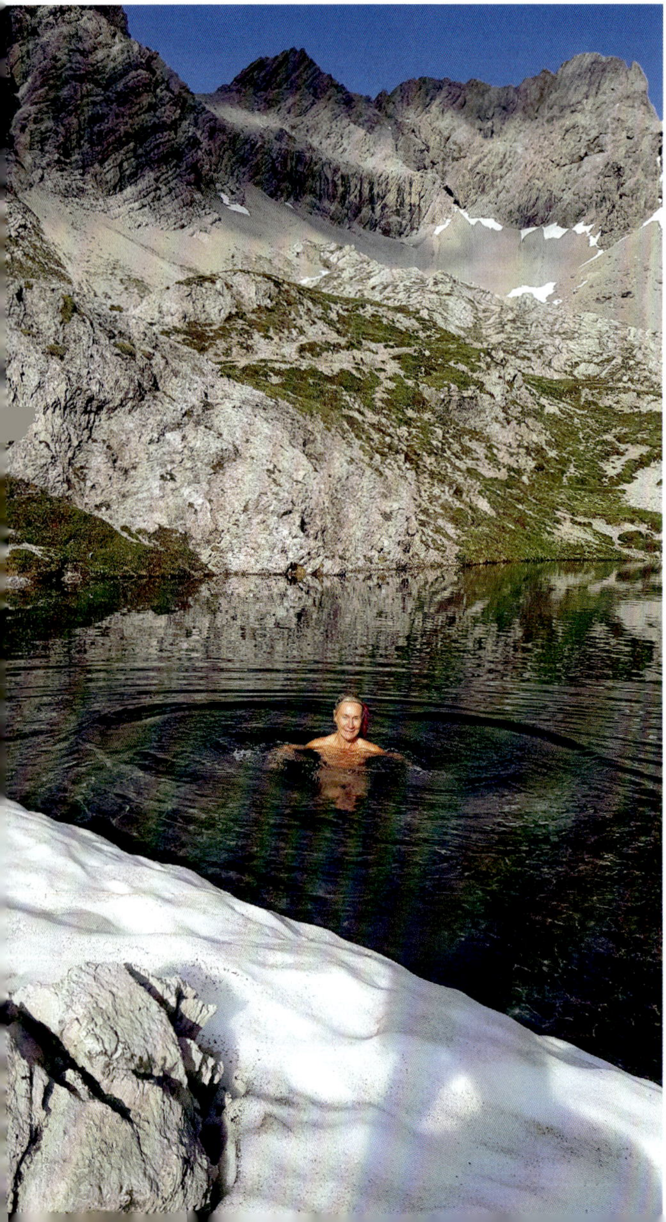

Ausgangspunkt: Parkplatz nahe der Dolomitenhütte, 1610 m; über die mautpflichtige Dolomitenstraße von Lienz erreichbar. Oder mit dem Zug nach Lienz und dem Wanderbus bis zur Dolomitenhütte.

Anforderungen: Relativ lange, nicht allzu schwierige Wanderung. Den steileren, direkten Pfad zur Karlsbader Hütte kann man über den Wirtschaftsweg umgehen.

Einkehr: Dolomitenhütte, Tel. +43 664 2253782; Karlsbader Hütte, Tel. +43 664 1426303.

Karte: Freytag & Berndt WK 182.

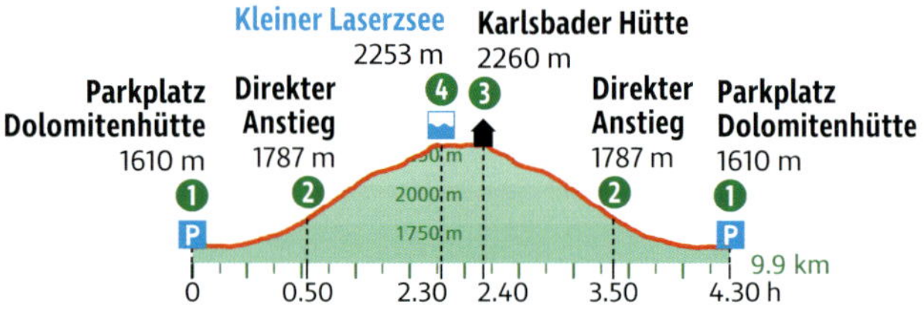

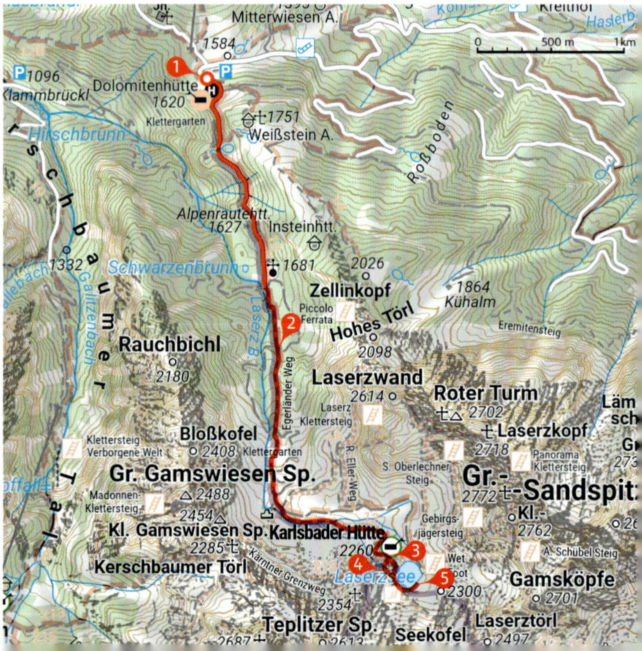

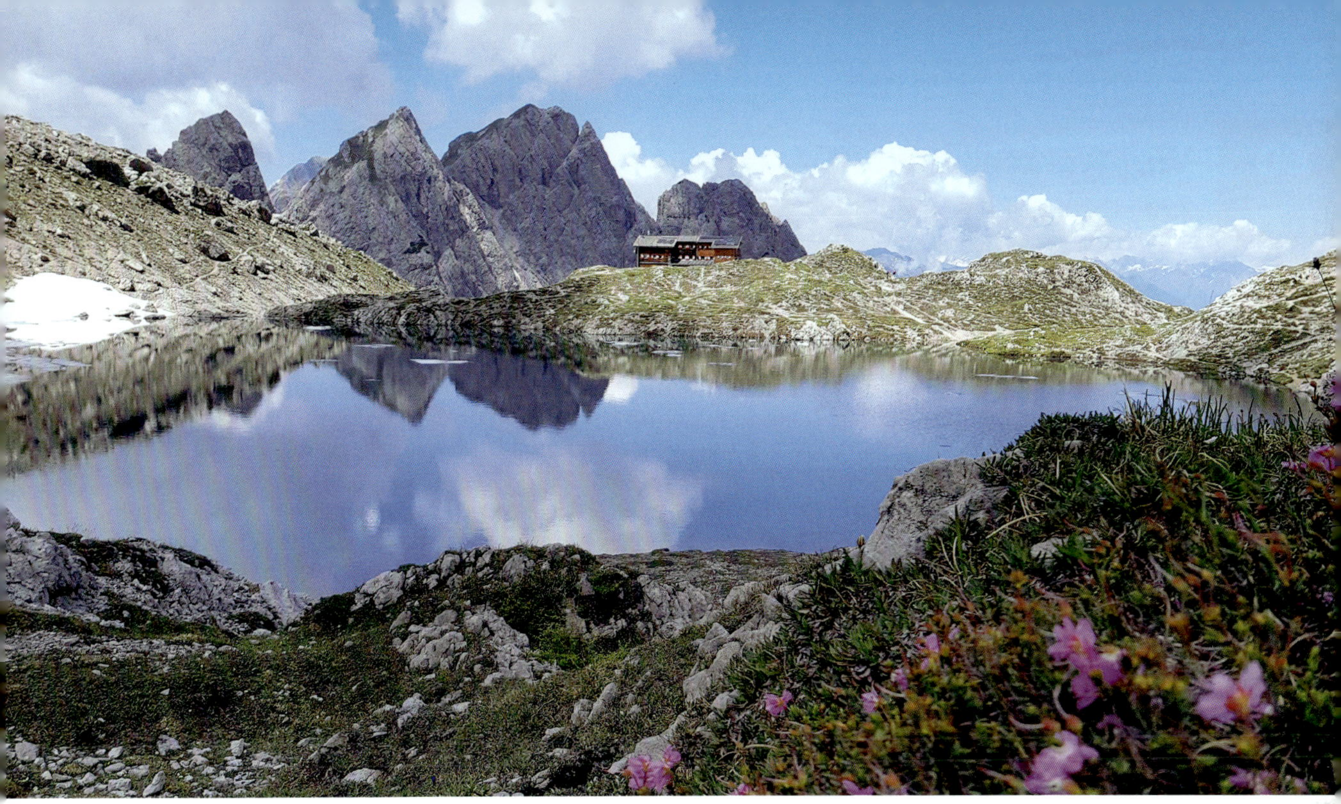

Foto links: Während im Kleinen Laserzsee gebadet werden darf ...
... ist es im – als Trinkwasserspeicher dienenden – Großen Laserzsee untersagt (oben).

Unser Aufstieg vom **Parkplatz ❶** beginnt auf einer flachen Schotterstraße, die uns nach wenigen Minuten an der **Dolomitenhütte** und etwas später an der Instein-Alm-Gedenkkapelle vorbeiführt. Hier zweigt der mit »Karlsbader Hütte« beschilderte, steilere und teils mit Stufen ausgestattete **Pfad ❷** ab. Wir steigen im hinteren Laserztal höher, lassen die Baumgrenze hinter uns und können unter den schroffen Gipfeln der Lienzer Dolomiten schon bald die **Karlsbader Hütte** ausmachen. Gute 2 Stunden später haben wir die auf einem Felsvorsprung thronende **Verpflegungsstation ❸** erreicht.

Wenn es uns nach dem schweißtreibenden Aufstieg nach einem erfrischenden Bad gelüstet, wählen wir dafür den in unmittelbarer Hüttennähe befindlichen **Kleinen Laserzsee ❹**, da in seinem großen Bruder wie schon erwähnt das Baden untersagt ist. Nichtsdestotrotz sollten wir auch den **Großen Laserzsee** zumindest mit einem Abstecher würdigen. Dies nicht zuletzt deshalb, weil sich von dem der Karlsbader Hütte gegenüberliegenden **Ufer ❺** fantastische Ausblicke und Fotomotive bieten. Schließlich sollten wir es uns auf der **Karlsbader Hütte ❸** gut gehen lassen und den herrlichen Panoramablick genießen, bevor wir uns über jetzt schon bekannte Pfade auf den Rückweg machen.

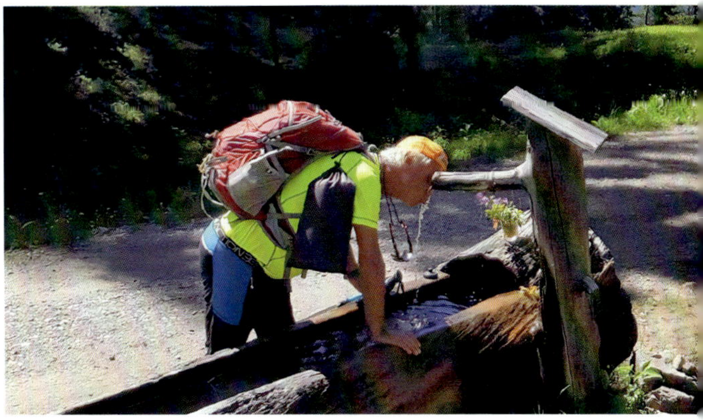

Trinkwasser findet man allerdings auch am Wegesrand.

»Fußmarode« Zeitgenossen könnten als Abstiegs-Alternative auch den Wirtschaftsweg wählen, über den es etwas weniger steil und gelenkschonender talwärts ginge ...

80 Wolayersee, 1956 m

Attraktiver Bergsee am Karnischen Höhenweg

5.45 Std. → 14,9 km ↗ 870 m ↘ 870 m

Geologisch, historisch und alpinistisch hochinteressant

Rund um den Wolayersee stößt man auf mächtige Korallenriffe, die vor mehr als 400 Millionen Jahren in Äquatornähe entstanden sind. Wesentlich jünger und verstörender sind hingegen die Überreste von Wehranlagen aus dem Ersten Weltkrieg, als hier die Gebirgsfront verlief und bei blutigen Kämpfen zwischen Italienern und Österreichern Tausende Soldaten umkamen. Große alpintouristische Bedeutung erlangte die Region durch den Karnischen Höhenweg, der unmittelbar am Wolayersee vorbeiführt.

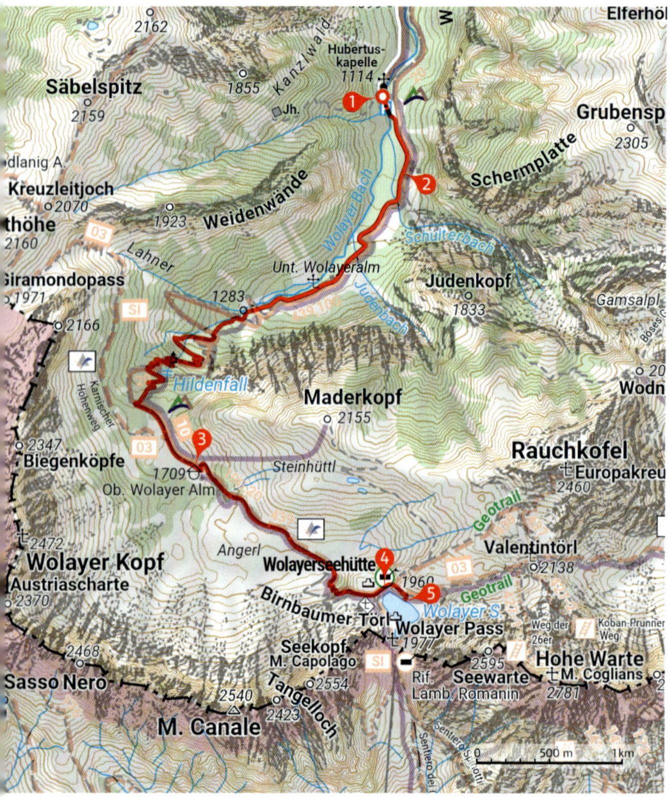

Ausgangspunkt: Wanderparkplatz Hubertuskapelle, 1114 m; Anfahrt mit dem Auto durchs Lesachtal. Möchte man ohne Auto anreisen, sollte man den Zustieg von der Plöckenpassstraße her über die per Bus von Kötschach erreichbare Untere Valentinalm wählen.

Anforderungen: Lange, aber nicht allzu schwierige Wanderung, die durch eine Übernachtung in der Wolayerseehütte etwas entschärft werden kann.

Einkehr: Wolayerseehütte, Tel. +43 720 346141.

Karte: Freytag & Berndt WK 223.

Von der **Hubertuskapelle ❶** führt ein Forstweg ohne wesentlichen Höhengewinn zur **Unteren Wolayeralm ❷**. Ab hier wird es steiler, speziell wenn wir die immer wieder möglichen Abkürzungen benützen. Einige Serpentinen später passieren wir einen »Sprudelbach« genannten schönen Wasserfall. Kurz danach gelangen wir auf das Plateau der **Oberen Wolayeralm ❸**.

Nachdem wir eine Senke, in der sich ein Denkmal für die Gefallenen des Ersten Weltkrieges befindet, durchquert und den recht steilen Schlussabstieg gemeistert haben, erreichen wir schließlich die wunderschön gelegene **Wolayerseehütte ❹**.

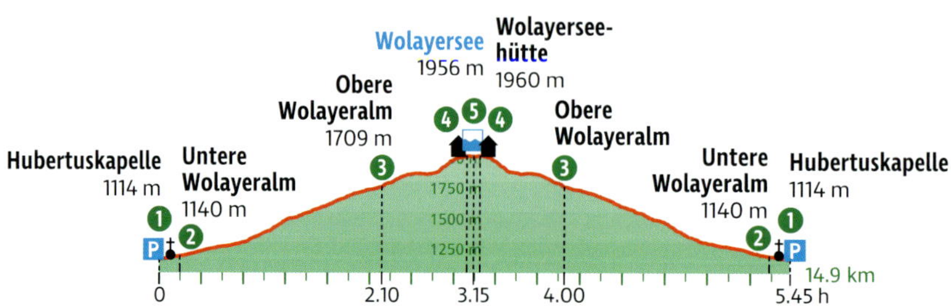

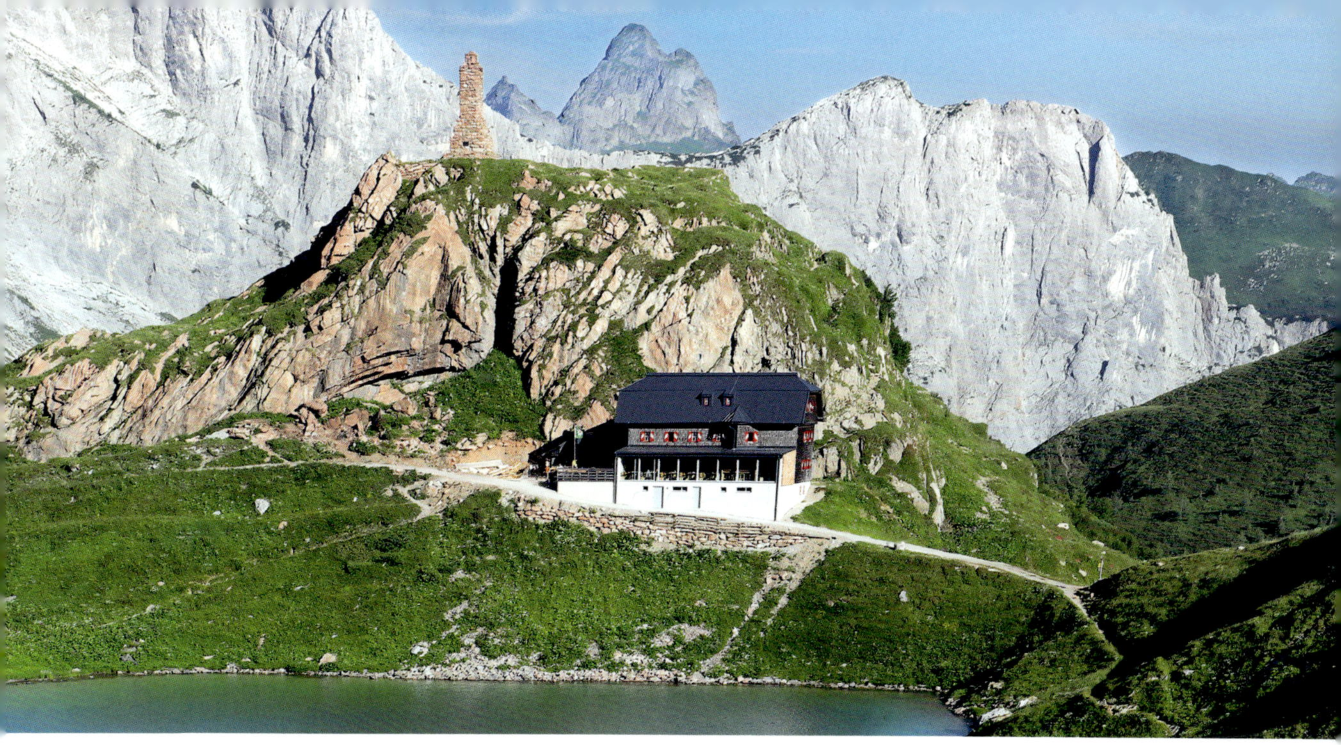

Wolayerseehütte mit Friedens-Mahnmal.

Nach dem anstrengenden Anstieg zieht uns das blaue See-Auge geradezu magisch an, und schon wenig später können wir uns am Ostufer in die Fluten des **Wolayersees** 5 stürzen. Ist das aquatische Bedürfnis ausreichend befriedigt, wandern wir zurück zur **Hütte** 4, um auch unseren kulinarischen Bedürfnissen gerecht zu werden.
Anschließend machen wir uns, so wir keine Hüttenübernachtung (unbedingt frühzeitig vorreservieren!) gebucht haben, auf den Weg zurück ins Tal.

Ein Bad im kalten Bergsee beugt Muskelkater vor.

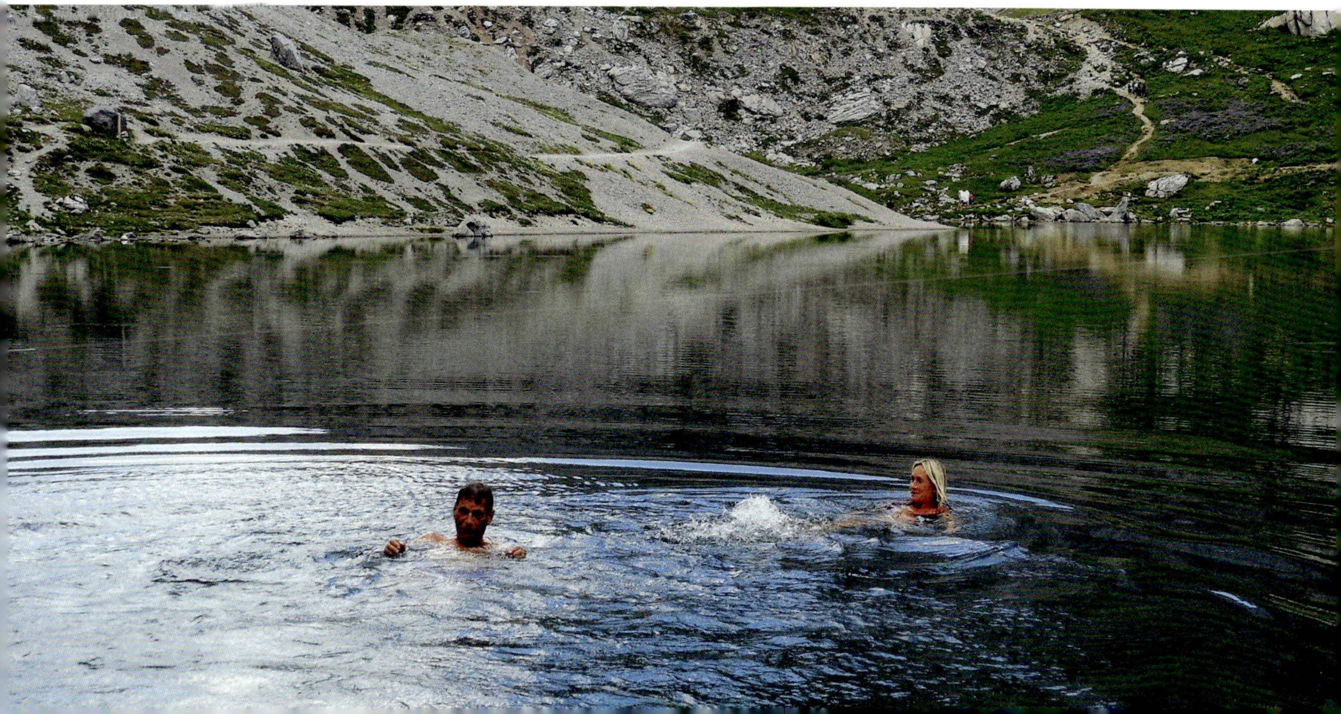

81 Mauthner Klamm

Spektakuläre Schluchtwanderung

1.30 Std. → 5,0 km ↗ 130 m ↘ 130 m

Vorsicht, es wird nass!

Je nach Lust, Laune und Anspruchsniveau kann man diese Klammbegehung als kurzen, feuchten Spaziergang oder aber als »schwarze«, nur mit Spezialausrüstung begehbare Tour gestalten. Hier beschrieben ist ein Mittelding: eine Schluchtwanderung, die – Normalwasserstand vorausgesetzt – auch ohne Klettersteigset machbar ist und uns dennoch zu einer schönen Badestelle etwa in der Klammmitte führt.

Ausgangspunkt: Parkplatz am Waldbad Mauthen, 715 m. Öffentlich ist Kötschach-Mauthen ab dem Bahnhof Villach mit der S-Bahn nach Hermagor und von da aus mit dem Linienbus erreichbar.

Anforderungen: Definitiv nicht für Wasserscheue oder Klaustrophobiker geeignet! Da man immer wieder durchs kalte Wasser muss, sind zumindest Sportschuhe, die nass werden dürfen, idealerweise aber Canyoning-Schuhe sowie entsprechende (Wechsel-)Bekleidung ratsam. Eine gewisse Trittsicherheit und Unerschrockenheit sind nötig, für (kleine) Kinder nur bedingt geeignet.

Einkehr: Waldbadstüberl, Tel. +43 664 4973852.

Karte: Freytag & Berndt WK 223.

Hinweis: Für die weitere Begehung des »Klabautersteig« genannten oberen Schluchtabschnitts unbedingt Klettersteigausrüstung verwenden! Das Tragen eines Helms ist aufgrund der Steinschlaggefahr aber auch schon im unteren Schluchtbereich empfehlenswert.

Badestelle unterhalb des Klabautersteigs.

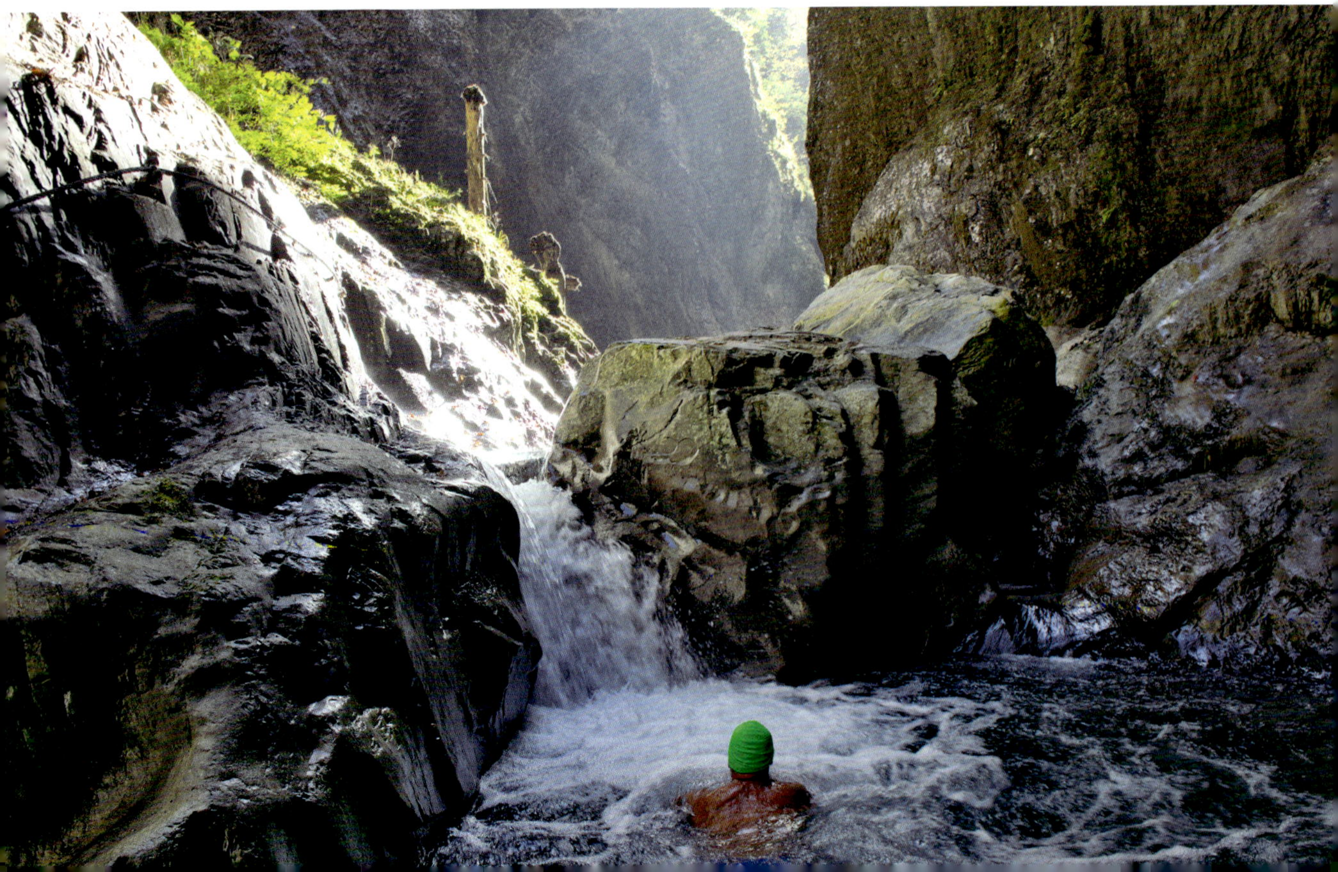

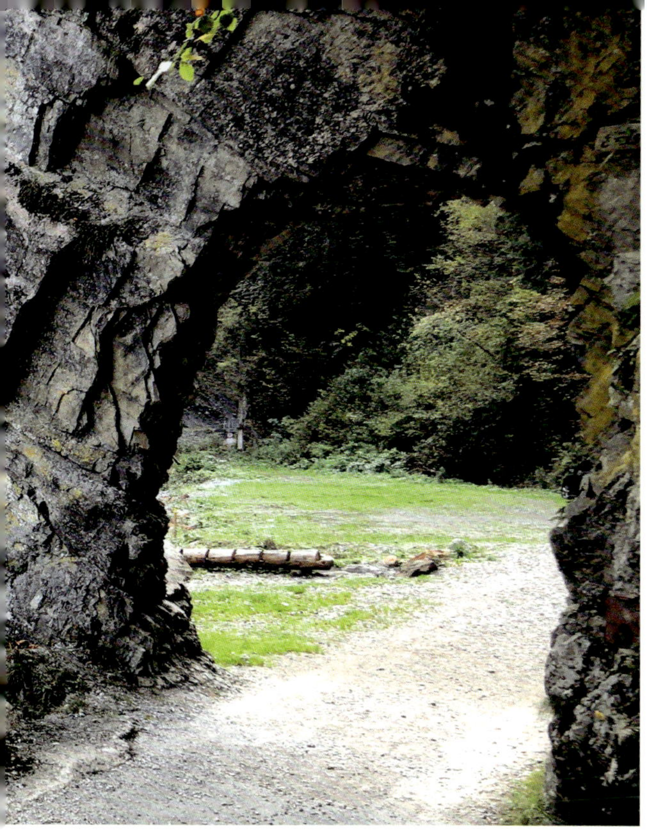

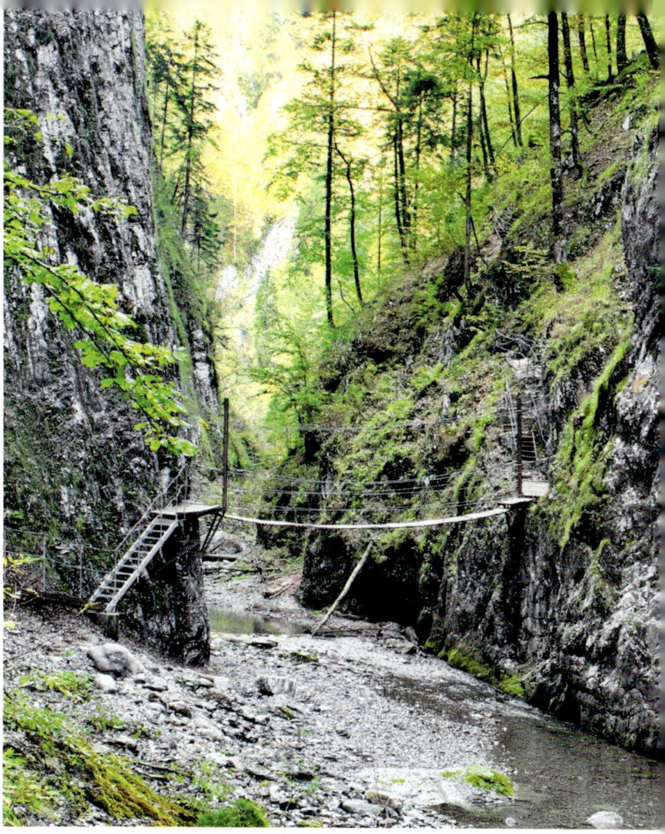

Felsentor am Einstieg und Hängebrücke in der Mitte der Mauthner Klamm.

Wir folgen ab dem **Waldbad** ❶ den gelben Markierungen zur Klamm. Vorerst spazieren wir auf dem Hochwasserdamm des die Klamm formenden Valentinbachs dahin. Es folgt ein kurzes asphaltiertes Wegstück, ehe uns eine flach verlaufende Forststraße zum **Felsentor** ❷, dem eigentlichen Beginn der Klammstrecke, bringt.

Nachdem wir dieses durchschritten und die erste Brücke überquert haben, erwartet uns auf den nächsten 1,5 Kilometern eine zwar feuchte, aber weitgehend unproblematische Flusswanderung mit zahlreichen Hängebrücken, Tunnels und Stiegen. Am Ende dieser Passage warnt uns eine unübersehbar am Felsen angebrachte Hinweistafel, dass hier der **»Normalweg« endet** ❸.

Von nun an wird es etwas anspruchs-, aber auch eindrucksvoller. Nach mehreren Wasserquerungen und rutschigen Steilpassagen erreichen wir unterhalb eines verwinkelten Wasserfalls eine schöne **Badegumpe** ❹. Diese kennzeichnet für die hier beschriebene Tour auch den Umkehrpunkt. Wer noch weiter aufsteigen will, sollte tatsächlich mit der schon

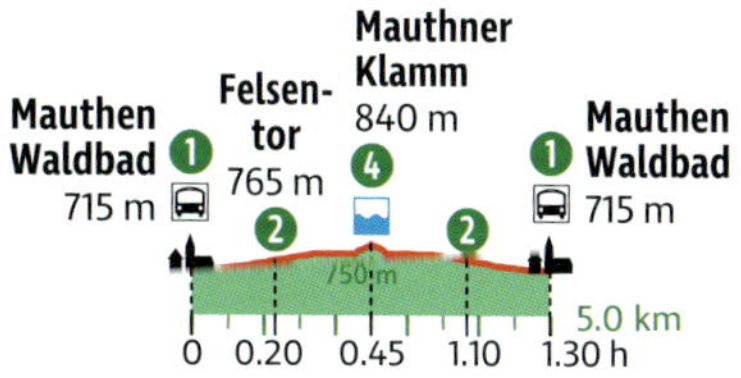

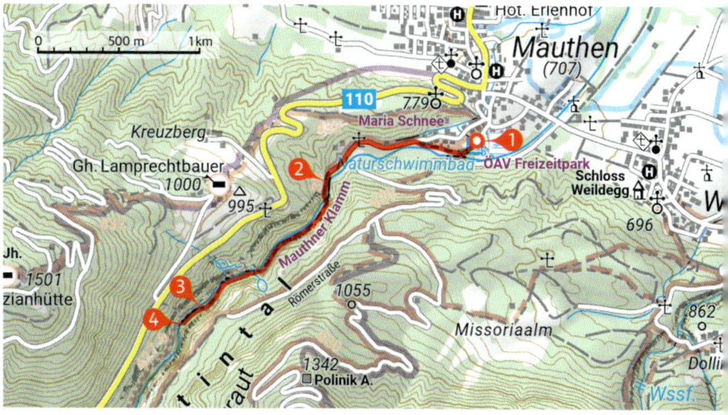

erwähnten Spezialausrüstung und entsprechendem Einschätzungsvermögen und Können ausgestattet sein!

Zurück geht es schließlich auf dem bekannten Hinweg.

82 Tröpolacher Wasserfall

Wo der Oselitzenbach vom Nassfeld fällt

2.00 Std. → 7,0 km ↗ 120 m ↘ 120 m

Ein Fall für eine Familienwanderung

Wenngleich der Spot an dem auch »Oselitzenbach-Wasserfall« genannten Badeplatz vielleicht nicht »Natur pur« zu bieten hat, so ist er trotzdem empfehlenswert, speziell im Hochsommer. Was die »Natur-Pur«-Anmutung etwas beeinträchtigt, ist die – allerdings kaum ins Auge stechende – Ummauerung des Wasserfalls sowie eine gewisse Nähe zu einem Kraftwerk und zur Nassfeld-Bundesstraße. Dafür gibt es aber kaum einen anderen Wasserfall, der auch für Kinder so leicht erreichbar und so gefahrlos zu beschwimmen ist wie der Tröpolacher Wasserfall.

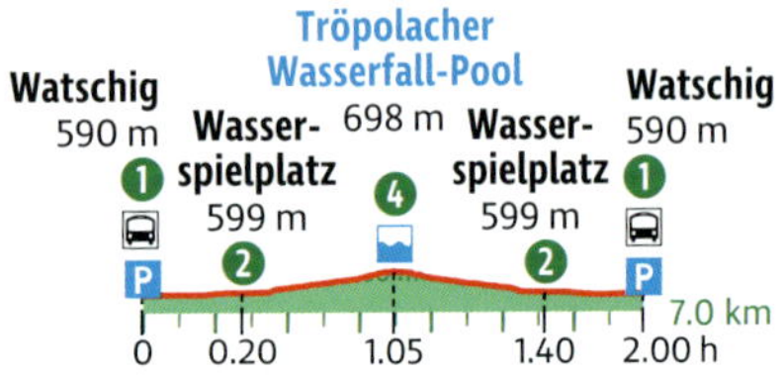

Das Areal um den Wasserfall wird auch als Klettergarten genutzt.

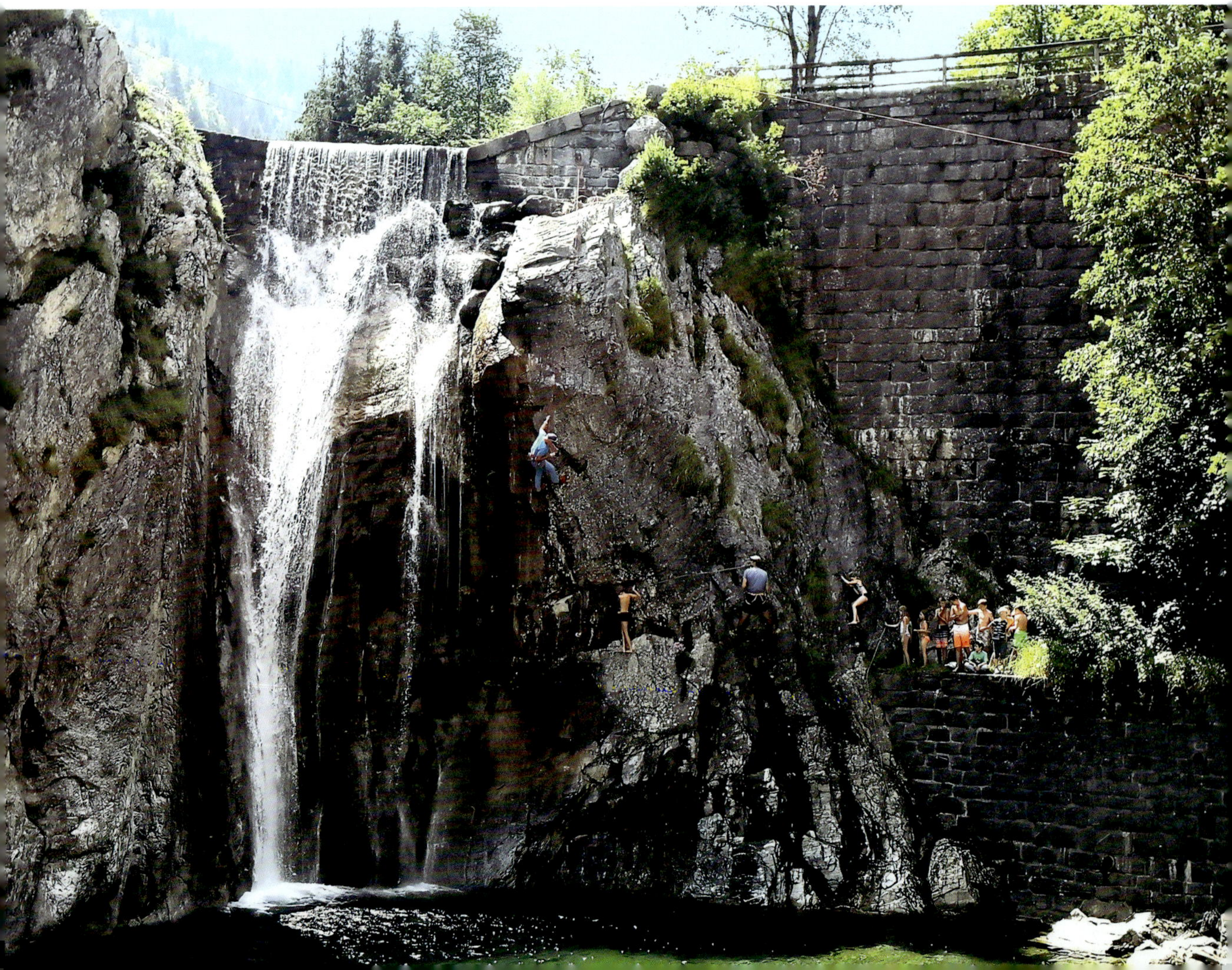

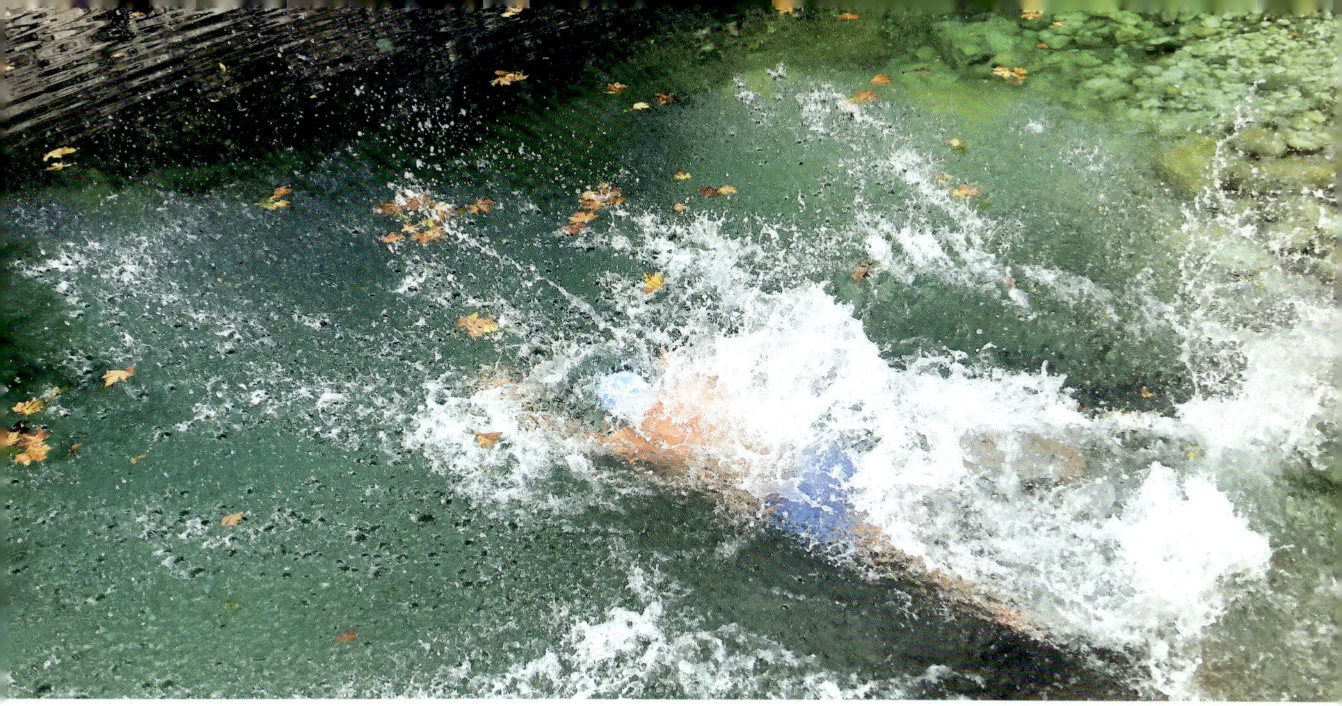

Rein ins Vergnügen!

Ausgangspunkt: Parkplatz beim alten Bahnhof Watschig, 590 m; hier befindet sich auch eine Haltestelle des ab Bahnhof Hermagor verkehrenden Bahnhofshuttles Kärnten (bahnhofshuttlekaernten.at).
Anforderungen: Sehr einfache Familienwanderung entlang des Oselitzenbaches. Lediglich am letzten kurzen Stück entlang der Nassfeld-Bundesstraße ist Vorsicht geboten.
Einkehr: Keine.
Karte: Freytag & Berndt WK 223.

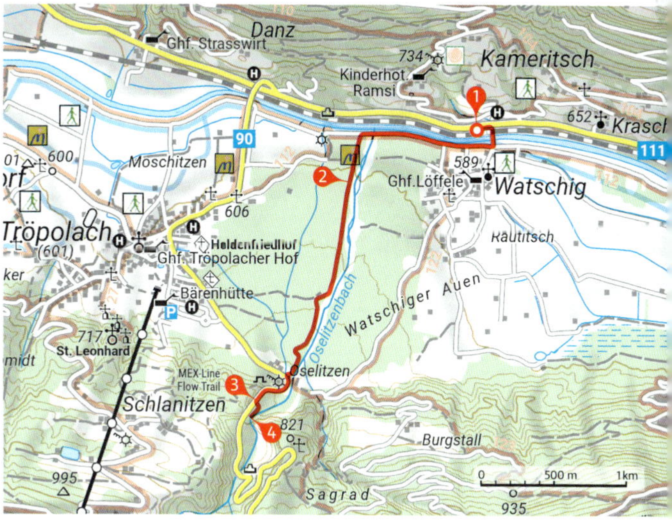

Nachdem wir das ehemalige **Bahnhofsgelände** ❶ verlassen haben, überqueren wir die Gail und spazieren am gegenüberliegenden Ufer flussaufwärts. Schon nach kurzer Zeit gelangen wir an die Mündung des Oselitzenbaches. Im Mündungsgebiet fächert sich der Bach auf und verläuft recht strömungsarm durch ein Schotterbett. Hier ergibt sich für Kinder schon ein erster, ungefährlicher **Wasserspielplatz** ❷ mit schönen, sonnigen Liegeflächen ringsherum.

Auch im weiteren Verlauf der fast immer flach dem Bachlauf folgenden Wanderung finden wir noch solche Möglichkeiten vor. Nach einem gemütlichen Spaziergang von ca. 45 Minuten führt linksseitig eine Brücke über den Oselitzenbach, und wir gelangen gleich darauf zur Bundesstraße. Nur durch die Leitschiene von dieser getrennt, folgen wir ihr linksseitig auf einem kleinen Trampelpfad bis zur **Kraftwerkszufahrt** ❸. Wir passieren das Kraftwerk und erreichen unweit dahinter den **Badeplatz** ❹. Einstieg und Schwimmen im recht frischen Wasserfall-Pool gestalten sich bei Normalwasserstand völlig unproblematisch, speziell an heißen Sommertagen ein Hochgenuss.

Der Rückweg erfolgt dann wieder flussabwärts entlang des Oselitzenbaches.

83 Hinterer Bodensee

Unglaubliche Klarwasserseen unterhalb des Nassfelds

0.15 Std. → 0,8 km ↗ 10 m ↘ 10 m

Mikado am Seegrund

Ob »Großer und Kleiner« oder »Vorderer und Hinterer« Bodensee, die beiden ganz in der Nähe der Nassfeld-Bundesstraße gelegenen Seelein sind auf alle Fälle einen Halt, einen Spaziergang und der Große – respektive Vordere – Bodensee auch einen Dip wert. Wegen der unglaublichen Klarheit bzw. Sichttiefe der beiden Seen sind sie auch besonders gefragte Fotomotive. Fast schon skurril muten die versunkenen Baumstämme an. Wie Mikadostäbchen liegen diese kreuz und quer auf der vom Gletscher der letzten Eiszeit geschaffenen Grundmoräne am Seegrund.

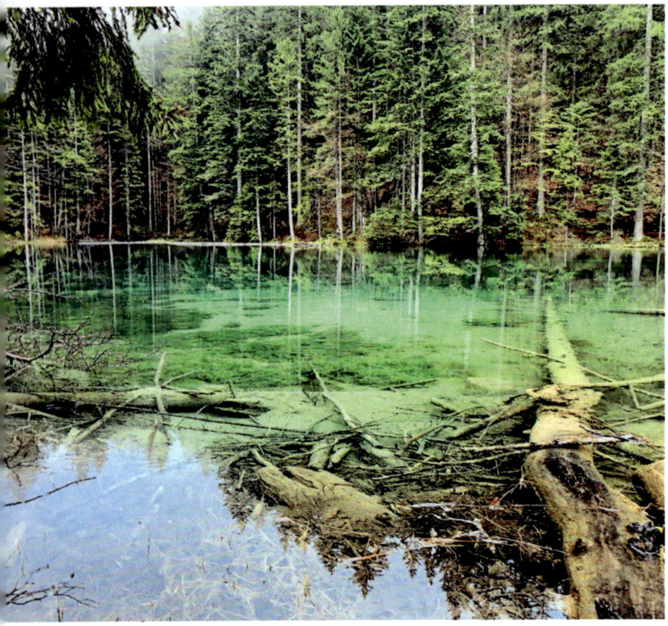

Foto oben: Klare Verhältnisse – das Wasser der beiden Bodenseen ist von einer beeindruckenden Reinheit. Rechts: Mystische Nebelstimmung am Vorderen Bodensee.

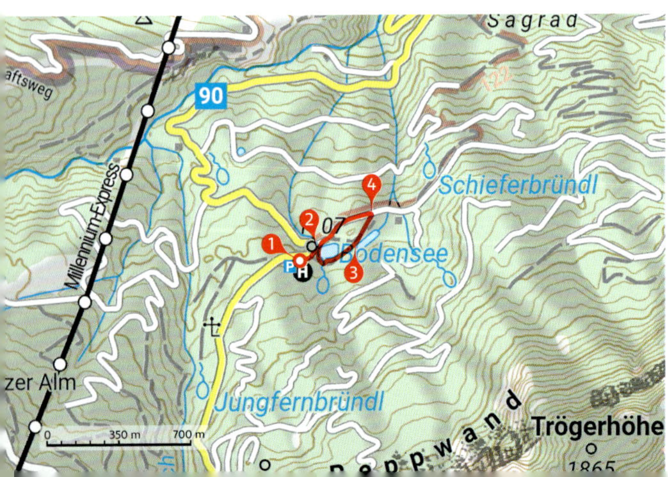

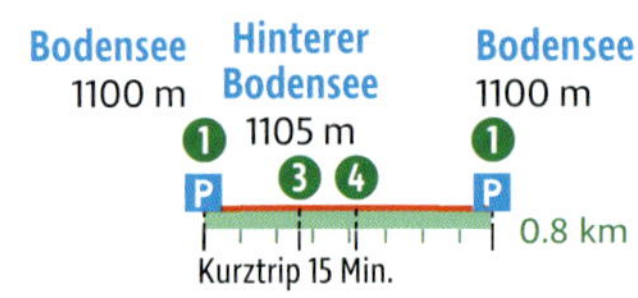

Ausgangspunkt: Parkplatz direkt an der Nassfeldstraße, 1100 m; auch mit dem Bahnhofsshuttle Kärnten (bahnhofshuttlekaernten.at) ab Bahnhof Hermagor erreichbar.

Anforderungen: Sehr einfacher, familienfreundlicher und mitunter etwas feuchter Spaziergang.

Einkehr: Keine.

Karte: Freytag & Berndt WK 223.

Schon von dem kleinen **Parkplatz** ❶ am Pfaffenschwand-Plateau blitzt einem der größere der beiden **Bodenseen** entgegen. Gleich hier am Westufer befindet sich auch ein geeigneter Einstieg für einen auch im Hochsommer erfrischend kühlen **Kaltwasser-Dip** ❷.

Nach dieser Abkühlung können wir an einem nassen Pfad entlang des Südufers des Vorderen Bodensees in Richtung eines kleinen Fichtenwäldchens spazieren. Dort zweigt rechts ein ziemlich verwachsener Trampelpfad ab, über den wir zum versteckt im Wald liegenden **Hinteren Bodensee** ❸ gelangen. Dieser ist etwas länglicher und seichter als sein Nachbar, weist aber eine ähnlich verblüffende Klarheit und Farbe auf.

Wir folgen dem Waldpfad, bis wir auf einen **Forstweg** ❹ treffen. Auf diesem halten wir uns links und gelangen so in wenigen Minuten wieder zurück zum vorderen See und zum **Parkplatz** ❶.

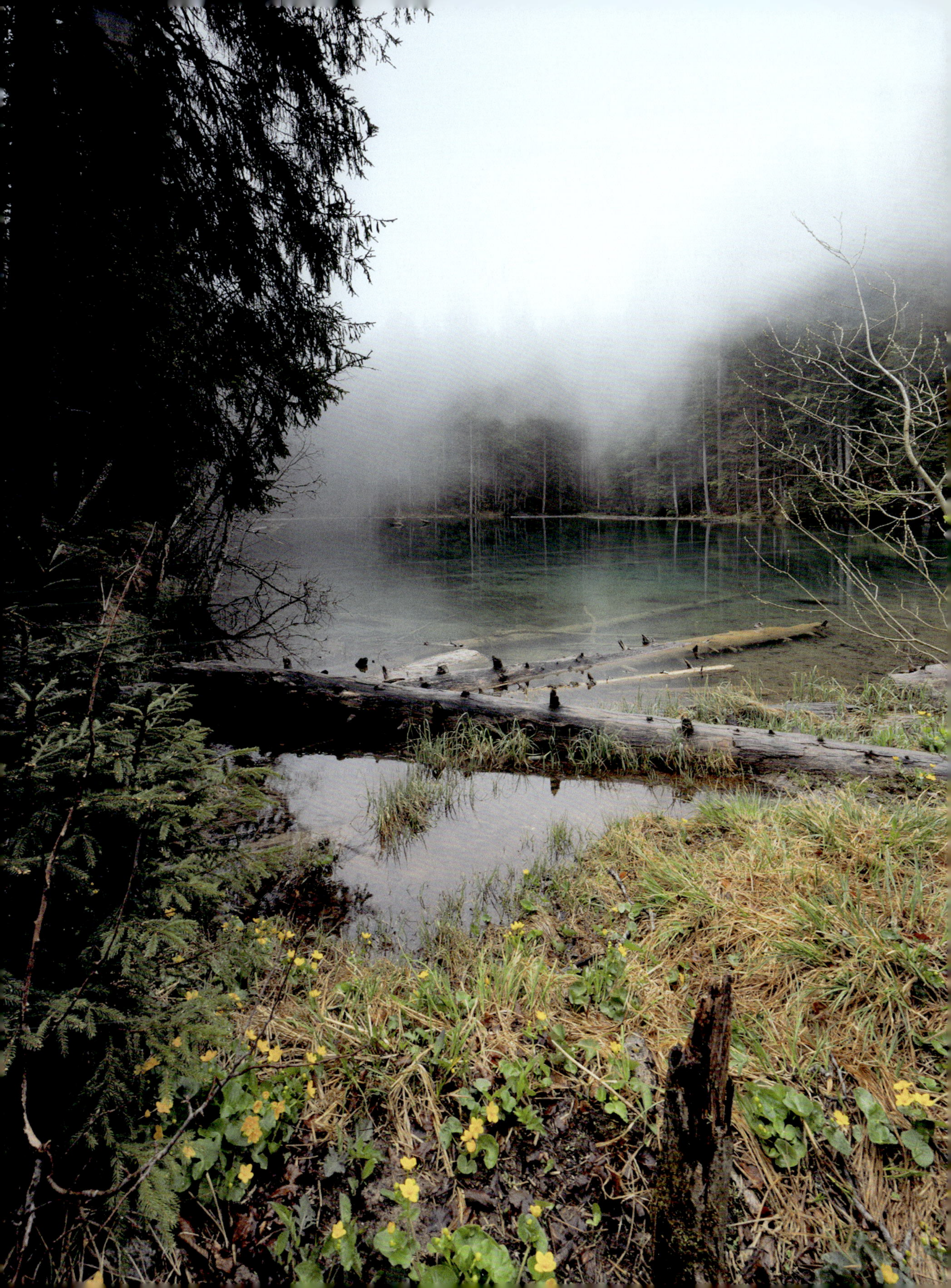

84 Garnitzenklamm

Beeindruckene Natur und Brücken-Architektur

0.30 Std. → 1,1 km ↗ 80 m ↘ 80 m

Spritztour bis Brücke 1

Unweit von Hermagor mündet der Garnitzenbach in die Gail. Zuvor musste sich der Wildbach allerdings im Laufe vieler Jahrtausende erst seinen Weg durch das harte Gestein der Karnischen Alpen bahnen. Die dabei entstandene 4,5 Kilometer lange Schlucht beeindruckt mit ihren einzigartigen Felsformationen, zahlreichen Wasserfällen und Strudeltöpfen garantiert jeden Naturliebhaber. Wohl wissend, dass diese Klamm weit mehr zu bieten hat, wird hier nur der Zugang zur ersten, am leichtesten erreichbaren und wohl auch sichersten Badestelle an der neu errichteten Brücke 1 beschrieben.

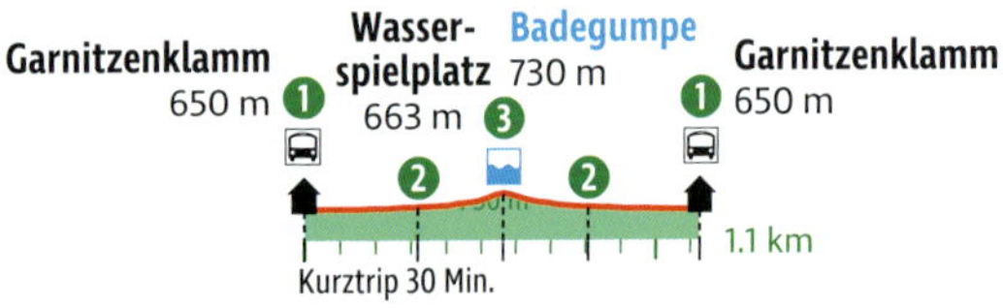

Ausgangspunkt: Klammparkplatz, 650 m. Dieser kann auch mit dem Eggeralmbus (mobilbuero.com) ab Bahnhof Hermagor erreicht werden.

Anforderungen: Bis zur Badestelle einfache und kurze Wanderung, die auch gut für Familien geeignet ist. Kinder sollten zum Abkühlen aber eher nur den Flachwasserbereich beim Wasserspielplatz nutzen.
Einkehr: Klammwirt, Tel. +43 699 81116085.
Karte: Freytag & Berndt WK 223.
Hinweise: Der weitere Weg durch die Klamm ist dann deutlich anspruchsvoller.
Weiterführende Infos: garnitzenklamm.at.

Erdgeschichte zum Anschauen.

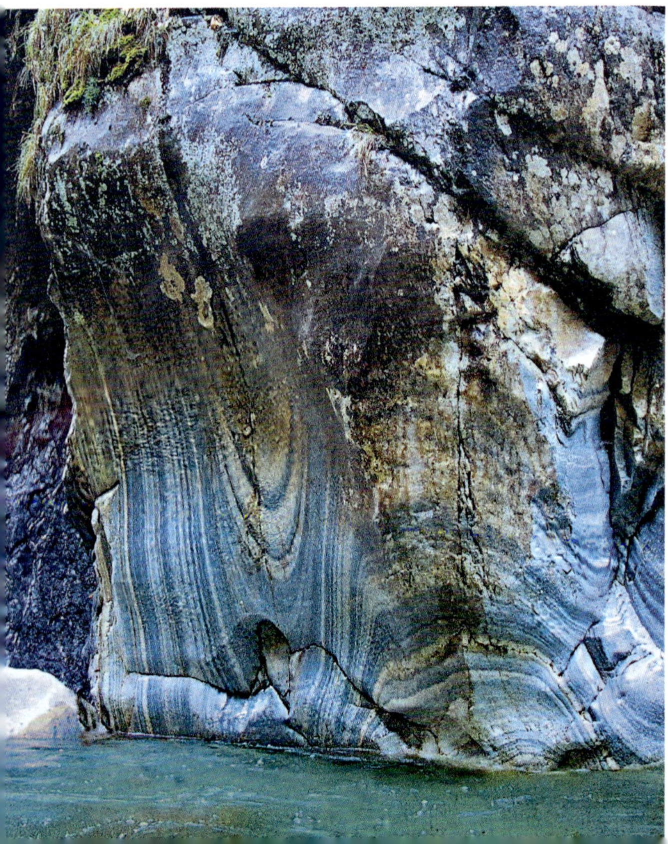

Wassertümpel zum Spielen.

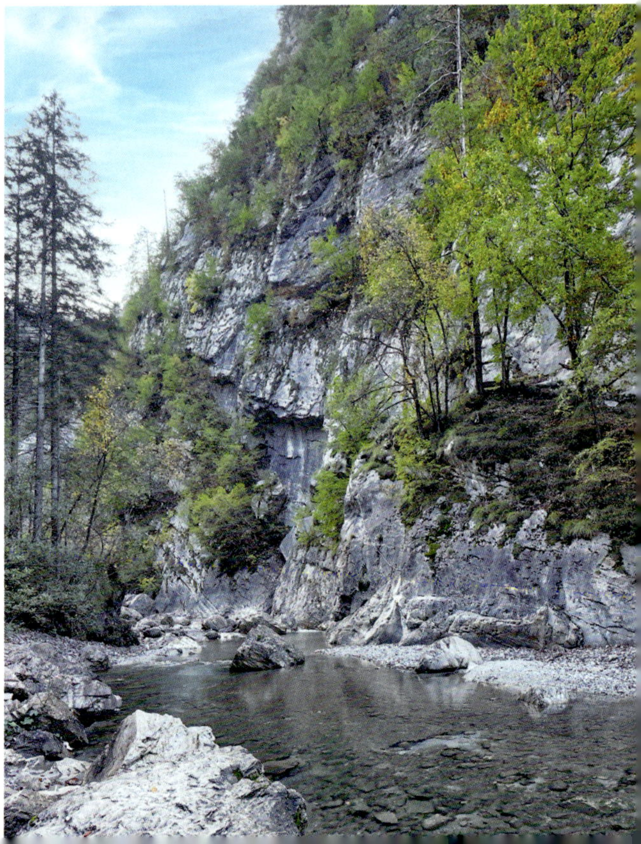

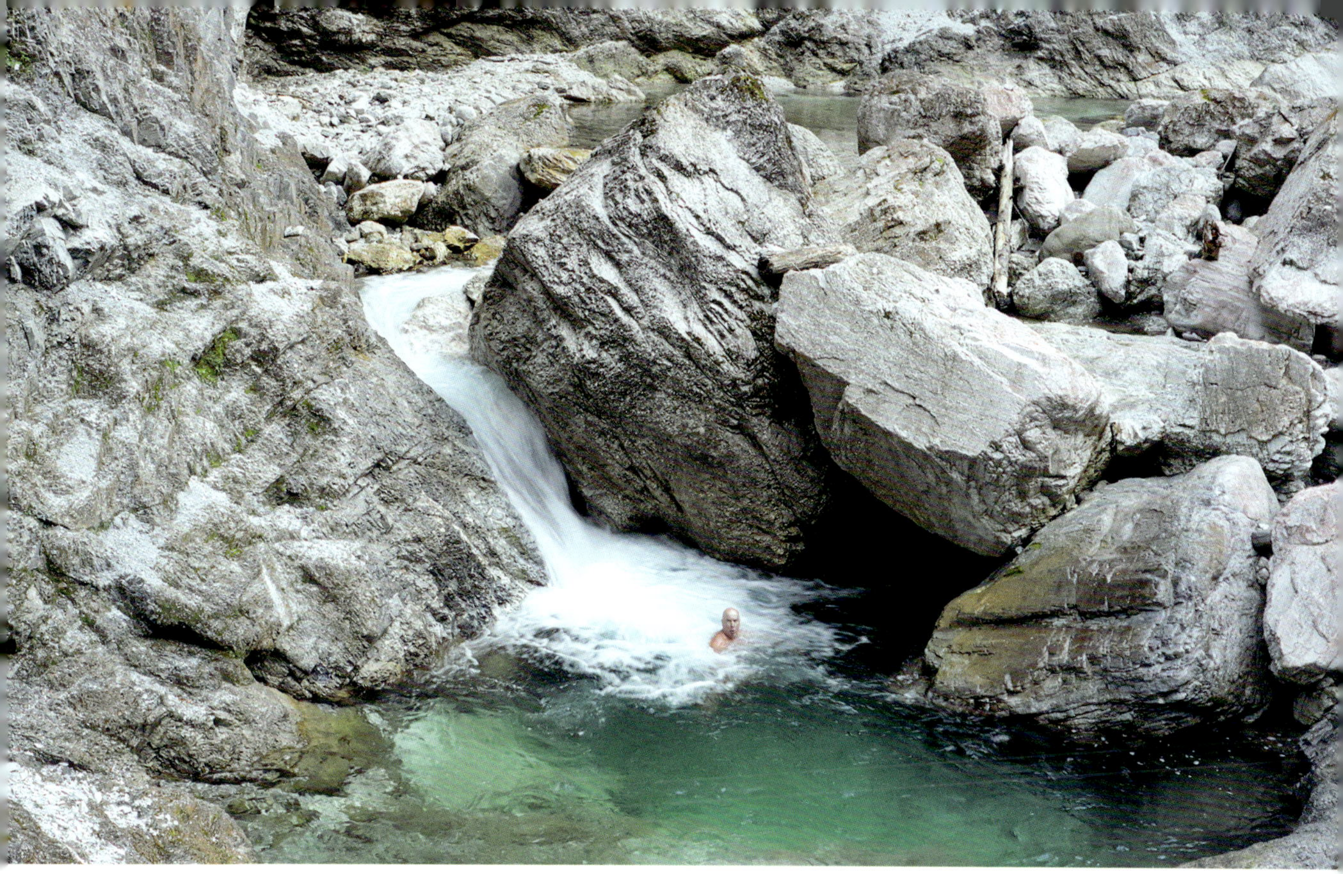

Badegumpen zum Austoben.

Wir starten unseren »Alpine Swimming Quickie« an der Infotafel am **Klammparkplatz** ❶ und entrichten am dortigen Kassenhäuschen unseren kleinen Obolus für die Wegerhaltung. Was für eine Sisyphosarbeit diese darstellt, ist auf den zahlreichen Informationstafeln entlang des Klammwegs ersichtlich. Immer wieder werden Steiganlagen und Brücken durch tosende Hochwasser hinweggerissen. So auch im Oktober 2020, als die »alte« Brücke 1 ein Raub der unbändigen Wassermassen wurde. Im Sommer 2021 konnte unser heutiges Wanderziel, die neue, aus gebogenen Leimbindern konstruierte und auch optisch äußerst attraktive Holzbrücke, eingeweiht werden.

Bevor wir zu dieser gelangen, passieren wir ein Stauwehr. Dahinter führt der Klammsteig ganz nahe an das hier recht ruhige und seichte Wasser heran, was diesen Ort zu einem beliebten und ungefährlichen **Wasserspielplatz** ❷ für Kinder macht. Einen kurzen Anstieg und eine Kurve später ist die neue Brücke 1 erreicht. Unmittelbar dahinter befindet sich am unteren Ende einer Gefällstrecke bei einem

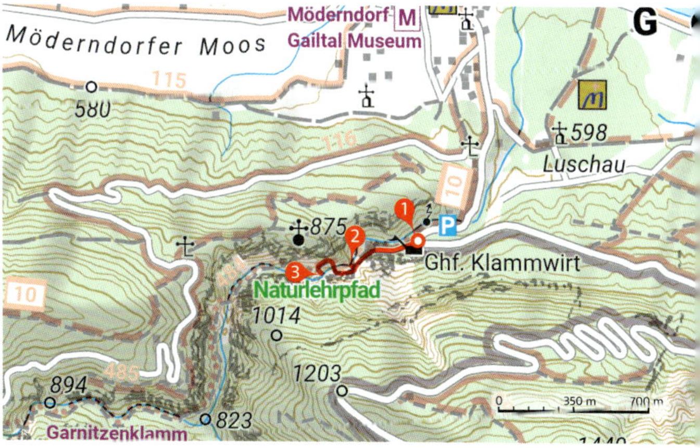

riesigen Block eine schöne und leicht erreichbare **Badegumpe** ❸, die bei passendem Wasserstand gut beschwommen werden kann.

Da wir diesmal hauptsächlich zum Baden gekommen sind, beenden wir nach unserem feucht-fröhlichen Intermezzo hier unseren Anstieg in die Klamm, um eventuell auch noch dem **Klammwirt** ❶ einen Besuch abzustatten.

85 Linsendorfer See

Kontrastreiche Wanderung unter dem Hochobir

3.30 Std. → 12,4 km ↗ 230 m ↘ 230 m

Vom hohen Wasserfall zum stillen See

Unterhalb des Hochobir-Massivs liegt mit dem »Wildensteiner« einer der höchsten frei fallenden Wasserfälle Europas. Noch bis vor wenigen Jahren konnte man hinter den »Vorhang« des aus 54 Metern Höhe herabstürzenden Wassers gelangen und im sehr schönen Tosbecken ein erfrischendes Bad nehmen. Heute ist das wegen akuter Steinschlaggefahr verboten, und man darf sich dem Wasserfall nur bis zu seiner Aussichtsplattform nähern. Ein Abstecher zu dem Naturschauspiel ist trotzdem lohnend, und zum Baden gibt's ja noch den nahe gelegenen Linsendorfer See.

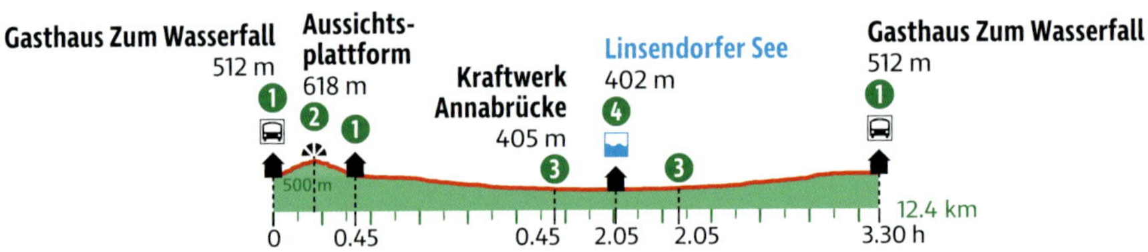

Ausgangspunkt: Wasserfall-Parkplatz, 512 m, nahe Wildenstein. Auch mit der Buslinie 5356 ab Bahnhof Klagenfurt erreichbar.

Anforderungen: Zum Wasserfall relativ steiler, aber ungefährlicher und nur etwa 15-minütiger Anstieg. Zum Linsendorfer See einfache Wanderung über breite Wege und wenig befahrende Nebenstraßen – diese Etappe eignet sich ideal als Fahrradausflug!

Einkehr: Gasthaus Zum Wasserfall, Tel. +43 664 1042249. Zur Hauptsaison ist zumeist auch ein mobiler Imbissstand direkt am Linsendorfer See in Betrieb.

Karte: Freytag & Berndt WK 223.

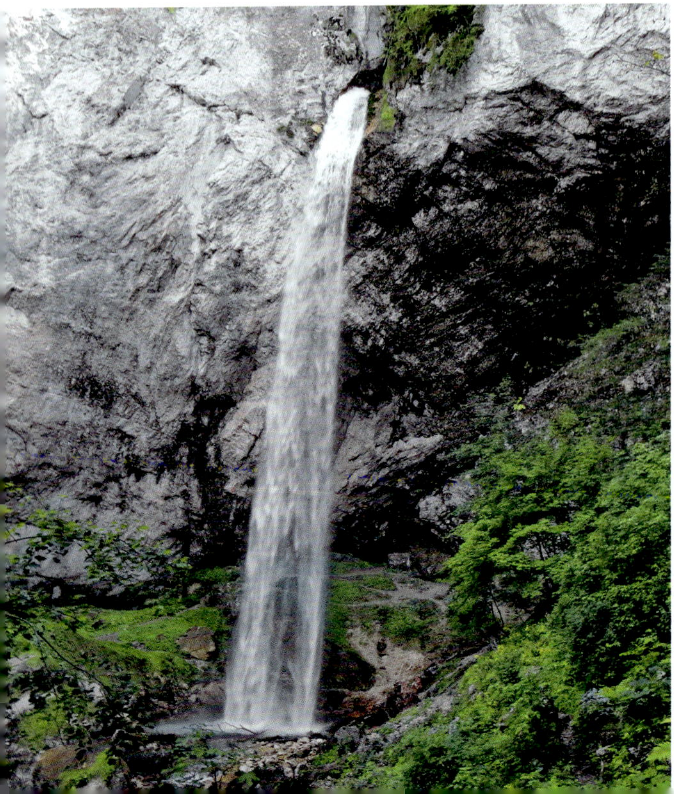

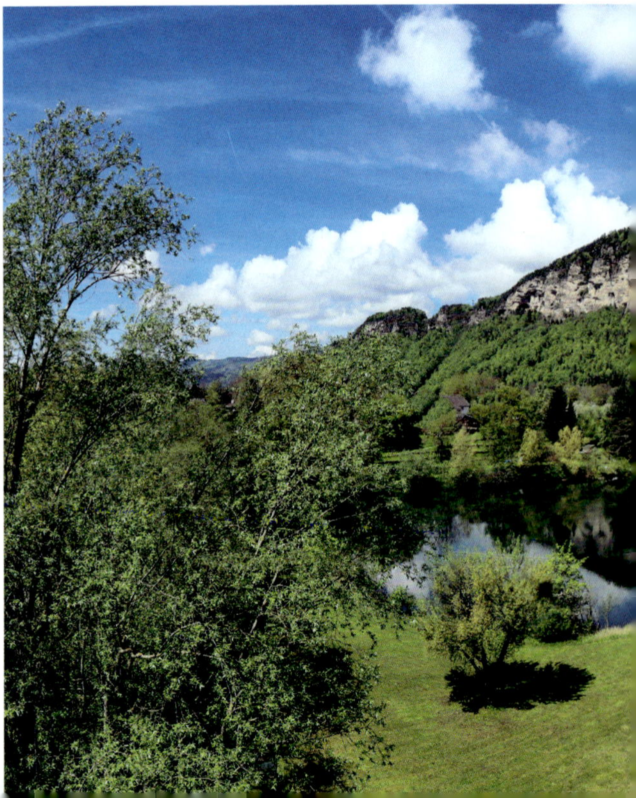

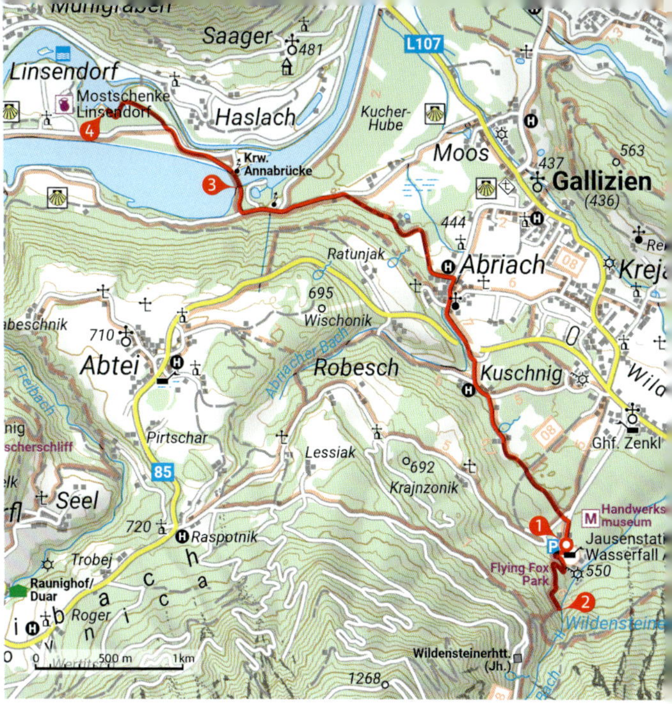

Vom **Wasserfall-Parkplatz** ❶ folgen wir der Wegweisung und gelangen über einen relativ steilen, ansonsten aber einfach zu begehenden Weg in etwa 20 Minuten zur **Wasserfall-Plattform** ❷.

Zurück von diesem Abstecher, machen wir uns an die eigentliche (Rad-)Wanderung zu unserem Badeplatz. Dazu folgen wir der Zufahrtstraße zum Wasserfall bergab bis zum **Drauufer**. Dort überqueren wir die Krone des zum **Kraftwerk Annabrücke** ❸ gehörigen Staudamms und folgen ab hier der Wegweisung zum Linsendorfer See. »Per pedes« benötigen wir für diesen Streckenabschnitt mehr als 1 Stunde, mit dem Fahrrad ca. 20 Minuten. Ursprünglich war der **Linsendorfer See** ❹ ein Seitenarm der Drau. Erst mit dem Kraftwerksbau wurde die Linsendorfer Drauschleife abgeschnitten. So entstand ein stehendes Gewässer, welches nur schwach von einem Begleitgerinne der aufgestauten Drau durchflossen wird. Die Wasserqualität des auf einem Landstreifen zwischen der Drau und den fast senkrecht ansteigenden Hängen der Sattnitz liegenden Sees ist ausgezeichnet. Zudem garantieren eine Liegewiese, Toiletten und ein Badesteg abseits des an manchen Kärntner Seen herrschenden Sommertrubels idyllisches und kostenfreies Badevergnügen.

Zurück wandern wir dann auf demselben Weg.

Foto unten: Badesteg an der ehemaligen Drauschleife.
Links: Wasser im freien Fall.

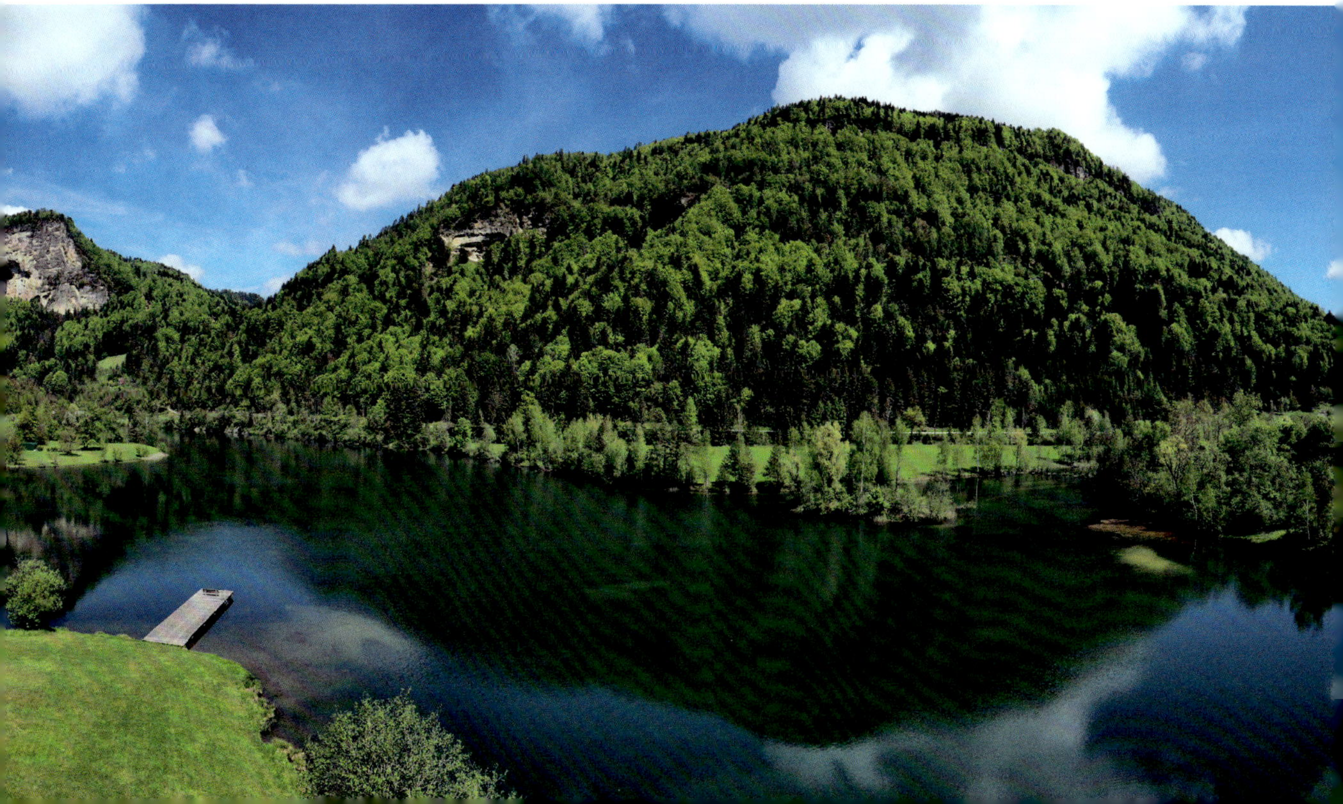

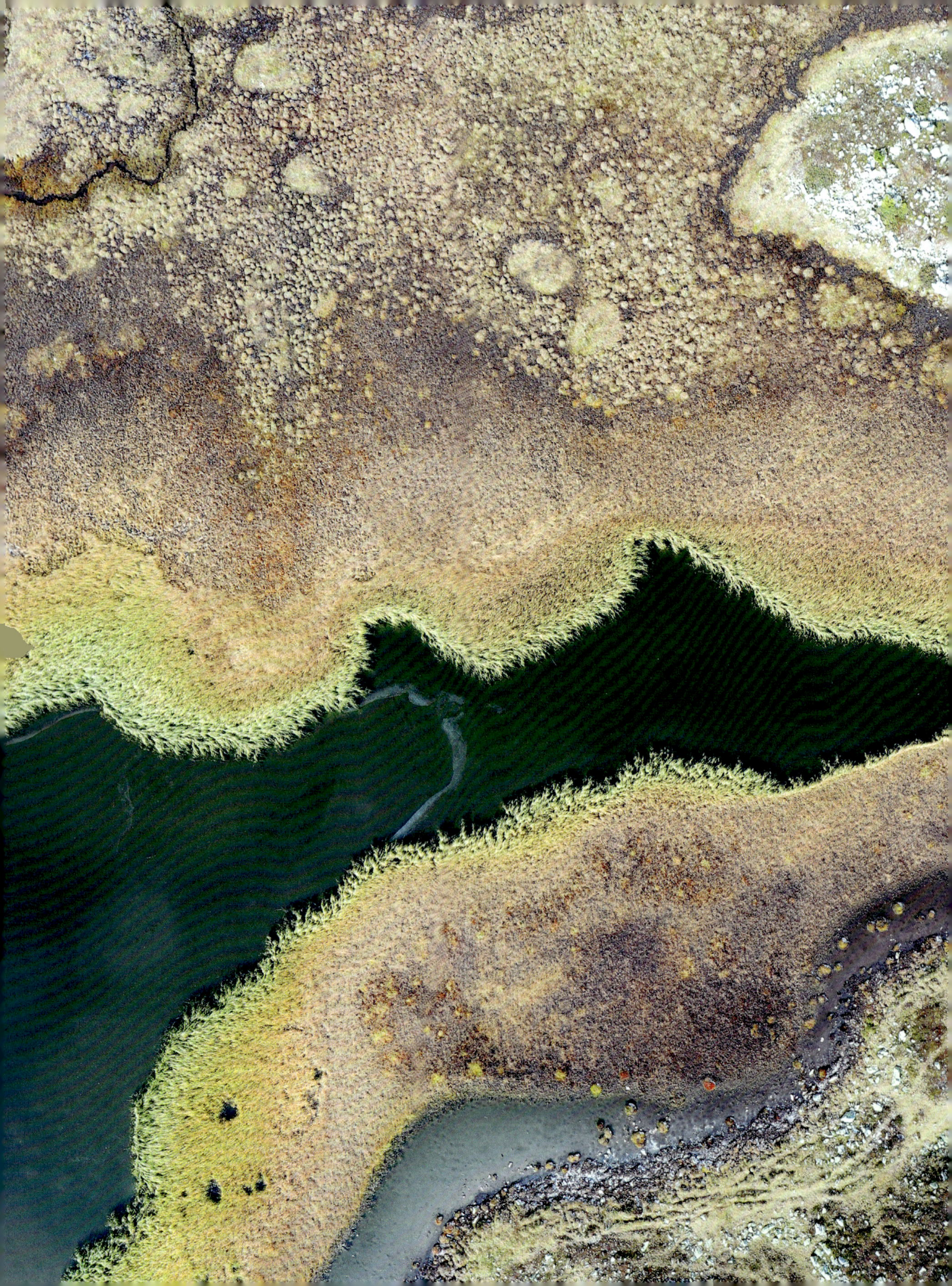

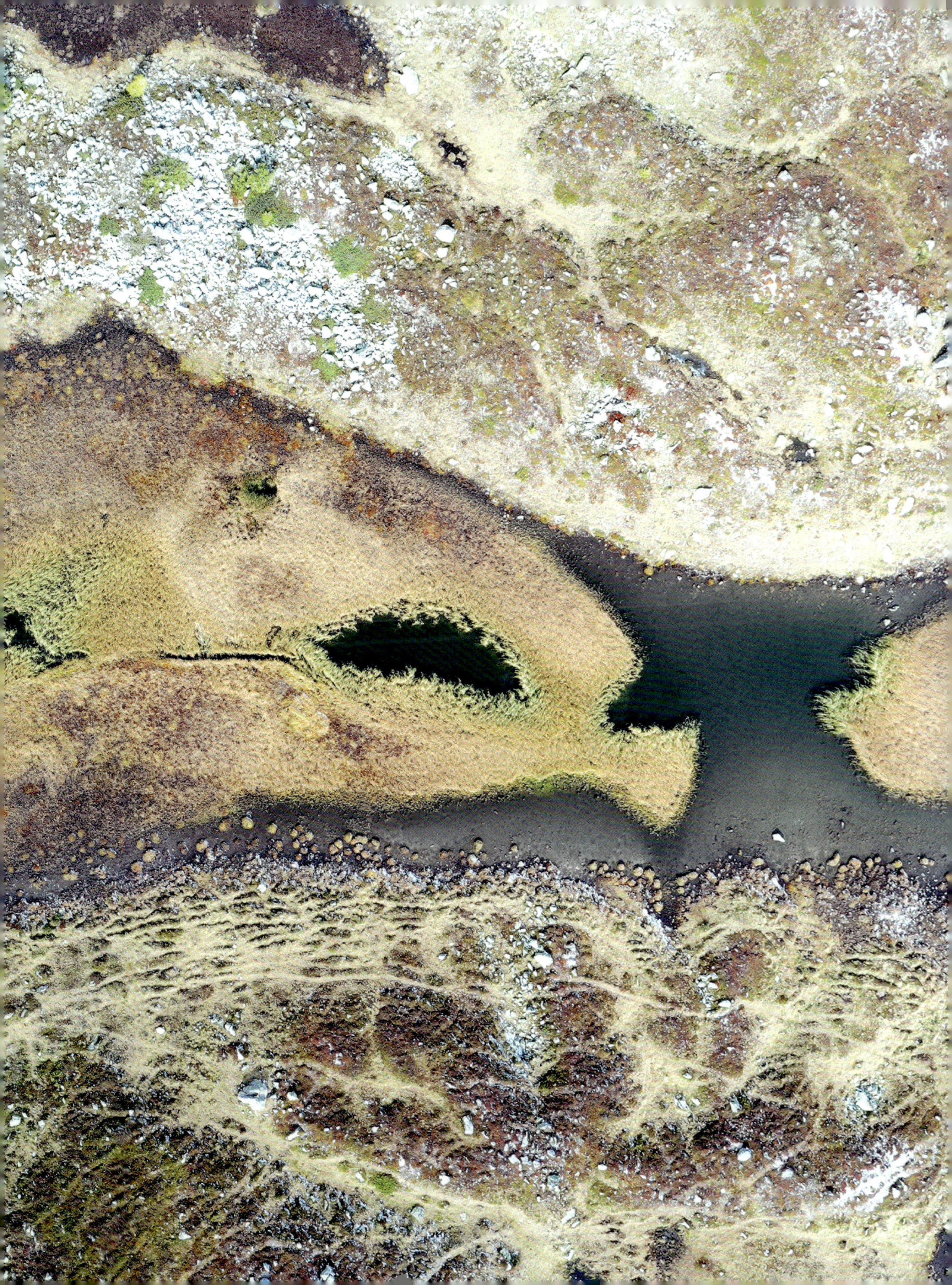

Stichwortverzeichnis

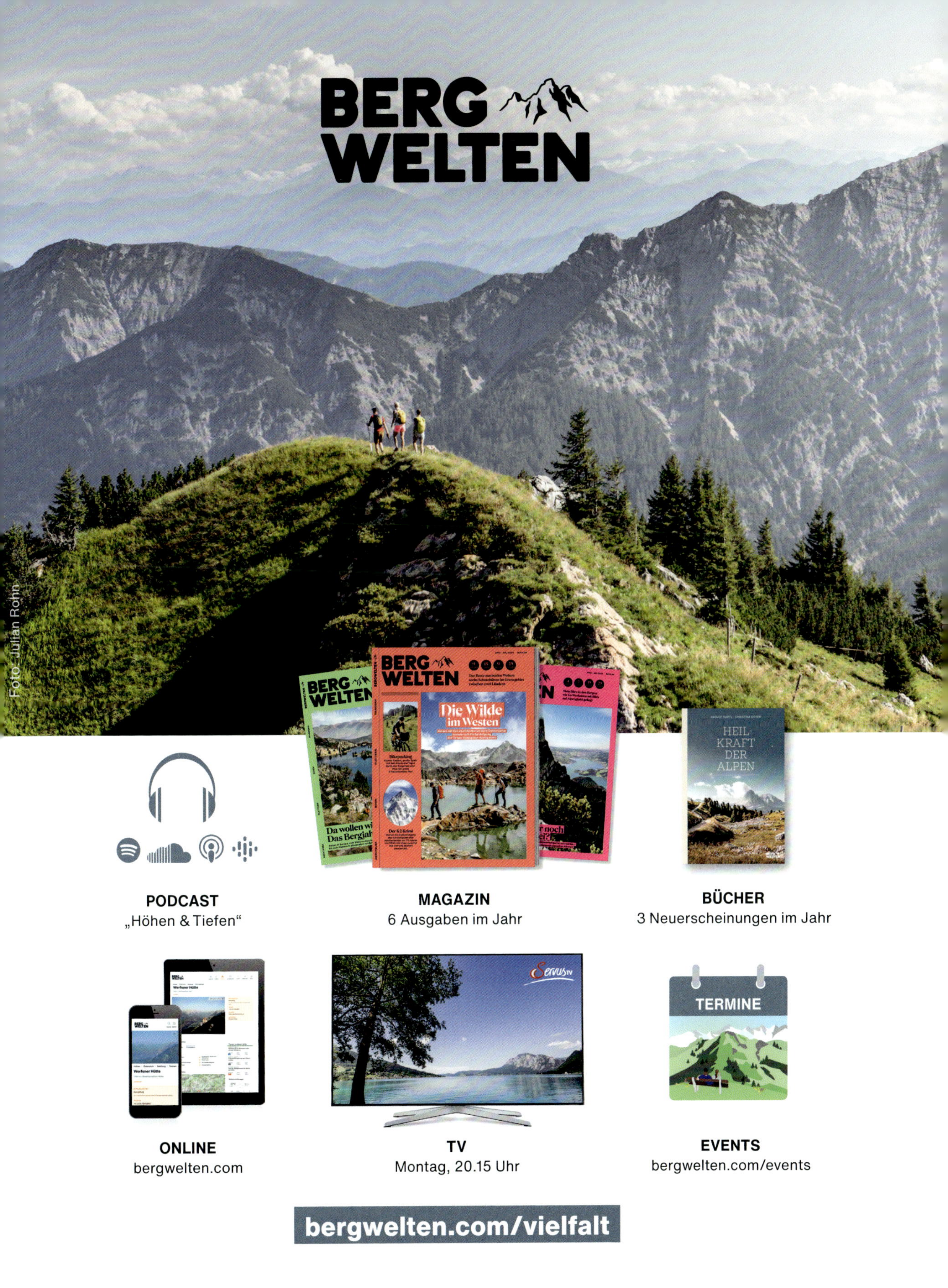

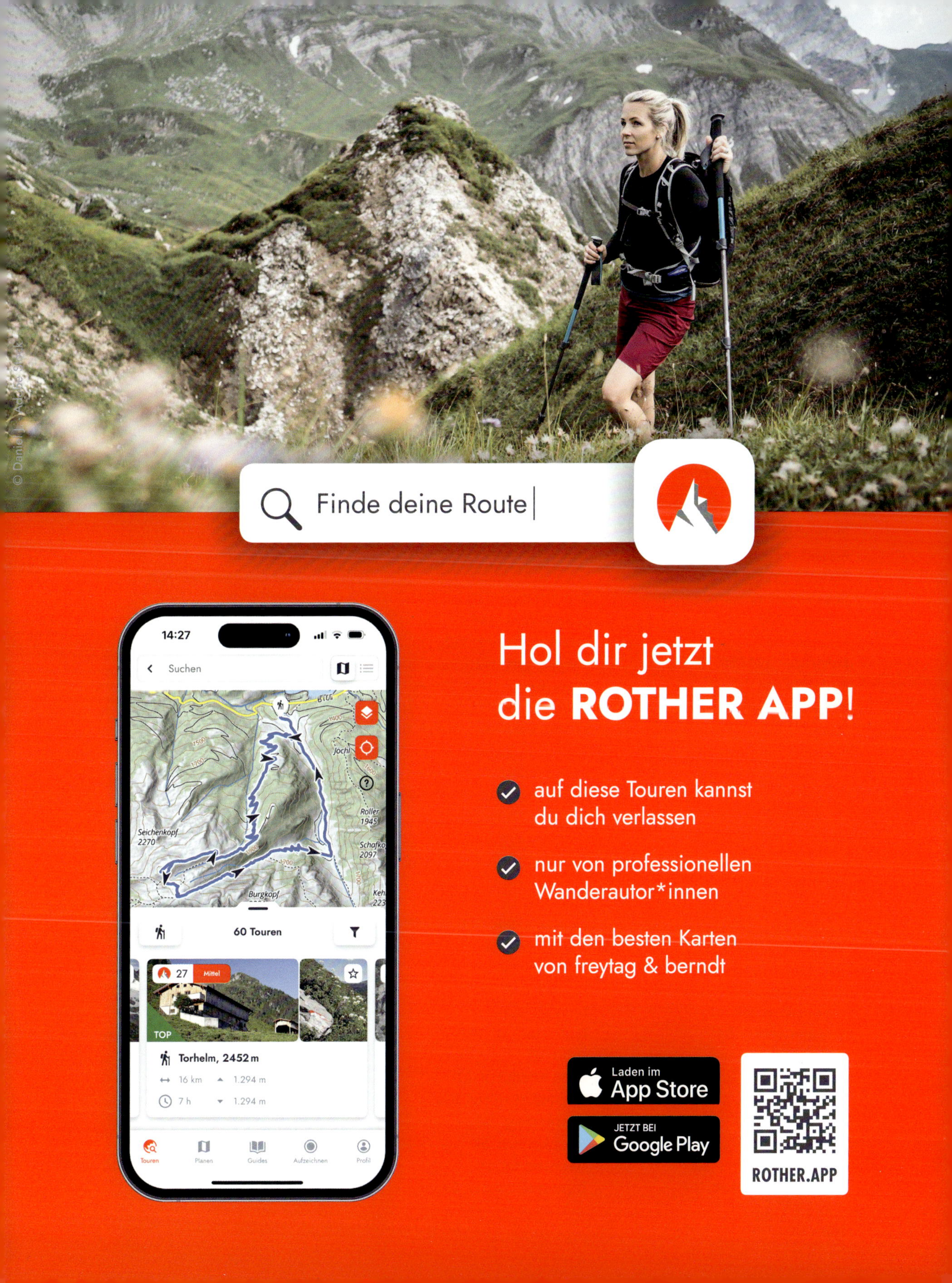
Finde deine Route
Hol dir jetzt
die **ROTHER APP**!
auf diese Touren kannst du dich verlassen
nur von professionellen Wanderautor*innen
mit den besten Karten von freytag & berndt
14:27
Suchen
60 Touren
Mittel
TOP
Torhelm, 2452 m
16 km
1.294 m
7 h
1.294 m
Touren
Planen
Guides
Aufzeichnen
Profil
Laden im App Store
JETZT BEI Google Play
ROTHER.APP

Impressum

Fotos
Alle Fotos vom Autor, außer: Alpeadria Sports S. 192; A. Schönherr/TVB Stubai Tirol S. 96, 97; B. Göttinger S. 5; C. Guttner S. 123, 124, 125, 127, 184/185, 187, 189; D. Carstensen S. 23, 59; E. Ransmayr S. 15, 41, 73, 150, 157; F. Albert/TVB Tiroler Oberland, Nauders S. 88; F. Künzel/Ötztal Tourismus S. 4, 92/93; G. Siggen S. 106; K. Selinger S. 62, 63, 139, 140, 141, 170, 171; R. Wyhlidal/TVB Tiroler Oberland, Nauders S. 85, 91; S. Armbruster S. 57; S. Doerk/Ötztal Tourismus S. 94, 95; S. Holzmann S. 71; S. Wachter S. 112, 113; W-S Tourismus/Ratio Werbeagentur S. 35; W. Jenner/Ribisel Apartments S. 135.

Umschlagbild vorne: Badevergnügen am Karnischen Höhenweg.
Umschlagbild hinten: Der Kleine Scheibelsee oberhalb von Hohentauern.
Bild im Innentitel: Der Seebensee ruft ...
Bild auf den Seiten 24/25: Badegumpe in der Innersbachklamm im Saalachtal.
Bild auf den Seiten 78/79: Medelzlacke oberhalb der Rudolfshütte.
Bild auf den Seiten 184/185: Laserzsee im Juni.
Bild auf den Seiten 200/201: »Modern Art« – Rosaninsee von oben.

Kartografie: 85 Wanderkärtchen im Maßstab 1:35.000 / 1:50.000
sowie 2 Übersichtskarten im Maßstab 1:900.000
© Freytag & Berndt, Wien

Werk-Nr.: 3418

Der Autor
Hansjörg Ransmayr durchschwamm als erster Österreicher die Straße von Gibraltar. Außerdem bewältigte er, ebenfalls »by fair means«, die legendenumwobene Passage von Alcatraz nach San Francisco. In weiterer Folge kombinierte der geprüfte Bergwanderführer und Wasserretter Schwimmen und Bergwandern und prägte den Begriff »Alpine Swimming«. Als Wildswimming-Pionier und Swim-Fluencer schreibt er Bücher, entwickelt Content, veranstaltet alpine Swim-Hike-Touren, mediterrane Genuss-Schwimmurlaube sowie Schwimm- und Eisschwimm-Kurse und -Events. Unter »Swimsalabim« entwickelt er Safety-Equipment und touristische Produkte.
Kontakt: Facebook: Swimsalabim – E-Mail: h.ransmayr@me.com – W.A. +43 664 3943691

Wir freuen uns über jeden Korrekturhinweis zu diesem Buch!
Bitte per E-Mail an: **leserzuschrift@rother.de**

ROTHER BERGVERLAG
Keltenring 17 · D-82041 Oberhaching · Tel. +49 89 608669-0 · www.rother.de

1. Auflage 2024

ISBN 978-3-7633-3418-6

MIX
Papier | Fördert gute Waldnutzung
FSC® C020353